김삼오박사의 또박또박 준비하고 가는
유학과 해외체험

엠-애드

김삼오박사의
또박또박 준비하고 가는
유학과 해외체험

지은이 / 김삼오
e-mail/info@hojudonga.com

2006. 11.30. 초판발행

펴낸곳/ 도서출판 엠-애드
서울시 중구 필동3가 10-1
전화 / 02)2278-8063/4
팩스 / 02)2275-8064
e-mail/mdd1@hanmail.net
등록번호/ 제2-2554

책임편집/ 이승한
마케터/ 이종학
디자이너/ 임선실
전산팀/ 임재혁

이 책은 저자 김삼오와 협의에 의해 인지는 생략합니다.
이 책에 실린 글과 모든 그림, 사진의 무단 전재와 무단 복제를 금합니다.

정가: 15,000원

ISBN 89-88277-53-8

머리말

 이 책의 시초는 한국정부가 해외 유학을 자유화할 즈음인 1990년대 초로 거슬러 올라간다. 그때 필자는 멜번의 [국립한국학연구소/National Korean Studies Centre]에 있으면서 연구 프로젝트의 하나로 이 호주 교육도시에 온 한국 유학생들을 상대로 자료수집을 시작했었다.

 그 일부 결과가 1997년 6월에 출간된 [김삼오 박사의 알짜배기 유학 가이드/한국경제신문사 출판부]다. 연구소는 멜번의 4개 주요 대학의 공동 부설기관이었다. 이 때문에 이들 대학의 교수들과 한국 유학생들과의 접촉과 교류가 쉬웠으며, 조사, 연구에 큰 도움이 됐었다.

 책의 저술 비용을 위한 [호한재단/Australia Korea Foundation]과 [호주교육위원회/IDP Education Australia]으로부터의 약간의 재정지원도 받았었다. 그러나 책은 필자가 의도했던 국제교육 리서치 중심의 이론서는 아니었다. 그런 책을 쓰기 싫어서가 아니라 출판사를 구하기가 쉽지 않을 것이었기 때문이다.

 학술이나 정책을 다룬 책의 독자라면 이 분야 학도나 정책 입안자이어야 하는데 그런 층은 지금이나 그때나 소수다. 이번 [김삼오 박사의 또박또박 준비하고 가는 유학과 해외체험]도 국제교육의 철학이나 이론 중심은 아니다. 그러나 유학할 학교 소개, 입학과 비자 신청 절차를 안내하는 대부분의 유학 책자와는 달리 유학의 더 근본적인 문제들을 다루고 있는 점은 그대로다. 그리고 그간 일어난 유학환경의 새로운 변화와 문제점들을 다루느라 내용이 크게 확대, 개편되었다.

  유학 안내 또는 유학 연구라고 말한다면 매우 광범하다. 유학생들에게 무엇을 안내해야 안내인가를 한번 생각해보면 안다. 한 지역의 교육 제도, 예컨대 대학 입학절차와 학과만을 제대로 안내하려고 해도 책 한 권 분량을 써야 한다. 유학 가서 공부는 어떻게 해야 할까라든가, 한국의 유학 관련 제도와 정책은 무엇인가 대하여만 써도 그렇다.

  서울의 대형 서점의 유학 코너에 가보면 놀라게 된다. 책 종류도 많지만 제목이 기발하다. 그러나 내용은 대동소이하다. 어떻게 유학을 갈 것인가, 어디를 갈 것인가를 알려주는 책들이다. 유학은 가기만 하면 되는 것이 아니다. 많은 유학이 실패로 돌아가 개인과 국가의 막대한 손해로 끝났지만 외부로 잘 안 알려져 있다. 고배를 마신 개인은 말이 없고, 유학의 실태를 조사하는 리서치가 없기 때문이다.

  성공적인 유학을 위하여는 유학에 관련된 좀더 장기적이며 근본적인 문제의 이해가 필요하다. 이 책에서 공부충격, 언어충격, 인종충격, 문화충격, 주거 문제 등 몇 개 큰 장으로 나눠 한, 학생들이 나가서 만나게 될 새로운 해외 유학환경에 대한 논의와 심층적 분석이 그런 목적을 위한 것이다. 이런 충격들을 잘 극복하는 길이 성공적인 유학의 조건이다.

1950-60년대 한국인의 유학 대상지는 거의 전부가 미국이고 극히 일부가 비영어권 유럽지역이었다. 지금은 영국, 캐나다, 호주, 뉴질랜드 등 영어권과 일본, 중국, 그리고 심지어 제3세계까지 다변화됐다.

이 책의 대상은 아직도 한국인 학생들의 주요 해외유학 대상지역인 영어사용 국가이다. 필자는 미국에서 석사과정, 호주에서 박사과정을 마쳤으며 호주에서 28년 살았다. 그간 다른 영미지역인 영국과 캐나다 등을 가본 결과 미국, 캐나다, 영국, 호주, 뉴질랜드는 모두 영국을 모국으로 하는 앵글로 색슨 셀틱 문화권으로서 민족성, 가치관, 사회경제적 상황, 교육이념, 교육제도가 근본적으로 같다는 것을 알았으며, 이들 나라 유학은 하나로 묶어 다뤄도 된다고 확신하게 되었다. 그러기 위하여 미국 쪽에 대한 보충취재를 했다. 책이 나오기 직전에는 40일 동안 런던에 가 있게 되어 그 쪽의 실정과 현장감을 더 새롭게 할 수 있었다.

교육 시장 개방

이 책에서 또 하나 새로 추가된 다른 부분은 초중고 유학을 의미하는 조기유학, 영어권 국가간 유학 비용 비교와 주거 생활 관련 문제 등이다.

여기에 나오는 정보와 사례는 멜번을 떠나온 후 운영한 한호지역문제연구소 사업의 일부로서 한국 유학생들에 대하여 계속해온 조사. 연구와 때로는 이들을 대변하여 학교와 관계를 맺은 결과다. 이와 같이 책은 문헌보다도 직접 취재와 현장 경험을 바탕으로 쓴 것이다. 다만 지면 절약을 위하여 긴 인용문과 사람 이름은 대부분 생략했다.

이때까지 밝힌 책의 내용으로 봐, 이 책은 (1) 성인 유학생들과 함께 조기유학을 보내는 학부형은 물론, 유학정책 입안자들이 읽으면 큰 도움을 받을 수 있다.

(2) 이 책에서 크게 다룬 영미식 공부방법은 나갈 사람뿐만 아니라 국내에서 석박사를 할 학생들에게도 큰 도움이 될 수 있다. 그 이유는 분명하다. 교육시장의 개방으로 한국에서도 국제교육의 양상이 크게 바뀔 전망이다. 국내에서도 외국대학 분교를 다니고 서방식 공부를 하게 될 학생이 늘게 된다. 한국의 대학 교수진도 영미권 박사로 바뀌면서 대학 강의 방식도 영미식이 되어가고 있다.

(3) 합작투자에 따른 학교 공동경영, 교환학생 프로그램, 학점 상호인정 등 국내외에서의 여러 형태의 국제교육 협력 시대에 대비해야 할 교육 공무원, 대학의 실무자, 국제 시각에서 학생들의 진로를 자문해야할 교수와 담당자들이 읽는다면 많은 새로운 아이디어를 얻을 수 있다.

(4) 영미국가에서는 자국 학교의 해외진출을 [역외교육/offshore education]이라고 부른다. 장래 한국도 그런 길을 모색하게 될 것이다. 동포 2세를 포함한 외국 유학생도 더 많이 받게 된다. 이런 변화가 우리나라에서도 활발한 [국제교육 연구/international education research]를 기다리고 있다. 이 책은 그런 연구를 위하여 풍부한 이슈와 과제를 제공할 것이다.

제5장의 11 [영미대학에서의 사제관계, 183-187쪽 참조]는 여기 시

드니 매콰리대학교의 남대훈 경제학 교수가 특별히 기고해 준 것이다. 마지막 원고 정리의 상당 부분을 아내 양문자씨가 맡아 해주었다. 물론 이 책을 위하여 일일이 거명할 수 없는 많은 분들이 조사에 응해줌으로써 도와 주셨다. 그분들에게 감사드린다. 끝으로 이 책이 세상의 빛을 볼 수 있게 출판과 편집을 맡아주신 엠-애드 출판사의 이종학 사장과 임선실 실장, 이승한 과장에게 심심한 감사를 드린다.

2006. 11. 25
김 삼 오

목 차

머리말 / 3
책의 구성 / 14

제1장 성공적인 유학의 조건 / 20
  1. 유학을 가야 할 새로운 이유들 / 20
  2. 지식과 언어, 어느 쪽? / 26
  3. 유학 마켓팅-학위 쉽게 준다는 말 아니다. / 28
  4. 21세기 유학환경-많이 바뀌었으나 아직도 셀러스 마켓 / 32
  5. 취업 유학, 영주권 유학 / 38
  6. 안되게 보다 되게 하는 영미국가 교육 / 40
  7. 아이비그와 옥스브리지의 간판, 영원할까? / 45
  8. '한국인 없는 곳으로 보내 달라' / 53
  9. 유학원에만 맡겨야 하는 유학 카운슬링과 컨설팅 / 56

제2장 조기유학 부모들을 위한 조언 / 63
1. 왜 보내려 하는가. / 63
2. 어느 나라로 보낼 것인가? / 68
3. 공부가 너무 쉽다고? / 74
4. 사립학교와 공립학교 / 77
5. 부모와 가디언 / 82
6. 영미국가의 초중고등학교 생활 / 86
7. 탈선과 조기유학의 실패 , 왜 생기는가? -동기가 관건 / 88
8. 조기유학 비용 년 최하 2,000만원에서 최고 1억원 / 94

제3장 미국, 영국, 호주, 캐나다, 뉴질랜드의 학비와 대학 개관 / 96
1. 국가간 등록금 패턴이 크게 달라 / 96
2. 유유학생에게 몇 배 더 받는 대학 등록금 / 98
3. 싸고 쉬운 대학부터 시작하라 / 101
4. 법과, MBA, 치과, 의과는 인문학과의 2-4배 / 103
5. 생활비는 환율과 직결 된다 / 106
6. 미국 대학의 질은 천차만별 / 108
7 IDP- 국가간 학비 비교 / 113

제4장 주거와 문화체험 / 117
1. 교포사회에 안 섞이겠다고? / 117
2. 금강산도 식후경 -공부도 잘 먹고 잘 자고 난 후 / 122
3. 홈스테이의 신화– '영어는 커녕 배풀고 마음 고생만' / 127
4. 워킹홀리데이 - 영어연수보다 문화체험 / 145

제5장 해외유학 공부 어떻게 할 것인가(1)―[공부충격] / 150
  1. 두 공부방식 - 재생산과 창조 / 150
  2. 달달 외우는 것만으로는 안 돼 / 153
  3. 스승의 그림자를 밟아라? / 157
  4. 에세이를 어떻게 잘 쓸 것인가 / 159
  5. [언어의 경제성]을 살려라 / 169
  6. 강의와 노트 필기 / 171
  7. 녹음강의 시대가 온다 / 176
  8. 발표와 토론 참여 / 177
  9. 책을 맛있게 먹는 법 / 178
  10. 교수와 면담, 이렇게…… / 182
  11. 외국대학에서의 사제 관계 / 183
  12. 한산한 영미의 캠퍼스 주변 / 187

제6장 해외유학 공부 어떻게 할 것인가(2)―박사 따기 그렇게 어려운가? / 192
  1. 석사와 박사 / 192
  2. 왕도는 없으나 고생을 덜할 수는 있다 / 195
  3. 박사과정의 두 모델 - 북미식과 영국식 / 198
    (가) 코스워크와 리서치 / 198
    (나) 여러 번 칠하는 페인트 / 201
    (다) 자기 스스로 하는 연구 / 203
    (라) 머리 회전이 빠른 사람 / 205

4. 이런 지도교수는 곤란하다 / 208
　(가) 교수의 역할과 책임 / 208
　(나) 학위과정 지침 / 210
　(다) 입문 단계 / 213
　(라) 연구제목과 방향의 설정 단계 / 215
　(마) 어느 정도의 독창성? / 220
　(바) 리서치 단계-자료수집과 분석 / 224
　(사) 논문쓰기 단계 / 225
　(아) 절차문제 / 227
　(자) 지도교수와 기타 문제 / 229
5. 논문의 유형을 알면 박사가 보인다 / 234
　(가) 설명적 연구 [explanatory studies] / 236
　(나) 상관관계 연구 [correlational studies] / 237
　(다) 탐색적 연구 [exploratory, formulatory studies] / 240
　(라) 사례연구 [case studies] / 242
　(마) 관찰에 따른 연구 [observation studies, participant studies] / 243
　(바) 추측적 연구 [speculative studies] / 244
　(사) 비교연구, 이문화 간 비교연구 [comparative studies, cross-cultural studies] / 245
　(아) 철학적 [philosophical], 역사적 [historical], 정책연구 [Policy-oriented research] / 247
　(자) 서술적(기술적) 연구 [descriptive studies] / 247
　(아) 결어 / 250

제7장 바다를 건너면 맥 못 추는 영어—[언어충격] / 251
  1. 영어, 얼마나 잘해야 잘하는 건가? / 251
  2. 짧게 줄여 쓰는 말을 조심해라 / 255
  3. 말하기 영어로만은 안 돼 / 258
  4. 영어 구문과 글쓰기 / 264
  5. 국제영어, 세계영어 / 276
  6. 미국영어와 영국영어 / 277
  7. 캐나다영어와 미국영어 / 283
  8. 호주영어와 뉴질랜드영어 / 284

제8장 유학을 슬프게 만드는 것—[인종충격] / 289
  1. 향수와 인종차별 / 289
  2. 제도가 아니라 행태의 문제 / 291
  3. 인종감정은 언론에 나타난다 / 294
  4. 돈 있으면 외국도 편하다 / 298
  5. 인종차별은 주관적일 수도 / 299
  6. 역인종차별 / 302
  7. 사람은 가려서 사귀는 지혜 / 307
  8. 때려부수는 문화(밴달리즘)와 유학생의 안전문제 / 309

제9장 동과 서, 어떻게 다른가—[문화충격] / 313
  1 문화적응, 왜 필요한가 / 313
  2. 적응, 통합, 흡수, 동화 / 316
  3. 서양인, 완전히 이해할 수 있나? / 317

4. 예절은 문화와 커뮤니케이션 문제다 / 320

5. 나이와 직위 의식 버려야 / 323

6. 퍼스트 네임은 친근감의 표시 / 325

7. 여성에게 함부로 하면 촌놈 / 327

8. 눈치와 기분 / 329

9. 캐주얼 옷은 실용주의 / 331

10. 계약사회 - 도장과 사인 / 336

11. 홀로 지내는데 익숙해져야 / 338

12. 사생활 묻지 않는 교수 / 339

13. 아는 사람, 모르는 사람-낯을 가리지 말라 / 341

14. 편지로 해결하는 사회 / 343

15. 기쁜 감정은 숨길 필요가 없다 / 344

16. 땡큐, 굿모닝 / 346

17. 토끼문화, 거북이문화 / 348

18. 친절해도 까다로운 영미사람들 / 350

19. 침묵은 금이 아니다 / 351

20. [Yes or No]를 확실하게 / 353

제 10장 한국에 유학 정책과 리서치가 없다—후기 / 358
'영어마을'과 교육시장 개방 등 산적한 리서치 이슈들 / 358

부록/학사관계 영어 용어해설집 / 370

책의 구성

독자를 위하여 이 책 전체의 구성에 대하여 더 설명한다.

제1장 [성공적인 유학의 조건]은 유학에 앞서 생각할만할 몇 가지 큰 문제들을 다뤘다. 그 가운데 몇 가지는 우리와 다른 유학 대상국의 교육제도와 해외 유학환경의 변화에 따른 새로운 기회에 대하여서다. 제1장의 4, 5. 6, 7 이 그것이다.

성공적인 유학을 위하여 유학 카운슬링 및 컨설팅 서비스의 이용이 중요한데 9에서 그 문제를 다뤘다. 실은 이 책에서 다룬 모든 사항들이 유학 카운슬링 및 컨설팅의 대상이 되는 내용들이다. 이 서비스가 영리를 먼저로 할 수 밖에 없는 사설 유학원에 전적으로 맡겨져 있는 지금의 문제점도 다뤘다.

제2장 [조기유학 부모들을 위한 조언]은 말 그대로다. 대학 학위와 영어연수에 더하여 지난 10여년간 급격히 늘어난 조기와 중고등학교

유학 추세에 맞추어 쓴 새로운 장이다. 미국, 영국, 캐나다, 호주, 뉴질랜드 등 모든 영미국가 학교들이 점차 문을 넓히고 있는 조기유학 제도와 실태, 예컨대 우리와 다른 학교 분위기, 동반 부모와 가디언의 문제, 과연 보내야 하는가 등을 광범하게 다뤘다.

제3장 [5개국간 학비 비교]에서는 너무 구체적인 비교를 피하는 대신 대체적인 학비 패턴과 학비 절감을 크게 고려해야 할 학생들에게 지침이 될 만한 점들을 중심으로 다뤘다. 구체적 액수는 같은 나라와 지역 안에서도 학교에 따라 다르고 유동적이므로 본인들이 유학원을 찾아가거나, 해당 학교에 연락 안내서를 얻거나, 학교 홈페이지를 방문, 직접 알아내는 편이 더 효과적이다. 학교와 지역에 따라 등록금과 생활비 격차가 가장 큰 나라인 미국의 상황에 대하여 더 많이 썼다. 미국을 빼고는 자국 학생보다 유학생에게 몇 배 차별적으로 더 받는 등록금 제도에 대하여 언급했다

제4장 [주거와 문화체험]. 금강산도 식후경이듯 해외공부도 주거와 식생활이 안정 되어야 제대로 될 수 있다. 50년대와는 달리 한국의 주거문화도 서양화가 되어 해외에 나가 유학생들이 생소한 주거환경을 우려할 일은 없게 됐다. 요즘 영미지역 주요 도시에는 한인사회가 있어 한국 식품을 구하는 것도 어렵지 않다. 문제는 돈이다. 그래서 사전 정보와 계획이 필요하다.
영어연수생에게 영어공부와 문화체험의 1석2조의 효과를 가져 올 것으로 판촉된 [홈스테이/homestay]는 한국인 유학생들에는 인기가 없는

것으로 나타났다. 최근에는 미국을 제외한 영미국가들이 [워킹 홀리데이/Working Holiday/취업관광] 비자를 발급하고 있어 한국인 청소년들이 영어연수와 문화체험을 위하여 비용이 덜 드는 이 제도를 이용, 해외로 나오고 있다. 이에 대한 정보와 실태 보고가 여기에 있다.

제5장 [유학 공부, 어떻게 할 것인가(1)- 공부충격]은 유학생이 해외에서 만나게 되는 네 가지 큰 어려움 가운데 하나인 우리와 크게 다른 [공부방법/study skills]과 공부환경에 적응하는 문제를 다뤘다. 그 적응과정을 문화충격에 비유하여 공부충격이라고 불러 본 것이다. 필자가 보는 한국 유학생이 해외에서 겪는 다른 두 가지 큰 어려움은 언어충격과 문화충격이다.

새로운 공부방법에 적응하는 길은 물론 외국 공부가 우리의 것과 어떻게 다른가를 아는 것이다. 외국대학의 교육수준, 교육방법(또는 공부방법)과 평가방법, 교수의 태도, 사제간 관계, 학생들에게 과해지는 [공부의 양/study workload]의 문제들이 여기에 들어간다. 특히 대학에서 학점을 따기 위하여 수시로 제출해야 하는 [논문/에세이/essay] 쓰기에 역점을 두었다.

다만 여기 공부 방법은 주로 대학 학위과정과 일부 고등학교 상급반 유학생을 대상으로 쓴 것이다. 한국에서도 그렇지만, 영미국가의 경우는 특히 9학년(초등학교와 중3) 정도까지의 수준에서는 공부 자체에 큰 비중을 두지 않기 때문이다.

유학생이 겪는 어려움은 한두 가지가 아니지만 가장 중요한 것은 학업에 따르는 고생이라고 생각된다. 진정한 의미의 유학생, 말하자면 학위에 전념하는 유학생이라면 유학의 일차 목적인 공부가 순조로울 경우 다른 어려움은 참고 견딜 수 있다는 것이 필자의 생각이다.

제6장 [유학공부 어떻게 할 것인가(2)-박사 따기 그렇게 어려운가]에서는 유학생들에게 해외에서 박사학위를 마친다는 것이 어떤 것인가에 대한 사전 지식과 감각을 제공하고, 구체적 공부방법과 그 과정에서 일어날 수 있는 여러 가지 문제들에 대하여 논했다.
미국, 캐나다 등 북미지역과 호주, 영국, 뉴질랜드 등 영연방국가지역의 박사과정은 실질적으로 다르다. 이 차이점을 심도 있게 다뤘다. 제3장의 공부방법에 포함시킬 수 있지만, 그 중요성과 길이를 고려하여 따로 장을 마련한 것이다. 전체 유학생 가운데 박사과정을 밟는 비율은 낮다. 그런데도 여기에 무게를 둔 이유는, 이 수준에서의 연구 및 공부방법의 차이를 이해한다면 그 이하 수준에서의 공부는 쉬울 것이라고 판단하기 때문이다.

제7장 [해외에 나오면 약해지는 영어-언어충격]은 영미국가에 가는 우리 유학생이 겪는 언어장벽에 관한 얘기이다. 이 문제는 진부한 화두지만, 경험해 보지 않은 사람은 실상을 잘 모른다. 필자 나름대로의 경험과 지식을 토대로 유학생들에게 도움이 될 수 있는 여러 가지를 다뤘다. 세계로 넓게 퍼져나간 영어는 놀랄 만큼 동질성을 유지하는 언어다. 그럼에도 불구하고 주요 영어사용 국가간에는 영국식 영어, 미국식 영어, 호주식 영어와 같은 말이 지금도 쓰이듯 발음과 철자에 있어 지역적 차이가 존재한다.

제8장 [유학을 슬프게 만드는 것- 인종충격]은 영미사회를 논할 때 빠지지 않는 인종차별 이슈에 대한 필자의 현장 경험담이다. 왜 유학책에도 인종차별이 들어가야 하는가? 유학의 성패를 결정하는 많은 요인 가운데 유학생이 거주국사회에 대하여 갖는 호·불호 또한 중요하다. 그런 의미에서 이 장은 새로운 시도다.

9.11 뉴욕 테러 사태 후와 급격하게 늘고 있는 유색인의 이민 증가로 이 분야에도 많은 변화가 일어나고 있지만 한국에서의 시각은 낡은 틀에 갇혀있다. 또 한국에도 외국인 거주자가 늘고, 얼마 전 하인스 워드의 서울 방문 (워드는 한국에서 아프리카계 미군과 한인 여성간에 태어나 미국에서 풋트볼 스타가 된 인물- 필자주) 이후 인종차별이 남의 나라만의 이슈가 아니다라는 인식이 퍼지기 시작했다.

유학의 1차 목적은 학위 취득이지만, 유학국의 문화와 사회상을 배워오는 것 또한 중요하다. 그러나 많은 한국 유학생들이 대개 학업 중에는 동료 학생들과 주로 지내다가 끝나면 바로 돌아오니 복잡한 인종문제를 제대로 이해하기가 어려웠을 것이다.

제9장 [동과 서, 어떻게 다른가 - 문화충격]은 유학 대상지의 우리와 다른 사회문화적 환경에 대한 필자의 관찰이다. 유학생들의 현지사회 적응, 고독감, 향수, 친구를 사귀는 문제는 모두 이와 관계가 있다. 이들은 공부 그 자체는 아니지만 공부를 성공적으로 마치게 하는 또 하나 중요한 환경적 요소다. 여러 조사는 유학생들의 학업 성공이 현지 사회에 대한 적응과 상관관계가 있음을 보여주고 있다. 해외생활 중 건강이 나빠지거나 적응에 실패 중도 하차하고 돌아가는 학생들을 많이 보게

된다.

제10장 [한국에 국제교육 리서치가 없다- 후기]는 해외유학과 관련 조사. 연구가 시급히 필요한 분야를 몇 가지 사례로 들었다. 유학으로 국가가 지출하는 천문학적 액수의 외화와 개인이 보내는 시간과 노력을 생각할 때 성공적인 유학과 유학을 마치고 돌아오는 인재의 효과적인 관리와 활용의 필요, 장차 불가피한 교육시장 개방에 대한 대비 - 이 모든 현실과 과제들이 시급한 리서치를 기다리고 있다.

마지막, 부록으로 학사관계 [용어해설/terminology] 설명을 모은 [용어집/glossary]을 필자대로 만들어 봤다. 이 용어들은 영미대학 캠퍼스에서와 공부를 마친 다음에도 늘 쓰게 되는 것이므로 학생들이 미리 배워 둘 필요가 있다. 영미국가에 나가서는 우리말이 아니라 영어를 써야 한다. 그러므로 학술용어도 영어로 익혀야 한다. 독자들이 알게 되겠지만, 이 책에 쓰인 대부분의 대학, 학술, 유학과 관련 쓰이는 단어와 표현에 대해서는 보통 책과는 달리 될수록 많이 괄호 속에 영문 원어를 넣었는데 그런 이유 때문이다.

제1장 성공적인 유학의 조건

1. 유학을 가야 할 새로운 이유들

오늘의 유학환경은 1950년대, 60년대와는 크게 다르다. 그때 유학은 갈 수만 있으면 무조건 가야 했다. 학위를 받고 돌

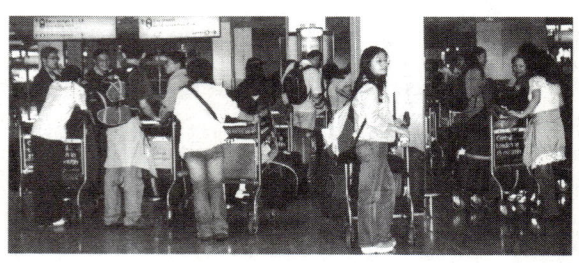

고국에서 방학을 보낸 후 런던의 히스로우 공항에 내려 모여 서 있는 한국 유학생들 (필자 촬영)

아오면 금의환향(錦衣還鄉)하는 것이었기 때문이다. 남자는 유학을 가게 됐다는 사실 하나로도 좋은 신부감을 구할 수 있었다.

지금은 어떤가? 어렵게 학위를 받고 와도 그 고생과 투자를 보상해 줄 일자리가 기다리고 있지 않다. 고생은 뻔하고 결과가 불확실한 유학생을 부러워할 사람이 많지 않다.

학위 인플레가 유죄다. 학위 인플레는 [educational inflation/교육인플레], [diploma disease/학위병], [over-education/과잉교육]과 같은 말로 표현되듯 해외에서도 문제지만, 교육열이 유달리 뜨거운 한국에서 더하다.

학위 인플레는 고등실업을 의미하는 [학위가 일자리에 비해 너무 높아 직업을 못 잡는 문제/over-qualification], 또는 [학벌에 걸맞지 않는 낮은 직업을 잡는 문제/under-employment]를 야기시킨다. 유학에 대한 한국 언론은 이 문제를 흥밋거리로 다루는 경향이 있다.

요즘은 외국이 아닌 국내 박사학위만 가지고도 잘 나가는 사람들이 많다. 또 교육시장 개방으로 아예 외국에 나가지 않거나 대부분 과정을 국내에서 하고 잠깐 나가 외국 학위를 받아 오는 사람이 늘고 있다. 유학의 주가를 떨어뜨리는 다른 이유들이다.

그러나 이것은 작은 그림이다. 큰 그림을 그려보면, 국제환경의 변화가 새로운 차원에서 유학 러시를 부추기고 있다. 이미 진부한 말이 되고 있지만, 역시 [글로벌리제이션/globalisation] 압력이다. 젊은이들은 좁은 국내가 아니라 넓은 세계무대를 향하여 긴 안목으로 장래를 준비를 해야 한다. 어떻게든 외국 학위 하나만 따와 자기 사회에 안주하려는 과거 패턴이 아니라 국제어가 되고 있는 영어로 어느 지역에서든 현지인과 같은 자격으로 일할 수 있는 국제경쟁력 있는 전문인, 즉 글로벌 인재가 되기 위하여 유학은 아직도 [머스트/must]다. 그리고 그 유학은 커서가 아니라 일찍부터 시작, 전 과정을 외국에서 마치는 이른바 조기유학이어야 한다.

글로벌리제이션의 결과 한국에서도 지금 대부분 고소득 취업기회가 다국적 기업과의 관계에서 생긴다. 당연히 국내의 대기업 또한 세계시장 진출을 위하여 선진국에서 훈련을 받은 영어사용 전문인을 선호하게 된 것이다.

한국인의 유학열이 식을 수 없는 또 다른 사유들이 있다. 국제화와 함께 급속한 산업의 다양화, 전문화 추세 그리고 인문계열 고학력자의 높은 실업률이 유학도 학위 중심 정규 대학과정에서 요리, 호텔 경영, 패션, 디자인 등 기술과 실무 중심 영역으로 확대되고 있다.

30년 전만해도 간호학교 등 주류 대학 정규과정이 아닌 직업학교나 비정규학교로 공부하러 미국에 간다면 유학으로 인정 안 하려는 분위기였다. 미국 유학 비자를 받기 위한 서류인 I-20 Form을 학교부터 받기가 어려웠고, 받아도 미국대사관 비자 심사에서 거절당하는 일이 흔했다. 이런 규제가 크게 완화된 데는 지금의 유학이 전액 자비부담으로 바뀐 사실 말고도, 이들 나라에서 부족한 기술 및 전문 인력 확보의 필요가 도사리고 있다. 당연히 선진국에서 인력 부족 현상이 두드러지는 기술분야에서 외국인 취업기회가 늘어나고 있다. 이 또한 유학에 대한 새로운 수요를 만든다.

위에서 언급한 같은 이유로 한국에서 신종 직업교육분야가 급속히 늘고 있다. 직업전문학교(심지어 대학에서도)에 신설되는 간호학, 영어영상학, 화장학, 의장학, 카지노학과, 복지학과, 육아교육학과, 장례지도과, 승마조련과 등을 보면 그 추세를 알 수 있다. 이런 한국에서는 비교적 생소한 분야에서 인재를 양성하려면 뉴욕, 파리 등 미국과 유럽 대도시의 오랜 전통을 자랑하는 직업학교에 유학을 보내야 한다.

학문을 제대로 하고 장래 국제적 수준의 학자나 전문가가 되기를 꿈꾸는 젊은이에게는 유학은 아직도 필수이다. 다만 이런 야심 있고 자신만만 한국의 젊은이들의 최종 지망 학교는 과거와는 달리 세계적으로 알려진 명문이다. 고려대학에 교환교수로 다녀온 시드니의 매콰리대학 남대훈 교수의 말이 재미있다. "유학을 가겠다면 아이비리그"란다.

마지막으로 조기유학의 경우는 국내에서의 막중한 과외비와 입시 중심의 열악한 교육의 질 등이 유학을 부추긴다. 많은 학부형들이 과외비를 포함한 총 교육비가 유학 경비보다 더 높지 않다는 말을 한다.

유학, 갈것인가-먼저 손익계산서를 만들어 봐라

어느 경우든 유학을 구상하는 학생들이 결정해야 할 일은 그렇다면 과연 갈 것인가 말 것인가이다. 이 중대한 결정은 햄릿이나 돈키호테식이 아닌 과학적 판단에 따라야 한다. 과학적 판단이란 다른 것이 아니다. 유학의 결과 기대할 수 있는 장래 이익과 유학으로 치러야할 대가를 비교·분석하여 현명한 결정을 내린다는 뜻이다.

먼저 손익계산서를 만들어 보는 것이다. 치러야 할 대가를 의미하는 차변에는 유학을 위하여 지불해야할 금전적 지출, 걸리는 시간, 유학에 따르는 기회비용—유학을 감으로써 잃어버리는 다른 기회—등을 올려야 한다. 그 외에 정신적 고생이 있다. 그에 대한 대비가 되어 있는가를 자신에게 물어 봐야 한다. 정신적 고생으로는 공부 외에 언어와 문화적으로 적응하는 어려움—이 책에서 다루는 몇 가지 충격—과 이에 따르는 심리적 고통과 건강상의 손해 등이 포함되어야 한다.

외국 문헌은 유학생이 겪는 어려움의 분야로 [재정문제/financial

problems], [공부의 어려움/study burden], [사제관계/teacher-student relationships], [현지관습/customs, cultural problems], [향수/homesickness], [고독감/loneliness], [인종차별/discrimination, unfriendly attitudes], [친구 사귀기 어려움/difficult in mixing with other students], [기후/climate], [음식/food] 등을 들고 있는데 모두 정신적 고충의 관점에서 이해할 수 있는 것들이다. 예컨대 재정문제도 재원이 마련되어 있지 않아 나가서 해결해야 하는 경우는 여간 무거운 정신적 부담이 아니다.

대변이 될 장래의 이익은 이런 투자와 고생으로부터 기대할 수 있는 대가로서 공부를 마친 후 현지에서 또는 돌아와서 얻게 될 [보상/reward]을 조목조목 따져 합해봐야 한다. 이 때 보상도 물론 금전적인 것과 정신적인 게 있다. 정신적인 것은 물론 직위, 명예, 직업의 만족도 등이다.

이것을 간단한 식으로 나타내 보면 아래와 같다.

$$\frac{\text{장래 기대되는 보상(직업, 보수, 명예 등)}}{\text{감수해야 할 고생과 투자, 소모해야 할 시간}} = \text{장래에 대한 기대}$$

여기서 한 가지 유의 할 것은 고생과 투자에 비해 장래의 보상기간은 길뿐 만 아니라, 전체 기간을 통하여 똑 같지 않으며 상승곡선을 그린다는 점이다. 가령 30세에 4년간의 유학을 마쳤고 65세에 은퇴를 한다면, 유학의 결과로 기대할 수 있는 보상기간은 36년이다. 이때 유학의 보상은 [총 혜택=36×매년 똑같은 혜택]이 아니다. 시간이 가면서 일어나는 직위와 소득 상승으로 보상은 체증한다.

총 혜택은 이 누진분을 감안해서 합산해야 한다. 한편 고생이나 보상이라는 것도 각자가 처해 있는 구체적인 상황에 따라 다르므로 일반론은 금물이다. 가령 재력이 풍부한 사람은 금전적 투자에 따른 희생이랄까 손실의 비중을 적게 잡아도 될 것이다.

조기유학에는 고려할 게 하나 더 있다. 2-3년 후 한국으로 돌아올 경우는 한국어 상실, 앞서 가는 학교 진도를 따라잡기의 어려움과 새로 사회에 적응하는 문제가 따른다.

유학의 결정이 합리적이려면 이 보상이 고생과 투자를 감수할 만큼 크다는 판단이 서야 하고 타당해야 한다. 그런데 그런 결정이 쉽지 않다. 위 방정식의 결과가 정확하자면, 즉 과학적이려면 거기에 대입되는 변수에 대한 예측이 정확해야 한다. 정보가 정확해야 그게 가능하다.

정확한 정보는 어디서 얻을 것인가. 책과 자료를 읽어보거나 다른 사람의 경험담을 듣고, 직접 현지를 가 본다고 해도 정확할 수 없다. 투자해야 할 돈과 시간, 유학을 마치고 돌아온 다음의 여건에 대한 판단은 비교적 쉬울지 모른다. 그러나 공부가 얼마나 어려운가, 공부를 하면서 어떻게 느낄까에 대해서 미리 알기란 참으로 어렵다. 그래서 유학에 대한 사전 지식과 실제를 알려주는 책과 경험담이 필요한 것이다.

유학을 고려하면서 간과하기 쉬운 것이 우리와는 다른, 현지에서 감당해야 할 공부의 수준과 분량과 언어의 문제가 아닌가 한다. 사실 유학을 해보면 당사자가 아니면 잘 모르는 공부의 어려움이 분명 있다. 많은 유학생들이 닥치면 해내겠지, 다른 사람도 해냈으니…… 하는 막연한 생각으로 준비 없이 뛰어들었다가 실패하거나 불필요한 어려움을 겪는 경우를 자주 보게 된다.

학문에는 왕도(王道)가 없듯이 유학에도 그렇다. 유학은 서로 다른 문화와 교육제도 속에서 모국어가 아닌 외국어로 공부를 하는 것이니만큼 그 차이를 알고 빨리 적응하는 것이 성공의 첩경이다. 이 책은 물론 이런 정보의 필요에 도움을 주기 위한 것이다.

2. 지식과 언어, 어느 쪽?

영국 사람이 미국에 유학(또는 그 반대)을 하거나 과거 영연방국가나 프랑스의 식민지였던 곳에서 자라 영국계 또는 프랑스계 학교를 다니다가 영국, 미국 또는 프랑스에 유학을 하는 경우를 흔히 본다. 한국인이 이처럼 어려서부터 외국어를 자연스럽게 배워 그 말을 쓰는 나라로 유학을 가는 경우는 드물다. 그런 만큼 한국인의 유학에는 언어의 문제가 대개 가장 크고, 당연히 한국의 유학 붐은 외국어 공부에 대한 붐을 수반하게끔 되어 있다.

지식과 언어는 서로 불가분으로 얽혀 있다. 지식은 분석의 결과인데, 분석은 사물과 현상에 대한 개념의 규정과 개념간의 관계 설명을 전제로 한다. 언어는 그 과정을 가능케 하는 수단이다. 사회과학의 경우는 그 개념과 개념간의 관계가 구체성보다 [추상성/conceptualization]에 입각해 있어 그림이나 숫자로 표현하기 어려우므로 더 그렇다. 지식은 다른 사람에게 전달돼야 하고, 장래 이용을 위하여 보존되어야 하는데 언어가 그것을 가능케 한다.

반대로 머릿속에 지식의 체계가 없으면 언어를 아무리 잘 구사해도 분석적으로 쓰고 말할 것이 없어진다. 좀 학술적인 표현을 빌려 말하면,

공부는 [언어적/linguistic]인 것과 [인식적/cognitive]인 것의 두 측면을 갖고 있다.

공부방법을 논하면서 언어의 문제를 거론하는 이유는 유학생들이 겪는 공부의 어려움을 전부 외국어로 돌려서는 안 될 것이라는 점을 지적하기 위해서다. 해외에서의 공부가 어려운 이유 중에 어디까지가 언어 때문이고, 어디까지가 실력 때문인가를 따져 봐야 한다. 그 구별이 어렵다.

어떤 학생은 실력이 좋아 과정을 따라가기에 충분하지만 그것을 정리하고 표현하는 수단인 언어가 문제일 것이고, 어떤 학생은 언어도 문제지만 지식의 부족이 더 큰 문제일 수 있다. 모든 문제를 외국어로 돌리는 것은 잘못이다. 이처럼 공부의 두 측면을 인정한다면, 유학생은 성공적인 유학을 위해 [언어실력/language skills], [머리실력 또는 지력/知力/cognitive skills], 그리고 [공부방법/study skills]의 세 차원에서의 궤도 수정이 필요하다.

영어가 덜 필요한 학과

이러한 유학공부의 두 가지 측면을 고려할 때 한국인 유학과 관련, 아래 몇 가지 가정과 일반론을 내놓을 수 있다고 생각한다.

(1) 한국인에게는 언어가 구조적으로 한국어와 유사한 일본에서의 유학이 영어사용 국가에서의 유학보다 훨씬 수월할 것이다.
(2) 자연과학과 기술 분야의 경우에는 언어와 지식간 구분이 비교적

명확하며, 언어 때문에 지식의 활용이 제약 받을 가능성이 덜하다. 연구와 분석과 전달방식이 국제적 공통어라고 할 수 있는 기호, 숫자, 공식, 방정식, 도표, 그래픽과 그림 등에 많이 의존하기 때문이다. 일부 비자연과학분야와 수학, 통계학, 수리경제학, 전자공학, 경영학, 회계학, 음악, 컴퓨터과학 분야가 모두 그런 예다.

호주에서 대학 입시는 주별로 실시하는 국가시험과 고등학교 성적을 중심으로 결정되는데 영어가 약한 한국 학생들이 수학, 화학, 물리학에서 높은 점수를 받아 현지 학생들도 들어가기 어려운 영재 중고등학교나 대학의 의과, 법과 등 인기 학과에 들어갈 수 있는 이유다.

(3) 이 문제는 앞서 언급한 구체성과 추상성으로도 설명할 수 있다. 공부하는 대상이 구체적이기 보다 추상적인 영역으로 갈수록 언어의 역할은 커진다. 눈으로 보고 실제 해봄으로써 배우는 [모방학습/learning by imitation, 또는 by example]이 주가 되는 실기 위주 분야는 추상성보다 구체성이 높은 예이며, 상대적으로 언어의 역할은 적어진다. 의학, 간호학, 패션, 디자인, 그래픽 디자인, 건축, 요리 등이 그런 예가 될 것이다.

3. 유학 마케팅 - 학위 쉽게 준다는 말 아니다.

서양의 대형 건축회사 세일즈맨들은 언제나 매우 상냥하고 친절하다. 필요하면 몇 번이고 찾아와 디테일을 설명을 해준다. 그러나 일단 계약서 서명이 끝나고 공사에 들어가면 상황은 달라진다. 세일즈맨과 공사팀은 부서가 다르기 때문이다. 공사팀장은 계약서에 적힌 대로 공사를 진행해 간다. 이의를 제기하면 딱딱하다.

　유학 결정도 이와 좀 같다. 긴 입학수속 끝에 학교에 도착, 교실에 들어가 보면 유학 박람회장 부스에서 만났던 유학 대행업자들과 외국대학 국제교육 담당자의 부드러운 태도와는 전혀 다른 환경이 기다리고 있다.

　외국 대학과 유학원 직원들이 판촉활동을 하면서 보이던 성의와 열의와 친절을 학교에 가서도 기대한다면 큰 오산이다. 유학생이라고 따로 봐줄 사람은 학교 안과 밖 어디에도 없다. 학교 직원들은 주어진 업무와 책임을 사무적으로 집행할 따름이다. 이것은 유학으로 현지, 특히 대도시에 와 본 사람이면 거의 누구나 느끼는 심정이다.

　교수들도 마찬가지다. 재정이 어려운 작은 학원이 아니고 괜찮은 고등학교와 대학의 교사와 교수들은 유학생 때문에 학교가 운영된다는 생각을 전혀 안하며, 유학생을 특별히 배려하지 않는다. 오히려 목소리가 큰 자국 학생들에게 신경을 더 쓴다.

　구미 대학에는 아시아인 유학생에 대하여 아주 무관심하거나 불친절한 교수가 더러 있다. 많은 보고서는 영미 학교 교사와 교수들이 말 잘 안통하고 문화가 다른 아시아 학생들 다루기를 귀찮게 여기고 있다고 지적하고 있다. 시간을 많이 뺏는다는 불평이다. 재정 때문에 상황이 달라지고는 있지만, 많은 초중고학교들이 같은 이유로 아직 유학생을 안 받고 있다. 이것을 인종차별과 연관을 지어야 할지 모르겠다.

　대학의 유학생 판촉 활동은 행정 요원이, 교육은 교수진이 맡는데 한국의 경우와는 달리 양 부서 간 긴밀한 협의가 대개 없다. [학사/academic affairs]와 [행정/administration]은 우리의 경우보다 훨씬 서로 독립적이다.

멜번의 스윈번대학교 경영대학의 한국비즈니스 담당인 바바라 에반스 교수는 "문교성이나 각 대학 행정담당자들은 유학생 유치에 신경을 곤두세우지만 교수들에게 외국학생들을 어떻게 가르칠 것인가에 대해 따로 지침을 만들거나 요청하는 일이 없다고" 말한다. 같은 대학의 유학생 지도담당 책임자인 이안 매코믹씨에 따르면 "대학이 교수들을 대상으로 유학생 문제, 지도 방식 등에 대한 공동 세미나를 열어 이에 대한 관심을 일으키고자하지만 이들이 참여하지 않으면 그만이다"라고 토로한다.

필자가 조사한 바에 대부분 인기 있는 영미 대학의 분위기는 지금도 그대로다. 유학생의 대거 유입으로 교육의 질이 떨어지고 있다는 일반의 비난 때문에 더 그런 것 같다.

유학은 관광이 아니다.

어느 분야든 세일즈는 같다. 유학 박람회나 설명회에서는 비디오와 화려한 브로슈어를 이용, 유학국의 아름다운 자연환경, 낭만적인 대학 캠퍼스 분위기 등을 보여준다. 그러나 유학생들에게 보다 더 중요한 문제인 유학의 어려움, 특히 공부의 어려움에 대하여 미리 주의를 환기시키는 일은 잘 안한다.

그 결과 허상으로 가득 찬 많은 학생들이 현지에 도착하고 전혀 다른 실상을 깨닫게 된다. 잘 알아듣지 못하는 강의에 하루 몇 시간씩 앉아 있는 고역은 물론, 밀려오는 숙제의 중압감을 이겨야 한다. 이때가 되면 아름다운 경치고 뭐고 다 소용이 없다. 유학은 관광이 아니다.

유학생들을 따로 봐주지 않는 점은 현지 사회의 사람들도 같다. 경찰은 현지법을 잘 모르는 외국 학생임을 감안 위법을 너그럽게 처리하지 않는다. 오히려 언어 때문에 억울한 대접을 받는 일이 흔하다. 복잡한 슈퍼마켓의 출입구를 잘 못나가 좀도둑으로 몰리는 일, 문화적 차이에서 오는 오해로 여성 집주인을 겁탈하려했다는 혐의를 받은 사건 등 많다. 후자의 경우 거주국 정부는 해당 현지인의 강력한 요구에 따라 유학생을 추방시킨 바 있다.

시드니에서 한번은 한국 팀이 참가하는 축구경기 도중 한 유학생이 관중석을 벗어나 경기장에 들어와 응원을 했다는 이유로 경찰에게 구금되고 기소되는 사건이 발생했다. 자동차 접촉사고, 그 외 여러 규칙 위반 사항과 관련, 우리나라에서처럼 외국인이라고 법원과 경찰이 봐주는 일은 서양사회에서 드물다. 이것은 호주의 이야기고 인심이 험악한 뉴욕, 런던 같은 대도시에서는 더 하다.

영미국가들이 유학을 수출산업으로 육성하느라 판촉활동을 대대적으로 벌임으로써 한국에서 해외 대학의 상업주의 측면이 부각되는 것이 사실이다. 그러나 그런 시각이 학생들로 하여금 해외 대학도 타락하여 돈만 낼 수 있으면 쉽게 학위를 따올 수 있을 것 같은 착각을 갖게 한다면 큰일이다.

해외 대학들은 유학을 마케팅 하는 것이지 학위를 마케팅 하는 것은 아니다. 돈을 내고 유학을 많이 와달라는 거지 학위를 쉽게 준다는 말은 아니다.

물론 엉터리 학교가 있겠지만 대부분 알려진 해외 학교들은 그렇지 않다. 유학에 실패한 사람들은 돌아가 그 나라와 대학에 대하여 나쁜 말을 하게 되어 있다. 건물이 한국에 비하면 초라하고 변소 같다, 교사의 질이 낮다 등이다. 이런 불평은 원님 지나간 후 나팔 불기다. 한국과 현지에서 책임 있는 유학 지도가 필요한 대목이다.

4, 21세기 유학 환경 - 많이 바뀌었으나 아직도 쎌러스 마켓

1950년대와 60년대의 한국인의 유학 대상지는 거의가 미국이었다. 그때 미국은 누구도 이의를 제기할 수 없는 세계 1등 부자고 강대국이었다. 가난한 한국 학생들이 장학금을 받아 또는 접시 닦이라도 하면서 유학을 할 수 있는 곳이 미국이었다.

그때 유학을 해본 사람들의 애기를 들어보면 모두 비슷하다. 언어와 공부 고생이 이만저만이 아니었다. 당시 우리 유학생들의 영어 실력이 지금만 못했겠지만 그것만이 이유가 아니다. 아마도 미국 중심의 세계 질서 의식과 미국 돈으로 가르친다는 자신감에다가 유학생 경험이 전혀 없는 교수들의 일방적인 태도가 크게 작용했으리라고 본다.

필자가 컬럼비아대학 언론대학원에 공부하러 간 70년대 초에도 그런 기미를 엿볼 수 있었다. [기사 쓰기/reporting/writing]과목의 담당 교수는 필자보고 한국 관련 기사는 쓰지 말라는 경고까지 했었다. 이 학위과정이 현지 직업교육을 목적으로 하는 사실을 감안하고라도 당시 미국 대학들의 경향이 어땠는가를 잘 보여주는 사례다.

미국 뿐 아니다. 80년대 초 필자가 시드니의 매콰리대학에서 공부를 할 때 분위기도 비슷했다. 한국 유학생은 전교에서 필자뿐이었다. 한국에 관심을 가지고 접근해오는 호주인은 하나도 없었다. 논문 토픽을 한국 관계로 하겠다고 말한다면 지도교수는 왜 유학 왔느냐고 할 것 같았다.

요즘을 보면 정말 격세지감을 느낀다. 많은 한국 학생들이 사회과학과 인문학분야에서는 한국사회 문제를, 경제학, 경영학 등 분야에서는 거시적 한국경제 아니면 한인 관광산업, 재벌기업 사례 등을 연구 대상으로 학위논문을 쓰는 것을 보게 된다. 지난 20여 년 간 뉴욕과 로스앤젤레스 한인사회의 경제, 사회, 문화 측면을 연구, 박사학위를 한 한국 유학생들도 많다. 사회학분야에서는 이 지역 한인들의 미국사회 진입과정 등 실태를 연구한 논문도 여러 개 나왔다. 한국 유학생이 한국 관련 논문을 선호하게 되는 이유는 물론 자료수집의 용이성과 자기 사회에 대하여 이미 가지고 있는 지식과 통찰력 때문이다.

당연히 연구를 위한 자료수집 등을 이유로 유학생들이 한국에 가 있어야 하는 경우도 늘어났다. 한편 영어 강사로 일하거나 한국어를 배우러 한국에 가 한동안 지내다가 돌아간 외국인들이 한국 관련 제목으로 학위를 하는 것을 보게 된다.

필자가 호주에서 공부 할 때 도중 집안 사정으로 한국에 6개월 정도 가있겠다고 하니까 학과장은 학칙을 거론 하면서(학생은 정기적으로 지도교수와 만나야 한다는 조항) 난색을 보였고 결국 동정적 이유에 따른 허가를 받아야 했었다.

한국 대학의 교수들이 방학 때와 1년 정도 휴직 기간을 이용, 나가 외국 박사학위를 해내는 일이 흔해졌다. 대부분 해외 대학들의 학칙을 엄격히 따른다면 이게 불가능하리라 보는데 예외를 인정해준 게 틀림없다.

국제간 비교 연구

　이러한 유학환경의 변화는 첫째로 이미 언급한 세계화의 물결을 따라 대학들의 관심과 역할과 활로가 과거의 국가 중심에서 세계 중심으로 확대되어 간 결과다. 전문가들의 지적대로 세계 수준의 큰 대학들의 관심이 19세기의 [국가적 필요/nationalism]로부터 금세기에는 [세계화 필요/globalism]로 바뀌고 있다.
　이 세계화과정에는 한국 등 제2, 3세계 국가들의 국제사회와 국제시장에서의 지위와 역할 상승과 저력 확대가 들어간다. 이 지역이 비약적인 경제발전으로 과거 원조 대상에서 벗어나 선진국의 새로운 상품 교역과 투자 대상지로 부상하고 있는 것이다. 그 결과 이 신흥 개발 지역에 대한 학문적 관심도 국제적으로 확대되고, 연구도 국제관계의 테두리에서 할 필요가 커진 것이다. 각 학문분야에서 [국제간 비교연구/cross-cultural studies]와 국가간 [공동연구/joint research]에 대한 필요와 관심이 커진 것은 그런 예다. 한반도 문제에 대하여 다른 나라들이 갖는 관심 하나만 봐도 그렇다.
　그간 일어난 다국적 기업의 제3세계로의 진출과 반대로 선진국으로의 후개발국 인력의 대거 이동 또한 학자들의 새로운 연구영역을 제공하고 있다. 인구 200만 명에 육박한 미국 안 한인사회는 자민족 사회에 대한 기존의 지식을 활용 할 수 있는 한국 유학생과 해외 거주 학자들에게 새로운 기회가 아닐 수 없다.
　둘째 이유는 유학은 거의 전액 자비로 바뀐 사실이다. 유학은 더 이상 후진국 원조의 일환이 아니다. 유학을 받는 나라는 이것을 돈벌이로 보게 됐다. 또 유학 대상국도 미국에서 일본, 중국, 영국, 캐나다, 호주 등으로 확대, 다양화되어 이 나라들이 유학을 받는데 경쟁을 하게 되었다.

유학생 환영 행사 여는 도시

이와 같은 여건 변화와 함께 생각해볼 점은 유학은 [쎌러스 마켓/sellers market]에서 [바이어스 마켓/buyers market]으로 바뀌고 있는가이다. 유학도 하나의 산업이라면 다른 상품이나 서비스처럼 공급자의 필요가 아니라 고객의 필요에 맞게 교육 내용을 맞추어 나가게 한 것 같다. 그리하여 교육 거래도 [맞춤형/custom tailored]으로 발전할 것인가이다.

그런 변화는 유학정책 수립과 집행 과정에 유학을 보내는 나라뿐만 아니라 유학을 받는 나라도 적극적으로 참여하는 쌍방향 모델이 될 때 가능하다. 아직까지 그게 확실치 않다. 유학생을 받아도 그만 안 받아도 그만인 중고등학교와 명문 대학들의 경우야 더하다. 기준은 완전 저쪽이 결정한 대로다.

학원 시장개방으로 한국에 들어오는 외국 대학은 쌍방향 모델을 가지고 들어와야 할 것이다. [창의력/innovative]과 신축성에 있어 앞선 해외 대학들은 이 점에서 재빠르게 움직일 테지만, 그럴 때는 교육의 질 저하의 논의에 말릴 것이다.

그러나 약간의 변화가 이미 감지된다. 언어연수와 문화체험 분야에서는 보내는 쪽의 필요를 좇아 저쪽이 특별히 프로그램을 만드는 예가 늘고 있다. 시드니에는 한국 교수들에 의한 한국어 강의를 받고 호주 학위를 받게 하는 신학대학이 몇 개 생겨났다. 학생들은 거의 모두가 한국인이다. 분명 달라진 유학 현상이 아닐 수 없는데 이러한 사례는 뭐라고 말해야 할지 쉽지 않다.

다른 변화도 엿볼 수 있다. 유학생 유치에 적극적인 호주 남부 도시인 아델라이드의 대학들은 유학생들이 지역사회에 잘 섞일 수 있도록 돕는 프로를 만들고, 시 자체와 제휴 유학생 환영과 환송 행사 등을 벌인다. 이 행사에는 시장과 이 지역 유지들이 직접 참석하기도 했다.

양자 협의 아래 절충 및 개선이 필요한 몇 가지 예로 유학생들의 사정은 전혀 고려하지 않는 일방적인 일부 대학 학칙 규정, 초중고등학교 기숙사 음식 개선 등을 들어보고 싶다.

필자가 아는 한 호주 유명 초중고등학교는 상당수 아시아 학생들이 있어 식단에 쌀밥을 넣어 제공하고 있으나 한국 학생들의 말에 따르면 밥이 늘 몹시 설익어 있어 못 먹겠다는 것이다. 서양 사람들은 쌀밥을 맛있게 짓는 방식을 잘 모른다. 이런 문제도 누군가 이쪽에서 지적하고 알려준다면 개선이 되겠지만 서로간 그런 대화 통로가 없다. (유학 에이전트의 역할, 56-62쪽 참조)

논문 표절 시비

자비유학생을 대거 받는 나라에서는 유학이 교육의 질적 저하를 가져오고 있다는 논의가 분분하다. 그런 주장의 첫째 근거는 수(受)유학국이 서로 다른 교육제도와 상황 아래 배운 학생을 선발함에 있어 일관된 엄격한 기준의 적용이 어려울 것이라는 점이다.

둘째는 돈이 걸린 문제여서 엄격한 교육평가가 어려울 것이라는 점이다. 학교 재정 면에서도 그렇지만, 비싼 돈을 내고 등록한 유학생들을 무더기로 낙제시키기가 어려울 것이라는 관측이다.

호주에서 많은 교수들이 유학생들의 채점을 허술하게 하고 있다는 보도가 심심치 않게 나오고 있다. 얼마 전 호주 텔레비전 채널 9의 일요시사프로인 [Sunday/선데이]는 일부 교수들이 유학생들의 채점을 완화하도록 위로부터 압력을 받고 있다고 보도했다. 어떤 대학에서는 학점을 따지 못한 유학생들이 항의 시위를 한 일도 생겼다.

셋째로 과거에 비하여 영미 대학에 늘어난 유색 이민자 출신 교수들이 지도를 맡게 된다면 자기 실적을 위하여 학생들을 잘 보살피거나 느슨하게 할 확률이 크다는 우려다. 대개 학생 유무를 중심으로 교수 자리가 유지되는 현행 대학제도에서는 그렇게 되기 쉽다는 것이다. 또 의리와 정이 덜 작용한다는 영미사회에서도 사제지간의 관계가 좋고 교수가 인간적이라면 어렵게 와서 공부하는 유학생들에 대하여 온정적이 될 수밖에 없을 것이다.

넷째로 인터넷의 출현으로 자국 학생도 그렇지만, 유학생들의 [논문표절/plagiarism] 사건이 늘고 있다는 주장이 제기되고 있다. 코스워크가 없는 영국식 박사과정 (제6장 198-201쪽 참조)에서는 학생이 치밀하게 계획하고, 교수가 느슨하다면 논문의 전부나 상당 부분을 남으로 하여금 쓰게 하여 과정을 마칠 수 있는 소지가 있다.

하지만 언론 보도와 부분적 사례를 들어 교육의 질 저하라고 일반화기는 이르다. 재정이 튼튼하고 지원자가 넘쳐나는 명문 중고등학교나 대학의 학사 규정과 기율의 적용은 엄격하고 학생들의 학구열은 높다. 한국에서는 별게 아닌 비행으로 한국 유학생이 제적된 사례도 많다.

이런 몇 가지 예외와 3류 학교 사례가 아니라면 유학은 아직도 쎌러스 마켓이다. 외국어를 잘하고 그쪽 학교의 학업 기준을 만족시켜야 졸업장을 받을 수 있다. 이쪽 사정을 내세워 될 수 있는 여지는 적다.

5. 취업 유학, 영주권 유학

아시아권의 유일한 백인 국가인 호주는 이웃 아시아 국가들에 대하여 큰 관심을 갖는다. 오래전 호주정부가 호주국립대학의 로스 가나 교수에게 의뢰하여 작성한 2000년대 호주와 아시아지역 국가들과의 관계를 전망한 이른바 [가나 보고서/실제 제목은 Australia and the Northeast Asia Ascendancy]가 생각난다.

보고서는 멀지 않아 한국, 대만, 홍콩, 싱가폴로부터의 호주 이민마저 줄어 중국 대륙이 이민의 주 진원지가 될 것이라고 전망했다. 그러므로 호주는 아시아와의 교역을 증대시키고, 이 지역으로부터 유학생을 많이 받도록 정책을 바꿔 나가야 한다는 것이다.

16년 전의 예측이 호주뿐만 아니라 다른 영미국가들에게도 현실로 나타나고 있는 것 같다. 호주는 지난 10여 년 동안 일본, 대만, 한국, 싱가폴 등 신흥 아시아 국가들로부터 자비유학생을 대거 받아 특수를 누렸다. 지금은 한발 더 나가 국내 부족직종 분야에서 학위와 자격증을 받으면 고용 전에 영주권을 받게 하고 있다. 유학생 유치와 함께 전문인력 부족 문제 해결의 일석이조의 효과를 노리는 것이다.

한때 매우 드물었던 장학금 취득의 기회도 조금씩 늘리고 있다.

부족직종 리스트 가운데는 회계학, 간호학, 호텔경영, 패션 디자인, 요리, 관광, 유아교육, 제과 등이 들어 있다.

이러한 상황은 다른 영미국가들에게도 마찬가지다. 미국도 F-4 비자를 늘려 이공계 취업이민 문호를 넓힐 전망이다. 비영국계 유럽인들의 이민 길이 끊긴지 오래인 이들 영미 국가들은 출산율 저하와 인구의 고령화, 전문 인력 부족의 해결을 위하여 겉으로는 뭐라고 하든 아시아 쪽으로 눈을 돌리지 않을 수 없는 상황이다.

그러나 그게 원하는 대로만 될 수 있는 일은 아니다. 영미국가가 원하는 전문 두뇌와 인력은 자기 나라에서도 잘 살 수 있으니 굳이 떠날 필요가 없고, 떠나기를 원하는 층은 받는 쪽이 필요로 하지 않는 인력이다. 이민을 나가는 전문인 가운데는 과거처럼 확실한 영구 정착이 아니라, 외국 영주권을 받아두고는 양다리를 걸려는 사람들이 많다. 여기에서 예외적인 국가가 가나보고서 예측대로 중국이고 최근 인도가 여기에 끼어들고 있다.

1950-60년대 미국은 학업을 마친 자국 내 우수한 외국 유학생들을 자국에 남게 해 후진국의 [두뇌유출/brain drain] 시비를 낳게 했다. 그리하여, 핑계일 수 있지만 미국은 풀브라이트 장학금 등 정부 장학금으로 공부한 외국 학생은 미국을 떠나 일정 기간 내에는 재입국을 금지하기도 했었다. 호주는 유학생의 학업 후 체류를 아예 금지 했었다.

그 결과 한 동안 선진국 진출의 길이 막히는 듯했으나 지금은 미국, 영국, 캐나다, 호주, 뉴질랜드 등 모두가 형태가 다를 뿐 고급 전문 직종에서 우수성이 인정되고 든든한 고용 스폰서만 찾을 수 있다면 이래

저래 못이긴 척 정착을 허용한다. 더욱 지금은 선진국의 인재유치 정책이 두뇌유출 시비 대상이 되지도 않고 있다. 아프리카 등 일부 지역을 빼고는 대부분 후개발국이 고급인력 과잉과 고학력 청소년 실업문제 해결책으로 인력 수출을 장려하고 있기 때문이다.

실은 지금 대부분 개발국의 두뇌유출은 유출로 볼 수도 없다는 견해가 지배적이다. 높은 보수와 자리를 찾아 떠난 행운아들을 본받아 더 많은 두뇌가 생겨나니 [brain drain이 brain gain]으로 이어진다는 주장이 나오고 있다. 1백만명 이상의 전문인을 30여개 부자 나라로 내보낸 인도가 좋은 예다. 이 숫자는 인도의 대졸 인구의 4.3%로 앞으로 얼마고 더 진출시킬 수 있다는 이야기다. 이 역시 국제화의 일부로 이해해야 한다.

지금의 유학은 일부 1950-60년대 미국 유학처럼 이민과 해외취업의 기회로 돌아가고 있는 느낌이다. 그리하여 재빠른 한국의 유학원들이 영주권유학, 자격증유학, 취업유학과 같은 이름의 상품을 판촉하고 이 길을 통하여 많은 젊은 한국인들이 해외로 진출하고 있다.

6. 안되게 보다 되게 하는 영미국가 교육

과거 한국의 민원 행정은 민 쪽으로 봐 너무 까다로운 조건과 제출서류, 선택의 부재가 특징이었다. 교육행정이야 말로 그랬다. 모든 시험은 떨어뜨리기 위하여 존재했다고 말하면 맞다.

그 이유로는 아무래도 국민을 고객이 아니라 통치의 대상으로 보는 관료주의를 들어야 할 것이다. 그런 사회에서는 행정은 민이 아니라 관의 필요를 위하여 존재하는 것이다. 영미국가의 교육제도가 완벽한 것은 아니나 우리의 것보다 고객의 필요에 맞게 개발되어 있는 게 사실이다. 일을 안 되기보다 되도록 고안된 제도들이 많다. 역시 민주주의 덕택이다.

민주화와 함께 한국이 도입한 많은 교육제도가 영미식인 것을 보면 그 점을 알게 된다. 한국에서 지금 고려중인 법관 등용제도로서 사법고시 대신 로스쿨의 채택도 그런 사례다. 서구 교육에 있어 선택의 폭과 기회가 많음은 원칙과 규정을 어겨서가 아니라 창의성의 결과인 게 보통이다.

한국에서는 제때 남과 같이 법과, 의과, 치과 등 인기학과를 들어가지 못하면 법관, 변호사, 의사가 되기 어렵다. 영미 대학에서는 점수가 좋다면 타과로 편입할 기회도 크지만, 일반학과 학부를 마친 후 대학원을 마쳐 변호사와 의사등 자격을 얻게 하는 길이 열려 있다. 서로 격이 다른 대학끼리도 전학의 길이 우리보다 더 넓게 열려 있다.

자연과학분야에서도 타과 졸업 후 일부 점수를 인정받고 나중에 할 수 있는 제도가 있다.

영미국가에서 적령기에 대학에 못간 직장인이 늦게 대학에 돌아오는 경우가 많은 이유는 야간 풀타임, 파트타임 학생 제도를 널리 실시하고 있기 때문이다.

영미 대학에 가보면 [mature ages student/만학도]라고 불리는 40대, 50대는 물론, 60대의 실버 학생이 많은 게 우리와 다른 점이다. 그리고 한국과는 달리 야간부를 나왔건 분교를 다녔건, 또 처음 어떤 이름 없는 학교를 거쳐 올라왔든 일단 학교를 마치면 졸업장도 같고 일반 사람들도 달리 보지 않는다. 모두 우리보다 넓은 교육의 선택과 기회를 의미한다.

처음부터 벅찬 학교를 갈 필요가 없다

미국에는 하버드, 예일 등 세계적으로 알려진 명문 사립대학이 있는가 하면 [커뮤니티 칼리지/community college]라고 불리는 2년제 공립대학이 지역마다 고르게 있다. 이 대학들은 물론 들어가기 쉽고 학비가 싸며 원하는 시간에 과목을 골라 들을 수 있는 게 특징이다. 돈 없는 많은 미국 학생들이 먼저 칼리지에 들어갔다가 거기에서 받은 학점을 가지고 원하는 대학으로 전입해 간다. 미국식을 따르는 캐나다에도 칼리지 제도가 있다.

외국 학생의 경우도 1년 등록금 미화 6,000달러 정도로 들어갈 수 있다. 호주, 영국, 뉴질랜드에서 커뮤니티 칼리지에 해당하는 학교는 [태프/TAFE/Technical and Further Education/호주], [폴리텍/polytechnic이 없어진 후 남은 기술학교들/영국, 뉴질랜드]이다. 일부 대학과정과 대부분 단기 직업교육이 위주인 호주 [TAFE]는 몇 년 전부터 대학보다 싼 등록금을 받고 유학생을 받고 있다. 여기서 받은 많은 코스의 학점이 대학에서 인정된다.

영미 대도시에는 영어학교나 한국에서라면 사설학원 정도로 여겨지는 학교가 정부 인가를 받은 대학 입시를 위한 11, 12학년(한국의 고등학교 2,3학년에 해당/matricution 코스/용어해설, 383쪽 참조) 과정을 두고 있다. 이런 학교 가운데는 오지에 있는 지방 대학과 제휴, 경영학, 컴퓨터학과의 1, 2년 과정이나 디프로마 코스를 설치해놓고 있다. 그 과정을 마친 후 본교로 편입이 가능하다.

아무래도 이런 과정에 들어가면 교수들도 좀 더 너그럽고 학생 지도에 신경을 더 써주어 큰 대학에서 느끼는 소외감과 정신적 충격을 줄일 수 있는 장점이 있다. 처음 유학을 오는 학생들이 자신을 잃고 일찍 하차해버리는 것보다는 훨씬 낫다고 생각된다.

이점은 유학생에게 특히 중요하다. 영미국가에서 학교간 전입학의 기회가 많다면, 유학생은 처음부터 벅찬 큰 학교보다 좀 못한 작은 학교에 들어가 편하게 지내며 실적을 쌓고 나중에 옮기는 방법이 현명하다.

대학에 따라 다르지만, 영미 대학에서는 우리보다도 학생의 필요와 취미에 맞도록 학생 자신이 교과목을 선택할 수 있는 폭이 넓고, 이렇게 해서 따놓은 학점을 나중에 활용하는 [학점은행제도/credit bank]도 잘 발달되어 있다.

이렇듯 학교와 과정이 다양하고 학교와 학제 간 전입, 전출이 비교적 자유스러운 영미 교육 시스템 안에서는 '모로 가든 서울로만 가면 되듯' 찾아보면 목표에 닿을 수 있는 길이 하나가 아니라 여러 갈래임을 알게 된다. 유학안내 책이 이런 길들을 [pathways 또는 routes/통로]라고 부르며 알려주고 있다.

다만 그 경우도 성적과 실적이 좋아야 기회의 활동이 용이하다. 이들 나라에서는 성적증명서 못지않게 중요한 게 [reference letter, supporting letters] 등으로 불리는 추천서다. 우리의 경우처럼 마지못해 틀에 박힌 말로 쓴 추천서가 아니라 학생을 직접 가르쳤거나 같이 지낸 적이 있는 전 학교 교수나 교사, 그 외 전문인이 쓰는 것이다. 그게 효력을 발휘하려면 매우 구체적이고 자세해야 한다. 여기 책임 있는 교사나 기관장은 그런 편지를 적당히 쓰지 않는다.

파운데이션 코스

대부분의 대학들이 유학생을 위하여 [파운데이션 코스/foundation course]라는 과정을 두고 있다. 자격 미달인 학생을 1년간의 예비코스를 잘 마칠 것을 조건으로 입학을 허가하는 제도이다. 고등학교와 대학을 한국에서만 나온 학생이 좋은 영미 대학과 대학원에 지망하면 바로 받아주지 않고 이런 과정을 거치게 한다. 대학부설 영어학교는 상호협의 아래 일정한 과정을 마친 학생은 필요한 영어 실력 인정을 받아 그 대학에 들어가게 하고 있다. 이런 잠정적인 길은 [access course, bridging course]라고 부르기도 한다.

한국 사람의 눈에는 어찌 보면 유학생 고객을 놓치지 않고 받으려는 상업적인 지략이라는 오해를 살 수 있지만 역시 '되게 하는' 교육제도로 이해할 수 있다. 다양한 온라인 코스를 마친 후 점수와 실적에 따라 원하는 대학에 입학과 편입의 길이 넓게 열려 있는 것도 그런 예다.

필자는 호주에 와 박사과정을 시작한 후 얼마 있다가 다른 대학과 다른 학과를 옮기고 싶었지만 고만 두었다. 전입 허가를 받기 위하여 거쳐야 할 복잡한 절차와 제출해야 할 서류 준비가 겁나서였다. 나중에 알게 된 사실이지만 호주에서는 한 대학에서 박사 입학이 허가 됐으면 다른 대학으로 옮길 때 새롭게 절차를 되풀이 안 해도 된다는 것이었다. 우리식의 고착된 관념 때문에 손해를 봤구나 하는 후회를 했다. 호주는 모든 대학들(하나 둘을 빼고)이 연방정부 관할로 일원화되어 있다는 점도 있지만, 역시 안되게 보다 되게 하는 교육제도라는 생각을 했다. 미국의 많은 주립대학간의 전입학이 편리하게 되어 있다.

7. 아이비리그와 옥스브리지의 간판, 영원할까?

한국의 일류대학병은 해외유학과 해외 한인들 간에도 그대로다. 한국의 출판사와 유학 책 저술 교섭을 해보면 꼭 해외 명문 대학 소개와 같은 것을 제안한다. 글을 부탁하는 잡지사도 명문 대학이 화두다. 사람들이 교육보다도 간판을 원한다는 증거다.

멜번에서 일할 때 일이다. 회계학, 컴퓨터학 분야에서 상당수 한국 유학생들이 인스티튜트(호주 대학제도는 Institute of Technology라는 직업교육 중심의 대학과 유니버시티로 불리는 종합대학의 2원제로 되어 있었다가 15여년전 각 지역별로 인스티튜트 2-3개가 통합되어 지금은 일반대학으로 승격되었다. 이 합병과 승격은 유학생 유치를 위한 연방정부 계획과도 관계가 있다)를 졸업한 다음 멜번대학에서 1년을 더하여 그 대학 졸업장을 쥐고 돌아가는 것을 봤다.

물론 이것을 학위세탁이라고 부를 수는 없다. 비합리적인 한국의 학벌제도에 맞추어 하는 고육지책이지 편법은 아니기 때문이다. 호주 학생들에게는 생각할 수 없는 일이다.

필자가 일했던 멜번의 4개 대학 부설인 국립한국학연구소는 한국의 대학과 교환학생 프로그램에 따라 학생들을 이 대학들로 오게 했었는데, 전원이 멜번대학만을 고집하는 것이었다. 한국의 교수들도 마찬가지다. 교환교수 프로그램으로 비교적 작은 대학에 온 한국 교수는 초라한 학교 건물에 불만을 품고 큰 대학으로 옮겨갔다.

호주 교포 학생들이 대학과 학과를 선택하는 하는 것을 봐도 안다. 대부분 적성과 취미와는 무관하게 받은 성적을 따라 인기 대학과 인기 학과 순으로 지망을 한다. 호주 학생들 가운데는 점수로 봐 큰 대학의 의과나 법과에 갈 수 있어도 자기가 원하는 학과를 찾아 작은 대학과 학과를 선택하는 사례가 적지 않게 있다.

일류 대학, 일류 학과를 향한 열풍은 해외에서 번창하는 한인이 경영하는 과외학원을 봐도 알 수 있다. 이들 학원의 고객은 한국 학생과 근래 늘어난 비영미계 이민자 자녀들이다. 영미계 백인 부모들은 아직까지 자녀들을 일류 대학에 보내기 위한 일념으로 그런 희생을 감수하려고 안한다.

새로 부상하는 대학들

일류 대학을 영어로 직역하면 [first-class university]가 된다. 2류는 [second-class]다. 하지만 영미국가에서 그런 표현은 잘 안 쓴다. 누가 누구를 일류 또는 2류라고 말할 수 없기 때문에 그럴 것 같다. 대신 과거에는 [prestigious university], 요즘에는 [quality 또는 elite university]라는 말을 더 듣게 된다. [Prestige]는 품위와 명성이고, [quality]는 질, elite는 소수이다. 셋은 꼭 같다고 볼 수 없다. 교육의 질은 무엇을 교육의 내용으로 보느냐에 따라 달라지며, 그 기준은 변한다.

품위와 명성은 일반이 갖는 이미지다. [평판/reputation]이라는 말도 점차 한국에서 쓰인다. 그런 이미지 조성에는 어느 나라에서나 오랜 역사와 전통, 고색창연한 건물과 학생 수, 홍보가 크게 작용한다. 또 그 사회의 문화, 즉 국민의식 구조가 한 몫을 한다. 한 가지 예를 들면, 학벌과 학연이 출세에 크게 영향을 미치는 문화에서는 사회 고위직에 많은 선배가 포진해 있는 대학이 명문 대학이다.

영국의 [옥스브리지/OxBridge/옥스포드대학과 캠브리지대학]와 미국의 [아이비리그/the Ivy League/동부 지역의 오래된 명문 대학군/ 용어해설 382쪽 참조), 고등학교로는 영국의 이튼과 해로우 등은 질적으로도 높은 명성과 평판을 받고 있다.

그러나 이론적으로는 명성과 질은 같다고 볼 수 없다. 새로 나오는 학교가 오랜 역사와 전통 때문에 명성이 높은 학교를 질적으로 앞서는 사례가 늘고 있다. 최근 여러 기관이 발표하는 전 세계적 및 국가별 대학 평가에 따르면 무명의 대학들이 계속 상위권에 오르는 것을 볼 수 있다.

교육의 질 향상은 교육 투자와 밀접한 관계를 갖는다. 요즘 대학 순위에서 아이비리그를 따돌리는 대학들이 서부와 미국 전역에 등장함으로써 [뉴 아이비스/New Ivies]라는 신조어가 생겼다. 빠른 사회적 변화 요구에 맞춰 취업률이 높거나 장래 유망한 [새로운/innovative] 교육 프로그램에 투자함으로써 이다.

대학의 새로운 학과인 그래픽 디자인, 관광학, 간호학, 보건학, 정보학, 환경학, 광고학, 조경학, 사회복지학, [시각예술/visual arts], 여성학, 천연자원관리학, 컴퓨터학, 산업디자인학, 팬션학, 보석학, 의장학과 같은 '잘 팔리는' 인기 학과의 출현이 한 가지 예이다. 전통적인 학과에 묶여있는 오래된 명문 대학에 이런 과를 쉽게 신설할 수 없다. 의과, 치과, 법과, 정치과, 경제과, 심리학과, 교육학과, 언어학과, 농학과, 기계학과는 전통 학과의 예다. 영미국가의 오래된 유명 대학에 커뮤니케이션학과가 없는 것도 같은 맥락이다.

고등학교 레벨에서는 새로 생긴 특수학교가 창의적인 교육을 하는 것은 그런 예다. 영미국가에 있는 특목고, 농업고, 예술학교, 외국어학교,

기술학교 모델이 한국에도 도입되어 기존 명문고의 인기에 도전한다.

출신대학 신입사원 수

어느 나라에서나 일류 대학, 명문 대학 숭배는 신분제도의 잔재와 관계가 있다. 그러나 한국에서의 일류 대학 의식은 영미국가와는 비교가 안 되게 뚜렷하다. 그렇게 되는 이유와 사례들을 필자가 느낀 대로 아래 적어 보겠다.

(1) 먼저 취직 전선이다. 한국에서는 입사 시 다른 조건이 같다면 물론, 못 할 때도 서울 지역 대학 출신이 지방대학 출신에 비하여 절대적으로 유리하다. 서울대와 연고대 정로라면 더 그렇다. 영미국가와는 비교가 안 된다.

이들 나라 로펌이나 대기업 들이 매년 뽑는 신입사원의 출신교별 분포를 보면 한국에서처럼 몇 개 대학으로 편중되는 일은 드물다. 채용 결정시 학교 이름과 성적 못지않게 과거 활동 실적과 면접에서 나타나는 개인의 자질과 경험과 능력과 인상을 중요시하기 때문이다. 캐나다 대학에서 오래 가르친 호주 그리피스대학의 권오율 석좌교수는 이렇게 말한다. "선진국에서는 전공, 실력, 인성, 경험 등에 의하여 사원채용을 하며 출신대학은 거의 고려 대상이 아니므로 대학간의 뚜렷한 서열화는 생기지 않는다."

고객 관리가 중요한 로펌이나 회계법인의 인원 채용 시 면접에 할애하는 노력을 보면 그 점을 실감할 수 있다. 고용주측은 지원자의 인성과 자질을 정밀 평가하기 위하여 면접을 세 차례로 나눠 하되 마지막은 면접관이 지원자와 점심을 함께 하면서 할 정도로 실시한다.

　이런 인선과 진급제도 때문이겠지만 돈과 집안 배경이 크게 작용하는 정치에서는 몰라도, 실적을 중요시하는 기업의 CEO 자리 가운데 아이비리그 출신의 비율은 미국에서 계속 떨어지고 있다.

　(2) 한국에서는 과거 국가고시 결과는 물론, 인기 직장에 채용된 신입사원에 대하여 자신들은 물론 외부인들까지도 출신 학교별 분포에 지대한 관심을 갖는다. 언론도 그런 수치를 재빨리 얻어 보도한다. 영미국가에서는 그렇지 않다. 언론의 관심사가 아니며, 직장에서도 한국에서처럼 입사 기별로 자기 학교 출신이 몇 명이며 누구인지를 놓고 대화하는 것을 못 본다. 그러니 직장 내 동문끼리 연대의식을 조성하는 현상은 보기 힘들다.

　"호주에서는 수상들이 대학을 나왔는지, 어느 대학을 나왔는지 유권자들이 모르고 알려고도 하지 않는다. 대학교 내에서도 교수들끼리 출신대학을 서로 모르고, 알 필요를 느끼지 않고 산다. 객관적으로 나타나는 능력 외에 그 어느 것도 그 사람을 판단하는 기준이 되어서는 안 된다는 의식구조가 흐르고 있다." 다시 권오율 교수의 말이다.

　이런 직장 내 학벌에 따른 파벌 형성은 우리 사회 전반에 퍼져 있다. 얼마 전까지도 언론과 식자들이 사법부와 어느 행정부처를 어느 대학이 잡고 있다와 같은 말을 자랑스럽게 했었다. 필자가 대학 들어갈 때만해도 선배가 각계에 많은 어느 대학에 가야한다고 하는 말을 많이 들었었다. 동경대학 출신이 일본의 관료사회를 지배해온 전통을 부러워하는 사람들이 만든 신화인 셈이다.

언론의 책임이 크다. 영미국가의 언론은 우리 언론처럼 어느 인기 있는 직장에 어느 대학출신이 얼마나 많은가, 국회의원 가운데 특정 대학 출신이 몇 명인가와 같은 정보를 찾아 보도하지 않는다.

유학에도 학벌주의가 확대되는 추세다. 한국의 정부, 대학, 기업, 그 외 각 분야에서 고위직자들 대부분이 미국 유학을 한 사람들이다. 대부분 한국인들이 선배가 실세인 미국의 특정 대학에서 유학을 했다면 사회진출에 그만큼 도움이 된다고 믿고 있다. 영미국가에서도 [old boys network]와 같은 말이 있듯이 큰 조직과 대기업의 상층부 인원 진급 또는 발탁 시 명문 고등학교 출신간 은밀한 인맥이 작용하는 사례가 있다지만, 그렇게 뚜렷하지는 않다.

(3) 이점은 지역에 따라 차이가 있는 것 같기는 하다. 신분제도의 잔재가 많이 남은 영국에서는 런던 같은 대도시의 큰 직장에 경력이 아니라 신입 사원으로 들어갈 때는 출신 학교 간판이 중요하다고 한다. 필자의 친구 아들 이야기를 여기에서 꺼내보고자 한다. 그는 호주의 한 중위권 대학에서 법 경제 복수 전공을 하고 몇 군데 로펌에서 근무한 후 지금은 런던의 [JP Morgan]의 법률 담당 부사장으로 있다. 필자는 이 책을 쓰기 위하여 그의 경험담을 들어 봤다. 그는 회사가 필요로 하는 경력과 능력을 인정받아 영입된 경우고, 대부분 이곳 국제 로펌과 금융회사 신입사원은 하버드나 옥스퍼드 출신들이라고 했다.

모든 대학이 서울대학이다

(4) 명문 대학 이미지는 그것을 필요로 하는 사람들에 의하여 더 굳

어진다. 미국에서 공부한 [한국과학연구원/KIST]의 정건영 박사에 따르면 신화는 이런 대학에서 공부한 사람들이 만든다. "미국의 이른바 명문대학에는 어디나 교포, 유학생 합하여 한국 학생이 기백 명씩 있습니다. 미국의 일류대학 홍보는 이들이 하는 셈입니다."

요즘 한국 정부와 단체들이 국제협력과 교류의 이름으로 해외 대학들과 하는 일도 마찬가지다. 자매결연, 교환학생 프로그램, 학술세미나 개최 등 사업 대상 선정도 내용보다 학교 간판을 더 좋아한다. 해외 대학에 연구기금 공여나 한국 관련 학술대회 재정지원도 대상 학교의 이름이 먼저다.

최근 어떤 한국의 대학총장도 해외에 나와 오래된 한 대학과 협력관계 문서를 서명한 후 그 점을 공개적으로 자랑하는 것이었다.

(5) 국가의 교육정책에도 책임이 있다. 한국의 서울대학이 일류 대학이 된 데는 이 국립대학에 대한 정부의 특혜와 그에 따른 타 대학에 비하여 월등히 싼 등록금이 한 몫을 한 것이다. 돈은 없으되 머리가 특출한 학생들이 학비가 싼 학교로 모인 결과 서울대학이 이름이 난 게 아닌가.

호주 대학 가운데 한두 개를 빼고서는 모두 연방정부의 지원으로, 똑같은 원칙과 기준에 따라 운영되는 국립대학이다. 당연히 학비에도 큰 차이가 안 난다. 모두 서울대학인 셈이며, 거기에 한국에서와 같은 전국 대학으로서의 서울대학이 생길 리가 없는 것이다.

대도시에 있는 대학들이 여러 가지 이유로 선두 그룹에 있기는 해도, 여간 부유한 집안 학생들이 아니라면 대학을 좇아 거주지를 떠나오지 않는 것이다. 오히려 대도시로 나오는 학생들은 지방에 없는 특정 학과가 아니라면 아르바이트 일자리 기회를 보고 오는 경우가 보통이다.

  우수한 사립학교 교육이 발달한 미국도 추세는 대개 같다. 주마다 거주자 자녀들에게는 무료이거나 사립대학과는 비교가 안 되게 저렴한 등록금을 부과하는 주립대학이 있어 역시 아주 부유한 집안이거나 반대로 학비를 벌어야 하는 학생이 아니라면 타주에 있는 명문 대학이나 대도시로 향하지 않는 것이다.

  (6) 국토가 넓고 연방제 국가인 미국, 호주, 캐나다 등에서는 한국의 중앙집권과는 달리 지방분권 중심의 정서와 긍지가 강하다. 그 결과 미국에서는 서부지역에서는 [University of California 계(系)/주립대로 Berkley, Los Angeles, Santa Barbara등 10개 캠퍼스로 되어 있음], 남부에서는 [University of Texas 계 주립대/Austin 등 5개 캠퍼스], 중부에서는 [University of Illinois 계/Chicago 등 3개] 정도의 지역에 기반을 둔 대학 정도면 동부의 아이비리그를 좇아 떠나지 않는 학생들이 많다.

  호주에서 퀸스랜드 주의 수도인 브리스베인이나 서부호주의 수도 퍼스는 시드와 멜번 대학에 비하여 훨씬 작은 도시다. 그리고 100여년의 역사를 가진 시드니대학과 멜번대학은 이 지역 대학들보다 명성이 높다. 하지만 한국에서처럼 지방에서 큰 도시, 큰 대학으로의 [러시]는 없다.

  해외 선진국에서 일어나고 있는 추세는 시간은 걸려도 한국에 들어온다. 이미 앞서 말한 새로운 학과와 구미의 창의적인 대학 운영과 경영 시스템이 한국에서 모방되고 있다. 서방식 인원채용 제도도 점차 확대되고 있다.

삼성을 시작으로 한국의 대기업의 최근의 인원 채용 실태를 보면 이미 학교 이름 위주의 선발은 줄고 있다. 기업들은 세계화에서 살아남기 위해서는 대학 이름이 아니라 필요한 인재를 찾고 있다는 말이 들려온다. 유학에서도 과거 학교 이름 일변도 학교 선택 현상은 바뀔 것이다.

8. '한국인 없는 곳으로 보내 달라'

해외 어느 지역, 어느 학교를 가도 한국 학생이 있다. 대도시의 일부 지역에는 한국 학생이 절반인 학교와 학급도 있다. 그만큼 널리 많이 나가 있는 것이다. 유학의 목적은 학위와 지식 취득만이 아니다. 현지 사회에 섞여 외국어와 문화를 배우는 것도 중요하다. 그런데 나가서 한국인 학생끼리만 더 많은 시간을 보내다가 돌아온다면 어떻게 되는가.

학부모들은 당연히 자녀 유학을 동포가 없는 곳과 학교로 보내고 싶어 하고, 그렇게 해달라고 유학원에 주문한다. 하나 이런 부모와 학생들에게 명쾌한 해답이 없다.

한인이 없는 곳에 갔다고 해서 원하는 대로 외국 사람과 사귀어 지낼 수 있는 것도 아니고, 또 사귄다고 해서 그들하고만 맘대로 지내게 되는 것도 아니다. 이게 해외 유학 간 학생들의 실정이다. 첫째로 성인 영미 백인들은 우리와 달리 외국인에게 특별히 관심이 없다. 일부 개인주의 생활양식 때문이다. 이들은 자기들끼리도 우리처럼 밀착되어 지내지 않는다.

　하물며 언어도 잘 안통하고 불편한 외국 학생들과의 관계라면 더 그렇다. 스포츠클럽이나 다른 활동에 억지로 끼는 등 이쪽에서 특별한 노력을 하지 않는다면 늘 남남이다. 신상 문제를 물어오는 일도 드물다. 방학이 와도 같이 어디에 놀러가자고 제의해오지 않는다. 그러니 농촌에 간 유학생이 도시에서보다 더 고립되고 현지인 친구를 더 못 만들 수도 있다.

　영어공부를 위한다면 될수록 의도적으로 한인들이 모이는 곳을 피해야겠지만 이 또한 맘대로 안 된다. 주말에는 하지 말라고 해도 자진해서 한인교회를 찾아 나가고, 한인이 적은 지역과 학교에서도 일부러 동포 학생들을 찾아 밀착되어 지내는 유학생을 보게 된다. 농촌에 간 유학생이 주말이면 가까운 도시에 나가 한국 비디오를 한 보따리 빌려다 놓고 보는 행위 모두 같은 맥락이다. 해외에서 성행하는 한국 비디오 가게의 손님은 현지 교민과 유학생이다.

　뿐만 아니다. 영미지역 시골은 시골대로 지방문화가 있으나 한국 사람들에게 익숙한 곳은 역시 번화한 도시이다. 막상 큰 결심을 갖고 시골 쪽으로 갔다가도 한국 친구와 음식 등 한국적 환경을 제공하는 한인사회가 그리워 도시로 자주 나와야 한다. 그리고 한국과의 항공편이 쉽게 닿는 곳은 대도시이다.

　그렇다면 유학생에게 어디를 가느냐보다 더 중요한 것은 어떻게 시간 관리를 하고 어떤 선택적 대인관계를 하느냐이다. 마음의 결단과 노력이다. 한국인이 많은 곳에서도 외국인을 많이 만나 사귈 수 있고, 시골에 살면서도 많지 않은 한국 사람들과 밀착되어 세월을 보낼 수 있다.

영어는 학교에서만 배우는 것은 아니다. 한국인이 많은 도시에서도 찾아다니면 슈퍼마켓, 각종 행사장 등에서 원어민의 말을 듣고 대화를 해볼 기회는 널려 있다. 현지 텔레비전의 좋은 다큐멘터리, 국제방송, CNN, BBC 방송 뉴스 등을 듣고 배울 뿐만 아니라 외국인 동료 학생들과 대화를 시도해보는 것도 생생한 영어교육의 기회가 된다.

이상은 물론 일반론이고, 시골에 떨어져 있어 재미를 본 경우도 있다. 시드니에서 내륙 쪽으로 약 5시간 자동차 거리인 아미데일은 뉴잉글랜드대학이 있는 교육도시다. 이 대학에서 공부한 시드니의 김지은 변호사는 아이엠에프로 몇 명 있었던 한국 학생이 떠나버린 대학 기숙사에서 "호주인들 친구들을 많이 사귀게 되어 한국말을 쓸 기회가 없었고, 덕분에 미국식 영어에서 호주 액센트를 갖게 될 정도"였다고 말한다.

그는 특히 한적한 도시의 학교에 다니다보니 사제관계가 친구관계 같아 공부에 큰 도움이 됐다고 했다. 한 가지 결점이라면 호주에서도 지방대학 졸업 후 대도시로 나와 큰 로펌에 진출하는 것이 쉬운 일이 아니었다.

영미국가에서도 대도시의 사람들은 대체적으로 친절하지 않다. 산업과 상업 중심이라 사람들은 바쁘다. 거기다가 생계를 위하여 뛰어야 하는 여러 인종 출신 이민자가 많다. 이해관계가 없는 사람들을 위하여 시간을 내주지 않는다. 필자는 과거 뉴욕에서와 최근 런던에 가 지내면서 그 점을 철저히 느꼈다. 이에 비하면 농촌의 백인들은 아직 순박하고 여유가 있다. 호주 6개주의 하나지만 멀리 떨어진 섬인 타스마니아는 18세기 영국 농촌을 그대로 옮겨 놓았다는 평을 듣는다. 이런 지역 작은 도시의 거리나 공원에 나가 말을 걸면 묻지도 않는 일을 알려 주는 등 대화에 적극적이다.

그렇다고 한국의 유학생들이 대륙에서 멀리 떨어진 외딴 지역으로 가서 지내기도 현실적으로 어려운 일이다. 그리고 현지 외국인도 그렇고, 한국인의 경우도 비교적 살벌한 대도시로 나오는 이유는 학비를 일부라도 벌어야 할 필요와 이름 있는 학교와 학과를 찾아서가 아닌가.

농촌 대 대도시 관련, 마지막으로 거론하고 싶은 문제는 어느 쪽이 인종감정이 더할 것인가이다. 대도시에서 이민자들이 차별대우를 받는 것은 인종보다도 사회경제적으로 불리하거나 뒤떨어져 있기 때문일 가능성이 크다(제8장 인종충격, 291-294쪽 참조). 미국, 호주, 캐나다, 영국, 뉴질랜드 어디를 막론하고 [정원도시/garden cities]라고 불리는 아름답고 조용한 도시에 가면 사람들은 누구에게나 한결같이 순진하고 친절하다. 그렇지만 그들은 외국 사람들과 접촉이 많지 않았고 해외에서 생활한 적이 없기 때문에 외국인에 대하여 소극적이고 편견이 더 클 수 있다. 특히 보수적인 노인층은 자기들과 다른 이민자들에 대하여 관용이 없다.

호주는 미국, 영국, 캐나다에 비해 지리적으로 세계의 중심지에서 멀리 떨어져 있어서 같은 앵글로 색슨이면서도 국제적 감각이 덜하고 [지역적으로 편협하다/parochial]라고 보는 사람이 많다.

9. 유학원에만 맡겨야 하는 유학 카운슬링과 컨설팅

대부분의 영미국가 학교들은 적어도 한두 사람의 [교육상담원/educational counsellors]을 두고 있다. 이들의 역할은 교사나 학부모와 협의 아래 또는 별도로 원하는 학생들을 개인적으로 상담하고 돕는 것이다. 상담할 문제는 많다. 그 가운데 학교생활 적응, 가정문제, 탈선행위, 교사와의 갈등, 상급학교 진학과 장래 취업을 빼놓을 수 없다.

교육상담은 모든 수준의 학교에서 필요하나 보통 카운슬링으로 불리는 상담은 학교생활 적응과 관련 비교적 나이가 어린 초중고등 학생들에게 더 중요하다고 봐진다. 대학 수준이라면 [학사문제상담관/academic counsellors], 졸업을 앞두고 있다면 [진로지도상담관/career advisor]이 더 중요하다.

유학생들은 나이에 관계없이 현지 학생들보다 더 많은 어려움을 겪는다. 유학생을 많이 받는 영미 대학들은 이들의 문제를 상담하는 전문인들을 두고 있다. 보통 [외국학생 카운슬러/overseas student counsellors] 또는 [외국학생지도담당관/overseas student adviser]으로 불린다. 대학 안에 [국제교육 담당관실/International Education Service]을 두는 데도 있다.

대부분의 영미 초등학교와 중고등학교는 유학생을 받지 않거나 일부를 제외하고는 받아도 그 비율은 아직 대학만큼 높지 않다. 유학생 담당 카운슬러를 따로 두기도 하고 유학생을 받는 [중고등 기숙학교/boarding school]에서는 [사감/housemaster]이 일부 그런 역할을 맡는다. 또 영어가 약한 유학생이나 이민자 학생을 위하여 이중언어 교사를 두고 있는 경우는 그가 일부 유학생을 위한 카운슬링 담당자역을 하게 된다. 학생 자신은 물론, 조기유학의 경우 학생의 부모와 가디언은 학교 측이 제공하는 이런 서비스를 잘 활용할 줄 알아야 한다.

외국 학생 담당 카운슬러들의 역할은 학생들이 고국을 떠나와서 겪는 문제들을 생각해 보면 자명해진다. 새로운 사회와 학교와 공부 환경에 적응하는 문제, 학교행정 관련 문제, 교수 관련 문제 해결 등을 말할 수 있는데, 이 책에서 다룬 대부분 사항이 여기에 해당한다.

현지 학교들은 유학생들이 이용할 수 있는 학교 카운슬링 및 자문 서비스에 대해 늘 홍보를 하고 있다. 그러나 필자의 조사에 따르면, 한국 학생들은 대학의 이러한 자문 서비스를 많이 이용하지 않는다. 노출하고 싶지 않은 개인 문제를 상의하려고 언어와 문화가 다른 사람들을 잘 찾아가지 않는다. 학업에 관련된 문제는 자칫 약점을 드러낼 뿐 해결에 도움이 되지 않을 것으로 생각해서 더 그렇다. 또 대부분의 학생들이 재정적 어려움을 겪고 있지만, 이에 대하여는 학교가 도움이 되지 못한다. 성인 유학생들은 혼자 알아서 혹은 친한 동료들과 의논해서 문제를 해결해 나가는 것이 보통이다.

반면 한국 학생들은 유학을 나가기 전에는 한국의 유학원, 그 후는 현지의 한국인 경영 유학원을 적극 이용하는 편이다. 학교 선정, 전학, 과정 안내, 비자 연장 등에 필요한 정보와 도움 등을 주로 받기 위해서다. 개인의 신상문제 상담이 아니다. 따라서 이들 유학원이 하는 일은 카운슬링보다 [교육 컨설팅 또는 자문/education consulting]이라고 불러야 맞다.

이들 유학원은 상담비를 받지 않으며, 직원이 모두 한국말을 잘하는 한국인이므로 접근이 쉽다. 대부분 유학생들이 여기를 통하여 학교를 택하게 된다. 문제는 기업인 유학원은 수입의 원천이 되는 입학과 비자 수속 업무 외는 잘 모르며, 또 학교 안내는 영업상 협조관계에 있는 쪽으로만 하기 쉽다는 점이다. 어느 유학생의 말대로 "이들은 자기들과 관계가 있는 학교에 대해서만 잘 알지 다른 것은 전혀 모른다."

영세한 유학원

[유학 대행사/education agent]로 불리는 유학원들이 내거는 간판은 [국제교육원, 해외교육원, 교육자문/education advisors], [교육 컨설턴트/education consultants], [교육센터, 유학센터, 유학정보센터/education information center] 등 다양하다. 그런 간판이나 이들이 광고하는 내용을 보면, 유학원은 학교 안내와 수속만을 대행하는 유학 대서소나 복덕방일 수 없다. 그런데도 대부분의 경우 현실은 거기에서 벗어나지 못한다.

그 이유는 간단하다. 무엇보다도 한국인간에는 어디에서든 돈을 내고 자문을 받는 전통이 없다. 거액의 금전적 이해가 얽힌 법률과 조세 관계가 아닌 학교 선정, 입학, 학업에 대한 자문이라면 그렇다. 현재 유학원의 수입은 유학 수속을 대행해 주고 고객(학생 또는 학부모)으로부터 받는 수수료와 일부 외국 학교가 알선해준 학생 수와 수업료 액수에 따라 제공하는 커미션이 주이다.

유학원은 모두 개인영업이다. 또 한국에 있는 몇 개 유학원을 제외하고는 국내외 모두 영세하다. 이런 유학원들은 무엇보다도 단 한 사람의 학생이라도 유학을 할 수 있도록 유도하여 수익을 올리려고 하지, 당장의 수입으로 이어지지 않는 리서치와 전문 자문은 생각 못한다.

되풀이하건대 유학 자문은 어떤 학교를 택해 어떻게 갈 것인가 못지않게 가서 어떻게 공부할 것인가를 망라해야 한다. 그리하여 그런 문제에 대해서도 풍부한 정보와 지식을 제공할 수 있도록 자료수집도 하고 전문 인력을 구비해야겠지만, 대부분 유학원들의 실정은 그렇지 못하다.

또 이런 상황에서는 책임 있는 유학 안내도 어렵다. 책임 있는 교육 자문이라면, 유학을 할 만한 자격이 없거나 나가서 성공할 가능성이 없는 학생에게는 다른 길을 찾도록 권유해야겠지만 그렇게 할 리가 없다. "가면 다 됩니다"하는 식의 무책임한 자문을 해줄 수도 있다.

교육문제를 가르치는 사람의 노력 하나로 개선할 수 없다. 유학도 마찬가지다. 교육을 맡는 외국 학교, 유학을 하려는 학생 본인과 학부모, 이들을 사전에 준비시킬 책임이 있는 국내 학교와 교육 기관, 유학생과 외국 학교를 연결해 주는 유학원 등이 모두 잘 해야만 가능하다. 그런 건전한 유학질서와 체제 아래 나가고 공부한 인재라야 길게 봐 국가에 도움이 될 것이다. 이렇듯 교육에 있어서 중요한 분야가 오로지 영세하고 무책임한 대행사 사람들에게 전적으로 맡겨져 있다면 큰일이 아닐 수 없다.

커미션을 잘 써야 할 유학원산업

대부분 영미국가 학교들은 한국 학생들을 유학원을 통하여 모으고 있으면서도 이들 업체와 학생들 모두를 불신하는 편이다. 여기에는 우리 쪽 책임도 크다. 많은 유학원들이 과당경쟁으로 오래 가지 못하고 사라져 신용을 못 지킨 결과다. 하지만 언어장벽과 문화적 차이 때문에 우리 쪽 입장이나 상황이 학교 쪽으로 충분히 전달되지 않아 그렇게 되는 측면도 중요하다.

고객인 학부형이나 유학생들의 시각으로는 학교의 직무태만도 크다. 학교가 상황을 잘 몰라 그럴 수도 있고, 알고도 태만할 수 있다. 이런 시각차를 좁히고 문제를 해소하기 위해서는 유학을 받는 학교 당국과 유학을 알선하는 유학원 측이 서로의 입장을 전달할 수 있는 공식 대화 통로가 필요하다.

국내와 해외에 있는 유학원협의체가 그런 대화 창구가 되어야 하겠지만 그렇지를 못하다. 협의체는 서로가 개선할 문제, 서로가 상대 쪽에 대하여 가질 수 있는 여러 가지 오해와 불미스러운 일들을 조사한 다음 해결책을 제시할 수 있어야 하지만 그런 사례가 없다. 또 외국 학교와의 협의는 문서로써 체계화시켜야 하는데, 재정, 이론, 언어능력 등 이유로 역부족이다. 협회의 관심은 단지 회원들간의 이익 보호와 조정인 게 보통이다.

유학 시장의 무질서는 여기에 그치지 않는다. 커미션의 부작용이 있다. 대부분의 어학학교, 기술학교, 유학생 유치에 적극적인 초중고등학교와 대학들이 학생을 주선한 유학원에 지불하는 커미션은 비리가 아니다. 한 명의 유학생을 책임지고 외국 학교에 입학시키려면 수속 대행, 통신비 등 상당한 비용과 시간이 소모된다. 커미션은 이것을 보전하기 위한 것이다. 또 학부모가 내는 수수료 수입으로는 넉넉하지 않은 유학원에게 커미션은 리서치를 위한 긴요한 재원이 된다. 어떤 학교는 계약서에 이 커미션이 유학원으로 하여금 유학생 컨설팅과 카운슬링 서비스를 잘 수행하도록 돕기 위한 것이라고 명시하고 있다.

그런데 이 커미션 제도가 오히려 시장을 교란하는 요소로 작용한다. 일부 유학원들이 커미션을 받고도 고객에게 과다한 수수료를 받거나,

반대로 등록금을 감해 준다며 커미션 일부를 내주는 덤핑행위가 성행하기 때문이다. 현지 유학원들 사이에 벌어지는 커미션 덤핑은 유학원 사업의 건전한 발전에 밑거름이 될 수 있는 재원을 포기하는 결과를 가져오고, 유학생들로 하여금은 가격을 흥정하러 다니게 하는 비교육적인 관행을 만들게 하고 있다.

  이 때문에 이 분야에도 유학원 자격인정과 책임에 대한 감독 등을 통한 개혁의 필요성이 오래 거론되어 왔지만 잘 안 되고 있다. 관광과 함께 유학산업의 비리와 불합리성은 해외 현지에서 노정되지만 그 해결책은 한국에서 찾아야 한다. 이 시장의 돈과 비즈니스 관행이 본국에서 출발하기 때문이다. 그렇다면 실태가 현지 보다 한국의 주류매체에 심층적으로 보도되어야 한다. 이와 관련 좀 우려스러운 사실은 한국의 매체들이 해외 영어캠프니 문화체험이니 하는 이름으로 학생들을 공개모집하여 해외로 내보내는 사업을 하고 있다는 것이다. 언론의 보도에 있어 '이해충돌'의 문제가 야기될 소지가 크다.

제2장 조기 유학 부모들을 위한 조언

1. 왜 보내려 하는가.

시드니의 한 사립학교로 등교하는 여학생들 (필자촬영)

21세기 한국의 유학 풍속도에 일어난 큰 변화는 분명 계속 느는 조기유학이다. 몇 살, 몇 학년까지가 조기유학인가? 유학 허가와 여권 발급 규제가 아니라면 나이에 따른 개념 논의는 무의미하다. 대개 조기란 그런 법적 측면을 떠나 본인의 선택과 자율에 맡길 수 없어 부모의 감독이 필요한 연령대라고 봐야 한다. 그렇다면 18세까지를 미성년자로 보는 개념과 조기유학은 대개 일치하지만, 17, 18세에 이미 어른과 같은 학생도 있고 그 나이를 넘어서도 어린 학생이 있을 것이다.

이 책의 조기유학은 물론 영미지역으로의 유학이다. 한국에서 흔한 조기유학 논의는 조기유학을 보내는 것이 현명한가와 보낸다면 언제 또는 몇 살에 보내야 하느냐이다. 이 문제에 대한 일률적인 해답은 물론 없다. 왜 가려는가가 관건이다.

　조기유학 결정론으로서 입시지옥과 고액과외비 부담 등 열악한 국내 교육환경이 곧 잘 거론된다. 그 외에 여러 가지 사정이 있을 수 있다. 그러나 더 장기적이고 중요한 이유라면 장래 더해질 국제화 추세에 대비, 자녀들을 일찍부터 국내가 아니라 세계의 넓은 운동장에서 잘 뛸 수 있는 인재로 키우고 싶어서라고 생각한다.

　그러기 위해서는 자녀들을 전문성 외에 국제 공용어가 되고 있는 영어를 원어민과 똑 같이 할 수 있게 만들어야 하고, 그래서 어려서부터 영어사용 국가 학교를 다니게 해야 한다. 그렇다면 잠깐 다녀오는 유학을 제외하고는 빠를수록 좋다는 결론에 다다른다. 고등학교 2, 3학년(영국과 호주 학제로는 11, 12 또는 13학년) 때 간다면 나이가 18세 이전이라고 할지라도 조기유학의 효과는 덜하다. 다른 언어는 몰라도 영어라면 한국인의 경우 17, 18, 19세 연령대가 되면 현지에 가 살아도 대부분의 경우 현지인 같게 안 된다.

　또 영미권에서는 고1(10학년) 정도까지는 공부가 느슨하다가도 초중고 과정 마지막 단계인 고2, 3년과 대학부터는 갑자기 세지기 시작한다. 그때 와서 따라가려고 한다면 아주 어렵다. 이때 실패하는 율이 아주 높다. 늦은 나이에 이민와 고등학교와 대학을 겨우 나왔으나 방황하는 이른바 1.5세들의 사례를 보면 잘 안다.

　이점 일제 때 한국인의 일본 유학과 크게 다르다. 그때는 커서 일본으로 유학 간 많은 한국인들이 고등문관시험(해방후 고등고시)에 합격할 정도로 일본화가 빨랐다. 국내 교육이 대부분 일본 교육이었지만 그것만이 이유가 아닐 것이다. 한국인에게 일본어는 영어와는 비교가 안되게 구조적으로 가깝다.

　영미지역에 부모를 따라 이민 온 자녀들이 풀려나가는 과정을 봐도 알 수 있다. 초등학교, 고2와 고3, 대학 재학 중 온 구룹이 사회진출 패턴이 대개 다르다. 대입이 국가시험 성적 결과로만 결정되는 호주에서는 비교적 늦은 나이에 온 한인이 수학, 물리, 화학 등 필수와 선택과목에서 높은 점수를 맞아 인기학과인 의과, 치과, 법과를 들어가 졸업을 한 사례가 많다. 하지만 이들 대부분이 영어만을 쓰는 공공병원이나 외국계 로펌이 아니라 교포 환자와 고객을 주로 하는 자영업인 [GP/general practitioners/일반의사]와 치과 클리닉을 열거나, 한인 경영 법률회사에 고용되는 게 보통이다. (이 직업들의 보수와 조건이 영어만 쓰는 자리만 못하다는 뜻은 전혀 아니다. 정부 의료보험제도에 힘입어, 교포사회가 큰 경우 그 반대일 수도 있기는 하다)

　늦은 나이에 이민 와 대학의 다른 일반 학과에 들어간 학생들의 맘고생도 엄청나다. 영미국가 대학에 개설된 한국학(한국어 중심) 코스에 교포학생이 더 많고, 심지어 거기에는 일부 유학생이 섞여 있는 사례도 보게 되는데 학점 따기의 어려움을 덜하기 위한 고려가 있다고 봐진다. 그리고 해외 1.5세대 청소년 가운데 공부를 마치고 부모의 자영업을 이어 받기도 하고, 한국에 나가 직장을 잡는 율이 높은데 이 경우는 고국에 대한 [노스탈지아/nostalgia] 말고도 현지 주류사회 진입에 느끼는 부담 때문이라고 봐야 할 것이다.

액센트 있는 영어로는 곤란

　외국인이 영어를 한다고 할 때 그 수준은 천차만별이다. 각자 다른 영어 실력으로 현지 사회에 어떻게 적응해 나갈지는 노동시장의 현황과 밀접한 관계를 갖는다. 한 예를 들면, 영미지역에서 지금 간호사는 부족 직종이다. 따라서 간호사 자격증이 있고 업무 수행에 지장이 없을 정도의 영어(해당 전문분야에서 최소 필요한 이른바 기능영어/functional English, 제7장 254쪽 참조)를 할 수 있으면 직장을 얻고 일하는데 큰 문제가 없다.

그러나 우수한 인재가 몰리는 고위관료, 큰 로펌과 회계법인, 큰 금융회사라면 사정은 다르다. 주어진 일만 해낼 수 있는 능력만으로는 어렵다. 정책을 논하고, 고객을 잘 관리하고 회사의 이익을 극대화시켜줄 사람이어야 한다. 로펌 경영층인 [파트너/partner]가 되자면 일거리를 많이 따와야 한다. 그런 자리는 기능영어만 가지고 안 된다. 언어와 전문지식과 대인관계 면에서 주류층 구성원으로서 조금도 손색이 없어야 한다. 언론사 입사도 그렇다.

영어사용 국가에서는 이민자에 대하여 액센트가 있다는 말을 곧잘 듣게 된다. 이때 액센트는 단어 발음의 강약 위치가 아니라 이민자들이 갖는 원어민과는 다른 영어를 뜻한다. 실세 정치인, 법관, 공기관과 기업의 CEO가 되려면 액센트가 없어야 한다. 얼마 전 한국에서 몇 인사의 유엔사무총장 출마가 거론 됐었다. 소속 국가가 아니고 국제기구를 대표하여 막후에서 외교교섭을 벌여야 하는 그 자리는 의사소통이 되는 영어로만으로는 어려울 텐데 하는 생각을 해봤다.

영미국가에서는 최근 부족한 전문 및 기술직 인원 보충의 한 가지 방책으로 해당 분야 학업을 마친 유학생들에게 영주권을 내주고 있으나 이들이 정착한 후에도 택시 운전 등 전공과는 다른 일을 잡거나 이미 포화상태인 자영업 분야에 몰리는 것을 보게 된다. 역시 현지인과 다른 영어가 문제다. 회계, 컴퓨터 등 전문직 분야에서 기술이민 카테고리로 이민을 왔으나 원하는 직장을 찾지 못했거나, 찾았어도 언어 고충에 못 이겨 한국으로 돌아간 경우도 적지 않다.

이런 사례를 인종차별 결과로 속단해서는 안 될 것이다. 최근 런던에 가 한 동안 지내봤다. 세계 경기가 나쁘지 않은 모양이었다. 대부분 지역이 관광객으로 꽉 차 활기찼고, 옥스퍼드가 거리는 토요일 발 디딜 틈이 없을 정도로 인파가 몰렸다. 이러한 분주한 상가의 식당과 점포와 거리에서 잡일을 하는 사람들은 대부분 파키스탄, 인도, 아프리카와 아랍계다. 이에 비하여 런던의 금융가인 [City of London지역/뉴욕의 월가와 비슷]에서 일하는 전문인 가운데는 백인이 눈에 뜨이게 많다.

이런 차이를 보고 외부인은 인종차별의 결과로 속단하기 쉽지만, 그것은 그야말로 속단이라고 본다. 이런 궂은일을 하는 사람들의 영어와 매너를 보건대 현지에서 어려서부터 착실히 배우고 노력한 사람들이 아니구나하는 생각을 하게 되는 것이다.

일본에서는 일본인과 똑 같이 생기고 말하고 행동하는 한인도 정계와 관계에 들어가기가 어렵다. 한국도 마찬가지다. 한국에서 자란 화교들은 한국에서 교육을 받고 한국어를 한국인과 똑같이 해도 자영업에 머물러야 했다. 이에 비하면 백인사회의 인종차별은 훨씬 덜하다고 생각된다. 지금의 영미국가에서라면 이민자도 현지인과 똑 같은 영어와 자격을 갖추었다면, 대부분 전문분야에서 최고경영층은 몰라도 중간경영층까지는 무난히 올라갈 수 있다는 게 필자의 판단이다.

조기유학과 관련해서는 나중에 국내에서의 진도 따라 잡기와 사회 재적응의 어려움, 국내 인맥의 상실 등을 근거로 유학은 적어도 중학 또는 대학 졸업 후가 되어야 한다는 논의가 있었지만, 돌아오기 위한 유학은 몰라도 세계무대를 바라보고 하는 유학이라면 가능한 한 빠른 게 좋다고 필자는 생각한다.

완전한 영어습득을 위해서 빠를수록 유학이 좋은 이유는 (1) 어려서가 아니면 원어민과 똑같은 발음 습득이 어렵고, (2) 나이가 어릴수록 대화 내용이 간단해 배우기 쉽고, (2) 인종에 대한 의식 없이 현지인들과 섞이기 쉽고(현지인 아이들 또한 어릴 때 인종에 대한 의식이 없기 때문에 그런 것이다), (3) 나이가 어릴수록 문화적 실수에 대한 의식과 수치감이 적어 주류사회에 끼어들기 쉽고, (4) 영미국가에서 대충 중1까지는 공부가 비교적 쉬워 큰 부담 없이 따라가기 쉽다 등을 들 수 있다.

2. 어느 나라로 보낼 것인가?

미국, 영국, 호주, 캐나다, 뉴질랜드간 대학과 초중고 교육은 필자가 보는 한 모두 놀라울 만큼 같다. 이들 국가간 교육제도와 실제가 근본적으로 같은 이유는 (1) 이들은 영국을 모국으로 하는 같은 [앵글로 색슨 셀틱/Anglo-Saxon & Celtic] 민족, 영어권이며 (2) 교육 정책과 철학의 바탕이 같을 수밖에 없는, 같은 자유민주주의 국가이며, (3) 사회, 경제, 문화적 수준이 같으며, (4) 이들간 계속되는 빈번한 문화교류를 들 수 있다. 각종 학술회의와 정보 교류 말고도, 교육자들간 빈번한 상호 방문 취업을 들 수 있다.

영국 학교가 호주 또는 미국인을 교장, 교사, 사감, 교수 등으로 영입하고, 반대로 영국인이 이들 나라 같은 자리로 영입되어 가는 것을 흔하게 볼 수 있다. 대부분 영미 대학 교수들은 이들 나라 중 여러 곳을 거친 경험을 가지고 있다. 호주 학교에 가보면 남편, 또는 부인을 따라와 일하게 된 미국인 또는 뉴질랜드인 교사와 사감을 많이 만나게 된다. 비영어권 주요 도시의 국제학교의 교사진은 영미 5개국 출신이 적당히 섞여 있는 게 보통이다.

 교육의 유사점을 몇 가지만 적어본다.
 (1) 초중고교육은 모두 지방정부(주로 주/州) 책임이며 그 집행은 준정부 기구인 여러 위원회가 관장한다. 그리고 세금으로 운영되는 무상 공립학교, 학생의 수업료로 운영되는 일반 사립학교와 종교단체 운영 사립학교로 되어 있다. 그 외 기술직업학교, 특수목적고 등이 있다. 사립학교는 일부 정부 보조를 받는다. 한국은 서구 모델을 받아드린 결과, 제도적으로 이상과 크게 다르지 않으나 아직도 중앙집권 정치체제를 반영, 지역에 따른 차이가 영미국가만큼 없다.
 초중고등학교 교육은 연령과 기간에 약간의 차이(미국 7-16세, 영국 5-16, 캐나다 6-16, 호주 6-15, 뉴질랜드 6-15 등, 여기에도 주에 따라 차이가 있음, 이들 나라에서는 대개 고교졸업 2년전인 나이에 직장을 잡아 학교를 떠나는 학생이 많다/school leavers라고 부름)가 있을뿐 모두 의무제이다. 초중고등학교는 대부분 영국의 [great public boarding school system/용어해설 GPS, 380쪽 참조]을 따른 기숙사 시설을 갖춘 기숙학교이다. 수세기의 긴 역사를 가진 [이튼학교/Eaton College]와 [해로우학교/Harrow School] 모델을 본떠 기숙사 외에 비싼 수업료와 수월교육과 예능, 스포츠 등 과외활동을 통한 전인교육을 자랑하는 게 특징이다.

(2) 이들 어느 나라에서나 학교 건물 모양, 위치와 시설 등이 대개 같다. 옥스퍼드와 캠브리지 대학처럼 이톤과 해로우는 런던에서 상당히 떨어진 교외에 위치한다. 그러나 번화한 시가에도 유명한 초중고등학교가 많다.

학교의 인원과 조직도 비슷하다. 쓰이는 용어에 약간의 차이가 있을 뿐이다. 미국과 캐나다에서는 교장을 principal, 영국, 호주, 뉴질랜드는 대개 [headmaster, 여자면 headmistress]라 부른다. 그 외 [입학담당관/registrar], [재정 및 학비담당관 bursar]을 두는 것도 같다. 교사 훈련 과정과 임용제도도 유사하다.

(3) 학제도 형식과 용어의 차이일 뿐 질적으로는 같다고 봐야 한다. 세계적으로 교육 제도가 하나로 통합되어 가는 추세와 같다. 한국은 미국식으로 [초등학교/primary 또는 elementary] 6년, [중학교/junior high] 3년, [고등학교/senior high] 3년, 대학 4년의 6-3-3-4제다. 영국, 호주, 뉴질랜드의 공립학교는 대개 초등 6년, 중고등학교 6년, 대학 3-4년의 6-6-3제다. 이 경우도 주에 따라 차이가 있다. 사립학교의 경우는 대개 유치원과 초중고등학교가 한 곳에 통합되어 있다.

미국과 캐나다에서는 학년을 grade(예컨대 초1은 primary school 1st grade, 중3은 middle school 또는 junior high school 3rd grade, 또는 3rd grader)로, 영국과 호주, 뉴질랜드는 초1에서 고3까지를 12-13년으로 치고, 매학년을 Year 1로부터 year 13까지로 부른다. 때로는 영국식 표현을 따라 중고등 수준부터는 1st form, 2nd form, 3rd form 등으로 부르기도 한다. 뉴질랜드의 경우는 5년의 primary 후 intermediary라 불리는 7, 8학년(대개 11, 12세) 과정을 거쳐 secondary school(또는 high school, 우리식 중고등

학교)로 이어진다. 그러나 7학년부터부터 13학년까지는 form 1- form 7로 부르고, 영국, 호주, 뉴질랜드에서는 초등학교를 중고등학교 대비과정이라는 뜻으로 [preparation school/약하여 prep- school]이라고 부르는 등 혼란스럽다.

　한국에서 미국식을 따라 쓰이는 [중학교/middle school/미국에서는 junior high school], [고등학교/senior high school]란 용어는 미국을 뺀 다른 영미국가에서는 일반적으로 듣지 못한다. 그러나 중요한 점은 이는 모두 호칭의 차이지 교과과정 내용이나 교육의 질 차이는 아니라는 것이다.

　미국, 캐나다와 영국은 학기가 9월에 시작하는 반면 호주, 뉴질랜드는 2-3월이다. 이는 4계절이 서로 반대인 결과이기도 하다. 또 국가와 학교간 1년 2학기, 3학기, 4학기 등 의 차이가 있지만 이 또한 교육의 질적 차이는 아니다.

　위에서 이미 지적한대로 초등학교 학제도 국가와 주에 따라 6년을 기준으로 약간의 차이가 있으나 질적 차이는 아니다. 이들 국가의 초등교육의 목표는 모두가 초보 수준의 말하기, [읽기, 글쓰기/literacy], [계산 /numeracy] 말고는 지식 전달에 억매이지 않고, 건전한 성격 계발과 사회적응과 성장을 돕는 일이다. 이러한 교육은 중고등교육 중반까지 계속 된다. 과중한 공부양은 아동의 성장에 저해가 된다고 보는 것이다. 다만 이때도 [과제/project] 중심으로 학생이 능동적으로 참여하는 교육방식을 중요시 한다.

　(4) 이들 나라들은 모두 정규학교와 별개로 영어학교를 설치, 외국 학생 유치에 열을 쏟고 있는데 그 정책과 상품들이 거의 같다. 같은 시장

을 놓고 경쟁을 벌이는 결과다. 영미권으로 향하는 한국 유학생의 80%가 영어연수생이다. 영어학교들은 일반 비즈니스와 대학 부속의 두 가지가 있으나 모두가 회사 법인으로 설립되며, 후자도 도서관 등 대학의 시설 이용의 편의와 협조체제를 뺀다면 일반 영어학교와 다를 게 없다. 대학 자체는 아니다.

이러한 비슷한 나라간 학교제도와 교육의 질을 생각한다면, 학교 선정은 학교의 특성과 자녀 진로와의 관련성, 거주국에 친지와 한인사회 유무, 학비, 기후, 한국과의 거리와 교통편 등을 고려하여 정할 것이지, 나라를 중심으로 정할 것은 아니다. 더욱 학교의 질에서라면 국가간 편차보다 같은 나라 안 학교 편차가 더 크다는 사실을 감안한다면 그렇다.

미국의 대입시는 특이하다

아래는 이상의 공통점에도 불구하고 약간의 질적 차이로 거론될 만한 몇 가지다.

(1) 미국과 영국의 명문 사립대학들은 신입생 심사에 있어 시험 성적 외에 개인 자질과 심지어 부모의 동문 여부까지가 고려된다. 그러므로 이들 대학 지원자는 입학신청서에 지원자의 자질과 성품과 능력을 보여주는 사회참여와 봉사활동 실적을 증명하는 자기 설명서, 에세이, 추천서 등을 첨부해야 한다. 학교는 면접을 통하여 그런 사실들을 확인한다.

미국 대입 국가고시의 하나인 [SAT/Scholarly Apptitude Test] 성적이 아주 좋았으나 단 한 번도 헌혈에 참여하지 않았다는 이유로 교포 학생이 하버드 입학에 실패했다는 일화는 유명하다. 지망자가 음악, 미술, 과학, 운동 등 특기 소유자라면 이 또한 고려 대상이다. 그러므로 아이비리그나 옥스브리지의 입학은 다른 조건이 같다면 명문 사립고 출신이 유리하다는 견해가 지배적이다.

미국의 고등학교에서 한국으로 일시 역(逆)전학을 해오는 교포 학생들도 있다는데, 외국 경험을 가지고 오는 학생들에게도 특전을 주는 명문 대학이 있기 때문이란다. 또 미국에서는 족집게 과외 덕을 보는 아시아계 학생들의 명문 대학 진출이 너무 빨라 점수와 관계없이 억제하거나 새로운 전형 방법을 구상하고 있다는 이야기도 나오고 있다. 미국의 입시심사 기준이 얼마나 신축성 있고 다양하게 운영되고 있는가를 잘 보여주는 예다.

이에 비하여 호주와 뉴질랜드의 입시제도는 주별로 약간 다르게 실시하는 국가시험 결과와 내신 성적에 거의 전적으로 따른다. 점수 중심인 것은 한국과 비슷한데 면접마저 없다. 따라서 이들 대학에서는 모든 지망자에게 일률적으로 적용되는 인기 대학과 학과 순으로 정해지는 컷트라인이라는 게 생긴다. 미국정부 기관인 시드니 소재 [교육자문센터/EducationUSA Advising Centre]의 자넷 톰킨스씨에 의하면 이는 미국과 크게 다른 점이다. 영국의 경우는 미국과 이들 나라 제도의 절충이라고 말할 수 있다. [UCAS/Universities & Colleges Application Service]를 통한 일괄적인 원서 접수와 국가시험 관장에도 불구하고 최종 결정에는 성적에 더하여 대학별 심사와 재량이 작용한다. 옥스퍼드와 캠브리지는 원서 마감 시기와 면접방식도 다르다.

이상의 차이의 당연한 결과지만 나라마다 대입입시 준비의 부담이 약간 다르다. 미국 2 과목(얼마전부터 엣세이 과목 추가), 영국 3-4 과목, 호주, 캐나다, 뉴질랜드 평균 4-5개 과목이다. 다만 호주에서도 얼마 전부터 북미식을 따라 의대 지망자에게 의사로서 환자를 적절하게 다루는데 필요한 소양과 호주 문화의 이해를 점검하기 위한 테스트와 면접이 도입되었는데, 이는 수학, 물리, 화학 등 점수 따기에 유리한 몇 가지 과목으로 이민자 자녀들이 의대를 석권하는 일을 막기 위한 조치로 이해되기도 한다.

(2) 미국과 캐나다 대학은 원칙적으로 4년제이고, 영국, 호주, 뉴질랜드 대학은 대개 3년제이다(이상 대개 의과, 치과, 건축과 등 몇 개 분야와 복수전공은 빼고). 북미에 없는 제도로서는 호주와 일부 영국, 뉴질랜드 대학에는 3년 동안 우수한 성적을 낸 학생 가운데 1년을 더하고 [Honours Bachelor Degree/우등학사/용어해설, 381쪽 참조]를 받게 하는 것이다. 이 과정을 [Honours course]라고 부른다.

(3) 북미식 박사과정과 영연방식 박사과정에는 실질적으로 상당한 차이가 있다. 이에 대하여는 따로 자세히 다룬다 (제6장 박사 따기, 193-251쪽 참조).

3. 공부가 너무 쉽다고?

초등학교급 조기유학으로 오는 많은 한국 학생들의 걱정이 비슷하다. 학교가 공부를 많이 안 시키고 느슨하다는 것이다. 필자는 영미지역 여러 나라 초등학교와 고등학교 초기 학년에 있는 한국 유학생과 학부형과 이들과 잘 아는 제3자들이 그런 말을 하는 것을 자주 들었다.

조기유학생들의 문제가 뭐냐고 묻는 질문에 어떤 가디언은 한국에서처럼 세지 않은 공부에 대한 불안감이라고 서슴지 않고 대답한다. 이는 분명히 한국의 교사, 속도, 전달, 경쟁 중심 교육에 이들이 익숙해졌던 탓이라고 생각된다.

이 문제에 대한 적절한 대답은 역시 왜 조기유학은 가야 하는가와 한국과 영미지역간 교육 철학과 방법의 차이를 알아야 가능하다. 영미지역 초등학교 직전 4-5세 아동이 들어가는 유치원 과정이야 말할 것 없고, 그 후 15-16세 연령대인 10학년까지의 교육의 목표는 지식 전달보다 건전한 발육과 성장이다.

시드니의 명문 사립고교인 교사로 지내다가 은퇴한 교포 이경재 씨에 따르면 초기 학년의 필수 과목이 4개 넘고, 집에서 가서 하는 숙제가 40분을 초과하면 비교육적으로 여겨진다. 그러나 그 패턴은 고학년으로 올라가면서 점차 달라지므로 공부가 약하다는 평도 길게 봐 맞지 않다는 것이다. 영미 학교에 다니는 한국 유학생들이나 교포 학생들의 실제 사례를 보면 초급학년에서는 두각을 나타내지만, 고학년에 가서는 뒤지는 것이 일반적인 경향이다. 특히 대1학년까지는 그런대로 잘 나가다가 2학년부터는 급격히 뒤떨어지는 게 보통이다.

한국 학생들은 초중고등학교 중반 수준까지에는 과외공부의 도움과 수학, 화학, 물리 등 수치와 공식 중심의 학과의 이점으로 앞설 수 있으나 고학년과 대학에 가면 상황이 바뀐다. 그 이유로는 수치와 공식에 대하여도 이 수준에서는 귀납적이거나, 좀 더 창의와 리서치에 바탕을 두어 설명되어야 하는데 과외학원의 주입식, 수동적인 지식 축적 모델에 익숙해진 한국 학생은 여기에서 한계를 드러낸다는 것이다. 또 대학 진학을 적성과 취미가 아니라 받은 점수를 살려 학교와 학과를 정하니

능률이 오를 수 없어 그렇다는 점도 지적된다.

해외도 한국을 닮아가고 있다

시드니의 명문 여고의 하나인 [Sydney Girl's High]를 다녔고 과외도 해본 양윤경 양의 말을 들어보자. "중고 수준에서는 교사가 리드하는 과외에 힘입어 자기가 잘한다고 자신을 가졌던 학생들이 대학에 오면 그게 아님을 알게 된다. 이때부터는 교사가 리드하고 방법을 가르쳐 주는 공부가 아니다. 자기가 해야 한다. 창의력이 더 중요하다." 인문분야에서라면 이 차이는 더 확연히 나타난다. 이런 공부 차이에 대하여는 제4장 공부충격(150-153쪽 참조)에서 더 자세히 검토하게 된다.

한편 영미사회에서도 근래에는 대학진학률이 전반적으로 높아지고 일류대학열이 뜨거워지고 있는 추세를 간과할 수 없다. 2000개가 넘는 영국의 사립 중고등학교의 랭킹은 매년 [A-level]이라고 불리는 대입 국가시험 결과에 따라 졸업생 몇 프로가 명문 대학 진학했는가를 가지고 결정한다. 미국 또한 고교 랭킹은 SAT 성적에 따른 일류 대학 진학률을 중심으로 결정되는 추세다.

시드니가 있는 호주 뉴사우즈웰스 주에는 한국인들이 영재학교라고 부르는 [셀렉티브 스쿨/selective school]제도가 있다. 지역적으로 공개시험을 거쳐 선발된 우수한 학생들만이 다닐 수 있는 특수 공립학교인데 사립으로 갈 수 없거나, 갈 수 있어도 원하는 대학과 학과를 가기 위하여 선택하는 학교다. 명문 대학과 학과로 진입하는 루트로 받아지고 있으며, 그런만큼 이들 학교 상급반에 가서는 대입시 준비를 위한 면학 분위기가 분명하다(참고로 이 학교들은 유학생을 받지 않는다).

우리와는 달리, 공부를 꼭 하겠다는 사람이 아니라면 대학을 안가고, 또 일류 대학에 목을 매지 않는다는 서양인들에게도 이런 변화가 오고 있는 것은 어느 나라와 어느 나라 국민도 지금의 국제화와 국제경쟁 압력에서 자유스럽지 못한 현실에 있다. 여기에는 이민에 의한 제3세계 지역의 대거 인구 유입과 이들 부모들의 일류 학교를 향한 교육열, 이에 영합하여 특수를 누리는 이민자 경영 과외학원 산업이 한 몫 한다.

한편 교육의 균등이 강조되는 영미사회에서도 엘리트와 수월교육의 전통이 계속 이어지고, 능력에 따른 차별교육이 오래 동안 안보이게 실천되어온 게 사실이다. 귀족풍을 자랑하는 영국 모델의 사립학교, 공립초등공립학교에 있는 4학년 때 전반적인 학습 능력을 평가해 성적이 우수한 학생들을 따로 모아 5. 6학년 때 운영하는 [Opportunity Class], 사립고등학교에 있는 비슷한 제도인 [Gifted & Talented Stream] 등이 그것이다. 모두 우리식으로 말한다면 영재반, 또는 특별학급이다.

결국 공부가 약하다는 우려는 1-2년 짧게 유학을 마치고 한국에 돌아갔을 때 따라갈 진도가 문제인 학생들에게 해당하는 말이 아닌가 싶다.

4. 사립학교와 공립학교

영미국가에서 웬만한 가정이면 자녀들을 사립중고등학교에 보내는 추세가 늘어가고 있다. 공립학교에 다니던 자녀들도 괜찮은 사립으로 옮겨가는 이탈이 늘고 있다. 일류 명문의 경우, 지원자들은 대기자 명단에 이름을 올려놓고 1-2년을 기다리기도 한다. 거의 무상인 공립과는 달리 고액의 학비가 드는데도 사립의 인기가 높은 이유는 무엇인가?

첫째로는 한때 명성을 날리던 공립학교마저 취약한 재정으로 우수한 교사 확보와 시설 투자가 어려워지고 있다. 이에 비하면 높은 등록금으로 재정이 넉넉한 사립학교는 비교적 적은 클라스 사이즈(교사 대 학생 비율), 수영장, 체육관, 도서관 등 월등히 나은 시설을 갖추고 있다. 둘째로 거기다가 공립학교 경영자, 교사의 주인의식 부재와 낮은 대학진학률로 계속 평판이 떨어지고 있다는 점이다. 당연히 공립학교 교사와 학생들의 사기는 매우 낮고, 학생들의 면학 분위기 또한 그럴 수밖에 없다. 셋째로 근년 이민자의 대거 유입으로 사립에 비하여 대부분 공립학교에는 가정이 어려운 유색인 자녀의 비율이 높아져 백인들의 [엑소더스/exodus] 현상을 부추기고 있어 그렇다.

한국의 조기유학생 부모들은 재정과 성적이 허용한다면 대개 사립을 택하는 데는 또 다른 이유가 있다. 우선 미국과 영국의 공립 초중고공립학교는 유학생을 안 받는다. 어느 나라에서든 어린이 관리의 어려움과 책임 등 이유로 부모가 동반하지 않는 초등학생 유학은 안 받는다. 일부 기숙학교가 받는 경우는 있다. 부모가 공관, 상사 주재, 취업 등을 위한 장기 체류자면 자녀들은 현지인과 같이 무상인 공립으로도 갈 수 있으나, 이 경우에는 대개 재력이 있어 사립을 선호하는 편이다.

호주의 공립중고등학교는 유학생을 몇 년 전부터 받기 시작했으나 거주자에게는 없는 등록금을 부과한다. 금액이 사립학교보다 낮으나(명문비 30%-50%), 한국인 부모들은 이왕 돈을 낼 바에야 일류가 아니면 중간층의 사립학교를 택하게 된다.

사립학교에 대하여는 한국인 부모들이 갖는 몇 가지 우려가 있다. 하나는 공립과는 달리 학생들은 스포츠와 연예 등 과외활동에 많은 시간을 빼앗기게 된다는 점이다. 명문 사립고교에 대한 한국인 학부모들의 관심은 대개 일류 대학 진학과 약간의 [체면 과시/status symbol]이며, 전인교육이 아니다.

이는 현지인 외국인 부모들에게도 어느 정도 마찬가지다. 영미국가의 명문사립은 이미 언급한대로 원래 왕족과 귀족 자녀들이 주로 다니던 영국의 모델을 이어 받고 있어 승마 등 돈 드는 스포츠와 제복, 학교 휘장, 모자 등 대외 과시적인 측면도 많다. 지금 귀족이란 말을 쓰는 사람은 없으나 돈 있으면 자녀들에게 서민과 다른 교육을 시킬 수 있다는 생각은 같다.

전문가들은 전인교육에 할애되는 시간이 대입준비에 지장을 줄 것이라는 우려는 근거가 없다고 말한다. 어떤 학생도 공부만 할 수는 없다. 노는 것과 다른 활동이 필요하며, 양자 균형을 유지한다면 오히려 공부에 도움이 될 수 있을지 모른다.

시드니의 명문 고교인 [뉴잉톤/Newinton College]의 8학년(한국의 중2)인 한인규 군의 어머니 S씨의 경우도 그런 걱정은 전혀 안하고 있다. 그의 말을 그대로 인용해본다 "호주에 갓 도착한 한국 학생들은 5학년이 되어도 구구단을 못 외는 호주 아이들을 비웃는다. 호주의 초등학교 교육은 철저히 자율적인 분위기에서 학습 능력 외에 다양한 잠재력을 계발하는데 중점을 두고 있기 때문에 크게 진도에 신경을 쓰거나 아이들을 몰아 부치지 않는다. 하지만 이런 분위기가 호주교육의 전체라고 믿어서는 안 된다. 호주는 인성교육에 중점을 둔 평등한 기회의 나라지만, 학습만큼 철저히 능력에 맞는 수월성 교육을 지향한다."

사립학교에서는 학생의 아이큐와 학습능력을 평가해서 특별영재학급을 운영, 논문 쓰기와 프로젝트를 중심으로 개인지도에 가까운 공부를 시킨다. 예컨대 한 군의 경우, 한 과목에서 교사는 포유류와 열대림과 같은 큰 제목을 정해놓고 학생 자신이 의문을 가지고 깊이 파고 들어가 자기가 해답을 찾아내도록 전 코스 동안 거의 개인 지도에 가까운 노력을 쏟는다는 것이다. 또 일부 사립학교에서는 최종 학년인 12년에는 대입시험 준비생들을 위하여 별도로 프로그램을 짜는 등 결코 입시를 등한히 하는 것은 아니다.

여기서 한두 가지 짚고 넘어 가고 싶은 게 있다. 사립고를 택하는 상당수 백인 가정들은 일류 대학 진학이나 출세를 목표로 해서가 아니라는 점이다. 그 가운데는 자녀로 하여금 사업체를 이어 받게 할 부모가 많다. 이들의 자녀들에 대한 사립학교 교육의 기대는 사회적응 능력과 원만한 인맥 조성이 주인 것 같다.

왕따는 범죄라고 선포하는 학교

보모들의 또 다른 우려는 상류층 백인 자녀가 주로 모이는 명문 사립학교에 아시아인 자녀가 가면 어울리기 힘들고 왕따 당한다는 일부 한국인들의 견해다. 필자 자녀의 경험과 필자가 직접 도와준 유학생, 옆에서 봐온 다른 사례를 근거로 말한다면 그건 사실이 아니다.

필자의 세 자녀들은 처음 와서 별로 좋지 않은 동네의 공립학교를 다니는 동안 왕따를 여러 번 당했다. 그리하여 필자가 직접 학교를 쫓아가 교장에게 항의를 한 적이 있다. 그 왕따는 그 시절 학교에 같이 지낼 한국 친구가 하나도 없었고 백인이지만 집안이 좋지 않은 유럽계 이민자 아이들이 많아 그렇게 됐다고 믿고 있다. 그 후 이민자가 적은 좀 나은 지역에 있는 공립 고등학교로 옮겨 문제가 덜했다. 필자에겐 처음부터 좋은 사립학교로 못 보낸 후회와 죄책감이 지금도 남아 있다.

좋은 사립에서라면 감독이 철저하여 이런 일이 계속 될 수 없다. 영어로 아이들끼리 일어나는 왕따 관련 표현에 [bully]와 [pick on him/her]이란 표현이 있다. 전자는 힘센 아이가 약한 아이에게 위협적으로 대하는 것이고, 후자는 특정 아이를 골라 집단적으로 따돌리거나 괴롭히는 말 그대로 왕따 [또는 일본말 이지메]다. 둘 다 동사로 쓰인다. 한 군에 따르면 아들은 그런 경험이 전혀 없다고 한다.

학교 기율이 엄하여, 학교 캠핑을 나갈 때도 [bullying]은 범죄라고 학생들에게 단호하게 선포할 정도라고 한다. 또 영미국가에서는 왕따를 당한 학생 부모가 학교를 상대로 제소를 한다면 학교는 엄청난 손해배상을 물게 될 수 있다. 그런 사례가 실제 있다. 앵글로 색슨계로 집안 좋은 아이들은 아시아 이민자 자녀들과 잘 단짝이 되지 않으나 대부분 착하고 예의는 있는 편이다. 이 아이들은 아주 어려서는 모르지만 어느 정도 성장하면 원래 자기들끼리도 아삼류가 되어 지내는 그런 생활을 잘 안한다.

중고등학생과 청소년의 담배, 마약을 포함한 기율과 풍기문란은 서방사회에 일반적인 경향이다. 그러나 그 문제는 사립보다 공립이 더 하다. 반대 의견도 물론 만만치 않다.

이렇게 쓰다 보니 사립학교를 선호한다는 오해를 받을 수 있겠으나 필자는 그럴 이유가 따로 없다. 순수한 개인 의견이며, 그나마 다른 조건이 같다면 그렇다는 말일뿐 자기가 하기에 따라서는 공립에 가서도 소기의 목적을 달성할 수 있음은 물론이다.

5. 부모와 가디언

조기유학은 혼자가 아니라 적어도 부모 중 하나(특히 어머니)가 동반할 때 성공할 확률이 크다는 점은 전문가와 부모들간 정설이 된 것 같다. 어린 자녀들은 부모 슬하에 있어야만 정서적 안정감을 갖고 건전하게 성장할 수 있다. 해외에 나오면 어른도 고독감에 시달리게 되는데 어린 아이들이라면 더 말할 나위 없다.

물론 거기에 따르는 재정문제, 한쪽 부모만 올 때 기러기 엄마, 아빠 등으로 회자되는 이산가족 문제가 따른다(흔하게 매체에 보도되는 이 문제는 엄격히 따져 유학 자체가 아니라 사회적 문제다).

유학을 받는 모든 나라는 부모가 동행하지 않는 18세 미만의 유학생은 부모를 대신할 [가디언/guardian/후견인, 부모 대리인]을 두도록 정하고 있다. 그렇다면 조기유학의 성공은 좋은 가디언의 발견과 역할이 크게 결정한다고 말 할 수 있다.

가디언은 부모의 대리인이므로 그의 책임과 역할은 학부모가 학교와의 관계에서 해야 할 일을 생각하면 자명해진다. 부모의 대신인 가디언이 학생과 같은 집에 거주하고 부모와 거의 같은 역할을 해준다면 좋겠지만, 이들은 대개 따로 직업이 있는 게 보통이므로 그렇게 되기는 어렵다.

아래에서는 필자의 직접 경험하거나 관찰해온 학생과 대리인의 사례를 중심으로 몇 가지 참고가 될 사항을 적고자 한다.

(1) 대리인이 홈스테이 호스트(하숙 주인)를 겸하는 경우가 아니라면 학생의 의식주와 통근을 책임 질 수는 없다. 그러나 탈선의 길로 빠질 수 있는 가능성에 늘 관심을 두고 방과 후 생활에 신경을 쓰는 일은 가디언의 책임이다. 기숙학교에 들어간 경우는 생활에 대한 대부분의 감독은 학교가 맡는다. 그러나 가디언은 학생의 성적과 실태를 점검하고, 그와 함께 문제점이 발견되면 부모에게 알려주어야 한다.

그리고 모든 기숙학교는 정기와 [중간/half-term, mid-term] 방학 때는 기숙사 문을 닫고 학생으로 하여금 나가 있게 한다. 이때는 가디언이 학생이 임시 거처할 곳을 알선하고, 일부 뒷바라지와 감독을 해야 한다.

기숙학생이든 통학학생이든 학교가 대리인에게 연락(편지, 이메일, 전화 등으로)을 하고, 필요하면 학교로 부른다. 그 경우는 대개 학생이 학칙 위반으로 벌칙을 받게 되거나, 사고를 냈거나(또는 당했거나), 그 외 돌발적인 사건이 생겼을 때다. 또 리스크와 비용이 따르는 장거리 여행, 특별 학교 행사 참여, 외박(기숙사 생활을 할 때)에 부모의 허락이 필요할 때, 학교는 편지와 서명용 용지를 보내온다. 이런 경우 바로 회답을 해야 한다.

그 외 학교는 1년에 한두 번 학생들의 성적과 공부 진도 등에 대하여 학부모에게 설명해주고 궁금한 점을 묻게 하거나 학교 운영에 대한 협의를 하기 위한 모임에 학부모를 초청하는데 그 때 대리인이 가봐야 한다. 안 가도 큰 문제가 일어나지 않고 넘어갈 수 있지만 좋은 인상을 남길 수는 없다.

가디언과 하숙 주인이 동일 가정이 아닌 경우가 많은 이유는 가디언을 할 만하거나 맡아줄 사람들은 하숙업보다 일반 가정이나 다른 전문인들 가운데 더 많을 것이기 때문이라고 생각된다. 그리고 대부분 가디언은 현지 외국인보다 동포 가정이다. 부모들은 현지에 사는 친척과 지인, 아니면 그들을 통하여 소개를 받는 등 가장 접근이 쉬운 사람으로 낙점하기 때문이다.

현지에 있는 유학원들이 업무의 일부로 가디언직을 맡기도 하고 알선을 하는데 이 경우도 가디언은 거의 전부 한인이다. 외국인에 대한 접근이 어렵기도 하고 외국인이 잘 모르는 한인 학생에 대한 책임을 지는 대리 부모 노릇을 선뜻 안할 것이다(홈스테이라면 다를 것이다).

한인교회가 많은 지역에는 하숙과 가디언을 겸하는 목회자와 선교사 가정들이 적지 않아 편한 점도 있으나 이때는 교회를 나가 동포 학생과 어울려 너무 많은 시간을 보내어 공부에 지장을 초래할 수도 있다.

이상의 설명에서도 짐작 할 수 있는대로 학생이 자기 일을 알아서 잘 하고 착실하여 문제를 안일으킨다면 가디언이 할 일은 별게 아닐 수 있다. 그러나 사건과 사고는 예고 없이 찾아 온다. 단 한번의 실수와 감독 소홀로 공든 탑이 무너질 수 있다. 가디언의 역할과 책임을 제대로 하겠다면 마음을 놓고 있을 수 없는 직책이다.

'치맛바람'은 바보짓

(2) 교포 학부모, 유학생 가디언 할 것 없이 언어장벽, 바쁜 이민생활, 한국적 구습 등 이유로 학교의 초청이나 요청에 무응답이나 적절한 조치를 제때 취하지 않는 사례가 흔하게 일어난다. 특히 초중등학교 레벨

에서는 학교가 부모를 초청하여 모임을 갖는 경우가 흔한데 한인들은 거기에 잘 나타나지 않는 것으로 잘 알려져 있다. 한 가지 이해가 가는 이유는 언어에 자신이 없어 토론 참여와 교류에 느끼는 부담이다.

그러나 여기서 한 가지 주의할 것은, 참여라고 하여 특별한 용건 없이 학교를 찾아가 배회한다든가, 사전 연락 없이 수업을 관람하는 등의 한국식 극성 또한 금물이라는 점이다. 기숙생인 경우에는 공부뿐만 아니라 모든 학교 내 생활과 활동에 대하여 학교가 감독을 하고 있어 학교가 요청하는 일이 아니라면 부모나 대리인이 끼어들지 말아야 한다. 필자는 시드니에서 기차로 3시간 반 거리며 상당수 한국 유학생이 있는 호주의 사립초중고 [Scots School]의 간부들과 이 문제를 가지고 대화를 해봤다. 이 학교의 학사 담당관인 노엘 에버리 씨는 필자의 생각이 맞다고 말했다.

영미국가에서는 바보짓이 될 수밖에 없는 부유한 한국인 부모들의 '치맛바람'은 어제 오늘의 문제가 아니다 (제9장, 314-358쪽 참조). 한국에 있는 부모들이 자녀들의 말만을 듣고 가디언들과 마찰을 빚는 문제도 오래됐다. 그간 일어난 여러 가지 가디언 시비와 조기유학 탈선 사례를 줄이기 위하여 이들 나라 정부는 비자발급 조건으로 미리 지명할 가디언 자격을 강화했지만 대부분의 학교 자체는 까다롭게 점검하는 편이 아니다.

(3) 조기유학생 부모들은 학생을 위하여 밥만 해주는 기본 역할 외에 공부도 돌봐야 할까? 이에 대하여는 한국에서도 개인의 능력과 철학과 가정환경 및 처지에 따라 달라질 수밖에 없다. 능력이 있건 없건 부모

가 자녀보다 딴 데에 더 정신을 쓴다면 문제가 아닐 수 없다.

한인 부모들은 자녀 학업지도는 대부분 큰 도시에서 성황을 이루고 있는 한인 경영 과외학원에 맡기고 있는 편이다. 해외에서도 한인 부모들의 1차 관심은 대학 진학이다. 그러기 때문에 이들은 남이 하는 과외 공부에 자기 자녀가 빠진다면 손해가 될까 불안해한다. 최근에는 돌아갈 학생을 위한 영수학원 마져 생겼다. 이렇게 해서 과외열풍이 해외에서도 재연, 나가서도 사교육비가 한국에서보다 덜하지 않다는 악순환에 빠지고 있는 것이다. 영미국가에서도 오래 전부터 [coaching school]이라 불리는 여러 분야 과외 레슨을 해주는 곳이 있었으나 일류 대학을 목표로 하는 족집게 형 입시학원은 한국인들이 가져온 새로운 문화다.

(4) 부모가 동반할 수 없고 홀로 보냈을 때의 리스크를 걱정해야 하는 경우, 부모들은 사립 기숙학교에서는 외국인친구를 사귀기 쉽고 현지 문화에 빨리 통합될 수 있다. 독립적 생활에 익숙하지 않은 한국 학생들에게 혼자 살아가는 법을 빨리 익힐 수 있다. 기숙사에는 사감이 거주하고 있어 감독이 철저하다. 따라서 거기에서 잘하고 있는 한, 학부모는 학생의 안전이나 탈선에 대하여 비교적 맘을 놓아도 된다.

다만 한국인 자녀들에게는 음식이 문제가 될 수 있고, 모든 것을 부모에게 의지하고 편하게만 살았던 경우라면 적응에 문제가 생길 수 있다.

6. 영미국가의 초중고등학교 생활

이때까지의 설명에서 영미 중고등학교의 특징으로서 학생이 선택하는 느슨한 학업과 영재교육과 상급반으로 가면서 커지는 공부 압력 등 혼합된 학업환경을 지적한 셈이다. 결론으로 아래와 같은 우리와 조금 다른 몇 가지를 더 들어볼까 한다.

사립, 공립을 막론, 초중고등학교에서는 기율 위반으로는 모르나 공부를 못해 유급이나 퇴출되는 일은 드물다. 나쁜 점수를 받을 뿐이다. 그러므로 영미국가에서 어렵게 명문교에 들어가 졸업을 했다고 해서 공부 잘했다는 일률적인 판단은 할 수 없다. 실제 명문 사립고를 나와서도 인기 대학 또는 학과 입학이나 사회 전문직 진출에 실패하는 사례는 흔하다. 이점 초중고등학교와 대학간 가장 큰 차이라고 볼 수 있다. 대학의 경우는 입학보다도 졸업이 더 어려운 편이다.

다만 비싼 수업료를 부과하는 사립학교는 학생이 공부에 열의가 없거나 소질이 전혀 없다면 부모에게 보충수업이나 다른 학교로의 전학을 권하는 일은 있다. 한국에서도 초등학교는 말할 것 없고, 중고등학교에서 공부 못하여 낙제하는 일은 드물지만, 이는 점수를 신축성 있게 운영하는 결과이지 학칙 자체에 따르는 것은 아니다.

또 많은 영미 학교가 교복을 제외하고는 학생들에게 강요하는 획일적인 기율이나 단체 활동 및 행사가 한국에서보다 적다. 특히 공립학교는 그렇다. 개인주의 사회 분위기를 반영, 우리와 같은 선후배간 위계질서 같은 건 없다. 그러나 학교는 출석을 철저히 단속하고 학부모와 긴밀한 협조 아래 학생들을 철저히 감독하는 편이다. 학생이 결석을 하면 학부모의 설명이 있어야 한다. 아팠었다면 의사의 진단서가 필요하다. 학교가 초등학생을 피크닉 등 학교를 떠나 하는 과외활동에는 부모 아니면 가디언의 동의를 얻어서 한다.

원래 [과외활동/extra-curriculum activities]이란 서방식 교육에서 나온 개념이므로 영미 학교에서 더 활발할 것 같지만 대부분 공립학교에서는 그렇지도 않다. 각자 취미에 따라 가입하는 스포츠클럽이나 토론 동아리 등 몇 가지 자율 활동이 고작이다. 방과 후 가정에 돌아가서는 더 그렇다. 한국처럼 거의 집집마다 피아노가 있고 자녀들을 악기나 미술 레슨, 태권도 코칭, 영수 과외나 사설학원에 내모는 일은 보기 어렵다. 그러나 약간의 회비면 되는 동네 스포츠클럽에 가입, 주말 또는 주 몇 번 저녁 시간에 야외 운동을 많이 한다.

학교는 도심의 중심가에도 있으나 대개 밀집 상가가 아닌 조용한 지역에 위치하고 있으며, 근처에 불건전한 위락시설이 오지 않게 법으로 정하고 있다. 조기유학생들의 경우, 외로움이나 언어와 문화의 차이로 인한 심적 갈등 말고는 한국보다 학교 환경이 좋은 편이다. 여기 학생들은 방과 후 별로 거리에서 나와 몰려다니면서 놀지 않는다. 그러므로 부모가 옆에 있어 주어 정신적으로 안정감을 가질 수 있다면 공부에 집중하고 잘 적응할 확률은 크다.

7. 탈선과 조기유학의 실패, 왜 생기는가? -동기가 관건

탈선 또는 [일탈/deviation]이란 말은 청소년과 초중고등 수준의 학생들에게만 주로 쓰인다. 스스로 책임을 져야할 대학과정의 성인 학생에 대하여 그런 말을 잘 안 쓴다. 유학도 마찬가지다. 석·박사 학위를 하러 간 사람이 딴 길로 빠졌다면 그런 말을 안쓴다.

탈선은 왜 하게 되는가? 어린 나이에 공부가 싫으면 대안으로 가게 되는 길이다. 공부는 왜 하기 싫은가? [공부에 대한 동기/study motivation]가 모자라기 없기 때문이다. 동기는 목적의식과 같은 말이다. 그런 의식을 갖게 하는 것이 동기 부여 또는 유발이다. 그게 없으면 공부에 대한 욕심, 공부하고 싶은 마음이 생기지 않는다. 하고 싶지 않은 공부는 아무리 돈을 드려 시켜도 잘 할 수가 없다. 국내에서 잘하던 학생이 나가서도 잘하는 것은 그런 까닭이다.

공부는 고생을 감수해야 한다는 점에서 일과 같다. 예외가 있지만, 일은 보통 [노는 것/play], 재미있는 것, 특히 [쾌락/pleasure]의 반대다. 그래도 사람들이 일을 감수하는 것은 그에 대한 장래 대가 또는 [보상/reward]이 있기 때문이다. 돈은 중요한 대가가 된다. 노동자는 좋은 보수가 보장될 때 신바람이 나서 열심히 일한다. 돈이 일에 대한 동기를 부여하는 것이다.

돈과 함께 중요한 게 명예다. 성취욕은 대개 이 두 가지에 대한 의욕이다. 의사가 되려면 어느 나라에서든 7-10년 정도의 고된 학업과 훈련 과정을 마쳐야 한다. 영미사회에서 대개 5년 정도의 대학 복수과정을 거쳐 변호사가 된다. 이런 고생길을 선택하고 감내케 하는 것은 물론 의사나 법관이 되었을 때 기대되는 소득과 사회가 안겨주는 명예이며 이때 기대되는 성취감이다.

하지만 동기유발은 학업 성공의 조건 전부는 아니다. 아무리 그게 커 노력을 해도 못하는 사람이 있기는 하다. 개인의 적성, 지능, 재력, 공부방법, 건강, 교사의 교육방법 등도 고려되어야 한다. 그래도 가장 으뜸인 게 그것이다. 다른 게 아무리 좋아도 노는데 더 취미를 갖는다면 성적은 부진해진다.

유학은 학업의 일종이므로 공부의 성공 요건은 유학의 성공 요건과 같다. 다른 게 있다면 국내가 아니고 외국이라는 달라진 공부 환경 때문에 더 많은 희생을 강요하며 더 큰 동기부여를 필요로 한다.

오늘의 한국 유학생들에게 공부 동기는 특별한 의미를 갖는다. 50년, 60년대의 유학생들은 거의 모두가 재정적으로 어려웠다. 공부하면서 접시 닦기 한 번 해 보지 않은 사람이 드물다. 그러나 학위 하나쯤은 꼭 따오겠다는 의욕과 결심은 대단했다. 지금은 그렇지 않다. 공부에 특별한 열의가 없어도 부모의 권유에 떠밀려, 또는 문제아의 방출 수단으로 유학을 떠나오는 사례가 적지 않다. 또 분야에 따라 다르지만 학위의 경우, 고생스럽게 공부를 해도 대가가 확실하지 않다.

근래 한인 유학은 과거 성인과 대학원 중심에서 평균 층이 내려가는 영어연수, 초중고등학교, 대학 학부, 기술학교로 바뀌어 전체 공부 동기의 평균치도 많이 내려갔다 할 수 있다. 공부를 해도 그만 안 해도 그만인 해외 체험과 낭만을 좇아 나오는 청소년층의 말뿐인 어학연수생들이야말로 더 그렇다. 더욱 한국의 생활수준이 높아져 편히 자란 요즘 세대 자녀들은 어려움을 잘 견디지 못한다는 것은 상식이다.

언론의 흥미 거리 보도가 되는 탈선 유학은 대개 이런 층의 유학생들이 해외로 나와 공부보다 딴 데 더 많은 시간을 보내거나, 그 결과 사고로 이어지는 현상을 지칭한다.

유학 선도 기구가 필요하다

이미 지적한대로 한국은 외국 유학을 많이 보내는 나라다. 거기에 지출되는 외화는 천문학적이다. 이 큰 유학의 비중으로 봐, 국가의 유학정책에 먼저 들어가야 할 사항은 유학의 성공도를 높이는 방안이다. 그 방안은 위에서 논한 공부 동기를 전략 변수로 활용하는 것이라고 필자는 생각하고 있다.

하지만 한국에 전반적으로 유학정책이라는 게 없으니 (유학 리서치, 358-369쪽 참조) 그런 방안 논의가 있을 리 없다. 실패한 유학을 비아냥하는 언론의 보도만이 무성하다.

위에서 동기유발은 기대되는 대가의 함수임을 지적한 셈이다. 그런데 그 대가는 당장이 아니라 오랜 시간을 두고 오는 것이 보통이다. 그 안에 달콤한 유혹이 기대되는 대가보다 크다면, 또는 유혹을 이길 결단성이 없다면 공부는 치우고 다른 길로 들어서게 된다.

어느 나라, 어떤 학생의 경우도 그의 생활 패턴은 잠자는 시간을 뺀다면 공부와 건전한 과외활동과 마음 놓고 노는 것으로 구분할 수 있다. 공부와 노는 것은 어느 수준까지는 상호보완적이나 그 수준을 넘으면 상호배타적이 된다.

공부에 열의가 있는 학생들은 일차적으로 공부한 다음 나머지 시간을 노는 데 쓴다. 늘 공부만 하고 있을 수는 없는 노릇이다. [All work and no play makes Jack a dull boy/공부만 시키고 못 놀게 하면 아이 바보 만든다]는 영국 속담대로 공부도 잘 하고 건전하게 성장하기 위하여는 놀고 쉬어야 한다. [리크리에이션/recreation, 재창조]이란 말이 그것이다. 이때는 공부와 노는 것은 보완적이다. 그러나 그 선을 넘어 놀기 쪽으로 기울면 공부는 갑자기 하기 싫어진다. 이때는 공부와 노는 것은 서로 배타적이므로 상극이다.

전자의 상황에 있는 학생들을 A그룹(또는 모델), 후자를 B그룹(또는 모델)로 나눠 보자. 유학생이 두 모델 중 어느 쪽에 있게 되느냐는 여러 가지 여건에 따라 결정되는데, 이때까지 말한 필자의 논리대로라면 누군가가 고생에 대한 장래 기대에 대한 인식을 강하게 심어주는 것이 중요하다. 역시 동기부여라는 말로 돌아간다. 누가 원래 없는 동기를 만들어 줄 수 있을까? 좋은 스승, 좋은 선배, 교회, 도서관, 좋은 책이 모두 그런 역할을 할 수 있다. 이들을 모두 [멘터/mentor/한국식으로는 사표가 될 것임] 개념에 묶어도 될 것이다.

그와 함께 중요한 게 그가 속하게 되는 [친구집단/friendship network 또는 peer group]의 영향이다. 사람은 사회적 동물이기 때문이다. 사춘기의 아동들이라면 더 그렇다. 사귀고 지내는 친구집단이 A모델이라면 그도 그런 쪽으로, 반대로 B모델이라면 노는 쪽으로 끌려갈 가능성이 크다. 이 친구집단을 동기부여와 관련시킨다면 맹모삼천지교(孟母三遷之敎)의 교훈은 지금도 그대로 유효하다.

한국 유학생들에게는 동족 친구집단이 미치는 압력과 영향력이 특별히 클 것으로 보는 이유가 있다. 외국에 나온 유학생은 누구나 고독감과 언어장벽과 학교 숙제 등으로 극심한 맘고생을 하게 되어있다. 나이가 어린 학생이라면 더 하다. 그럴 때 그는 고통스러운 현실을 도피할 길을 찾게 되며, 같이 놀아주는 친구집단이 있다면 그 쪽으로 휩쓸릴 수밖에 없다. 그 친구집단이 학업에 도움이 되는가 아닌가를 가릴 여유가 없는 것이다.

사춘기에 있는 이들의 탈선을 부추기는 여건은 더 있다. 이들 대부분이 집에서 보내 주는 돈을 자기 결정으로 쓸 수 있는 상황이다. 거기다가 해외에는 유학생들을 노리는 교포 운영 유흥시설이 즐비하다.

이러한 여건을 고려한다면, 유학의 성공도를 높이기 위한 유학정책은 (1) 될수록 공부에 대한 동기의식이 강한 학생들이 많이 유학으로 나가고, (2) 이들이 나가서도 그 동기의식을 계속 간직하고, (3) 그게 부족했던 학생에게는 해외에서라도 새롭게 동기부여가 가능하도록 유도하는데 초점이 모아져야 한다. 결국 동기의식이 강한 유학생 집단 (A집단 네트워크)을 조성하고 그 집단을 지원하는 정책으로 귀결된다.

그 구체적 실천 프로그램으로는 (1) 놀기보다 공부에 더 자극이 될 수 있는 건전한 놀이문화 공간의 제공, (2) 학업에 자극을 줄 수 있는 세미나, 강연회, 소그룹 토론회 등의 장소 제공, (3) 동족 불량학생 집단의 압력으로부터의 보호와 이에 대비한 감시 및 선도 등을 들 수 있다.

문제는 국내에서도 잘 못하는 이런 좋은 일을 위하여 누가 재원이 없는 해외에서 총대를 멜 것인가이다. 해외 주요 도시에 나와 있는 교육인적자원부 소관 한국교육원은 한국어 교육의 확산과 지원이 주 임무라고 한다. 뿐만 아니라 공관장(대사, 총영사) 휘하에 있게 되는 정부 기관은 대개 현지의 필요를 잘 알지 못하거나, 안다 해도 새로운 일을 할 수 있는 형편이 아니다. 실제를 보면 공관은 사고를 당한 유학생을 자국민보호 차원에서 돕는 일이 전부다.

가장 이상적인 방법은 이 분야의 경험이 있는 현지 한인 전문인과 목회자 등이 중심이 되고, 정부가 일부 참여하는 공동 프로젝트로서 민간 선도위원회를 만드는 것이다. 물론 아직까지 해외 어디에서든 그런 수준의 유학생 지도 기능이 없다. 각자 개인이 알아서 할 수 밖에 없는 형편이다.

8. 조기유학 비용 년 최하 2,000만원에서 최고 1억원

국가간 초중고등학교의 유학생 등록금 제도가 비슷하므로 비교가 대학의 경우보다 쉽지만, 그래도 만만치 않다. 어느 정도는 환율을 따라 높낮이가 결정된다고 보면 맞다. 환율이 높은 나라(자국 화폐 가치가 높은 나라)는 그만큼 소득율(경제용어로 보수효율)이 높은 나라다. 그러므로 거주국에서 돈을 번다면 차이가 없으나 국내에서 보내는 송금으로 공부해야 하는 유학생은 환율이 높은 나라일수록 높은 비용을 치러야 한다.

예를 들어보자. 호주와 영국의 사립학교의 1년 등록금(기숙사비 포함)은 각각 호주화 10,000불-20,000불(약 740만원-1,400만원), 영국화 15,000파운드-25,000파운드(약 2,730만원-4,550만원)수준이다. 그렇다면 영국 학비는 한화로 호주 학비의 2, 3배 이상인데 그 차이는 대부분 영국 파운드가 호주 달러보다 거의 2.5배 높은 환율 차 때문이라는 판단을 하게 된다.

필자가 여러 간접적인 방법으로 조사해본 결과, 사립학교의 1년 납부금(기숙사비 포함)은 여유 있게 잡아 아래와 같다.

영국 = 영국화 15,000-25,000파운드 (약 2,730만원-4,550만원)
미국 = 미화 25,000-35,000달러 (약 2,450만원-3,430만원)
캐나다 = 캐나다화 27,000-30,000달러 (약 2,350만원-2,610만원)
호주 = 호주화 15,000-25,000달러 (약 1,110만원-1,850만원)
뉴질랜드 = 뉴질랜드화 24,000-28,000달러 (약 1,488만원-1,736만원)

그러나 등록금과 기숙사비, 의료보험, 교과서 등은 기본이긴 해도 전체 학비의 전부는 아니다. 여기에 가디언비(부모가 동반하지 않을 경우), 교통비, 과외학원비 용돈 등을 따로 계산해야 한다.

가디언비는 가장 비싼 월 영국의 300-500파운드(약54,000원-90,000원), 가장 낮은 호주의 300-500달러(약 22,000원-37,000원)의 사이다. 이 가격은 유학원 기준이며 친척과 친지를 통한다면 여러 가지 다른 신축성 있는 방법과 수준으로 정해질 수는 있다. 위 기숙학교에 내는 등록금에는 방학 때 기숙사를 나와 지내야 할 기간은 들어 있지 않다. 1년에 [중간 방학/half term, mid-term vacation]만 해도 최소 한 달은 잡아야 한다. 그리고 부모 동반이 아닌 조기 유학생은 겨울과 여름 방학 때 거의 전부가 서울로 찾아간다. 이 때 항공료를 추가로 계산해야 한다.

부모 중 하나(대개 어머니)가 동반할 때는 최소한 [플랫/flat/작은 아파트] 하나는 얻어야 한다. 외국에는 한국식의 전세는 없고 임대료가 높다. 나라와 위치에 따라 다르나 적어도 1년 700-1,000만원은 잡아야 한다. 영국은 1,000만원 이상 계산해야 한다. 마지막으로 입학시 한번이지만 유학원의 수속 대행비가 있다.

그러니 자녀 조기유학 보내는 데 드는 돈 1년 최하 2,000만원에서 항간에 떠도는 말로 최고 1억원은 맞는 말이다. 호주의 공립으로 보낸다면 등록금 하나는 명문사립에 비하여 학교에 따라 절반 또는 30-40% 저렴하게 할 수는 있기는 하다. 그러나 그 비중은 전체 비용에 비하여 아주 클 수는 없다.

제3장 미국, 영국, 호주, 캐나다, 뉴질랜드의 학비와 대학 개관

1. 국가간 등록금 패턴이 크게 달라

학비는 부유한 집안 자녀가 아니라면 유학에 앞서 고려해야 할 아마도 가장 중요한 변수이다. 유학 대상 지역과 학교를 구체적으로 결정할 때라면 더 그렇다. 이 장에서 영미 5개국간 유학비용 비교를 총괄적으로 해볼 요량으로 한동안 자료를 모으다가 생각을 바꿨다. 명쾌한 비교가 어렵고, 비용은 늘 유동적이어서 고생스럽게 큰 작업을 해놓아도 그 실효가 오래 가기 어렵다고 판단했기 때문이다.

그 대신 이들 국가간에 존재하는 일정한 등록금 패턴에 대하여 언급함으로써 유학생들에게 좋은 지침을 제공하는 동시에, 이 분야 전문인과 정책 수립자들에게는 착안할만하다고 필자가 생각하는 몇 가지를 적어보고자 한다. 여기서 패턴이란 말은 특별한 의미가 있다. 아래에서 적게 되는 여러 등록금 및 생활비 수치는 유동적이지만 국가간 패턴은 그대로 계속된다. 오래 그래왔으므로. 매년 10% 정도의 상승률을 가산하면 아래 수치들은 참고 자료로서 오래 유효할 것으로 본다.

그리고 여기 학비 관련 정보와 논의는 대학급 유학 위주다. 초중고급 관련은 조기유학을 다룬 제2장(63-93쪽 참조)에서 간략하게 설명했다.

먼저 학비 비교가 어려운 이유를 말해본다면, 첫째로 국가간은 물론, 같은 국가 안에서도 학교간 [등록금/tuitions]과 [학생회비/fees/college fees/용어해설, 379쪽 참조] 등 잡부금 액수에 편차가 크다. 또 미국을 빼고는 각국 대학들은 모두 학과에 따라서도 큰 차이를 두고 있다는 사실이다. 부과 방식에도 차이가 난다. 일부 미국의 대학원 과정과 뉴질랜드 대학들은 학점을 중심으로 등록금을 책정한다. 초중고의 경우는 등록금 부과 방식은 똑 같으나 금액 수준에서는 역시 격차가 크다.

거의 4,000여개의 여러 형태의 대학이 있는 미국의 경우, 가장 비싼 명문 사립대학으로부터 중간 수준인 주립대학을 거쳐 가장 싼 커뮤니티 칼리지에 이르기까지 크게 잡아 1대 5 정도의 큰 차이가 난다. 사학(私學) 개념이 약하여 국립이라고 불러야 할 영국, 캐나다, 호주, 뉴질랜드의 대학들은 유학생에게는 자국 학생과는 비교가 안 되는 높은 등록금을 받고 있다. 학교와 지역간 차이는 미국만큼은 아니나 여기서는 인기와 비인기 학과간 2-3배의 큰 폭의 격차를 두고 있다. 캐나다와 뉴질랜드는 주에 따라 다르나 석.박사 과정에서는 정책적으로 유학생에게도 자국 학생과 같거나 학부에 비하여 훨씬 낮은 등록금을 오퍼하고 있는 점도 마찬가지다.

둘째로 학비 비교에는 과정을 마치는데 걸리는 기간도 고려해야 한다. 가령 [경영학석사 코스/MBA]를 1년에 할 수 있는 학교는 최소 1

년 반-2년을 소요하게 하는 학교에 비하여 등록금이 싸더라도 총학비는 결과적으로 더 비쌀 수 있다. 이 비교가 쉽지 않다.

셋째로 각국의 학비와 생활비는 매년 바뀐다. 국내 물가도 바뀌지만 송금을 해야 하는 유학의 경우는 환률 변동이 국가간 비용구조에 상당한 영향을 미친다.

이상 일반화가 어려운 여러 제약과 다양성을 고려할 때, 학비에 대한 정보와 안내는 유학 소비자 각자가 필요할 때 쉽게 접속할 수 있는 웹 사이트를 방문하거나, 대학이 발행하는 안내 책자를 구하거나, 유학원을 찾아 감으로써 자신이 원하는 나라와 학교와 학과의 등록금, 거주할 지역의 생활비에 대하여 구체적으로 알아보는 것이 더 좋을 것이다. 필자의 과문인지 몰라도, 유학 대상 국가별 비용을 총괄적으로 일목요연하게 비교한 연구 자료는 물론, 책자가 잘 나오지 않는 이유일 것이다.

2. 유학생에게 몇 배 더 받는 대학 등록금

유학은 국제교육협력의 일환이라고 한다. 하지만 오늘의 유학은 받는 쪽에서 봐서 수출산업이라는 면이 더 강하다. 그러므로 여기에는 철저한 시장경제 원칙이 적용된다. 그 결과, 유학생은 자국 학생보다 일반적으로 월등히 비싼 등록금(나라와 학교에 따라 2-3배, 영국 대학의 경우는 제일 낮은 인문과의 경우만 해도 자국 학생에 비하여 적어도 3배가 높다)과 의료보험비 등을 지불해야한다. 이들 미국 외 영미 나라들은 유학생을 [학비전액 본인부담 학생/full fee-paying students] 또는 [전액 등록금을 내는 국제학생/international fee-paying students] 등 특별한 용어를 쓰는

데 자국 학생과 다르게 취급한다는 뜻이다. 2중 잣대가 쓰이는 일종의 차별대우다.

시장경제가 적용되는 당연한 결과, 학생이 넘치는 대도시 인기 대학과 인기 학과로 갈수록 등록금은 높아지고, 학생 유치가 비교적 어려운 비인기 대학과 비인기 학과와 유학생 유치가 어려운 오지의 지방대학으로 갈수록 낮아진다. 초중고사립학교도 마찬가지나 그 경우는 학과와는 무관한 학교의 인지도와 지역에 따른 일률적인 차이다. 호주에서는 자국 학생들에게 주는 혜택인 기차, 버스 할인권 제도를 유학생에게는 허용하지 않고 있어 논쟁이 있어 왔지만 앞으로 달라질 것 같지 않다.

다만 명문 사립대학 중심으로 이미 높은 수준의 등록금을 자국 학생, 유학생 구별 없이 오래 동안 받아온 미국은 여기서 예외다. 그 점은 5개국 사립 초중고등학교도 같다. 미국과는 달리, 영국, 캐나다, 호주, 뉴질랜드의 대학들은 우리식으로 말하면 대부분이 국립이다. 정부로부터 지원과 함께 규제와 감독을 받는다. 호주와 캐나다에 등록금에만 주로 의지해야 하는 사립대학(캐나다는 종교재단 운영)이 몇 개 있으나 역사도 짧고 잘 알려지지 않은 채 남아 있다.

이들 나라 거주자들은 무상 아니면, 저렴한 등록금과 졸업 후 비교적 쉽게 상환할 수 있는 학자금 융자제도의 덕택으로 돈 없어 대학 못가는 사람 드물다고 말해야 맞다(높은 등록금에 항의하는 현지 학생 데모가 끊이지 않지만). 초중고등학교는 공립이면 모두 무상이다. 호주에서는 부모 소득이 일정한 수준 이하인 영주권자, 시민권자 학생은 생활비 보조를 받기까지 한다.

미국과 영국의 공립 초중고학교는 유학생을 받지 않는 반면, 호주와 일부 영미국가에서는 공립도 중고에 한하여 유학생을 받기 시작했으나 상당액의 수업료를 받는다. 호주에서 우수한 학생만을 선발하여 운영하는 특수 공립학교인 [셀렉티브 스쿨/selective schools]은 이미 언급한 대로 유학생을 받지 않는다.

집안이 어려워 새벽청소 등 힘든 일을 하면서 학비와 생활비 걱정을 하는 한편, 귀국 후 취업을 걱정해야 할 어려운 처지의 유학생이라면 이런 차별적 학비에 소외감과 이질감을 갖는 게 보통이다. 특히 현지인 대우를 받는 동년배의 교포들과의 관계에서 그렇다. 대개 현지에 와서야 그것을 실감하게 된다. 자비로 공부해야 할 유학생은 이점 미리 염두에 두는 게 좋다.

한편, 아이러니컬하게 교포와 교포 학생들이 유학생을 보는 시각은 곱지만은 않다. 일부 해외 지역에서 부유층 유학생들이 현지 교포학생들과 비교가 안 되게 돈을 쓰며 호화판 생활을 하는 사례가 보도되기 때문이다. 고급차를 타고 다니며 서너 명이 하루 술값으로 1,500달러도 쉽게 쓴다는 식의 얘기가 흔하다. 이러한 두 집단의 학생들이 서로 느끼는 정서와 학업에 대한 태도는 다를 수밖에 없다. 이런 서로 다른 처지와 정서 때문에 이들은 잘 융화되지 않는 것이 보통이다.

미국 주립대학의 경우는 같은 주 거주자(시민과 영주권자)에게는 등록금이 거의 무상이거나 아주 적은 금액이지만, 유학생에게는 [타주 출신/out of state residents]에 적용하는 금액과 같게 부과한다. 하지만 위에서 언급한대로 사립은 대부분 자국민, 유학생 차이를 두지 않는다. 그런 의미에서 유학생 학비에 관한 한 미국은 다른 영미국가보다 공정하다고 말할 수 있다.

3. 싸고 쉬운 대학부터 시작하라

세계적 인기를 누리는 대학은 역시 미국의 아이비리그와 영국의 옥스브리지이다. 재미있는 사실은 전자의 등록금은 타 대학들과 비하여 월등히 높지만, 후자는 그렇지 않다는 점이다. 영국 대학은 일률적으로 정부의 등록금 규제를 받는 결과다.

미국의 명문 대학군인 아이비리그와 그 외 한국에서 잘 알려진 사립 명문인 [MIT/Massachussets Institute of Technology], [스탠포드/Standford University], [듀크/Duke University], [시카고/University of Chicago], [죠지타운/Georgetown University] 등의 학부 일 년 등록금은 미화 30,000-35,000불(약 2,900만원-3,400만원) 선이다. 여기와 아래에서 적는 금액들은 2005-2007년 수준이며, 괄호 안 한화 가격은 읽기의 편의상 대략 수치로 했다.

한국 유학생들에게 다음으로 인기가 높되 등록금이 약간 낮은 미국 대학은 [캘리포니아주립대학/State University of California군/한국에서 잘 알려진 UCLA와 UC/Berkley 등 10개 캠퍼스로 분산된 대학들], [미시간주립대학/University of Michigan군의 Ann Arbor campus), [일리노이스주립대학/University of Illinois의 Urbana Champaign campus와 University of Illinois의 Chicago campus], [라이스/Rice University]가 미화 18,000-25,000불(약 1천8백만-2천5백만원)이다. 그 보다 아래인 미화 10,000-15,000불(약 1,800만-2,500만원) 층에 [택사스/University of Texas/Austin], [노스 칼로라이나/University of North Carolina) 등 괜찮은 주립과 사립 대학들이 많다.

거대한 한인사회가 있는 미국 서부의 로스앤젤스의 교포 자녀가 가까운 UCLA와 동부의 하버드나 예일대학에 합격했다면 어느 쪽을 택할까? 후자를 택한다면 등록금과 생활비 합하여 년 적어도 미화 45,000불(약 4,500만원)을 쓸 각오를 해야 한다. 그래도 재력이 허락한다면 부모들은 당연히 그쪽을 택한다는 것이 지배적인 의견이다. 미국 한인들의 일류대학열을 쉽게 알 수 있는 예다. 다만 돈만 있으면 이런 대학에 갈 수 있느냐 하면 그렇지 않는 반면, 합격이 되더라도 재력이 따르지 못하면 갈 수 없다.

그렇다면 어떤 선택이 좋을까? 이에 대한 담론과 대답은 이미 제1장에서 언급한(제1장 아이비리그와 옥스부리지의 간판, 쪽 참조) 두 가지 점을 머리에 떠 올릴 필요가 있다. 한국과는 달리 영미 국가에서는 한국에 비하면 학교 간판보다도 능력과 실적이 더 중요하고, 처음 어디에서 출발하든 최종 명문으로 도달할 있는 길은 여러 갈래라는 점이다.

큰 나라인 미국은 학교도 많고 다양하다. 학비와 생활비 또한 마찬가지다. 미국 교육자문관 톰킨스씨(73쪽 참조)에 따르면 미국의 학비가 다른 영미 국가에 비하여 모두 비싼 것이 아니다. 인구가 희박하고 대도시에서 멀리 떨어진 중서부의 조용한 지역에 가겠다면 1년 등록금 미화 8,000-12,000불(약 800만원-1,200만원)과 기숙사비 미화 4,000-5,000불(약 400만원-500만원)선의 웬만한 종합대학이 많고, [칼리지/college]란 이름이 붙는 작은 하위권 대학을 택한다면 년 미화 4,000-8,000불(400만원-800만원) 선에도 가능하다. 다른 영미 국가 대학의 대부분 학과 등록금보다 같거나 더 낮은 수준이다. 공립인 커뮤니티 칼리지의 경우는 물론 그렇다.

유학생의 경우 처음 큰 도시, 크고 이름난 큰 대학보다 작은 도시, 작고 이름 없는 대학에 가서 학비 줄이고, 편하게 공부하여, 좋은 실적을 올려 최종적으로 더 좋은 학교와 학과를 노리는 것도 한 가지 방법이다. 많은 이름 있는 주립대학들이 사전 합의 아래 같은 주 커뮤니티 칼리지 학생의 전학을 받고 있다. [전학생/transfer students]이란 말이 널리 쓰이듯 다른 미국 대학간 전입학도 한국보다 자유스럽다.

또한 미국 대학들간의 질적 차이에 대한 시각도 바뀌고 있다는 사실에 주목할 필요가 있다. 대학들이 경쟁에 살아남기 위하여 변화를 모색하는 결과 이름 없고 작지만 강한 대학이 늘고 있고, 이런 대학들이 개발한 새로운 학과가 높은 취업률을 보이는 사례가 늘고 있다. 이런 전략을 쓴다면 비싼 대학에 비하여 반이나 3분의1 등록금으로 목표를 달성할 수 있다.

4. 법과, MBA, 치과, 의과는 인문학과의 2-4배

캐나다 교육당국은 [연방대학연합회/The Association of Commonwealth Universities] 자료를 인용, 자국의 유학생 등록금은 미국 사립대학보다 두 배, 주립대학보다 3분의1, 그리고 다른 영미 국가들보다 전반적으로 싸다고 주장한다. 호주와 뉴질랜드 당국은 자기들대로 자국 대학의 학비가 더 낮다고 한다. 이들 나라가 외국 유학생 유치에 서로 치열하게 경쟁하는 당연한 결과다.

앞서 지적한 대로, 정부 보조금에 크게 의지하는 영국, 캐나다, 호주와 뉴질랜드 대학들은 자국 학생들에게 대하여는 대체적으로 지역과 학교간 큰 차이가 나지 않는 일률적인 등록금을 부과하지만, 이미 지적한 대로 유학생에 대하여는 철저히 시장경제 원칙을 적용한다.

미국의 최상위권 대학에 필적하는 세계적 명문인 영국의 옥스퍼드와 캠브리지의 유학생 등록금은(영국 대학은 EU회원국가 유학생은 자국민과 같게 취급함) 학과에 따라 최저 영국화 9,000파운드(약 1,620만원)에서 최고 22,000파운드(약 4,000만원)의 큰 차이를 보인다. 최하단은 순수 인문계열, 중간층은 건축학, 엔지니어링, 컴퓨터학, 자연과학 등, 최상단에는 법과, 의과, 치과 등이 있다.

이와 같은 학과별 격차 때문에 미국의 명문 사립보다 더 비싸다거나 싸다는 일반론은 펴기가 어렵다. 인문 쪽의 낮은 등록금은 미국의 명문 사립보다 싼(예컨대 하버드, 예일=년 4,500만원, 옥스퍼드, 캠브리지 인문학과=1,620만원) 반면, 의과, 치과, 법학 등 인기 학과 수준은 미국보다 높다. 또 한 가지 재미있는 사실은 미국의 경우와는 달리 옥스퍼드와 캠브리지의 유학생 등록금은 인지도가 낮은 다른 일반 영국 대학보다 더 높지 않다는 것이다. 가령 [런던대학의 Imperial College]의 경우도 대부분 학과는 영국화 12,000-17,000파운드(약 2,180-3,100만원) 사이에 있지만 의학 쪽으로 가면 영국화 20,000-30,000파운드(약 3,640만-5,460만원)로 올라간다. [리드대학/University of Leeds]과 대부분 그보다 덜 알려진 중소 도시 대학들이 유학생 등록금을 최하 년 영국화 8,000파운드(약 1,450만원)선으로 정해놓고 있다.

캐나다

캐나다 대학은 최하위인 인문학과 캐나다화 5천불(약 440,000원) 선에서 시작, 건축과, 엔지니어, 경영학과, 컴퓨터학과 등 비슷한 인기학과의 카나다화 15,000-20,000불(약 1,305만-2,914만원)을 거쳐, 의과, 치과의 최고 카나다화 20,000-45,000불 선(약 2,914만원-5,828만원)까지로 급상승한다.

한국에서 비교적 잘 알려진 [UBC/University of British Columbia]를 보자. 인문계(캐나다화 17,000불 선=1,479만원), 엔지니어링(21,000불선=약 1,830만원), 상과, 법과, 치과(약 19,000불선= 약1,653만원), 교육(20,000불선=1,740만원), 약학, 의학(약22,000불선=1,914만원)의 큰 폭의 차이를 보인다. [University of Toronto]는 (캐나다화 9,000불선= 783만원)에서 시작, 건축학, 엔지니어링, 응용과학, 컴퓨터, 조경학, 디자인, IT(11,000-19,000불선=약 957만원-1,653만원), 상과, MBA(17,000불-22,000불선=약 1,479만원-1,915만원), 법과(22,000불선=약 1,914만원), 의학(42,000불=3,654만원).

호주와 뉴질랜드

호주 대학은 유학생 등록금 체계도 비슷하다. 시드니가 있는 뉴사우스웰즈의 7개 주요 대학의 상황을 보면 지역과 학과에 따라 호주화 12,000불에서 23,000불(약 880만원-1,700만원)까지의 차등 금액으로 되어 있다. 최하단은 시드니에서 5시간 거리인 [University of New England]의 인문학분야고, 최상단은 시드니에 있는 [University of Sydney]와 [University of NSW]의 의과다.

뉴질랜드 대학은 학점을 중심으로 계산하는 방식이 약간 다르지만, 학과별 차이를 두는 패턴은 같다. [University of Auckland]의 경우, 120학점 기준, 인문, 건축, 상과, 정보, 교육이 뉴질랜드화 14,000불

-20,000불(약 868,000원-1,240원)선이고, 안과가 뉴질랜드화 27,000불-33,000불(1,674만원-2,046만원)선, 의대가 32,000불-38,000불(약 1,900만원-2,356만원)선이다. [University of Canterbury]의 경우 인문계(뉴질랜드화 16,000불=9,920만원), 상과 (17,000불=1,054만원), 이공계(19,000불=1,178만원), 법과 (20,000불=1,204만원), 안경공학(27,400불-33,000불=1,674만원-2,000만원), 임상의학(32,000불-38,000불=1,984만원-2,000만원) 순이다.

유학생 대상으로 새로 개발되는 인기 코스들

유학생 유치에 특별한 신경을 쓰는 영국, 캐나다, 호주, 뉴질랜드 대학들은 미국의 모델을 따라 디플로마와 [서티피킷/certificate] 등 여러 가지 학위 이름으로 석사 이전의 1년 또는 1년 반의 취업 지향, 코스워크 중심 [대학원 과정/postgraduate diploma and certificate courses]을 늘리는 추세다. 회계학, 영어교수법, 교육학, 호텔경영학, 일반경영학 (MBA) 등 취업 전망이 좋고, 유학생들이 인문계열 석사과정보다 비교적 쉽게 해낼 수 있는 과정들이다.

당연히 등록금이 비싼 게 특징이다. 한 예로 웬만한 영국의 대학들은 1년 등록금 20,000-30,000파운드 선으로 마칠 수 있는 미국식 MBA 프로그램을 두고 있다.

5. 생활비는 환율과 직결 된다

조기유학을 다룬 제2장(63-95쪽 참조)에서 5개 영미국가의 사립 초중고등학교는 똑 같은 제도 아래 운영되기 때문에 대학과는 달리 자국 학생, 유학생 막론 등록금 책정 방식이 일률적이며, 큰 차이가 없다고 밝혔다. 다르다면 대충 환율에 따른 높낮이의 차이다. 영국 파운드는 미 달러의 약 두 배가 높다. 미 달러에 대한 캐나다, 호주, 뉴질랜드 달러의 비율은 미 달러 10에 대하여 대강 각각 8.5, 7.5, 6.2의 비율이다.

이점은 생활비에도 그대로 적용된다. 부모가 보내주는 돈으로 공부하는 유학생의 경우, 화폐 가치, 환율, 물가가 높은 나라 순으로 생활비가 높다고 말하면 맞다.

생활비는 물론 어떻게 돈을 쓰느냐에 따라 크게 달라진다. 주거와 식비의 경우, 이른바 '셰어'로 자취를 하는 경우, 학교 기숙사 생활, 완전 하숙, 부모와 동거, 어느 것을 택하느냐에 많이 달라진다. 그러나 여기서는 많은 사항을 다루지 않고 두 가지만을 기준으로 제시해볼까 한다. 어학연수 등 단기 유학생들에게 권장되는 홈스테이(원어민 가정 하숙/제4장 쪽 참조)과 교포가정 하숙비다. 개개 물가는 전체 물가 수준을 반영하기 때문에 이것만으로도 대강 추세를 짐작할 수 있다.

필자가 여러 비공식 방법으로 조사한 하숙비는 주(週) 단위, 1인 1실, 도시와 근교 기준 아래와 같다.

홈스테이:
영국= 영국화 130-160파운드 (약 237,000-290,000원)
미국= 미화 180-190불 (약 175,000-178,000원)
캐나다=캐나다화 175-200불 (약 152,000-174,000원)
호주 =호주와 200-250불 (약 148,000-170,000원)

뉴질랜드=뉴질랜드화 200-250불 (약 118,000-130,000원)

교포가정 하숙:
영국=영국화 250-270파운드/주 (약 450,000-49,000원)
미국=미화 350-500불 (약 380,000원-470,000원)
캐나다=캐나다화 200-250불(약170,000원-210,000원)
호주= 호주화 300-350불 (약220,000-260,000원)
뉴질랜드=뉴질랜드화 300-350불 (약180,000-210,00원)

외국인 가정 홈스테이와 교포 가정 하숙간 상당한 차이가 나는 것은 주로 음식의 차이다. 홈스테이 음식의 조반은 [continental breakfast/ 빵 한두 쪽에 버터, 우유, 시리얼 등], 점심은 없거나 빵과 사과 하나가 든 도시락, 저녁은 스파게티, 카레라이스(1주일에 한번 정도 소고기 스테익) 정도가 평균이다. 이것으로는 한국인 학생은 대부분 배고프다며 따로 간식을 사먹어야 한다. 초중고 기숙학교 식사는 셀프 서비스며 이보다 음식이 낫지만 식성에 맞지 않는다는 문제가 있다. 이에 비하면 교포 가정 하숙은 음식이 풍부하고 한국식이다. 거의가 수입품인 한국식품은 가격이 높다.

6. 미국 대학의 질은 천차만별

마지막으로 학교 선정에 있어 비용과 관련하여 고려할만한 다음 몇 가지 필자의 생각을 적고자 한다.

(1) 장학금과 파트타임 일자리 -이는 학비 자체는 아니나 재정 부담을 일부 또는 전부를 던다는 점에서 학비에 포함해서 생각할 수 있다. 미국의 명문 대학 학비는 비싸지만 대신 장학금 제도가 잘 발달되어 있다는 점도 유의해야 한다. 대학별 장학금 기회에 대한 설명을 매년 [U.S. News & World Report]이나 다른 기관이 발행하는 대학 안내 책자에서 찾아 볼 수 있다. 각 대학의 장학금 배정과 기타 학비 지원을 관장하는 부서 책임자는 [재정처장/Bursar/ 용어해설 373쪽 참조]이다. 그는 여러 단체나 개인이 학교에 기탁한 장학금에 대하여 자세한 정보를 가지고 있다.

사학 경영과 기부문화가 덜 발달된 다른 영미국가 대학에서는 장학금 기회가 미국만큼 많지 않다. 그러나 국제화의 물결을 따라 이들 나라 대학들도 미국 모델을 따라 장학금을 늘리려고 노력하는 추세다. 주에 따라 차이가 있으나 캐나다와 뉴질랜드의 대학원이 외국 학생에 대하여 학부에 비하여 최고 반에서 30%정도까지 싸거나, 자국민과 같은 수준의 등록금을 오퍼하고 있는 사실에도 주목할 만하다. 외국 학생의 대학원 과정은 리서치와 문화교류의 면에서 자국에게 이익이 큰 반면, 지망자는 많을 수 없기 때문에 그럴 것이다.

(2) 점차 확대되는 미국의 사립대학 모델 - 미국영어가 세계영어로 되어 가듯, 미국 대학과 대학원 모델이 다른 영미국가 대학의 장래를 주도할 전망이다. 미국 대학의 특징은 다른 나라 대학과 비교하여 •정부 규제로부터 비교적 독립이 보장되는 사학 시스템, •자율적인 등록금 수준 결정, •등록금과 정부 보조 말고도 민간부문 기부에 크게 의지하는 튼튼한 재정, •이러한 재정이 허용하는 장학 사업과 리서치에 대한

활발한 투자를 들 수 있다.

중요한 사실은 이런 자율 경영이 미국의 주요 대학들을 세계 대학으로 만든 반면, 국가 경영의 색체가 강한 호주, 영국, 캐나다, 뉴질랜드 대학들은 2류로 처지고 있다는 인식이 점점 더 우세해지고 있다는 것이다. 모두가 국립이라 할 수 있는 영국의 대학은 지금 자국 학생들에게 일률적으로 년 3,000파운드의 등록금을 부과한다. 영국 교육 전문가에 따르면 이 금액은 이들 대학들의 독자적 운영을 위해 필요한 5,000파운드 수준 에 훨씬 미달이다.

국고에 크게 의지하고 학생 부담을 높일 수 없는 이들 대학들은 장학금제도를 넓힐 수가 없다. 장학금이 없고 우수한 학생을 유치할 수 없다면 우수한 대학은 불가능하다. 대학 경영에 대한 정부의 규제가 대학의 질적 비약을 불가능케 한다는 인식이 점차 자리를 굳히고 있다면 대학의 [기업화 또는 기업적 경영/corporatisation]이라는 미국 대학 모델이 길게 봐 세계적 추세가 될 것 같다. 대부분 영미국가에서 일반 현상인 늘어나는 재정 적자와 줄고 있는 대학에 대한 국고 보조가 이런 추세를 부추긴다.

모든 영미국가 모두가 도입한 전액자비부담 유학생제도는 대학 기업화의 첫 단계로 이해할 수 있다. 이는 물론 미국의 사립대학 모델이다. 이들 정부들은 대학의 자립이라는 구실로 이 제도를 고안했고 모든 대학이 채택하고 있다. 사실 이들 대학들이 미국 대학보다 국제학생 유치에 더 열을 올리고 있는 것을 보면 그 점을 더 잘 알게 된다.

한발 더 나가 호주는 제2단계로 이 자비부담제도를 부분적으로 자국 학생들에게도 실시하기 시작했다. 학비 전액을 내고도 대학에 들어오겠다는 자국 학생은 물론 정규 국가시험 점수로는 원하는 대학과 학과에 갈 수 없는 사람들이다. 그러기 때문에 자연히 대학 교육의 질 저하 논쟁을 일으키게 마련이어서 아직은 쿼터를 아주 적게 정하고 있으나 점차 늘어날 전망이다. 또 호주에서도 기업과 동문 네트워크를 통한 미국에서와 같은 대학을 위한 기부 문화 조성의 필요성이 새롭게 논의 되고 있다.

장기적으로 봐 영국, 캐나다, 뉴질랜드도 같은 길을 걸으리라고 봐진다. 미국의 명문 사립대학들은 다른 영미국가 대학에 비하여 더 비싼 등록금을 책정하는 대신 장학금 기회를 더 넓게 만들었고, 박사과정 학생에게는 장학금이 아니면 [유급 연구보조원직/RA]을 쉽게 얻게 하고 있는데 또한 점차 세계적인 추세가 될 것이다. 필자가 이런 전망을 하는 이유는 장기적으로 봐 어느 나라로 가든, 자국 학생이든 유학생이든 장학금을 받아낼 수 있을 만큼 월등하지 않다면 비싼 학비를 낼 준비를 해야 한다는 말을 하기 위하여서다.

(3) 미국 일변도 유학 - 한국인은 모든 분야에서 미국 것을 최고로 쳐준다. 해방 후 미국의 영향권에서 국가가 발전해 온 결과다. 교육이야 말할 것 없다. 유학도 미국에 가서 하고 와야 알아준다. 그러니 돈 많은 집 자녀, 공부 잘하는 학생은 미국으로 가야 한다.

선택은 자유다. 그러나 문제는 한국인의 미국 학교에 대한 숭배는 우리가 만드는 무식과 맹신의 소치일 가능성이 크다는 것이다. 달리 말하면 미국에서 유학을 했다면, 어떤 학교를 나왔든 다른 영미국가에서 나온 학교보다 나을 것이라는 굳어진 관념은 극히 한국적 현상이다.

미국, 영국, 호주, 캐나다, 뉴질랜드의 관청, 대학, 공공기관과 대기업들은 전문인 채용에 있어 같은 문화권 국가와 학교를 제대로 나왔다면 별로 차이를 두지 않는 것을 봐도 그것을 알게 된다. 그 결과 이들 국가 국민들이 전문 직종을 찾아 상대 지역으로 자유롭게 이동한다. 호주는 해외취업으로 많은 전문인을 다른 영어권에 보내기로 유명한 나라이다. 영국에만 약 20만의 호주인이 취업으로 나가 있다.

이미 지적한대로 자율적 경영과 다양성으로 특징 지워지는 미국의 사립학교들은 가운데는 질적으로 천차만별이라는 것이 정설이다. 모든 미국의 대학과 고등학교가 우수한 것이 아니다. 세계가 인정할 정도로 확실한 대학과 중고등학교가 있는가 하면 아주 형편없는 대학과 중고등학교가 있는 곳이 미국이다. [학위 공장/degree mills]이라는 신조어도 생겼듯이 한국에서 터지는 돈 주고 사온 가짜 학위 사건의 진원지가 대개 미국이다.

이에 비하여 국가의 관리와 감독 역할이 크며 등록금 규제가 강한 대부분 유럽과 미국 외 영미국가 대학들은 비교적 서로가 비슷한 시설과 기준과 교육의 질을 유지한다. 고등학교와 대학 학부 수준이라면 꼭 미국 학교보다 못할 게 없다는 게 필자의 생각이다. 특히 호주와 뉴질랜드의 사립 초중고등학교는 수백 년 전통을 가진 영국 사립학교 모델(용어해설 GDS, 380쪽 참조)을 그대로 옮겨 놓을 것이다.

또 석. 박사의 경우에도는 하버드나 예일에서 했으면 무조건 우수한 것이 아니다. 어느 학교보다도 어느 분야, 무슨 제목으로 무엇을 연구했느냐, 개인적으로 얼마나 진지하게 공부를 했느냐가 더 중요하다. 유학생의 경우는 더 그럴 것 같다. 이름난 대학에 가서도 비교적 쉬운 방법으로 공부를 할 수가 있고, 이름 없는 대학에서도 진지한 연구의 결과 탁월한 실적을 낸 사례가 얼마든지 있다.

(4) 고학과 한인사회 - 한국전쟁 직후는 물론, 60, 70년대까지만 해도 한국인 유학은 거의 전부 미국 쪽이었고, 전액 장학금을 받은 학생이 아니라면 주로 방학 동안을 이용, 일을 하는 이른바 고학을 해야 했다. 지금은 대부분 자비유학이지만 가정이 넉넉지 않은 성인 유학생에게 아르바이트는 여전하다. 이와 관련, 한 가지 과거에 비하여 요즘 크게 다른 점은 영미지역 대도시에서 조성된 한인사회가 유학생들의 일터가 된다는 것이다.

거기에 임금 착취와 인권 유린 등의 마찰이 끊이지 않지만 그래도 이들이 그 사회에서 안착하게 되는 이유는 서로가 언어와 문화적으로 뿐만 아니라 영업 면에서 편리하기 때문이다. 가령 유학생의 아르바이트는 주 일정 시간(학기중은 주20시간이 평균)으로 제한되어 있지만, 현금 거래가 주로인 동포 사업체에서 일할 때는 그게 덜 엄격하다(제4장 148쪽 참조)

7. IDP- 국가간 학비 비교

국가간 학비 비교의 어려움과 그에 따라 이용할 수 있는 자료의 부재를 이미 지적했다. 단 하나 필자가 아는 참고가 될 자료는 호주의 준민간 전국 단체로서 유학 알선과 수속 창구 역할을 하는 [IDP Education Australia]가 1994년부터 몇 년의 간격을 두고 발표하는 조사. 연구 결과다. 가장 최근의 자료는 [Comparative Costs of Higher Education for International Students - Analysis of the tuition and total costs of studying in main English speaking destination countries and emerging Asian study destination countries/ 2004, 10월 발행]로 나왔다.

IDP의 학비 비교는 대학이 대상이며 학부, 석사, 박사 수준별과 주요 코스별(유학 대상 인기 순 584 과정)로 나누고, 코스마다 소요 연한을 고려(1년 학비 곱하기 소요 연한)할만큼 방대하고 자세하나 여기서는 지면 상 몇 가지 집약 된 테이블표(아래 표 1-6)와 해설만을 IDP의 허락을 받아 소개한다. 여기 학비는 등록금, 등록금, 생활비, 의료보험비, 기타 잡부금이다. 생활비는 OECD와 기타 자료를 이용했다

그리고 위 제목에서 알 수 있듯이 2004년 분석은 2년전인 2001년 자료와는 달리 중국, 싱가폴, 홍콩 관련 정보가 들어 있다. 여기 관심은 영어사용 4개국이지만 이 3개 아시아 국가 수치도 포함시키기로 한다(중국은 한국인 유학의 주요 대상지다). 여기 수치는 미(U.S.)달러 기준이며, 비교를 위한 환율 계산은 미 달러 비 호주 달러는 $0.54, 뉴질랜드 달러는 $0.45, 캐나다는 $0.66, 영국 파운드는 $1.46이었다. 이후 호주 달러 가치는 상당히 높아졌다. 이를 감안한다면 약간의 수정이 필요하다.

표 1- 상과(학부)

	중국	홍콩	싱가폴	뉴질랜드	호주	캐나다	영국	미국(공립)	미국(사립)
년간등록금 (평균)	$2,701	$5,401	$11,397	$10,079	$10,031	&9,920	$14,759	$18,705	$29,988
코스소요연한	4	3	3	3	3	3.5	3	4	4
총학비(생활비 포함)	$31,731	$38,192	$54,938	$59,331	$60,464	$71,039	$77,890	$119,882	$167,828

표 2- 자연과학(엔지니어링, 학부)

	중국	홍콩	싱가폴	뉴질랜드	호주	캐나다	영국	미국(공립)	미국(사립)
년간등록금(평균)	$2,972	$5,401	$12,575	$12,678	$12,639	$9,543	$19,339	$18,705	$29,988
코스소요연한	4	3	4	4	4	4	3	4	4
총학비(생활비 포함)	$32,812	$38,202	$77,962	$88,699	$90,019	$81,037	$91,670	$119,882	$167,828

표 3- IT (학부)

	중국	홍콩	싱가폴	뉴질랜드	호주	캐나다	영국	미국(공립)
년간등록금(평균)	$2,984	$5,401	$12,575	$11,410	$10,611	$9,396	$19,251	$16,250
코스소요연한	4	3	4	3	3	3	3	4
총학비(생활비 포함)	$32,836	$38,198	$77,962	$62,745	$61,818	$59,909	$91,208	$110,292

표 4- MBA

	중국	홍콩	싱가폴	뉴질랜드	호주	캐나다	영국	미국(공립)	미국(사립)
년간등록금(평균)	$5,738	$19,632	$13,547	$20,126	$19,346	$19,821	$31,718	$44,019	$70,004
코스소요연한	2.1	1.5	1.3	1.3	1.5	2	1	2	2
총학비(생활비 포함)	$16,901	$30,506	$22,599	$32,268	$33,268	$39,844	$42,870	$69,085	$92,580

표 5- 엔지니어링(석사)

	중국	뉴질랜드	호주	캐나다	영국	미국(공립)
년간등록금(평균)	$3,502	$14,222	$12,897	$7,069	$19,984	$18,588
코스소요연한	2.8	2	2	2	1	1
총학비(생활비 포함)	$24,242	$46,338	$45,296	$35,364	$31,136	$30,052

표 6- IT(석사)

	중국	뉴질랜드	호주	캐나다	영국	미국(공립)	미국(사립)
년간등록금(평균)	$3,556	$13,470	$12,553	$9,543	$20,167	$20,890	$28,512
코스소요연한	2.8	1	2	2	1	2	1
총학비(생활비 포함)	$24,167	$23,884	$46,013	$40,215	$31,319	$64,249	$41,771

- 표1(대학 상학과 학부)의 경우 호주의 총학비(3년간, 졸업에 소요되는 연한)는 평균 미화 $60,464(1년간 등록금은 $10,031)이며 이는 캐나다의 $71,039와 영국의 $77,890보다 조금 낮고 뉴질랜드의 $59,331보다 조금 높다. 미국의 사립대학 평균 $167,828과 주립대 $119,882로 거의 2-3배 싸다. 다른 도표 읽는 방법도 같다.

- 호주 풀타임 MBA과정은 미국과 영국에 경쟁적이다. IT분야 석사학위는 이들 나라 가운데 호주가 미국 다음 2번째로 높다고 평가되었다. 주요한 이유는 학위를 마치는데 소요되는 기간이 미국과 영국의 보통 1년에 비하여 두 배인 2년이고 비교적 높은 생활비 때문이다.

- 전체적인 평을 한다면 호주 대학은 미국의 사립 및 주립 대학과 영국 대학(엔지니어링을 제외하고)과 비교하여 가격 경쟁력이 높고, 캐나다와 뉴질랜드와도 어느 정도 그렇다. 생활비 쪽을 본다면 호주는 년 유학생 생활비 미화 9,519로 5개국 중 영국 다음으로 비쌌다. 나라별로는 영국 (미화 11,152), 호주 ($9,519), 미국 ($8,989), 캐나다 ($8,925), 뉴질랜드 ($8,686) 순이다.

이 수치를 아시아 지역과 비교한다면 홍콩 ($7,081), 싱가폴 ($6,410, 중국 ($5,219), 말레이시아 ($3,785), 태국 ($2,918, 인도 ($1,515)로 비교됐다.

제4장 주거와 문화체험

영미지역 대도시에 있는 한인사회는 어디든 예외 없이 한인회 주관으로 '한인의 날' 행사를 연다 사진은 전통음식을 파는 스톨들 (필자 촬영)

1. 교포사회에 안 섞이겠다고?

 요즘 한국 사람들이 영미국가에 와서 경험하는 문화충격은 1950, 60년대와 비해 훨씬 덜할 것 같다. 두 가지 이유가 있다. 하나는 그간 한국사회에서 급속히 진전된 [서양화/Westernization]과정으로 한국인에게 서구문화가 과거만큼 이질적이 아니라는 것이다. 물질문화 면에서라면 한국과 영미국가간 차이는 거의 없다. 요즘 한국인이 영미 어느 나라에서든 자동차와 교통, 주거, 식생활, 쇼핑, 레스토랑, 은행 이용 등 새로 적응하는데 어려움이 없다.

 다른 하나는 영미지역의 주요 도시에는 웬만한 크기의 한인사회가 형성되어 있어 외국이 그렇게 낯설지만은 않다는 것이다. 한인 인구가 100만에 육박한 미국의 LA와 뉴욕(맨해튼)과 근교 뉴저지 주 주택가는 물론, 워싱턴, 시카고, 휴스턴, 캐나다의 트론토와 밴쿠버, 호주의 시드니, 뉴질랜드의 오클랜드 등 각 도시에는 각각 3~10만명의 한인이 살고 있다.

이들 지역에는 차이나타운 규모는 아니나 우리대로 코리아타운이라고 부르는 한인 상가 와 밀집지역이 있다. 뉴욕의 풀러싱과 브로드웨이 32가 일원, LA의 올림픽 불러바드 일원, 밴쿠버의 롬손 스트라세, 시카고의 로렌스와 링컨 애비뉴 일원, 런던의 뉴멀든, 시드니의 스트라스필드와 이스트우드가 그런 곳이다. 이들 가운데 몇 군데에는 유학생들이 뿌리는 돈으로 특수를 누리는 유학생 거리가 있다. 거기에는 한국식당, 식품점, 미용실, 비디오숍, PC방, 만화방, 카페, 게임방, 당구장, 노래방(가라오케)은 기본이고 그 밖에 한국에 있는 상품과 유흥업 서비스가 대부분 있다. 한국에서 보다 더 좋은 쌀과 배추와 김치를 구할 수 있다. 거리가 한국어 간판으로 차있고, 한국어만 써도 살 수 있다.

유학을 말하면서 해외 한인사회에 대하여 말하는 이유가 있다. 요즘 영미지역으로 오는 한인은 이민, 유학, 취업, 일반 방문 어느 경우든, 또 나와서 무엇을 하고자 하든 50, 60년대와는 다른 중요한 한 가지 상황 변수를 고려하게 되고 그 영향으로부터 자유스러울 수 없다는 점을 지적하기 위하여서다. 모든 일에 순기능과 역기능이 있기 마련인데, 동포사회의 존재 또한 기회인 동시에 함정이다.

유학생은 공부하러 해외에 나온다. 그러므로 그(또는 그녀)가 주로 해야 할 일은 공부다. 그러나 공부를 하기 위하여 숙식을 먼저 해결해야 하고, 집에서 학비 전액을 대주지 않는 한 취업도 해야 한다. 또 유학생도 사람이다. 남는 시간을 다른 사람들과 섞여 외로움을 달랠 수 있어야 한다. 이런 것들 하나하나가 동포사회의 상황과 밀접한 관계를 갖는다.

교회는 친교의 장

한국전쟁 직후 미국으로 간 한국 남자 유학생이 한국에서 여학생이 새로 왔다는 소식을 듣고 500마일 길을 달려갔다든가 김치를 먹지 못해 고생했다는 얘기는 이미 전설과 같이 들린다. 2000년대의 유학환경은 전혀 다르다. 학자들이 말하는바 이러한 외국 사회에서 재현 또는 [재구성/reconstruction]된 한국적 환경에서 한인들은 선택하기에 따라서는 옛 생활을 그대로 할 수 있는 것이다

한국 유학생들에게 이러한 동족 사회집단은 달팽이의 집과 같다. 먼저 그 속에 몸을 의지하고, 그 다음 서서히 바깥인 주류사회로 진출을 하는 게 낫다. 너무나 다른 문화 속에 갑자기 던져진다면 유학생들은 큰 충격에 적응을 시도하기도 전에 좌절할 수 있다. 그러기에 이민학자들은 그 사회를 적국의 해안에 상륙하는 부대가 먼저 구축해놓은 [진지/beachhead]에 비유하기도 한다.

1970년대초 필자가 뉴욕에 도착하여 처음 맨하탄에서 보낸 10여 일간의 엄청난 맘고생이 생각난다. 지금 같았으면 동포의 하숙집을 찾아가 일단 여장을 풀고 정신을 가다듬고 뭘 하든 천천히 할 수 있었으면 상황은 크게 달랐을 것이다.

이민자와 유학생들에게 가장 접근하기 쉽고 도움을 줄 수 있어 멀리 할 수 없는 곳이 한인교회이다. 해외 한인사회에는 고국에 비하여도 인구 당 더 많은 교회가 있다. 동포가 몇 명만 모이면 교회를 만든다. 그 이유는 교회가 해외 한인들에게 어떤 역할을 하는가를 생각하면 분명해진다. 교회는 이들에게 신앙뿐만 아니라 [친교/socializing]와 정보 센

터 역할을 한다.

　해외 한인사회엔 우리대로의 사회적 기능을 수행할 전문기능이 없어서 교회의 역할이 더 돋보이는 것이다. 새로 온 유학생은 교회에 나와 주일 예배와 각종 모임을 통해 오래된 교포를 사귀게 되며 주택매입, 융자, 자동차 구입, 의료 및 복지 혜택 등에 대한 급한 생활정보를 얻는다. 또 유학생은 언제나 따뜻하게 환영해 주는 교회의 [친교망/social network, friendship network] 속에 흡수되고, 또래의 젊은이들을 만날 수 있고, 원한다면 일요일은 한식 점심 한끼를 거기에서 해결할 수 있다.

　유학생 대부분이 말이 잘 통하는 동포사회에서 아르바이트 일자리를 찾게 된다. 워킹 홀리데이나 산업인력공단의 인턴 프로그램으로 오는 청소년들도 마찬가지다. 자연히 언어가 통하고 익숙한 동포사회에서 일하고 거기에서 대부분의 시간을 보내다 돌아가게 된다. 또 유학이나 영어연수로 온 학생들 가운데 성가대, 연극, 선교 등 청소년 활동에 참여하다가 배우자를 만나게 되는 경우가 적지 않은데 그때는 님도 따고 뽕도 따는 사례가 된다. 한국에서는 요즘 영미지역에 영어를 배우러 나가 봤자 한국말만 하다가 오게 된다거나 유학을 나가도 동포 등쌀에 공부하기도 어렵다는 등 동포를 비하하는 발언을 듣게 되지만, 알고 보면 그렇게 말할 일이 아니다.

　물론 부정적인 면이 많다. 유학생은 학업과 함께 거주국 사회에 섞이고 그 문화를 체험하고 돌아오는 것이 바람직하다면, 동족사회 집단의 존재는 이에 장애가 될 수 있다. 특히 이민자나 유학생이 해외에 나와서도 자기 사회와 문화에만 집착한다면 말이다.

유학생 부모들은 자녀를 유학 보내면서 될 수록 한인사회에서만 지내다가 돌아오라고 이르지는 않을 것이다. 이 문제는 유학이 아니라 이민으로 와 사는 같은 연령대의 이른바 1.5세들에게 더 심각하다. 아직 젊지만 영어를 잘하기에는 너무 늦은 이들은 동족 사회를 은신처로 정하고 주류사회를 기피함으로써 외국에 나왔지만 그야말로 국제 미아가 되기 쉬운 것이다.

또 한 가지는 홀로 오는 유학생들의 거처로서 현지 외국인 가정 하숙과 교민 가정 하숙 중 어느 쪽이 더 좋을까하는 문제다. 홈스테이는 유학생들이 외국인 가정에서 같이 지내며 숙식을 해결함으로써 현지 문화와 생생한 외국어를 배우는 이점이 있다며 유학생을 많이 받는 어학학교들이 권장한다. 그런데 실제 사례는 그렇지 못하다. 이에 대하여 바로 뒤에서 자세히 다룬다.

조기유학생들은 대개 부모와 친척의 사전 소개나 현지에 사는 한국인 가족과 알게 된다. 또 교회말도고 학교에서 교포 친구들을 사귀게 된다. 이들은 같은 세대이며 외모도 비슷하지만 언제나 서로 잘 융화되는 것은 아니다. 때로 서로 반목하고 따로 노는 경우도 많은데, 이는 이들이 자란 서로 다른 문화적 배경, 이미 언급한대로 학비 부담 면에서 서로 다른 처지(108쪽 참조), 조그마한 연(緣)이라도 있으면 그것을 중심으로 편을 가르는 부모로부터 배운 행태 등을 이유로 들 수 있다.

해외의 한인들은 한 도시에 거리를 두고 흩어져 살지만 서로 밀착하여 지내는 것이 보통이다. 서로 긴밀히 교류하고 접촉하게 되면 외로움을 덜할 수 있으나 자칫 반목하는 일도 생긴다. 학생들도 이런 한인사회의 갈등에 휘말리는 것이 보통이다.

2. 금강산도 식후경 -공부도 잘 먹고 잘 자고 난 후

이 책에서 유학생이 충격으로 겪어야 하는 분야를 공부, 언어, 문화, 인종으로 나눠보았지만, 숙식 문제 또한 그런 분야다. 해외에서 주거와 식생활을 걱정해야 한다면 공부가 잘 될 리 없다. 공부에도 모자라는 시간을 이사 다니느라 보낸다면 한 가지 그런 예다. 주거 관련 유학생에게 가장 어려운 시기는 현지에 도착한 직후와 그 후 처음 몇 주 또는 몇 달인 게 보통이다. 머물 주거는 어느 나라, 지역에서든 있다. 문제는 떠나기 전 준비가 부족했거나, 아니면 준비를 잘 했어도 예약 등 뭔가가 잘못되어 도착하여 당황하기 쉽다. 또 계획대로 되었어도 시행착오로 조정기간이 대개 필요하다. 예컨대 원한대로 됐으나 직접 와서 보니 생각과 다르다든가 그보다 나은 곳을 알게 되어 맘이 달라지는 경우가 그렇다.

주거에 있어서 요즘의 유학생은 행운아다. 위에서 말한 대로 유학생이 나가는 주요 영미지역에는 어디나 한인사회가 자리 잡고 있기 때문이다. 요즘 미국과 같이 한인이 많이 사는 지역에 친척이나 친한 친구 가정 하나 없는 한국 가정은 드물다. 또 해외 한인사회에는 어디에나 방문자를 상대로 하숙을 치는 가정이나 숙박업이 많다.

필자가 뉴욕으로 공부하러 갔을 때는 컬럼비아대학 근처에 있는 국제학생을 위한 기숙 시설인 [인터내셔널 하우스/이하 I-House]에 사전 입주 신청서를 보내고 회답을 받기 전에 도착했다. 도착한 날이 마침 미국의 [노동절/Labor Day] 연휴 시작이었다. 하우스 사무실에 찾아 가 보니 방이 없다는 것이다. 나중에 안 일이지만 실은 그게 아니었다. 정식 직원들 대신 나온 학생 봉사원이 잘 모르고 그렇게 말한 것이었다.
　성급히 임시 거처할 싸구려 호텔(이름이 호텔이지 자취를 하는 공동 아파트다)에 가보니 있을 곳이 못됐다. 그러나 다음날 등교일이고 첫날부터 취재 나가야 하는 숙제가 떨어지는 판에 어쩔 수 없이 한동안 머물러야 했다. 집기와 식료품 쇼핑을 하느라 생소한 지역을 걸어서 헤매고, 음식도 맞지 않아 너무 힘들었다. 생전에 없던 치질까지 생겨 막막했다. 지금 같았으면 일단 한국인 가정에 짐을 풀고 2-3주 지내면서 천천히 해결해 나갔으면 그런 고생은 안했을 것이다. 얼마 후 혹시나 하는 생각으로 [I-House]에 가보니 방이 주인을 기다리고 있는데 왜 안 왔느냐는 것이었다.
　영미지역에 나간 한국 유학생의 주거 해결 방법은 대개 다음 몇 가지로 모아진다. 첫째로 조기유학생의 경우는 부모가 동반, 독채 집이나 방을 따로 얻어 살게 된다. 이 비율이 높아가고 있다. '나 홀로' 유학은 위험하다는 것이 널리 알려졌기 때문이다. 어쩔 수 없이 홀로 보내야 할 경우는 친척 집, 친구망을 통하여 알게 된 믿을만한 한인 가정, 일부 생계 방편으로 하숙과 가디언을 겸하는 한인 목회자 가정, 아니면 기숙 사립학교로 보내게 된다.
　영미지역 대부분 대학은 신입생을 위한 기숙사 시설을 여러 개 갖추고 있다. 무슨무슨 이름을 붙인 [college나 hall & residence]가 [기숙사/dormitory]다. 미국은 대학마다 등록금과 함께 [하숙/room and board]비를 미리 알릴 정도로 기숙사 시설이 일반화되어 있다. 미국에서는 타주에서 오는 대학 신입생이면 비교적 나이가 어려 거의가 학교 기숙사로 들어간다. 같은 지역 학생들도 부모를 떠나 기숙사에 들어와 사는 경향이 있다. 기숙사의 공통점은 방 내부에는 가구가 비치되어 있고 부엌, 화장실, 세탁장 등은 공동 이용이다. 기숙사 생활의 좋은 점이라면 학교 내 행사 참여와 친구 사귀기가 쉽다는 것이다.

어느 지역이든 대학은 대개 기숙사 말고도 캠퍼스 내 또는 밖의 가까운 곳에 임대해줄 주택을 관리하고 있다. 이에 대한 자세한 정보는 학생처 안 주거 담당관실을 찾아가면 알 수 있다. 학교 게시판에는 집과 방을 임대할 사람, 룸메이트를 구하는 광고 쪽지가 너줄하게 붙어 있다. 직업학교와 대학 수준의 미혼 유학생이라면 한 집에서 여럿이 나눠 사는 이른바 [셰어/shared room 또는 house]가 가장 보편적이다. 4개의 [침실방/bedroom]이 있는 하우스라면 1인 1실에 변소와 취사장은 공동 이용이다. 일부 큰 도시의 큰 대학 근처에는 유학생을 위한 국제적 시설인 인터내셔널 하우스가 있다.

원어민 가정에서 하는 우리식 하숙은 현지 말로 [홈스테이/Homestay]이다. 홈스테이의 장점이라면 숙식 해결과 함께 원어민과의 가정생활을 직접 체험할 수 있다는 것이다. 당연히 아시아 영어연수생들의 영미지역으로의 러시가 시작된 80년대 초부터 영어학교가 열심히 판촉해온 아이템이다.

[신동아] 2000년 10월호에는 그간의 시드니지역의 한국 유학생들을 중심으로 한 홈스테이 사례를 모아 필자가 쓴 상당이 긴 글이 [홈스테이? 영어는커녕 배곯고 마음고생만]이란 제목으로 실렸다. 홈스테이 가정만의 책임은 아니지만 판촉물에 쓰인대로 이상적인 것만은 아니고, 많은 어려움이 따르고 성공보다 실패 사례가 더 많았다는 게 결론이다. 잡지에 나오는 많은 실태보고가 독자의 흥미성과 선정성에 영합한 결과

과장 되는 경우가 많다. 필자의 글도 부정적인 측면이 많이 들어 있어 그런 인상을 남길 수 있지만, 누구보다도 사실에 충실하게 양심적으로 썼다고 자부한다. 이 글을 위하여 학생들을 대신하여 여러 학교 홈스테이 담당 직원과 홈스테이 가정을 일일이 찾아가 만났었다.

이 책을 위하여 필자는 최근의 상황을 몇 군데 유학원 관계자들과 점검해봤다. 7년 전 필자의 보도는 정확했던 셈이다. 이들의 이야기는 지금도 같다. 홈스테이는 대부분 성인 학생들이 초기 1개월 정도를 하고는 견디지 못하고 친구를 찾아 '셰어'로 옮겨가는 게 보통이다. 영국과 미국 같다. 시드니 같은 도시에서는 늘어나는 유동 인구에 부응 급속히 늘어난 소형 아파트가 많아 셰어용 집 구하기가 용이하다. 룸메이트로는 중국과 동남아 학생 등 외국인들을 쉽게 찾을 수 있다.

그 동안 각국 교육 당국에서도 홈스테이의 문제들을 인식한 듯 감독이 강화되었다. 시드니에서는 각 영어학교와 대학교 복덕방이나 지역신문들 외에 주 정부의 사전 허가와 사후 감독을 받는 홈스테이 전문 네트워크가 몇 개 늘어나 선택의 폭이 넓어졌다. 그리고 조기유학생들의 경우 비자 발급 조건으로서 공인된 네트워크 회원 가정 아니면 가디언과의 협의 아래 정해진 주거를 비자 받기 전 조건으로 명시해야 한다. 한편 네트워크는 회원 가정을 정하기 전에 현장 답사를 하도록 의무화하고 있다. 하지만 근본적으로 문제는 같아 쉽게 달라질 일이 아니다. 그 이유를 요약해보면,

(1) 홈스테이 가정은 대체적으로 안정된 중산층 가정이 아니다. 예외가 있지만 그런 가정은 몇 푼의 돈을 보고 잔일 많은 홈스테이 주인이 되기를 원치 않는다.

(2) 음식이 맞지 않는다. 이는 음식 문화의 차이 외에 홈스테이에 내는 돈하고도 관계가 있다. 호주 홈스테이 학생을 위한 식단은 대개 같다. 아침은 우유 한 컵에 토스트 정도, 점심은 샌드위치와 사과 하나가 든 도시락, 저녁은 카레라이스, 스파게티, 가끔 스테이크 등이다. 이 정도로는 푸짐한 밥과 고기국과 반찬 등에 익숙한 한인 젊은이들에게는 음식 자체가 맞지도 않지만 배가 고프다.

2인 1실 호주화 220불(미국, 캐나다, 영국, 뉴질랜드도 큰 차이는 안난다. 제3장 학비비교, 107-108쪽 참조)을 받는 홈스테이 호주인은 그 돈으로 더 잘 해줄 수 없다며 인색하다. 냉장고에서 음식을 마음대로 꺼내 먹지 못하게 한다. 교포 가정 하숙비는 이보다 높은 호주화 300-350불 수준인데, 차이는 하루 세끼 충분한 한식 제공 때문으로 풀이된다.

(3) 문화, 성장 배경, 생활양식의 차이로 서로에 대한 기대 간 충돌이 잦다. 홈스테이로 오는 학생은 외국생활이 처음인 것이 보통이다. 당연히 큰 시행착오가 있기 마련이다. 대부분 홈스테이를 해본 한국 학생은 하숙 주인들이 까다로운데 놀란다. 여기에는 한국에서의 우리대로의 굳어진 습성을 바꾸지 않는 학생의 책임도 크다.

(4) 이 책의 여러 곳에서 지적하지만 학교나 현지 사회나 기관과의 관계에서 일어나는 오해, 유학생들의 애로와 입장이 상대 쪽으로 전달되고 개선 방법으로 협의하기 위한 커뮤니케이션 통로가 전혀 없다. 이 점은 유학이 아직도 전적으로 셀러스 마켓으로 놓아두는 한국의 교육 당국의 무관심과 유학생을 대변해야 할 유학을 알선하는 유학원 업계의 무책임 (제1장 61쪽 참조)을 탓할 수밖에 없다.

(5) 성공적인 사례가 물론 없지 않다. 원만했던 홈스테이 경험으로 헤

어질 때 아쉬워하고 후에도 서로 연락을 하고 지내는 미담도 적지 않다. 단체 주관의 청소년 문화교류 프로그램의 형식으로 도시가 아닌 특정농촌 지역에 방학 등 짧은 기간 나가 홈스테이를 해본 학생들의 경험도 대개 좋다. 그러나 대체적으로는 상처 입은 사례가 훨씬 많다. 시드니의 한 유학원 담당자는 처음 홈스테이로 와서 오래 견디는 비율을 5-10% 수준이라고 말한다.

(6) 교포가정 하숙에 들어간다면 음식과 생활환경 면에서 편리한 점이 많다. 그러나 여기에도 또 다른 '악덕 하숙방'의 사례가 생기고 있다. 신분도 확실치 않은 방문자가 생계를 위하여 집을 임대, 침실과 라운지와 다른 공간을 모두 이용하여 너무 많은 하숙생을 받는 '벌집형' 하숙이나 '셰어'가 그것이다. 백인 가정에 그런 일은 드물다.

이때까지 말한 부정적인 사례는 대개 인구가 과밀한 대도시 이야기다.

3. 홈스테이의 신화– '영어는 커녕 배풀고 마음 고생만'

영어수출에 열을 올리는 미국, 영국, 호주, 캐나다, 뉴질랜드의 학교들이 외국의 영어 연수생들 위하여 이용을 권장하는 제도 가운데 홈스테이라는 게 있다. 홈스테이는 간단히 말해서 외국 학생들을 위한 현지 원어민 가정 하숙이다. 민박이라고 해도 좋다. 우리나라 대학생들의 하숙이나 민박과 다른 점이라면, 첫째 이 제도의 목적은 숙식 해결에만 한정되지 않으며, 둘째 홈스테이를 알선하는 학교와 전문 업체가 일부 감독 책임을 진다는 것이다.

이들 나라 모든 영어학교가 판촉용으로 배포하는 화려한 브로셔에는 홈스테이의 자랑 섞인 설명이 꼭 들어 있다. 그 가운데 호주 아델레이드 소재 한 대학부설 영어학교의 것을 인용해 보자.

"홈스테이 프로그램은 아델라이드에서 공부하는 동안 호주 가정과 함께 머무는 경험과 즐거움을 드립니다. 이 프로그램에 참여하는 모든 가정은 높은 기준에 따라 엄선되기 때문에 고객인 학생들에게 질 높은 숙식과 함께 일상 가정생활 환경에서 영어 회화를 할 기회를 제공합니다."

단란한 현지 원어민 가정에 머물면서 숙식도 해결하고 영어와 현지 문화도 익힐 수 있어 일석이조(一石二鳥)의 효과를 거둔다는 것이다. 그러니 단기 영어연수를 온 학생들에게 홈스테이의 이상은 큰 매력으로 와 닿지 않을 수 없다. 영어 사용 지역으로 나가는 한국 유학생의 70-80%가 영어 연수생들이다. 조기유학과 성인 정규 유학의 경우도, 처음 단계에서는 영어학교에 가서 얼마 동안 지내게 되는 게 보통이다.

장미 빛 꿈은 사라지고

그럼 홈스테이는 과연 그렇게 장미 빛 "외국 체험"인가? 대부분 한국인이 외국에 나가 경험하는 삶 자체가 그런 것처럼, 여기에도 많은 허상이 실상을 가리고 있다. 한국인들은 대부분 서양인들(특히 미국인)은 부자여서, '후하고 친절하고 자상하게 남을 배려한다'는 이미지를 가지고 있다. 요즘은 많은 한국인이 해외여행을 해보지만, 아직도 그렇다. 이런 꿈에서 깨어나는 때가 바로 현지에 나가 살게 되는 때인데, 홈스테이도 마찬가지다.

　많은 한국 학생들이 학교가 정해준 홈스테이 가정을 처음 찾아가 보거나 얼마 동안 살아보고는 실망한다. 문화적으로 느끼는 일반적 불편 말고, 주인과 겪는 오해와 마찰, 영어 실력이 크게 늘 것이라는 기대가 깨지는 등 실망 하고 거처를 옮겨 다니기 일쑤다. 결국은 비슷한 처지의 한국 학생들끼리 방을 얻어 나가, 될 수록 영어를 쓰면서 산다는 원래 계획과는 딴판인 해외생활을 하게 되는 것이다.

　유학생들이 숙식문제로 겪는 어려움은 크게는 문화충격의 일부로서 유학의 성패를 결정짓는 한가지 중요한 요인이다. 그렇지만 유학에 관련된 그 많은 다른 문제들과 마찬가지로 한국에서 그 실상이 잘 알려지지 않고 있다. 해외에서 불행한 경험을 한 학생들은 벙어리 냉가슴으로 지내다가 떠나오면 그만이고, 이런 문제를 전체 유학교육의 틀 안에서 책임 있게 모니터하는 기구가 한국에 없기 때문이다. 한국의 신세대가 홈스테이로 외국인 가정에서 직접 살아본 경험과 결과는 유학이나 홈스테이라는 좁은 이슈를 떠나 국제화라는 국가정책 속에서도 심각하게 평가돼야 할 일이지만, 아무도 그런 문제에 착안하지 않는다.

　필자는 [국제교육연구/international education research]의 일환으로 호주에 와 있는 한국 유학생들의 홈스테이 실태를 지켜보고 사례를 모아 왔다. 이들의 친척이나 대리인을 자청, 여러 학교의 홈스테이 담당자들과 가정들을 찾아가보기도 했다. 아래 쓰는 내용들은 그런 현장 경험을 토대로 한 것이다.

인심 좋다는 호주의 경우

여기 먼저 내 놓는 사례들은 대부분 좋지 않은 사례지만, 물론 전체가 그런 것은 아니다. 또 문제의 경우도 책임의 상당 부분이 유학생 쪽에 있기도 하다. 그러나 성공보다 실패의 예가 많은 것은 사실이며, 나쁜 사례를 들어 얘기를 이끌어 간다면 장래 해외 영어연수를 계획하는 학생들에게 좋은 가이드가 될 것 같아 그렇게 한다. 더욱 호주의 사례는 다른 영미국가로 나가는 학생들에게도 좋은 경고가 된다. 그래도 호주의 인심이 미국, 영국, 캐나다보다 나은 편이라고 생각되기 때문이다.

한국에서 유학원(또는 편지, 팩스, 이메일 등 직접)을 통해서 학교 등록과 함께 홈스테이를 신청한 학생은 현지 공항에 내려 미리 팩스나 이-메일로 받은 주소를 가지고 알선 업체나 해당 학교와의 사전 약속으로 마중 나온 사람의 안내를 받아 정해진 가정을 찾아간다. 그런데 처음 찾아간 가정은 주거환경, 학교와의 거리, 가족 상황, 출신 나라와 배경 등의 면에서 학생이 마음속에 그렸던 그림이나 홈스테이 본래의 목적과는 빗나가는 경우가 많다.

여기 필자가 학생을 도우면서 직접 경험한 두 사례를 먼저 들어보자.

(사례1) 대학 2년 재학중 군대를 다녀와서 1년간 영어교육으로 온 P씨. 대전 거주, 전공 컴퓨터과학. 학교가 정해준 가정은 시드니에서도 경치 좋고 부자들이 사는 프렌치 포리스트 지역. 그러나 기차가 없어 버스로 다녀야 하는데, 버스 연결이 좋지 않아 그는 첫날 시내 학교까지 2시간 반을 소모했다. 나중에 알아보니 버스를 바꿔 타지 않고 직행으로 조금은 더 빠르게 오는 길이 있지만, 역시 1시간은 넘어 걸린다. 그나마

밤 9시 가 지나면 버스는 끊긴다.
 필자가 학생을 대신하여 주인에게 전화를 걸어 그런 얘기를 건네면서 대화를 해보려니까 다짜고짜 [불실/Bull shit/닥쳐]하고 고함을 지르는 것이다. 일반적으로 외국학생을 직업적으로 많이 두어본 가정 가운데는 학생을 대신해서 찾아오거나 전화하는 현지 사람을 싫어하는 경우가 있다. 아무것도 모르는 학생을 자기대로만 다루고 싶어 그런 것이다. 그는 남자 독거노인이었다.

 (사례2) 서울의 한 고등학교 1학년으로 여름방학 동안 2개월간 영어연수로 온 H양. 학교가 정해준 홈스테이 가정은 시드니 중심에서 약 20킬로 서쪽의 덜위치힐 지역, 기차역에서 멀지 않으나 비교적 으슥한 아파트촌에 있었다 (호주의 아파트는 대개 3층, 근처는 사람이 많지 않다). 그 집을 포함, 낡은 아파트 베란다에는 이불과 옷가지 빨래가 널려 있어 호주 수준으로는 가난한 서민들이 모여 사는 곳임이 틀림없었다. 한국에서 온 16살짜리 여학생을 머물게 하기는 불안했다.
 노크를 하고 혼자 산다는 주인 여자를 만나 대화를 시작하면서 아직 마음 결정을 못했다고 하니까, 화를 벌컥 내는 것이다. 학교에서 꼭 들어온다고 돈도 받았는데 무슨 소리냐며 공식으로 항의하겠다는 것이다. 그 다음날 학교에서 팩스가 왔는데, 필자가 그 여자 앞에서 난폭하게 굴어 그녀는 지금도 큰 충격에서 깨어나지 못하고 있다고 했다.

 그 여주인은 유색 혼혈 그리스계인 것 같았다. 그 지역은 그리스계가 많이 사는 곳이다 (호주에서는 인종차별금지 정책에 따라 언론의 보도나 양식 기입에 있어 인종을 묻는 일은 일반적으로 금기로 되어 있다). 이렇게 행동하는 사람이라면 홈스테이 주인으로는 이미 실격이다.

왜 이런 사례가 흔한가? 각 학교는 1, 2명의 홈스테이 전담 직원을 두고 있다. 그는 평소 홈스테이 희망 가정을 찾아 명단을 만들어 놓고, 거기에서 신청자인 유학생의 요구 조건을 참작, 짝을 맺어주는 것이다. 대부분 신청자의 필요가 그렇지만, 학교가 정하는 기준도 기차로 40분 이내 통근 거리에 있고 홈스테이의 취지에 맞는 원어민 가정이다. 신청한 학생에 대하여는 학교는 추천하는 가정의 가족 구성원과 그들의 취미, 애완동물의 유무, 직업, 주소, 전화번호 등 정보를 정해진 양식에 기입, 팩스로 보내준다.

수요 따라가지 못하는 공급

이런 절차가 있는데도 차질을 빚는 큰 이유는 이 분야 공급이 수요를 못따라 가기 때문이라고 필자는 믿는다. 영미 사람들도 불경기를 만나 한푼이라도 더 벌려고 야단들인데, 무슨 소리냐고 할지 모르나

캐나다 가정에 홈스테이를 하는 한국 학생들과 홈스테이 호스트(gleemcanada제공)

사실이다. 홈스테이의 이상대로 외국 학생들의 필요에 맞게 품위있는 영어로 대화를 하고, 대표적인 호주 문화를 보여줄 수 있는 '규격품' 가정이라면 적어도 중산층 가정이어야 한다. 예외가 있지만 그런 사람들은 몇푼 더 벌기 위하여 외국 학생을 받는 그런 삶을 안 산다. 그러니 공급이 수요를 따라가지 못하는 것이다. 비교적 좋은 가정은 언제나 '팔려나가' 있고 새나기에게 안 걸리는 것이다.

[IDP호주교육위원회] 시드니 지사의 전 직원으로 많은 한국 유학생

들을 오랜 동안 학교와 홈스테이에 보내 본 교민 구현모씨의 말도 근본적으로 공급부족론을 뒷받침한다. 그에 따르면 홈스테이에 맞는 구조의 집과 주인은 따로 있는데, 그런 가정은 시내에 가까워지면서 드물다. 구씨는 홈스테이에 맞지 않는 구조의 예로서 방이 지하나 외진 곳에 있어 학생은 밥먹을 때를 빼고는 주인과 별로 접촉이 어려운 집을 들었다. 여인숙 구조에다가 카페트가 더러운 집도 많았는데, 대개 그런 집 주인은 사람도 엉망이라고 말한다.

(사례3) 역시 방학을 이용하여 서울에서 영어연수를 온 고등학생 자매의 경우. 이들이 들어간 홈스테이 가정의 위치는 시내 학교에서 가까운 [노스/The North Shore)]로 고급지역이며, 40대의 주인아주머니도 상냥한 편이다. 다만 그는 원어민 영어사용자가 아니어서 그의 영어는 액센트가 많다. 불란서에서 호주 남자를 만나 여기로 이민왔으나 지금은 이혼한 듯 혼자 살고 있다. 또 그는 한쪽 건물에 탁아소를 운영을 하면서 자기 건물 방 하나를 홈스테이로 내놓은 것이므로 이상적인 홈스테이 가정의 표준은 아니다.

(사례4) 시포스라면 시드니 동쪽 태평양 연안을 바라보는 백인 중심의 고급 지역으로 잘 알려져 있다. 장차 대학진학을 향하여 먼저 1년간 영어 공부를 하기 위하여 이곳에 온 N씨가 정한 홈스테이 가정의 주거환경은 예상대로 좋았다. 그러나 40대인 이 집 여주인은 칠레 출신으로 호주 남편과는 헤어져 중학교를 다니는 두 자녀와 살고 있었다. 아마도 전 남편으로부터 받는 자녀양육비와 정부가 주는 과부수당으로 사는 그는 부업으로 홈스테이를 하는 게 틀림없었다. 경제적으로 어려운 편은 아닌 듯 취미로 그림도 그리는 등 겉으로는 평온한 생활을 하는 것 같았지만,

학생에 따르면 그는 안정된 사람이 아니었다. 남자를 사귀어 지내느라 외출이 잦고 영어도 완전 원어민의 것이 아니어서 (칠레 출신) 홈스테이 가정으로는 적당하지 않다고 생각, 그는 4주정도 있다가 나왔다.

미국, 호주, 캐나다, 뉴질랜드 모두 인구의 20-30%가 해외 출생자이다. 이들 가운데 상당수가 비영어권 출신 백인으로 영어를 하긴 해도 원어민 같지 않다. 그런 가정이라면 홈스테이 가정으로는 애당초 적합하지 않으나 흔하게 걸린다. 이유는 간단하다. 이런 이민자 출신들이 이들 나라 서민층을 주로 이루며 홈스테이 같은 부업을 원한다.

대부분 배운 영미사람들이 그렇지만, 영어학교나 대학의 홈스테이 담당자인 젊은 여성을 만나 보면은 성실하고 상냥하다. 그럼에도 이렇게 일이 꼬이는 것은 역시 수요공급 사정 때문이라고 보지 않을 수 없다. 기업체인 이들 홈스테이 직원은 신청이 쇄도할 때 좋은 가정이 없다며 사절할 수는 없다. 어떻게 해서든 만들어 내야 한다. 이 점은 한국과 외국 같다. 신청 케이스들을 빨리 처리해야 하는 담당자는 한건을 가지고 오랜 시간을 보낼 수가 없다. 될 수 있으면 고객이 양보해주기를 바란다. 현지 사정에 어둡고 의사 표현을 자유롭게 못하는 유학생들은 그대로 따를 수밖에 없고, 그래서 그런 관례는 굳어지는 것이다.

담당자는 의례히 지금 정해진 집 주인인 아무개씨 가정은 '나이스'하다고 말한다. 어떤 30대 중반의 한국 여성은 레드펀에 거처가 정해졌다. 레드펀이라면 시드니 시내 중심가에서 가깝지만 원래 호주 원주민들이 많이 모인 곳이어서 나쁜 지역으로 이름나 있다. 내가 담당자에게 왜 그런 위험한 곳에 해주었느냐고 말하자, '요즘 시드니에서 안전한 곳이 어디 있느냐?'고 애교 있게 반문한다. 잘 알려진 대학부속 영어학교라고 다르지 않다. 영어학교는 대학 부속일지라도 독립채산으로 운영되는 기업일 따름이다.

이런 틈새시장을 찾아 홈스테이만을 전업으로 알선하는 기업체가 시드니에 4-5개 생겨나 있다. 그 가운데 대표격인 [홈스테이 네트워크/Homestay Network]의 크라디아 콜러 사장은 사업취지를 과시하듯, 공급부족을 부인한다. 시드니 근교에 2000개 가정을 회원제로 관리하고 있다는 콜러씨는 학교로 봐 홈스테이는 전업이 아니고 부수적 사업에 지나지 않는다고 말한다. 그래서 관리가 소홀할 수 있다는 뜻이다. 네트워크는 홈스테이 가정을 신문 광고보다는 개인간 네트워크를 통하여 찾고, 또 직접 가서 보고 면접을 한 다음 선발한다는 것이다.

한 한인 유학원 대표자도 공급부족을 부인한다. 그에 따르면 학교는 시드니 모닝 헤럴드와 같은 큰 신문에만 광고를 내고 쉽게 응해 오는 희망자들을 중심으로 운영하기 때문에 그렇게 된다는 것이다. 학교가 인원을 늘려 한국문화에 특별히 관심을 갖는 가정, 한국인 고아를 둔 양부모, 외출 할 때 어린 아이와 함께 집에 있을 사람을 원하는 젊은 엄마 등을 찾아 나선다면 사정은 달라진다는 것이다.

현재 가정이 받는 주 홈스테이비(호주화 190-220불)는 그대로 두고라도 학교나 업체가 받는 알선비(호주화 100-150불)를 조금 올려, 좋은 가정을 찾아내는 노력을 개선한다면 그게 가능하다고 말한다. 이 돈에 포함된 하루 세끼(어떤 가정은 주말만 하루 세끼, 그 외는 두끼)는 우리 식사에 비하면 초라하다. 아침은 냉장고에 저장해놓은 우유와 씨리얼, 점심은 센드위치와 과일 한 개 정도(주중은 도시락으로), 저녁 메뉴는 대개 매일 다른데 스파게티 정도가 흔하다. 한식에 비하여 외형으로 봐 이와 같이 빈약한 서양 음식 또한 유학생들에게 불만족 가운데 하나가 된다.

계약중심으로 돌아가는 사회이지만

영미사회가 계약중심이라는 것은 너무 잘 알려진 사실이다. 집을 임대해 보면 실감하게 된다. 집의 상태를 세목별로 적은 '체크 리스트'에 쌍방이 서명하고, 계약서 안에는 서로의 권리의무, 임대료 지불방법, 위반시 대처방안, 손상에 대한 배상 등이 깨알처럼 자세히 적혀있다.

홈스테이에도 계약의 원칙은 그대로 적용되나 실제는 주택 임대에 비하여 일방적이거나 없다고 말해야 맞다. 당사자인 학교와 가정과 고객인 학생이 함께 서명하는 계약서가 없다. 학교는 홈스테이를 할 학생이 낼 돈 내역과 지켜야 할 사항들이 자세히 적힌 한장짜리 인쇄물을 내주므로, 엄격히 말해서 그것은 계약서가 아니며 학생의 의무를 주로 적은 문서이다.

그 문서에는 기물을 파손하면 배상을 해야 한다는 등 학교와 가정의 권익을 보호하기 위한 사항과 학생이 가정생활을 하면서 [Do's and Dont's/해야 할 일과 해서는 안 될 일]이 더 많이 적혀 있다. 홈스테이 주인이 지켜야 할 의무는 학생에게 적절한 숙식을 제공해야 한다는 정도이다. 홈스테이 네크워크도 홈스테이 학생들이 지켜야할 예의와 준수사항들을 자세히 적은 [스튜덴트 핸드북]을 마련해놓고 있지만, 주인 가정이 지켜야하거나 조심해야 할 사항에 대하여는 언급이 별로 없다. 홈스테이 네트워크의 회원 가정의 스티브 문지씨(에핑 거주)는 학생 관리와 관련, 어쩌다 회람을 받을 뿐이라고 말한다. 이는 물론 유학생은 호주의 주류 문화와 생활양식을 배워야할 학생 신분이고, 홈스테이 주인은 호주 어른으로서 늘 바르다는 맨털리티를 반영한다.

주택임대 때와는 달리, 홈스테이의 경우 예외가 있기는 하나 대부분 영어학교는 양식으로 기본 정보만 제공할 학생이 가정을 돌아봐고 (인스팩션), 주인도 만나 본 후 결정하도록 해주지 않는다. 홈스테이 담당직원 설명에 따르면 가보고 거절하는 것은 실례가 되기 때문이라는 것이다. 또 그런 식으로 일일이 보여주고 결정하게 한다면 담당 직원에게는 시간적으로 큰 부담이 될 것이 뻔하다. 그러니 학생의 이익은 도외시되고 있다는 생각을 지울 수 없다. 홈스테이 룰에 따르면 학생은 처음 간 가정이 마음에 안 들어도 최소 2주간은 머물러야 한다. 결정해 놓고 가지 않으면 벌칙으로 1주일분 홈스테이비를 물어야 한다.

대부분 학교의 담당직원은 가정을 직접 가보지도 않고 전화 면접과 팩스를 통한 서류 교환으로 후보자 선정을 한다. 그리고 지내 본 학생들의 얘기를 들어 어느 가정이 괜찮은가에 대한 지식을 갖는 것이다. 그러니 앞서 예로 든 홈스테이 광고의 '높은 기준에 따라 엄선되기 때문에'라는 표현은 언제나 맞는 것은 아니다.

문화차이가 생각보다 크다.

(사례5) 고등학교 2학년의 C 여학생. 그가 6개월간 호주에서 지낸 다음 한 영어학교의 알선으로 들어가게 된 홈스테이 가정은 전형적인 영국계 호주 중류층 원어민 가족이다. 자녀들을 모두 출가시켜 시드니 중심가에서 전철로 30분 거리 근교인 Bardwell Park에 있는 2층의 큰 저택 베드룸 6개 가운데 네개가 비어 있다. 그래서 홈스테이를 받는 것이다. 60대 초반의 남편은 오랜 공직생활 후 은퇴했고 50대 후반의 부인은 대

학의 행정직에서 일하고 있다. 출퇴근 후를 이용, 여러 명의 외국 학생을 집에 둔다면 그는 여간 빠르고 치밀한 여성이 아닐 수 없다. 아닌게 아니라 학생의 말에 따르면 그녀는 부지런하고 경우가 바르나 그 대신 지나치게 깐깐한 잔소리꾼이다. 학생의 부모들의 만류도 있고 해서 6개월을 견디고 지내다가 새로 입학이 된 고등학교 기숙사로 옮겼다. 홈스테이 동안 주인 식구들과 대화도 많이 해서 영어가 크게 늘었느냐는 질문에 그는 그들과 말하기 싫어 될 수 있는 대로 대화를 피했었다고 대답했다.

이렇게 되면 홈스테이의 의미는 적어진다. 그리고 유학생과 홈스테이 주인과의 불편한 관계는 문화차이와 그에 따른 상대에 대한 서로의 기대 차이에서 오는 것이다. 한국과 서양사회 간 문화적 차이가 크다는 사실은 이미 널리 알려진 상식이다. 그러나 그게 얼마나 심각한가는 현지 사회에서 실제 그들과 가까이 지내보지 않고는 잘 모른다. 대부분의 홈스테이를 해보는 한국 유학생들은 그 점을 뒤늦게 깨닫게 된다.

지난 10여년동안 많은 한국 학생을 호주 학교에 알선한 E유학원의 L씨에 따르면 해외생활을 처음 하는 학생이 곧 바로 홈스테이를 택하면 꼭 문제가 생기는데, 대개 언어장벽과 문화장벽이 겹쳐 오해가 증폭되기 때문이라고 말한다.

유학생의 생활을 돕기 위한 안내 자료들을 읽어 보면 어떤 일들이 그런 애로의 원인이 되는가를 쉽게 깨닫게 된다. 여러 가지 충고 가운데 한 구절을 소개하면, "말을 제대로 못 알아들었으면 솔직하게 말해야지, 알아들은 것처럼 대답하거나 행동하지 말라. 오해를 증폭 시킨다"가 있다. 홈스테이 주인이 간곡히 부탁하거나 주의를 준 것을 학생은 알아들은 것처럼 대답했지만, 실은 그렇지 않을 때가 흔하다. 알아듣고도 실천하지 않는다고 생각하면 그들은 대단히 불쾌해 한다. 이것은 비단 유학생만 아니라 대부분 한국인들이 서양인들과의 관계에서 범하는 실수이다.

'10분 이상 샤워하지 말라'

학교나 가정이 정한 홈스테이 룰은 사립학교 기숙사 생활의 그것과 크게 다르지 않다고 보면 된다. 친구들을 집에 초청할 때는 주인의 사전 허가를 받아야 한다, 저녁을 밖에서 먹고 올 때는 사전에 연락을 해야 한다, 샤워장에는 한번에 10분 이상 더 있지 말며, 사용 후에는 깨끗이 치우고 나와야 한다 등이다. 그런데 그에 대하여 주인이 주의를 할 때 '예스'라고 해놓고 어기면 어떻게 될까. E씨는 한국 여학생들이 샤워 후 머리카락을 샤워장에 그대로 남긴 채 나오는 일이 흔하다고 말한다.

'10분 이상 샤워를 쓰지 말라'는 이유는 대개 호주 가정의 물탱크 보일러 용량이 적고, 또 다음 사람의 이용을 위해서다. 대부분 서양인들이 그런 것처럼 호주인들은 비용에 민감하다. 홈스테이 학생은 낮과 취침 시간, 그리고 외출 시에는 전등과 방에 있는 히터 등을 꺼야 한다고 되어 있다. 시드니 서부에 위치한 커버데일고등학교는 한국 유학생을 많이 받고 그들의 홈스테이도 관장한다. 이 학교의 제프 클라크 교장은 홈스테이 가정이 하는 큰 불평도 바로 이런 문제라고 지적했다.

홈스테이 주인들은 전화사용과 요금 지불 방법 등도 규칙으로 정해놓는다. 이런 규칙들을 우리 식으로 지키지 않고 어물쩡 넘어가면 말썽이 꼭 생긴다. 서양의 교육 받은 중류층 중년 주부나 노년층인 할머니들은 우리가 생각하기보다 대부분 보수적이며 젊은이들에게 까다롭다.

말을 해도 듣지 않는다고 생각하면 금방 잔소리꾼으로 바뀐다.

한국인끼리 어울리기 일쑤

모든 한국 부모들은 동포가 적은 지역과 학교로 자녀들을 보내고 싶다고 말한다. 그런데 현재 영미의 주요 도시에 한국인 없는 곳이 드물지만, 한국인 없는 곳에 갔다고 바라는 대로 외국 사람과 섞여 지낼 수 있느냐하면 그렇지가 않다. 대부분 한국 학생들이 해외로 나와서는 자진해서 한국인 친구를 찾고 한국에서처럼 이들과 밀착되어 더 많은 시간을 보내게 되는 것을 보게 된다. 이 또한 현지에 나와서야 깨닫게 되는 허상과 실상의 괴리인데, 왜 그렇게 되는가를 설명하는 것은 어렵지 않다.

영미인들은 친한 친구들끼리도 우리네처럼 늘 붙어 다니지 않는다. 이 또한 서로 다른 성장과정에 따른 문화적 차이인데, 그들의 생활양식은 개인주의(집단주의의 반대) 가치관을 더 따르고 있기 때문이다. 하물며 생김새와 언어가 달라 교류가 편치 않은 동양인을 특별한 볼 일 없이 깊은 관계를 갖지 않는다.

이쪽에서 가만히 있는데, 저쪽에서 접근해오는 일은 드물다. 그게 영미인의 프라이버시 개념이다. 인간관계는 대개 쌍방행위가 아닌가. '탱고를 혼자서 출 수 없다'라는 영어 표현대로, 한쪽만의 노력으로 친구를 사귈 수는 없다. 이 점 한국에서 영어를 사용하는 외국인이 별로 외롭지 않게 지낼 수 있는 것과 크게 다르다. 그러니 한국인이 없는 곳에 유학생이 가 있게 되면 방과 후나 주말에 완전히 고립되기 십상이다. 그럴 때 그들이 잘 찾아가는 곳은 한인사회가 있는 도시라면 한인교회다. 그리하여 교회, 학교, 또는 유학생 모임 등에서 쉽게 친해지는 다른 한인 학생들과 어울려 고독을 달래는 길을 모색하게 되는 것은 당연하다. 한인사회가 있는 곳에는 어디나 이런 한인 유학생들의 필요에 맞게 가라오케, 카페, 당구장, 비디오 숍, 술을 파는 레스토랑 등 유락시설이 잘 발달되어 있다.

일단 한 유학생이 이런 또래집단의 놀이문화에 빠지면, 공부는 말할 것도 없고, 홈스테이 가정에서 지켜야할 현지 생활양식과 정면충돌하게 된다. 홈스테이의 일반적 규율에 따르면 학생들은 밤 10시 부터 다음날 아침 7시까지는 전화를 써서는 안되며, 밤 8시 30분 이후는 소음을 내지 말아야 한다. 한국인 친구들과 붙어다니다 보면 이런 규칙을 쉽게 어기게 된다.

대부분 한국 유학생들은 해외에서도 한국에서처럼 핸드폰(호주에서는 모바일 폰이라고 부른다)을 가지고 다니는데, 홈스테이 가정에 밤 늦게 돌아와 큰 소리를 내면서 친구들에게 우리말 전화 통화를 해 주인이 신경을 쓰게 하는 일은 흔하다. 우리 학생들이 친구들과 얼마나 밀착되어 지내는가를 보여주는 또 다른 증거이다.

대부분 호주 사람들은 저녁에 우리보다 일찍이 잠자리에 드는 편이다. 예외가 있다면 주말이다. 한국인들은 저녁에 더 움직이고 노는 습성이 있다. 시드니 서부 지역 전철 교통의 중심지인 스트라스필드에는 한인 가게가 밀집되어 있고 한인 유학생들이 평소 많이 모이는 곳이다. 역 앞 넓은 광장은 일종의 놀이터처럼 되어 있는데 밤 늦게 거기에서 서성대는 사람들은 거의 예외 없이 한인 학생들이다.

이렇게 외국에 와서도 한국인이 되어 버리면 아무리 좋은 홈스테이 가정을 만나도 홈스테이의 의미를 살릴 수 없다. 시드니 중심에서 자동차로 한 시간 반 정도 떨어진 남태평양 바닷가인 고스포드에 있는 영어학교에도 한국 유학생들이 그동안 많이 다녀갔다. 비교적 조용하고 한국인이 많지 않아 영어를 위한 홈스테이로서는 이상적인 곳이다. 여러 얘기를 들어 보면, 홈스테이 가정들이 주말에는 야외로 나가 바비큐 파티를 열고 유학생과 함께 지내려고 해도 다른 한국 친구들을 만나러 시드니로 가버린다는 것이다.

한국 유학생의 인기는 최하위

이것은 매우 조심스러운 발언이지만, 여기 호주 사람들이 하는 말과 교포들이 들은 얘기를 종합해 볼 때 사실이다. 호주 사람들 가운데 한국 유학생들의 인기는 여러 나라 가운데 꼴찌이다. 홈스테이 전문 기관의 매니저는 지난 20년 동안 한국 학생을 1,000명 넘게 홈스테이 가정에 보냈는데, 회원 가정의 60%가 한국 학생은 더 안 받겠다고 한다고 분명하게 말했다. 특히 그는 처음 홈스테이를 하는 가정에는 한국 학생을 절대 안 보낸다고 말한다. 시드니의 명문 사립학교인 클랜브룩고등학교에서 20여 년 넘게 교사 생활을 하다가 은퇴한 교민 이경재 씨는 지금도 한인 유학생 지도와 관련, 그 학교의 자문 요청을 받는다. 그에 따르면 외국 학생을 받고 있는 고등학교 교장들 사이에 한국학생들이 큰 골치 거리로 받아지고 있다.

구현모씨의 관찰도 재미있다. 한국과 홍콩 학생들이 유독이 홈스테이를 하면서 문제가 많다. 일본, 태국, 유럽 학생들은 대개 잘 적응한다.

왜 그럴까? 요즘 해외에 나오는 한국의 젊은이들을 보면 외모와 자유분방한 태도 면에서는 현지 외국인들에 결코 뒤지지 않는다. 그러나 법과 규칙 준수 등 책임감에 있어서는 아직 멀었다는 게 필자가 갖는 결론이다. 영미사회에는 마약, 공공기물 파괴, 기타 범죄로 법정을 잘 드나드는 일탈 청소년들이 적지 않으나 중산층 이상 가정 자녀들의 책임감과 규율 준수는 철저하다.

예의를 남에게 피해를 입히지 않도록 하는 배려라고 정의한다면 이들이 우리 젊은이들보다 앞서 있다. 이게 우리와 그들 가정의 자녀들 간 큰 차이라고 생각되는데, 그저 문화의 차이라고 해야 할지 교육의 차이라고 해야 할지 분명하지 않다.

여기 홈스테이 주인들이 한국 유학생들의 부정적인 측면에 대한 추측 설명을 들어 보면 대부분 한국에서 잘 듣던 얘기지만 귀담아 들을만하다. 갑자기 부자가 된 부모들이 아이들을 과잉보호하고 방임하여 키워서 [버렸다/spoiled]는 것이다. 또 남학생들은 남존여비의 한국의 문화 속에서 자라, 홈스테이 여주인을 함부로 대한다는 것이다. 클라크 교장의 평도 같다. 한국남학생들은 동료 여학생들이 의당 그들을 위해 잔심부름을 해 주기를 바라며 실제로 강요하는 경향이 있다. 또 남학생들은 한국인 남자 어른이 무엇을 시키면 잘 따르지만, 여자 어른의 지시는 묵살하는 경향이 있다.

홈스테이도 아직까지 '쎌러스 마켓'

홈스테이는 해외에서 한국인 유학생들이 겪거나 일으키는 그 많은 문제들 가운데 일부분이다. 자비유학의 문이 열려 한국인 유학생들이 대거 해외로 나가기 시작한지가 이미 15년이 넘은 오늘, 문제들이 그대로인 이유는 무엇인가?

첫째는 국내와 국외 어느 곳에도 유학생들을 대변하여, 현지 학교나 학교를 감독하는 책임을 갖는 정부쪽과 협의하는 일이 없고 그런 메카니즘이 부재하기 때문이다. 영미국가의 정부, 단체, 개인 모두 우리보다 합리적인 편이다. 복지부동은 우리보다 덜한 것 같다. 그러나 아무도 말을 안 한다면 그들도 안일해질 수밖에 없다.

이미 말한 대로 영어연수생들을 대신하여 상대 쪽에 문제 제기를 할 수 있는 현지의 단체 하나는 유학원협의회이다. 그런데 협의회들이 그런 일을 할 것 같지 않다. 한국과 현지에 난립된 영세한 한인경영 유학원들은 살아남는데 급급하다. 상대국 정부나 학교와 협의를 하자면 문제와 이슈를 잘 정리한 영문 문서를 만들어 이론을 가지고 접근해야 한다. 취약한 협의회가 그런 일을 하기가 어렵다.

그러니 현지 학교나 정부, 그리고 일반은 과연 무엇이 학생들의 애로인지 알 리가 없으며, 자기들만의 방법에 익숙해져 있고 자기들의 잣대로만 학생들을 재는 습성에 굳어지고 마는 것이다. 그런 의미에서도 유학은 아직도 완전히 '쎌러스 마켓'이다.

많은 홈스테이 가정들이 학생들은 방 청소, 빨래 기계 돌리기, 식사 후 그릇 씻기 등 간단한 집안일을 도와야 한다고 생각하거나, 그렇게 해주기를 바란다. 영미 가정 자녀들은 보통 이런 일을 한다. 그러나 요즘 한국에서 자라는 젊은 세대들은 이런 일에 익숙해 있지 않으며, 돈을 내고 사는 하숙생이라면 말할 것 없다. 그렇다면 이러한 사항에 대하여도 홈스테이 사전 합의서에 자세히 명시하도록 한다면 가정과 학생 간 기대의 격차를 줄일 수 있을 것이다. 홈스테이제도의 개선을 위한 협의 대상이 될 수 있는 한 가지 사례다.

둘째로 유학생들이 홈스테이뿐만 아니라 전반적인 해외생활에서 현지인과 일으키는 마찰의 책임은 상당 부분 유학생 쪽의 현지 문화에 대한 이해 부족, 아니면 적응하려는 열의 부족에도 있을 것이므로, 해외로 나오는 유학생들을 사전 교육시키고 대비시키는 프로그램이 있어야겠지만 그런 게 한국에 없다. 해외로 나오는 그 많은 조기유학생은 말할 것 없고 성인 유학생도 거의 전부가 이에 대한 아무런 지식이나 준비가 없이 쏟아져 들어오는 것을 보게 된다.

4. 워킹홀리데이 - 영어연수보다 문화체험

호주와 캐나다와 뉴질랜드는 여러 선진국들 청소년들에게 [워킹홀리데이/working holiday-maker scheme, 취업관광] 비자를 발급하고 있다. 한국도 그 수혜 국가가 되었다. 여기서 수혜라고 하는 이유는 이 비자를 가지면 일반 유학과 달리, 가서 여행과 영어 공부와 함께 일시 취업도 할 수 있기 때문이다. 그래서 관련 국가간 호혜 원칙에 따라서 운영된다.

과거 같으면 한국의 젊은이들이 이들 나라로 영어 연수를 갈려면 먼저 학교로 돈을 보내어 등록을 마친 후 학생 비자를 받아야 했었다. 지금도 그 연수는 그대로지만, 워킹 비자로 간다면 그런 어려운 절차와 비싼 돈 안들이고 떠나, 돈도 벌고 문화체험도 할 수 있는 것이다. 당연히 배낭 여행자들에게 인기다.

　이 비자에 대하여 여기서 다룬 특별한 이유가 있다. 유학의 범위를 긴 외국 체류를 필요로 하는 학위나 전문성 교육에 한정하던 시대는 지났다. 비교적 짧은 동안 어학연수, 직업교육, 문화체험 등을 목적으로 나가는 출국도 똑 같은 유학으로 봐야하며, 현재 한국 유학생의 70-80%가 그런 부류이다. 새로운 기회인 이 제도와 현지 실태를 알려주고 싶어서 쓴다.

　이 비자로 나오는 한국인은 대학 휴학 중이나 군대 제대 후 복학 때까지의 기간을 활용하는 대학생들이 대부분이다. 이는 새로운 이야기는 아니다. 호주의 경우 이미 11년의 역사를 가지고 있다. 그리고 그것을 이용하는 한국인 숫자가 꾸준히 늘었고 계속 늘고 있다. 여기서는 호주의 사례를 중심으로 써보겠다. 필자가 사는 지역이라서 그런 것이 아니다. 영어사용 국가로서 한국에 이 비자의 길을 튼 것은 호주가 처음이다. 그 후 캐나다와 뉴질랜드도 따라 실시하기 시작했지만, 이들 나라와는 달리 호주는 쿼터를 정하지 않고 자격 있는 신청자들에게는 쉽게 이 비자를 내주고 있어, 한국인에게 워킹 홀리데이 비자하면 현재 호주가 주로다.

　주한호주대사관은 매년 약 17,000여명의 한국인에 대하여 이 비자를 발급하고 있다. 캐나다와 뉴질랜드의 경우, 쿼터가 많지 않아 매년 한번만 비자 신청을 받으나 호주는 수시로 받는다. 또 이들 나라는 신청시 왕복 항공권과 최소 1년간 생활비 소지를 증명하는 서류를 제출케 한다. 호주도 처음에는 그랬으나 지금은 아니다. 그리고 한국과의 관계에서 다른 규제 조항을 많이 완화했다. 워킹 홀리데이 여행자가 호주 특정 지역 농장일을 3개월 이상 한 경우에는 1년간씩 두 번 최대 2년까지 연장 가능케 했다. 또 이 혜택을 진주 채취, 양털깎기, 도축업, 임업 등 새로운 1차산업으로 확대했다. 비자의 수혜자는 만 18-25세로 제한되어 있다가 최근 30세로 늘렸고, 비자 신청은 인터넷으로도 간단히 할 수 있게 하고 있다.

신청자 자격으로서 일정 연령과 동일 고용주 아래 취업 기간을 최고 3개월로 정한 점은 3개국 같았으나 최근 호주는 6개월로 늘렸다. 호주 정부가 이 운영에 만족하고 있다는 증거다. 근년 시드니 시가와 일원 전철역 어디에서나 한국인 청소년들을 눈에 뜨이게 많이 보게 된다. 평균 15,000여명의 일반 유학생 외에 이처럼 쏟아져 들어오는 워킹홀리데이 방문자들 때문이다. 한국 유학생이 가장 많이 모여드는 시드니 스트라스필드 상가 식품점 점원의 말에 따르면 일반 유학생에 비하여 워킹홀리데이 입국자들의 특징은 일반 학생만큼 구매력이 크지 않다는 것이 특징이란다.

'세계는 넓고 할 일은 많다'

모든 제도에는 이상과 현실, 허상과 실장의 문제가 있기 마련이다. 위에서 다룬 홈스테이의 경우처럼 워킹홀리데이도 마찬가지다. 이들 여행자들이 비자의 목적대로 호주 직장에 취업하고 돈 벌어 여행을 하고, 호주에 대하여 많이 배우고 즐거운 기억을 가지고 돌아간다면 그야말로 성공 케이스다. 그런데 그게 쉬울 수가 없다. 성공과 함께 쓰라린 경험 사례가 많다.

먼저 제도의 목적대로 영어를 쓰는 '호주 직장'을 잡기가 힘들다. 겨우 여행하는데 불편이 없을 정도의 영어이고 현지 사정을 모르는 아시아인들에게 좋은 일자리를 줄 백인 고용주가 많지 않다. 그렇다면 여기서도 말 잘 통하고 친숙한 동포사회가 대안이다. 수치를 댈 수 없지만 필자가 만나본 본대로라면 대부분이 동포 기업으로 흔한 한식당과 스시 가게 종업원(주로 웨이터와 웨이츠레스), 청소, 미장원, 타일 공사 현장, 자동차 세차장에 고용되거나 다른 막노동을 하게 된다. 이점 호주 젊은이들이 한국에 오면 고등학교와 영어학원, 영어가 필요한 기업에서 고급 일을 할 수 있는 것과는 대조적이다.

한인 고용주들이 이들을 쓰는 이유 가운데는 저렴한 임금과 그렇게 해도 되는 숨은 여건이 있다. 그런데 문제는 외국에 나와서도 그런 상황에서 일을 한다면 영어를 못 배우는 것은 물론, 동족끼리 나쁜 기억을 남기고 떠나는 예도 많다는 것이다. 임금 착취나 미불사건, 산재에 대한 현지법과 관행에 맞지 않은 보상을 놓고 일어나는 분쟁, 이들을 상대로 늘어난 벌집형 하숙과 거기서 일어나는 풍기 문란 등 잡음도 적지 않다.

비자 목적을 어겨 매춘에 종사한 혐의로 추방된 여성들의 사례도 있다. 이들을 고용해본 교포들의 부정적인 뒷이야기도 많다. 일본인 웨이트레스를 쓴다는 한 스시 점포 경영 교포는 한국인 홀리데이 워커들은 신용이 없다고 말한다. 예컨대 처음에는 얼마에 일하기로 합의하고도 어느 날 바쁠 때 갑자기 인상을 요구하고 안나와 버린다는 것이다. 이점 일본인 여행자들과 다르며, 동포보다 일본인 홀리데이 여행자들을 더 선호하게 된다는 것이다.

물론 호주 직장에 가서 일을 찾아 잘한 사례도 없지 않다. 요즘은 시드니에서 멀리 떨어진 농장이나 퀸스랜드의 오지에 가서 과일 따는 일을 많이 한다. 과일 따는 일은 실적에 따라 서, 아니면 대개 시간당 호주화 13불의 보수다. 농장에 설치된 트레일러 캠프나 근처 백패커 숙소에서 지내고 하루 호주화 100불 정도를 번다. 교민 인터넷 매체나 대부분 이미 다녀온 동료들의 안내로 찾아가게 된다. 그렇지만 여름에 40도를 오르내리는 더위가 보통인 이런 먼 거리에 여성과 허약체질의 젊은이가 도전하기는 어렵다는 이야기다.

언젠가 김우중 씨가 쓴 [세계는 넓고 할 일은 많다]가 베스트셀러가 된 적이 있다. 그 책은 야심과 도전 정신 있는 젊은이들에게 큰 자극을 주었으리라 믿어진다. 그러나 한국인이 해외 현지로 나와 보면 만만하지 않음을 금새 알게 된다. 우리가 해외에 나가 활동을 할 수 있게 투자하고 기반을 만들어 놓은 게 없어 그렇다. 기댈 수 있는 곳은 역시 현지 한인 기업이지만 모두 영세하다. 해외 한인사회에는 이런 분야를 잘 계도할 정책도 기구도 없으니 각 개인이 알아서 할 일로 되어 있다.

우리 쪽도 어느 정도 그렇지만, 호주 쪽 입장에서 보면 이 제도로 얻는 게 많을 것 같다. 취업관광이라고 하지만 요즘 빈손으로 해외로 나오는 사람은 드물다. 대부분이 적어도 호주화 1000불의 지참금을 가지고 나온다. 모든 국제 문화교류가 그렇지만, 이 제도로부터 호주정부가 의도하는 것은 국가 이미지 홍보다. 홀리데 여행으로 나간 한인 청소년들 가운데 나중 유학생으로 다시 돌아온 사례가 많다.

제5장 해외유학 공부 어떻게 할 것인가?
—공부충격

1. 두 공부방식 - 재생산과 창조

　유학의 어려움은 한두 가지가 아니다. 그 가운데 가장 중요한 것은 뭐니 뭐니 해도 공부이다. 유학의 궁극적 목적은 공부이므로 공부가 잘 되면 자신감이 생기고 신바람이 나 다른 고달픔은 덜해진다. 한국 유학생들에 대한 여러 조사에 따르면, "언제 외로움을 가장 많이 느꼈느냐"라는 질문에 "성적이 오르지 않을 때"라고 한 응답이 가장 많았다. 실감이 나는 얘기이다.

　학자들은 아시아 유학생들이 공부의 어려움을 겪는 원인으로서 외국어 못지않게 두 문화간 크게 다른 공부방법을 지적한다. 이 문제를 특별히 연구한 사람이 하나 있다. 호주국립대학의 브리지드 발라드 [Brigid Ballard 외, *Study Abroad- a Mannual for Asian Students* 1991]이다. 그에 의하면, 아시아 유학생들이 영미국가에 오면 자기 나라와는 크게 다른 [공부 태도 및 방식/study skills]에 적응하느라 큰 고생을 하게 된다는 것이다. 그는 이를 [공부충격/study shock]이라 부른다.

동서양간 공부방법의 차이는 모든 수준의 학교 교육에 공통적이지만, 공부의 대상이 비교적 쉬운 초중고학교에서라면 덜 할 것이고, 대학 이상으로 올라 갈수록 클 것이다. 공부방법에 대한 이 장의 논의는 대충 고2, 고3과 대학에 해당될 것이다.

아시아와 영미국가 교육제도 간에 차이가 있다 할 때는 학제만이 아니다. 학제라면 양 지역에 큰 차이가 없다. 한국의 대학과 미국의 대학은 모두 4년제이며 [교과목/course, school curriculum] 또한 비슷하다. 다른 나라와는 약간의 차이가 난다 해도 이미 언급한대로 질적 차이는 아니다 (제2장 조기유학, 71쪽 참조).

[교과목내용/syllabus]도 크게 차이가 나지 않는다. 의과, 법과, 경제과, 농과, 사회학과, 심리학과 등 각과에서 쓰이는 교과서들이 비슷하다. 요즘은 교과서와 참고서도 해외 유학파 교수들이 써 그 포맷과 내용, 외국과 차이가 없다. 다만 학생 대 교수 비율, 교실 당 학생 수, 교수와 평가(채점) 방법, 자료와 실험실 이용, 도서관 이용 등에서 대부분의 아시아 대학의 수준이 못했었지만 여기에도 새로운 투자로 많은 개선이 있었다.

정말 큰 차이는 공부방법에 있다. 이는 학문과 연구 대상에 접근하는 방식의 차이이므로 무엇을 공부 또는 연구라고 보는가의 문제다. 이 차이는 근원적으로는 문화의 차이다. 조선시대를 예로 들어보자. 이 시절의 문화에서는 학문은 한문과 유교 사상의 습득이었다. 난해한 한문 문장과 한시를 잘 읽고 쓰고 해석하며, 붓글씨를 잘 쓰며, 유교사상을 잘 해석하고 전달할 수 있는 사람이 선비요 학자였던 셈이다.

서양도 한때 그랬다. 중세인 12-13세기에 지어져 지금도 그대로 남은 옥스퍼드대학 건물들을 쳐다 보면 이게 대학인지 사원(寺院)인지 분간하기가 어렵다. 그때는 아마도 신학이 학문의 주체이고, 교회와 학교가 거의 동일체였던 게 분명하다.

근세에 들어와서는 서양문화는 이미 과학과 실용과 합리성에 바탕을 두고 있었다. 그 문화에서는 학문은 사물과 현상을 과학적으로 분석하고 설명하며 현실 사회에 응용하기 위한 것이었다. 당연히 학문 방법이 질적으로 크게 다를 수밖에 없다. 그 차이는 제도와 형식이 아니라 질과 내용의 차이다. 그 차이는 당연히 강의 내용과 방법, 출제와 평가방법, 노트 필기, 자료 찾기와 이용 방법, 토론 참여, 교수면담, 독서량 및 독서방법, 리서치 방법과 리서치 결과에 따른 발표 방법 등 구체적 단계에서 나타난다.

대학과 대학원 수준에서의 공부와 연구 결과는 최종적으로는 논문 으로 정리되므로, 공부방법의 차이는 논문의 형식과 내용에 더 분명하게 반영된다. 달라진 학문과 연구 환경에 잘 적응하려면, 유학생은 달라진 언어적 상황뿐만 아니라 달라진 [지적/intellectual], [학문적/academic], [문화적/cultural] 환경에 대한 적응(또는 전환)을 빨리 해야 한다. 과거 익숙했으나 해외에서는 더 이상 적용될 수 없는 공부방법과 습관은 과감하게 떨쳐 버려야 한다.

이런 전환은 상황에 따라 조금은 차이가 날 것이다. 단기보다 장기 및 정규 학위과정, 대학보다는 대학원과정, 자연과학 분야보다 인문계에서, 이질문화권에서 온 아시아 학생들에게 더하다. 자연과학의 방법론은 인문·사회학의 경우처럼 문화에 따라 크게 달라 질 수 없기 때문이다. 과학은 탈가치적이다. 실험실 실험이 문화에 따라 크게 다를 수 없는 사실은 좋은 예이다.

대학원 수준에서 공부방법의 전환이 더 요구되는 이유는, 대학원은 대학보다 자기 노력과 독창성을 중요시하는 리서치 중심이기 때문이다. 이 적응과정은 [문화충격/culture shock]에 못지 않은 충격이다.

학자들의 설명에 따르면, 문화충격이란 익숙하지 않은 사회제도와 문화에 직면하여 느끼는 걱정, 스트레스, 피곤감, 무력감 등의 결합이다. 새로운 학업환경을 접할 때도 새로운 문화에 접할 때와 마찬가지의 충격을 경험하게 되어 있다.

유학을 고려하고 있는 학생이라면 한국과 상대국의 공부방식에 차이가 있으리라는 짐작은 누구나 하겠지만 막연할 뿐 준비 없이 떠나오는 게 보통이다. 그런 문제에 대하여 따로 연구 결과를 바탕으로 학생과 상담하고 사전 준비시키는 제도가 전혀 없기 때문이다. 유학의 어려움을 그저 언어의 차이로만 쉽게 돌려버리는 태도 때문에 더 그렇다.

발라드에 따르면 "아시아 학생들은 영미권 대학에 유학을 와서 언어와 문화적 적응의 어려움을 주로 강조한다. 그러나 사실은 새로운 [가르침과 배움의 방식/teaching style, learning style]에 적응하는 것이 그에 못지않게 어렵다는 것을 잘 인식하지 못하고 있다."

2. 달달 외우는 것만으로는 안 돼

빌라드는 공부 방식의 차이에 대한 자신의 이론을 더 구체화시키기 위하여 세 가지 다른 발전적 공부 단계의 모델을 제시한다. 첫째가 지식의 재생산, 둘째가 분석, 셋째가 탐구다. 좀 지루할지 모르지만 아래에서 하나하나 필자의 의견과 해설을 붙여 설명해 보는 이유는 어느 쪽을 택하느냐에 따라 공부방법이 달라지기 때문이다.

학문이란 무엇인가? 두 가지 대답이 가능하다. 하나는 지식을 습득, [보존/conserve]하는 활동이고, 다른 하나는 그 단계를 넘어 [확장,발전/extend]시키는 활동이다. 지식을 습득, 보존하는 것은 그것을 수동적으로 수용하고 유지해 나가는 것을 의미한다. 지식 전달 중심의 학습과 교육이 그것이다. 아시아 문화권에서 하던 공부가 전형적이다.

영미문화권 학생들은 사물과 현상에 대한 기존 지식의 이해와 습득과 전달에 만족하지 않고 이것을 확대, 발전시켜 나갈 수 있어야 한다. 그런 공부방식은 언제나 기존의 지식에 대한 회의와 도전으로부터 시작되어야 한다. 여기서 중요한 과제는 [무엇/what]이 아니고 [왜why], [어떻게/how]이다. 그래야 기존의 것에 변화와 발전을 가져올 수 있다. 이 또한 무엇을 공부의 대상으로 하느냐의 문제이며, 그에 따른 세 가지 다른 가르침과 배움의 방식 또는 접근 방법을 생각해 낼 수 있다.

첫째는 지식의 [재생산/reproduction]이다. 기존의 지식을 바꾸지 않고 그대로 전달한다는 뜻에서 재생산이다. 이때 공부방법은 [암기/rote learning]와 모방 위주다. 여기서는 학생의 점수와 그에 따른 석차는 기억의 결과이며, 그 점수는 학생이 달달 외우는 데 얼만 큼 시간과 노력을 쏟았느냐를 측정한데 지나지 않는다. 그를 위한 시험은 [선다형/multiple choice] 질문지나 짧게 묻고 답을 써내게 하는 [단답형/short answer] 시험지로 하게 된다.

당연히 공부는 주입식이 되어 교사의 역할이 커진다. 교사는 학생보다 더 많은 지식을 가진 사람으로서 사표(師表)가 된다. 학생은 교사의 지시에 따라 지식을 전수 받는 제자이며, 지식의 전수, 지도, 평가 등 모든 단계에서 학생은 교사에게 수동적으로 의지하게 된다.

한국에서의 각급 학교 진학시험과 학기말 고사는 대개 그런 공부 방식에 따른 지식의 습득 여부를 평가하는 것이다. 각종 고시, 회계사 시험, 기업의 입사시험, 각종 면허 취득을 위한 필기와 실기시험의 내용이 대부분 그렇다. 이것을 학문이라고 할 수는 없다.

둘째는 [분석적/analytical] 방법이다. 여기서 학생은 지식을 습득하는데 그치지 않고 분석하고 해석하며 비판한다. 따라서 사실의 나열과 종합보다 원인과 결과의 관계에 더 관심을 가져야 한다. 여기서는 비판능력이 더 중요하다. 무엇이 아니라 '왜'와 '어떻게'를 묻는다.

교사는 지식의 전달이 아니라 학생으로 하여금 건전한 의문을 갖도록 자극해야 한다. 교사의 역할은 조정자이며 평가의 기준은 지식의 습득 여부보다 분석력과 문제해결 능력에 대한 측정이다. 영미 학교에서는 오래 전부터, 그리고 한국에서는 과거와는 달리 근래, 시험 중에 사전과 전자계산기, 다른 참고 자료 등의 활용을 허용하는 관례가 생겼다. 이것은 평가의 대상이 지식습득이 아니라 응용과 문제해결이란 증거다.

이 단계에서도 물론 창의력과 [독창성/originality]이 중요하지만 다음 세 번째 단계만큼은 아니다.

인문학의 재인식

셋째로 [탐구적/speculative] 방법은 기존의 지식을 토대로 어떤 과제를 능동적으로 연구하기 위한 것이다. 여기서는 분석의 수준을 넘어 새로운 가능성을 찾고, 그럼으로써 새로운 이론 모델을 만들어 내고자 하는 것이 특징이다. 지식의 재생산과 분석에 그치지 않고 확장 또는 확대 재생산이다.

탐구적 공부는 지식의 전달이 아니라 창출이다. 당연히 이 과정에서는 교사보다 학생의 역할이 더 커져야 한다. 학생의 능동적 참여와 창의력 발휘 없이는 그런 결과가 나올 수 없기 때문이다. 교사는 경험이 많은 학문 동료이면서 협력자이다. 그는 학생에게 독창적이며 창의적인 연구 결과를 위한 비판과 자문을 하고 자극을 준다. 그는 학생들 자신이 새로운 아이디어를 바탕으로 토의와 의견교환 과정을 거쳐 이론 개발을 위한 좋은 연구과제가 나오도록 유도한다.

세계적 석학이라고 불리는 학자들의 새로운 사상, 철학, 이론 모델은 이런 연구 환경과 과정의 결과 나온 것들이다. 여러 가지 기발한 [가정/hypothesis]을 세워놓고 이를 검증하는 실증적 연구의 결과로서 세계적인 학술지에 보고되는 유가 그런 예다. 학문적 기여란 그런 뜻이다.

필자는 여러 사람들로부터 지금 한국의 학생들이 얼마나 똑똑하고 공부에 열의가 있는가에 대하여 잘 듣고 있다. 그러나 열심히 하는 공부라는 게 대개 취업이라는 단기 목적을 위해서라고 생각하고 있다. 한국의 몇몇 현직 교수들이 신문에 기고한 글만 봐도 그 점을 확인할 수 있다. 이들은 한 결 같이 대학에서 일고 있는 고시와 취직시험 열풍에 큰 우려를 나타내고 있다.

지금은 모든 분야에서 국가간 경쟁의 시대다. 그 경쟁력의 기초는 [지력/知力]이고 지력의 기초는 창의적인 학문에 있다. 창의적인 이론과 아이디어가 국부의 원천이 되기 때문이다. 학문은 응용을 위한 것과 순수 이론을 위한 것으로 나눠지지만 순수 이론(과학의 경우 기초과학)이 앞서지 않고는 응용 이론도 앞설 수 없으며, 국제경쟁력도 뒤진다.

국력 또는 국가경쟁력 하면 곧 과학, 기술, 경제, 정치, 군사력 등을 먼저 생각하게 된다. 힘의 원천으로 얼른 눈에 뜨이기 때문이다. 그러나 이런 힘의 바탕과 그 힘을 올바르게 쓰기 위한 사회의 방향설정(길을 밝히는 기능)을 말한다면 창의적인 인문 지식을 빼놓을 수 없다. 요즘 '인문학의 위기'가 새롭게 거론되는 이유다.

직업 전망이 어두운 교육으로 실업자를 양산할 수 없어 직업교육이 중요시되지만, 적어도 대학의 권위를 말한다면 원칙적으로 탐구적인 학문과 연구가 먼저가 되어야 할 것이다. 창의력 없는 공부와 창의력 없는 인재 양성으로는 국제경쟁에서 이길 수도 없고 삶의 질을 높일 수도 없다.

3. 스승의 그림자를 밟아라?

교사와 학생의 역할에 관한 한 한국은 아직도 첫째 단계, 그리고 잘해야 둘째 단계에 머물러 있다. 최근 미국 대학 교수인 필자의 후배가 한국의 한 대학에 1년간 교환 교수로 가 가르치다가 돌아갔다. 그간 많은 투자와 새로운 서방식 교육 제도와 관행 도입으로 선두 그룹에 있는 대학이다. 그는 미국의 교육과의 차이를 묻는 필자에게 아직도 수업 시간 중 질문을 하는 학생이 없고, 토론 진행이 어렵다고 말한다.

많은 학자들은 그 이유를 "스승의 그림자는 밟지도 않는다"는 말대로 아직도 스승의 권위를 중심으로 이루어지는 주입식 교육 탓으로 돌린다. 스승에 대한 경외심은 필자와 같은 기성세대에는 절대적이었다. 일본에서 초등학교, 그리고 한국에 나와 초등학교 마지막과 중고등학교를 다닌 시절이 기억난다. 교사들이 있는 교무실 앞을 고개를 들고 지나가지 못했고, 교실 안에서도 '선생님'이 나타나면 얼어 붙어야 했다.

한국에는 지금도 영미국가에서는 있을 수 없는 '스승의 날'이 건재 한다. 지금도 대부분 그러리라고 보는데 과거에는 교사, 교수와 학생이 쓸 변소가 구분되어 있는 학교가 많았다. 지금은 엘리베이터가 있는 건물이 그럴 것이다.

최근 한국의 한 보도는 연구 안하는 교수들에 대한 불만 표시와 대학 강의 내용의 질적 향상을 위하여 모 학교 총학생회가 [강의 정보제공제]를 제의했다면서 '스승과 제자의 관계라는 전통적인 시각에서 본다면 당돌한 요구일 수도 있지만"이라고 조심스럽게 썼는데, 대학 분위기를 알만하다. 어쩌다가 학생들이 대학 총장실을 점거하는 등 별난 행동이 일어나는 것은 오히려 평소 이런 스승과의 지나치게 억압된 관계와 정서 때문이 아닌가 싶다.

과거 동양사회의 가치는 전통을 유지하고 보존하는 데 있었다. 그런 사회에서는 전통에 도전하는 학문적 태도와 입장은 금기다. 그런 상황에서 학생이 교사, 교수의 생각이나 가르치는 내용에 정면으로 이의를 제기하는 논문을 쓰기도 어려울 것이다. 활발한 창의력 발휘와 새로운 이론의 탐구가 불가능한 이유다.

4. 에세이를 어떻게 잘 쓸 것인가

에세이, 리포트, 텀 페이퍼

한국 대학에서도 교육평가 방법이 과거의 문답식 필기시험에서 논문으로 옮겨가고 있는 추세지만, 논문의 질을 영미 대학에서만큼 까다롭게 따져 점수를 매기지 않는다고 봐진다.

학기 중 또는 학기말 인문·사회과학분야 숙제로 내는 논문은 흔히 영국, 호주의 대학에서는 에세이, 북미에서는 페이퍼 또는 [텀 페이퍼/term paper]라고 부른다. 여기 텀 페이퍼의 [텀/term]은 학기라는 말이다. 즉 학기 말 또는 중간에 제출해야 하는 논문이다

여기서 논하는 에세이는 [문학 수필/literary essay]과는 다른 [학술논문/academic essay]이며, 학위논문보다는 짧고 한 수 낮은 텀 페이퍼와 같은 뜻이다. 이런 대학 수준의 논문들을 여기서는 에세이로 통일해서 쓰기로 한다.

한국 대학생들 간에는 에세이 대신 [리포트]란 용어를 더 잘 쓴다. 원래 한국에서 대학 숙제로서의 단답형 필기시험 대신 내준 논문 숙제를 리포트라고 통상 부른데서 그렇게 된 것 같다. 대개 길이도 짧고 배운 것을 알고 있는가를 테스트하는 정도에 그치는 것들이다.

영미 대학에서 리포트는 대개 자연과학분야에서 발표하는 실험 또는 실습 결과를 말하는 경우가 많다. [scientific report], [laboratory report]나 [lab-report]등이 그것이다. 이런 과학분야의 연구는 어느 나라 누가 하든 정해진 틀과 절차를 따라 하므로 그에 따른 리포트 역

시 정해진 형식에 따라 쓴다. 그 리포트 쓰는 요령을 남에게 가르치는 일은 비교적 쉽다.

인문학분야 연구라면, 자연과학의 경우처럼 실험을 한다든가 실험은 아니더라도 자료를 과학적으로 수집, 분석 증명하는 정해진 절차를 밟는 유가 전혀 없는 것은 아니나, 대개 논문은 형식과 내용 면에서 더 유연하거나 폭 넓게 쓸 수 있는 게 특징이다. 당연히 논문을 전개하는 요령도 내용과 쓰는 사람에 따라 다양하다. 그런 의미에서 에세이라는 말이 더 적합할 것 같기도 하다.

리포트든 에세이든 논문은 종이로 옮겨 제출하게 되므로, 구어체로는 페이퍼란 말이 더 잘 쓰인다. 영미 대학생간에[Have you submitted your paper?/구어체로는 hand in 혹은 turn in your paper?]라고 묻는다면 [논문 제출했니?]의 뜻이다. 여기 대학생들도 우리와 마찬가지로 논문의 마감날짜를 걱정한 나머지 만나면 인사처럼 묻는 게 이것이다.

각 과정 중 과제의 일부로 내는 논문이 아니고 석·박사학위를 받기 위해 써야 하는 논문은 [학위논문/thesis/dissertation]이라고 부른다. 학위논문은 특정한 제목으로 상당한 기간 동안 연구한 결과를 정리한 것이므로 규모가 크고 질도 더 높아야 한다. 따라서 짧은 기간의 실적을 평가하기 위해 쓰게 하는 에세이와는 형식과 내용이 모두 다르다. 석·박사 학위논문에 대해서는 다음 장에 따로 다루게 된다(제6장, 쪽 참조).

어떤 분야 석사과정은 성격상 (대개 실무분야) 학위논문과는 좀 다른 [마스터 프로젝트/master project]로 대신 제출케 한다. 학위과정 동안 논문 대신 한 가지 큰 과제를 정하여 만들어 내는 작품이다. 언론학 과정에서 비교적 큰 추적보도 기사나 텔레비전 다큐멘터리를, 음악, 미술, 조각, 건축학 과정에서 대표적 작품을 만들어 제출케 한다면 그런 예이다.

여러 가지를 다르면 초점을 잃는다

에세이란 무엇인가? 새삼스럽게 묻는 이유는 이에 대한 대답을 잘해야 좋은 에세이를 쓸 수 있다고 생각하기 때문이다. 에세이의 정의야 다양하겠지만, 한 영국 학자의 다음 짧은 한 줄이 실감나고 여기 논의를 위해서 가장 좋다고 생각되어 소개한다. [에세이란 한 과제의 일부에 대한 저자의 의견과 그 의견을 뒷받침하는 증거를 다룬 글이다/An essay is your opinion about a little bit of a subject, in which you use evidence to support your opinion.]

모든 글이 그렇지만 에세이도 분량이 제한되어 있다. 대학의 영어 에세이는 짧으면 1,000단어, 보통 2,000~3,000, 길면 5,000자 정도다. 더 길면 채점하기도 어렵지만, 그보다도 교수는 학생이 큰 과제를 어떻게 일정 분량 안에서 핵심을 잘 다루는가를 보려고 하기 때문이다.

에세이의 기교는 바로 이 핵심을 잘 살리는 데에 있다. 그 한 가지 방법은 한 에세이에서 문제 또는 대상에 대한 한 가지 측면 또는 부분만을 집중적으로 다루는 것이다. 위의 정의에서도 알 수 있는 그대로다. 한정된 공간에 많은 측면을 다루면 그만큼 초점과 깊이는 없어진다.

그러므로 논문 숙제를 내는 교수는 대개 논의를 일정한 방향으로 [좁혀 나갈/narrow down]수 있도록 범위를 한정하라고 주문한다. 교수는 논문의 제목을 사전에 구체적으로 내줄 수 있지만, 그렇지 않을 경우에도 학생 자신이 좁힐 줄 알아야 한다.

다음과 같은 제목은 비교적 구체적이다.
(1) [일본 기업의 소유 및 경영의 패턴을 논하고 서구의 그것과 비교하라/Discuss the pattern of corporate and control in Japan and make comparison with the West].
(2) [맑스-엥겔스의 자본주의에 대한 반대이론 일반, 그리고 더 구체적으로 개인주의와 사유재산제도에 대한 반대 이론을 요약해서 논하라/Summarize Marx-Engel's arguments against capitalism in general and against individualism and private property in particular].
(3) [미국의 극동아시아 외교정책을 논하라/Discuss the U.S foreign policies toward the Far East]라는 제목은 미국이라는 나라로 한정되어 있지만, 그것만으로도 두꺼운 책 한 권을 쓸 수 있다. 그런 식의 제목을 내주는 교수가 드물겠지만 그 경우도 학생은 에세이의 방향과 범위를 정하여 어느 측면에 초점을 맞출 것인가를 [머리말/introduction] 부분에서 밝혀야 한다.

기승전결 -서론. 본론. 결론

한국에서 한시 (漢詩)나 일반 문장 쓰기의 기교로 기승전결(起承轉結)이라는 격식이 존중되어 왔다. 이는 대충 서론, 본론, 결론의 순서에 비유할 수 있다.
에세이도 일반 글처럼 크게는 서론, 본론, 결론의 세 부분으로 나눠 설명해도 될 것이다. 서론은 에세이가 다룰 핵심 문제가 무엇이며 왜 그게 중요한가를 독자에게 먼저 안내하기 위한 부분인데 간략하게 써야 한다. 그러므로 기존의 지식과 정보에 대한 서술은 발제로서 필요한 최소한이 되어야 할 것이다. 이 부분을 길게 쓰면 본론을 위한 지면이 그만큼 줄어들 뿐만 아니라 에세이 내용의 핵심이 없어지거나, 주종(主從)이 전도되어 논문은 가치를 잃게 된다.

필자의 생각으로는 전체를 15로 한다면 서론, 본론, 결론의 비율을 3 : 10 : 2 정도로 하는 것이 어떨까한다. 아주 짧은 에세이인 경우, 결론을 본론에 묶어 하나로 하는 것도 가능하다고 본다.

카푸란과 문화와 글쓰기

우리나라에서 단도직입(單刀直入), 거두절미(去頭截尾)와 같은 말이 잘 쓰여 왔다. 무슨 이야기를 꺼낼 때 서론을 짧게 하고 바로 본론으로 들어간다는 뜻이다. 우리 민족이 말을 할 때와 글을 쓸 때 본론보다 서론을 더 길게 하기에 이런 현명한 경구가 나오지 않았을까 생각하게 된다 (제9장 334쪽 참조). 자기 생각을 어떻게 알맹이 있게 글 속에 처리하는가는 문화와 관련이 깊다고 생각된다. 로스앤젤스에 있는 외국 학생들의 글을 모아 분석한 [카플란의 연구/R. Kaplan, Cultural thought patterns in intellectual education, *Language Learning* 1966]는 각 문화에 따라 다른 수사 패턴에 주목한다.

영미문화 패턴인 [직선형/linear]은 핵심 문제를 제시한 후 곧바로 구체적 사례와 설명으로 옮겨간다. 여기서는 핵심과 먼 사항은 모두 군말이며 철저히 삭제된다. 그러므로 꽉 짜인 서술 방식이다.

낭만주의파와 러시아문화 방식은 문제의 핵심에서 어느 정도 일탈을 허용한다. 희랍과 아랍권 문화에서는 문장 또는 표현들을 서로 짝을 지어 되풀이하는 수사법(修辭法)을 좋아 한다. 이런 문체는 성경이나 코란에서 많이 발견할 수 있다.

동양 문화권은 원래 영미식과는 반대다. 핵심에 접근하기 전 완곡한 서론부터 시작한다. 어떤 판단이나 결론을 노골적이 아니라 간접적이며 은근하게 묘사한다. 군말과 수식이 많아질 수밖에 없는 이유다.

에세이는 지식의 나열이 아니다

서론을 잘 썼으면 그 다음은 쉽다. 모든 부분이 서론에 밝힌 목적과 방향에 맞게 나머지 부분을 써나가면 된다. 말하자면, 논리적 일관성이다. 이 목적과 방향을 가장 잘 뒷받침하는 부분은 부각시키고 연관성이 없거나 적은 부분은 과감하게 삭제해야 한다.

에세이 본론 부분은 [새로운 사상과 아이디어/new thoughts, new ideas], [비판 및 비평/critical thinking], 제안, 새로운 가능성의 제시 등이 되는 게 보통이다. 기존의 지식과 정보는 이를 뒷받침하기 위하여 필요한 최소한이 되어야 한다. 어느 쪽에 무게를 두느냐는 앞서 언급한 세 가지 유형의 공부태도와 관계가 있다. 다만 탐구적 연구 결과를 에세이 형식으로 발표하는 예는 적을 것이다. 어떤 가정을 검증하고 새로운 이론을 제시하는 연구는 대개 에세이 정도 길이의 논문에서는 다룰 수 없기 때문이다. 굳이 에세이로 한다면 새로운 연구방향이나 추세, 연구 결과를 간략하게 소개하거나 평하는 정도가 될 것이다.

그러므로 대부분의 에세이는 앞서 소개한 세 가지 공부방식 가운데 두 번째에 해당하는 분석적 연구의 일부분 소개 또는 요약 형식을 취할 것이다. 그것은 기존의 지식에 대한 [찬반 논의/arguments]를 하거나 [비판적 개관/critical review, criticism], [새로운 해석/new interpretations], [자기 생각과 의견/thoughts and opinions], [새로운 연구방향/research directions]의 제시 등이 될 것이다. 에세이를 읽는 교수의 관심도 여기에 있다. 에세이 과제로서 [논하라/discuss, examine, explain, analyze, evaluate] 또는 [비교하라/compare] 등의 주문은 바로 그런 일을 해 달라는 것이다.

여기서 재차 더 강조해야 할 것은 에세이가 그런 것이라면, 재생산식 지식의 나열로 일관된 에세이는 우수할 수 없다는 점이다. 영미 대학에서 오래 지내다가 은퇴한 한 한인 교수는 학생들의 에세이 평가에 대하여 이렇게 말한다. "아시아 학생들은 논문에서 아는 사실을 백과사전식으로 잘 정리한다. 그런 논문은 같은 고생을 하고도 좋은 점수를 받지 못한다. 아시아 학생들은 사실을 많이 알고 있고 정리하는 데는 우수하나 논평에서는 서양 학생들에게 뒤진다. 자기 생각이 없는 논문에 좋은 점수를 줄 수는 없지 않은가."

사례 하나를 더 들어 보겠다. 고려가 망한 이유를 논하라는 에세이 과제다. 재생산방식에서는 국사책에 적혀 있는 이유 몇 가지를 잘 정리하면 된다. 분석적 방식에서는 여러 자료를 통해 정보를 얻어 종합적으로 분석한 다음, 적어도 자신의 견해와 비판을 보태면 된다.

탐구적이라면 이와 다르다. 고려가 망한 이유에 대한 기존의 자료와 지식을 바탕 위에 새로운 문제를 제기하고, 그에 대한 결과를 증명할 수 있어야 한다. 그러나 에세이로서 그 정도까지 가기는 어려울 것이다.

한국의 대학에도 영미권에서 교육받은 교수들이 많아져서 영미식 공부가 이루어지고 있으나 아직도 평가방법은 재래식이라는 여러 가지 증거가 있다. 가령 대학에 입학만 하면 거의 자동적으로 졸업을 할 수 있는 것은 학생들이 시험 때 배운 것을 잘 정리하면 되기 때문이라고 생각된다. 한국에서 흔히 에세이를 논술과 거의 동일시하는 것도 아마도 그런 이유에서 일 것 같다.

현재 필자는 학문적 연구보다 시사성 있는 사회 이슈들에 관심이 커 신문의 사설, 논평, 시론 등을 찾아 읽는 편이다. 그 안에서 다뤄지는 찬반 의견, 비판과 비평, 방향 제시를 약간 확대하고 약간의 형식와 뼈대를 갖춘다면 훌륭한 에세이가 될 수 있다고 생각되는 것들을 더러 발견한다. 대학입시 과목으로서의 논술은 내용으로 봐 신문 사설, 논평, 시론, 수상에 가까운데 텀 페이퍼로서 에세이를 대치할 수 없다고 보는 이유는 학문적 관심과 접근보다는 시사성과 사실의 기술에 무게가 더 가 있어 그렇다.

순서를 바꿔 쓰는 것도 한 가지 방법

좋은 글을 쓰는 첩경은 쓰고자 하는 내용을 잘 정리하는 일이다. 영어로는 [organize/structure]한다는 말을 쓴다. 필자는 이 과정을 옷장 정리에 비유한다. 일정한 크기의 옷장에 여러 가지 많은 옷을 넣어야 한다면 어떻게 해야 할까? 필요 없는 옷은 일부 버려야 한다. 또 옷을 잘 개서 넣어야 한다. 그래야 공간을 아낄 수 있다.

글쓰기도 마찬가지다. 내용을 잘 정리하려면 글의 목적에 가장 기여하는 내용은 키우고, 덜 기여하는 내용은 과감히 빼거나 줄여야 한다. 그리고 같은 문제를 다룬 내용, 서로 관련된 내용과 설명은 여기저기 흩어 지지 않게 한 군데 모아서 다뤄야 한다. 뒤에서 다룰 사항을 앞에서 다루거나, 반대로 앞에서 다룰 사항이 뒤로 가는 일이 없도록 해야 한다. 글쓰기를 지도하는 교수는 [This does not belong here/여기에 속하지 않는다/이 자리는 그게 와있을 자리가 아니다]와 같은 말을 잘 하는데 그런 뜻이다.

그런데 그렇게 조직적으로 쓴다는 일이 쉽지 않다. 옷장에 옷을 정리하여 넣는 일과는 비교가 안 된다. 글쓰기가 어려운 이유다. 인간의 머리가 우수하다고는 하지만 3,000자의 내용을 한꺼번에 머리 속에 떠올릴 수는 없으므로 생각이 흐트러지기 쉽다. 글쓰기 훈련이 따로 필요한 이유다.

필자가 이 문제를 극복하기 위해 쓰는 작은 요령 하나를 소개해 보겠다. 약간 변칙이라고 할지도 모르지만, 필자는 글을 언제나 처음부터 끝까지 순서에 따라 한 번에 쓰려고 하지 않는다. 몇 개로 토막을 미리 내서 - 예컨대 머리 부분, 쟁점 부분과 마지막 부분 등 - 앞부분을 끝내기 전에 뒤를 먼저 쓰기도 하고, 중간 부분을 먼저 써 놓기도 한다. 그러는 과정에서 전체의 윤곽을 빨리 잡을 수도 있고, 앞을 쓰는 동안 뒤에 쓸 만한 좋은 생각을 놓쳐버리는 우를 막을 수 있다. 또 뒷부분을 먼저 써 본다면 앞에서 미리 그것을 장황하게 쓰는 실수(중복)를 막을 수 있다.

이런 방법을 활용해 보면 쓰다가 막히거나 제목에서 벗어나 삼천포로 빠지는 잘못을 줄일 수 있고, 또 중간 부분 또는 뒷부분을 먼저 써서 어느 정도 완성해 놓으면, 심리적으로도 안심이 되어 일이 뜻밖에 순조로워지는 것을 느끼게 된다.

신문 기사라면 역피라미드 기법을

에세이 쓰기와 [기사 쓰기/new writing, story writing]는 다르지만, 어떤 문제를 제한된 길이 안에서 전체적으로 논리가 일관되고 짜임새 있게 다뤄야 한다는 점에서는 유사하다. 미국 신문에서는 기자가 글을 쓰기 전에 편집자가 [Where are you going to peg your story?]라고 묻는 수가 많다. [Peg]는 말뚝이다. 소는 말뚝에 매어 놓지 않으면 아무데로나 다니면서 풀을 뜯어먹게 될 것이다. 에세이도 마찬가지다. 에세이를 어떤 쪽으로 쓸 것인지 미리 말뚝을 박아 놓아야 여기저기로 헤매지 않을 것이다. [Where are you going to peg your essay/또는 report?]란 질문이 가능하다.

글의 각 부분은 전체 흐름에 [일관성/coherence/consistency]이 있어야 한다. 앞뒤가 고르게 맞아야 한다는 말이다. 글의 논리다. 에세이보다 더 지면을 아껴야 하는 신문 문장의 경우는 이때 이른바 [역피라미드/inverted pyramid] 기법을 잘 쓴다. 서론 없이 중요한 대목부터 시작하여 더 중요한 내용 순서로 풀어 나가는 식이다. 지면 제약으로 길이를 줄여야 할 때 바쁜 편집장은 뒤에서부터 자르면 되는 이점이 있다. 짧은 에세이라면 이 기법을 이용해도 될 것이다. 큰 것에서부터 작은 것, 가장 중요한 것부터 덜 중요한 것으로 논리의 일관성을 유지하여 전개해 나가는 것이다. 특히 분석보다 사실을 서술하겠다면 그렇다.

5. [언어의 경제성]을 살려라

훌륭한 에세이는 내용과 함께 [글의 질/quality of writing]도 좋아야 높은 점수를 받을 수 있다. 학위논문의 심사기준에는 이것이 명시되어 있다. 글은 내용을 담는 그릇과 같다. 그릇이 빈약하면 내용도 빈약하게 보인다. 또 군말이 많고 짜임새 있게 쓰이지 못한 글은 빠르고 쉽게 머리에 들어오지 않는다.

소리가 노래가 되기 위해서는 일정한 고저와 장단에 맞게 작곡되어야 한다. 글도 마찬가지다. 쓰기만 하면 되는 게 아니다. 내용에 있어 체계가 있어야 하고, 글에 기교가 있어야 한다. 전자는 앞에서 이미 다룬 대로 논리적 일관성의 문제다.

후자는 물론 좋은 글을 위한 [글쓰기의 기교, 기술(技術)/writing skill]의 문제다. 그 기술로서 필자가 가장 중요시하는 원칙 하나가 [언어의 경제성/economy of words]이다. 좋은 글은 표현이 [간결하고/concise, succinct]하고 [명료/clear]해야 한다. 그러기 위해서는 같은 내용을 최소한의 말을 써서 나타내야 하고, 용어와 개념간의 관계를 역시 최소한의 말로 [정확하게/precisely] 밝히는 자구의 선택이 필요하다.

50자로 담을 수 있는 지식과 정보를 100자를 써서 했다면 언어의 경제성을 어긴 셈이다. 가장 정확한 [단어와 표현/words and expressions]을 고르되, 그것마저도 [극히 아껴서/sparingly, economically, parsimoniously] 써야 그게 가능하다. 글을 아껴서 쓰자니 꼭 필요한 것이 아닌 말, 특히 수식어는 될수록 적게 써야 한다. [되풀이 되는 표현/repetition, overlap]은 최소한으로 줄여야 한다. 이런 원칙을 지키지 않은 글은 [군말이 많아/redundancies] 너절한 작품이 된다.

이것을 도식적으로나 과학적으로 설명할 길은 없다. 직접 체험해 보고 잘 쓴 다른 사람의 작품을 읽고, 또 가능하다면 이들의 경험을 듣는 과정을 거쳐서 스스로 요령을 터득하는 수밖에 없다. 글쓰기에 대한 많은 책이 많이 나와 있지만 달리 뾰족한 수가 있는 것은 아니다.

문학작품이 아닌 학술논문이나 일반 보고서의 경우라면, 문장의 목적은 사실과 사상의 정확하고 효과적인 전달에 있으므로 이런 원칙이 예외 없이 지켜진다. 해외 영어학교의 고급영어 과정인 [학술문장 영어/academic written English]는 알고 보면 이런 기교를 가르치는 것이다.

글을 쓰는 사람은 누구나 원고를 여러 차례 다듬어야 하는데, 이것이 바로 [편집/editing]이다. 마치 나무 가지를 단정하게 치거나 군살을 빼는 일 같기 때문에 영어로는 [trimming], 한발 더나가 매끄럽게 만들기 위해서 [polish/닦아서 빛낸다]와 같은 말을 쓴다. 우리 문학에서는 추고(追稿)라는 말이 있다. 모두 언어의 경제성을 높이는 작업이다. 물론 이 때 단어를 줄이는 작업이 전체 의미나 담고 있는 정보를 희생시키는 결과가 되어서는 안 된다. 또 영어로 쓰는 에세이인 경우, 잘 쓰이는 [관용어/English usages]와 재치 있는 표현을 적절히 섞어 쓰는 것도 잊지 말아야 한다. 그래야 문장의 단조로움을 피할 수 있다.

사회과학분야 보고서와 논문은 대부분 미사여구 없이 언어의 경제 원칙을 최대한 활용하여 쓰게 되는데 이런 글을 영어로 [technical writing]이라고 부른다. 기계적이라는 뜻이다. 과학기술분야의 글은 거의 예외 없이 이런 기계적 문체로 쓰여 진다. 과학은 기계적인 점을 생각하면 쉽게 이해가 간다. 그런 의미에서 필자는 [technical writing]을 과학적 글이라고 불러도 된다고 생각한다.

사회과학 [학술지에 실리는 논문/journal articles]도 대체로 이런 문체를 따른다. 이런 논문에서는 단어뿐 아니라 인용해야 할 중요한 개념, 사상까지도 따로 설명하지 않고 그 출처가 되는 문헌만 밝혀둠으로써 지면을 아끼는 관례가 잘 지켜지고 있다. 이것 또한 경제성을 위한 고안이다.

6. 강의와 노트 필기

한국 대학 강의가 [교사 중심/teacher-centered]이라는 것은 널리 알려진 일이지만, 과거에는 정말 그랬다. 필자가 대학을 다니던 1950년대에는 교수들이 책이 없다는 구실로 90분 수업 거의 전부를 불러주는 노트 필기로 채우는 일이 보통이었다. 책도 별로 없었지만 그나마 다른 사람이 쓴 것은 학생들에게 잘 권하지 않았다. 저서 한 권 내지 못한 교수가 더 그러했다. 또 그때 나온 책 가운데 법학, 경제학 분야 서적은 대개 일본책의 번역판이었고, 그 밖에 인문분야 서적은 미국 것을 성의 없이 직역한 것이어서 읽어도 잘 이해되지 않는 것이 많았다. 그러니 학생들은 읽을 책이 적었을 뿐만 아니라 읽고도 얻는 게 없었다.

명 강의로 이름난 교수들의 강의는 말할 것 없고, 어떤 강의든 학생들은 수동적으로 듣기만 해야 하는 전달식이 주로이고, 질문이나 토론을 통한 참여의 기회는 주어지지 않았다. 강의실을 가득 메운 80~100명의 학생들이 쥐 죽은 듯이 강의를 듣는데, 질문을 하려면 여간한 용기와 뱃장이 필요한 것이 아니다.

그런 의미에서 학생들에게 강의는 고역이었다. 강의가 끝나면 학생들이 해방된 듯 환호성을 올리고, 방학이 가까워지면 빨리 종강을 하자고 조르던 일이 생각난다. 시험은 논문보다 학기말에 보는 용지 한 장에 짧은 답안 쓰기가 거의 전부였다. 그래서 많은 책을 읽으며 시간을 보내는 것보다 강의를 기계적으로 잘 노트해 두었다가 답안지에 그대로 옮기는 것이 A학점을 많이 받는 지름길이었다.

개인 이야기지만, 공부에 관한 한 자신도 모르게 서구식이었던 필자는 강의는 소홀이 하고 학점과 관계없이 취미 위주의 강의와 독서에 더 열을 올린 결과 학교 성적이 좋지 않았다. 만약 지금의 영미식으로 폭넓게 과목을 선택하고 과제 중심으로 공부할 수 있었으면 결과는 크게 달라졌을 것이라는 아쉬움이 남는다.

지금은 한국의 대학도 영미식으로 많이 바뀌고 있다. 외국에서 공부한 교수들이 많아져서 영미식 공부방법이 도입되었다. 그럼에도 한국의 대학 강의는 교수 중심, 지식 전달 중심이라는 점에서 과거와 비슷하다는 말을 자주 듣게 된다. 서울의 교수들이 쓴 글에 따르면 실컷 놀거나 딴 돈벌이에 시간을 보내는 '철밥그릇' 교수도 많고, "교수님 휴강해요" 하고 조르는 학생도 많다.

영미대학의 강의는 보다 학생 중심이다. 많은 학생을 상대로 대강당에서 하는 강의가 아니라면, 교수는 학생들로 하여금 발표 또는 토론형식으로 강의에 참여케 한다. 교수와 학생간에 대화가 많다. 학생은 강의 도중이라도 의문이 있으면 즉시 질문을 해도 된다. 교수와 학생간 대화가 용이한 요즘의 원형 극장식 소형 강의실이라면 더욱 그렇다.

여기서 빼놓을 수 없는 게, 호주, 뉴질랜드와 일부 영국 대학에 있는 [튜토리얼/tutorial] 코스다. 본 강의 후에 학생들을 작은 그룹으로 나눠 [주임 담당교수/course chairman, 용어해설 375쪽 참조]에 소속된 몇몇 조교 밑에서 하게 된다.

튜토리얼의 기능 하나는 [보충수업/remedial course]이다. 이 클라스는 본 강의를 듣고도 학생들이 잘 따라가지 못했거나 충분히 참여하지 못한 부분을 말 그대로 보충하기 위한 것이다. 다른 하나는 응용이다. 수학, 통계학의 경우 본 강의에서는 이론, 튜토리얼에서는 실제 문제를 풀어 보는 것은 좋은 예이다. 보통 10여명의 소그룹 모임으로 평소 강의 시간에 질문 한번 못해보는 학생들에게 큰 도움이 될 수 있다. 다만 이를 십분 활용하기 위해서는 사전 준비가 필요하다.

강의 계획표

교육효과는 피교육자의 학습과정 참여도에 비례한다고 말할 수 있다. 강의야 말로 그렇다. 필자의 대학 시절, 강의 시간에 조는 학생이 많았던 이유는 일방적으로 지루하게 듣기와 적기만 해야 했던 데 있었다. 지금처럼 교재와 교육 수단이 많은 시대에 강의가 아직도 그런 식이라면 엄청난 자원의 낭비가 아닐 수 없다.

영미 대학 교수들은 강의할 주요 내용을 요약한 [유인물/hand-outs, outline notes]을 미리 배포하여 학생들의 필기 부담을 덜어 준다. 그렇게 되면 학생들은 강의 중 노트 필기를 새로운 착안, 사례 등을 적는 데 그쳐도 될 것이다. '히어링'이 어려운 외국어로 강의를 들어야 하는 유학생들에게 이 점은 중요하다. 앞서 소개한 세 가지 공부방법 가운데 분석적이고 탐구적인 쪽을 중요시한다면, 교수는 학생들의 창의력을 자극하도록 강의를 계획해야 하고, 필기도 그런 쪽으로 시켜야 할 것이다.

한국과 영미 대학의 또 다른 차이는 교수들의 엄격한 강의시간 지키기다. 교수들은 학기의 시작에 앞서 [강의계획표/course guides, course outline, course information]를 학생들에게 나눠주고, 거기에서 한 치도 벗어나지 않고 진행해 나간다. 휴강, 조기 종강은 매우 드물다. '적당'이라는 것이 없다. 논문제출도 마감일을 넘기면 감점을 하는 등 까다롭다. 학원 소요와 교내 행사 등을 이유로 결강(缺講)을 밥 먹듯이 하고, 짧은 리포트나 짧은 답안지로 한 학기의 학업성과를 평가받던 과거 우리의 경우와는 너무 다르다.

강의계획표 정도는 한국에서도 채택되었다는 소식을 듣고 있으나 일반화된 것은 아닌 것 같다. 불과 얼마 전에도 일부 대학의 총학생회가 [강의 정보제공제]를 학교에 공식 요청했다는 보도가 한국의 신문에 났었다. 학기초 수강신청을 하기에 앞서 교수들이 구체적인 강의 계획을 학생들에게 공개하여 수강 신청을 여부를 결정하게 한다는 것인데 위에서 말한 코스 아웃라인이나 가이드와 같은 것이라고 생각된다. 아직도 그게 일반화 안 되어 있길래 뉴스가 되는 게 아닌가.

영미 대학에서는 강의계획에는 관련 분야의 외부 인사를 초청하여 하는 특강이 포함되는 경우가 많다. 이런 의미에서 호주 대학에서는 과목을 책임지는 교수를 [course chairman]말고도 [convenor]라고 부르기도 한다. 강의 전부를 맡는 게 아니라 강의를 계획하고 운영하는 사람이라는 뜻이다. 한국의 대학에 튜토리얼 제도는 없으나 강의시간에 유명 인사를 초청하는 관례가 최근에 생겼는데, 외국의 것을 도입한 것이라고 생각된다.

영미사회에서는 사람들이 모여 무엇을 할 때 보면, 각 개인은 우리보다 훨씬 자유스럽게 행동한다. 강연회 같은 모임에 참석해 보면, 참석자들은 우리처럼 굳어져 있지 않다. 이런 사회 분위기에 따라 강의실도 그렇다. 연사도 장내를 부드럽게 만들기 위해 애쓰고, 청중 가운데 누가 뭐라고 하면 얼른 화답하는 것이 보통이다. 이런 영미 대학의 분위기와 학습제도에도 불구하고, 한국 유학생들이 강의에 충분히 참여하지 못하는 이유는 언어장벽과 강의를 수동적으로 듣던 과거의 습성의 복합된 결과다.

거의 모든 영미 대학에서는 파트타임으로 학위를 이수하는 제도를 인정하고 있어서 직장생활을 하면서 학교를 다니는 나이 많은 학생들이 많다. 제때 대학을 다니지 못하고 늦게 서야 학사, 석사. 박사 공부를 하는 이른바 [mature ages student/만학도]들이다. 이런 기성인 학생들과 영미 대학의 교수들은 해당 분야 다양한 현장과 실무 경험을 가지고 있어 강의 도중에 벌이는 토론의 소재가 풍부하다. 미국의 앞 선 대학 MBA과정 교육방법으로 강의뿐만 아니라 [peer group learning system/학생간 상호교류 속에서 배우게 하는 교육]이 거론되고 있다. 학생들이 이미 직장에서 경험한 사례를 서로 나눔으로써 지식을 넓히자는 것이다. 한국 유학생들은 이런 점에서도 소외되고 손해 보기 쉽다.

영미사회에서도 자기표현을 잘 못하는 학생들이 더러 있다. 이런 학생들을 위해 자기표현 훈련 같은 것을 정규 교과과정과 무관하게 두어 학생들로 하여금 수강하게 하는 대학도 많다. 대인관계에서 자기의 주장을 잘 피력하는 사람이 강의에도 참여를 잘 한다.

우리 유학생들에게도 외국에 나가기 전에 이런 유의 자기발표 또는 강의에 참여하는 훈련이 절실히 요청된다. 전혀 다른 문화환경에서 강의와 일상생활에서 의사 표시를 제대로 못하여 많은 심리적 갈등도 생기고 손해를 보기 때문이다.

7. 녹음강의 시대가 온다

미국에서 공부할 때 필자는 이따금 강의 중 교수 앞에 녹음기를 가져다 놓았는데 매번 매우 망설여졌다. 영어를 못해 저러는가 하는 오해를 일으킬 수 도 있고, 또 필자 혼자만이 그렇게 해야 하니 다른 학생들의 시선을 끌어 매우 불편했다. 그러나 이것도 이용자가 많아진다면 어색할 것은 없고, 오히려 장려되어야 할 것이다.

요즘 외국의 대학에는 직장을 갖고 [part-time/비전업제]로 공부하는 학생들이 많다. 이런 학업 분위기와 외국 대학에서 학생들 간 남의 노트를 빌리는 일은 흔하지 않으므로 강의 녹음의 필요성이 생긴다. 녹음을 의식하는 교수의 입장에서는 조금 불편을 느낄 수도 있다. 어떤 교수는 강의는 일시적 내용이라면서 테이프에 영원히 보존되는 것을 꺼린다. 강의의 내용은 강의를 위한 것이므로 외부에 유출되어서는 안 된다고 생각하는 교수도 있다.

그러나 유학생이 테이프를 사용하고자 한다면 대부분의 경우 가능하다. 그 경우도 사전에 양해를 구하는 것이 좋다. 교수들은 외국 유학생들이 겪는 언어의 장벽을 이해하는 편이다.

테크놀로지의 발전은 이 분야에도 큰 변혁을 가져올 전망이다. [코스캐스팅/coursecasting 또는 podcasting]의 출현이 그것이다. 모든 강의 내용이 인터넷에 저장되고 학생들은 수시로 다운로드 받아 음악처럼 디지털 오디오인 MP3플레이어로 들을 수 있다. 교수들은 마이크로폰을 목에 걸고 강의만 하면 된다. 또 한 학기 전체 강의를 플레이어에 미리 저장, 제작해서 판다면 학생들은 이것을 사 들고 다닐 수 가 있다. 미국과 호주 등 여러 대학에서 시범적으로 쓰이고 있으니 한국과 모든 나라 대학사회에 실용될 때가 멀지 않아 보인다.

코스캐스팅의 혜택은 물론 강의에 제때 올 수 없는 학생, 외국어가 완전할 수 없는 유학생에게 크다. 그리고 사용자들은 강의를 편리한 시간에, 심지어 다른 일을 일하면서, 또 자기가 원하는 페이스로 반복하여 들을 수 있는 이점이 있다. 코스캐스팅의 실용화는 원거리 교육의 획기적인 확대를 가져올 수 있는 반면, 대학 교실의 공동화(텅 빈 교실) 등의 문제를 새롭게 야기 시킬 수 있다.

8. 발표와 토론 참여

교수는 학생이 강의에 참여케 하는 방법으로 학생으로 하여금 준비한 과제물을 토대로 발표하게 한다. 세미나는 학술 발표의 전형이지만 대학 학부에서는 대학원에서 만큼 빈번할 수 없다. 조정자로서의 교수의 역할은 발표와 토론 때 더 중요해진다. 반면 유학생들에게는 큰 부담이다. 이들의 외국어가 신통치 않기 때문에 다른 학생들이 알아듣지 못할 가능성이 크다. 이런 때 발표할 내용의 요약이나 전문을 복사하여 학생들에게 사전에 나눠주는 성의를 보인다면, 교수와 다른 학생들은 모두 고마워 할 것이다.

외국에서는 텔레비전 아나운서가 방송 중에 실수하더라도 미안하다고 한 다음 태연하게 계속 진행한다. 유학생이 외국어로 발표하면서 발음이 나쁘거나 서툰 것은 당연한 일이다. 틀려도 웃어넘기는 여유가 필요하다. 그런 뱃장으로 참여를 해야지, 영어를 의식해서 입을 꼭 다물게 되면 학기 내내 그렇게 지내게 된다.

9. 책을 맛있게 먹는 법

영미와 아시아 사이 공부방법의 차이는 당연히 학생들의 [독서 분량/reading workload], [독서 방법 및 기술/reading skills]의 차이로 나타난다. 영미식 공부가 지식의 전달과 전수가 아니라 응용, 개발, 탐구를 위주로 한다면 학생은 먼저 많은 책을 읽어야 한다. 그럼으로써 학문의 지평선을 넓힐 수 있어야 하기 때문이다.

교수들은 강의 초에 논문 과제를 내주면서 읽을 긴 도서 목록도 함께 주는 것이 보통이다. 여러 조사에 따르면 한국 대학생들의 전공 서적 독서량은 영미 대학생들에 비하여 많이 떨어진다.

매번 몇 십 권에 이르는 외국어 책을 어떻게 소화할 것인가? 이것은 유학생들이 겪는 엄청난 부담이다. 부래들리의 조사(Bradley D, *Problems of Asian Students in Australia -Language, Culture, Education* 1984)에서도 영어를 사용하는 국가에서 공부하는 아시아 유학생들에게 독서가 심각한 문제로 지적되었다.

독서는 언어만의 문제가 아니다. 커뮤니케이션학에는 [지식습득의 격차라는 가설/knowledge gap hypothesis]이라는 게 있다. 많은 지식을 축적한 사람은 그렇지 않은 사람보다 새로운 지식을 더 빠르게 습득하게 된다. 머릿속에 이미 지식이 있는 사람은 새롭고 어려운 지식을 쉽게 흡수 하나, 그렇지 못한 사람은 못한다. 그래서 지식의 불균형이 생긴다. 여기에 문화적 차이도 크게 작용한다. 아시아 학생들이 전문서적을 읽을 때는 대개 글자에 얽매인다는 것이 영미 교수들의 관찰이다.

이 또한 앞서 말한 공부방법과 관계가 있다. 재생산식 방식에서는 될 수록 많은 내용을 훑는 독서법이 필요하다. 한국에서 한때 [속독법/speed reading]이라고 해서 책을 빨리 읽는 방법이 권장된 적이 있다. 그러나 속독법은 눈으로 글을 빨리 처리하는 요령이지 내용을 빨리 많이 흡수하고 처리하는 두뇌 연습은 아니다. 빠른 독서보다 효과적인 독서가 중요하다.

더욱이 외국어로 된 책을 무조건 빨리 읽었을 때 효과적일지는 의문이다. 외국어 원서를 읽는 한국 학생들은 속도가 아니라 오히려 읽는 시간을 늘려 보충해야 할 형편이다. 문제는 어떤 독서를 하려는가이다. 이에 따라 독서방법도 조금씩은 달라질 수밖에 없다. 외국에서는 학생들에게 공부방법을 안내하는 인쇄물을 마련해놓는 대학이 많은데 아래 독서의 목적과 독서방법에 대한 일곱 가지는 거기서 발췌한 것이다. 좋은 참고가 될 것이다.

① 내용(지식과 정보)을 충분히 이해하고 흡수 [reading to master information and content]하기 위한 것으로, 이때는 천천히 조심스럽게, 그리고 반복해서 읽어야 한다. 정독(精讀)이다.

② 책의 전체적인 윤곽을 파악하기 위한 독서, 즉 [탐색적 목적을 위한 독서/exploratory reading]다. 원하는 정보가 있는가를 우선 빨리 [훑어 보기 위해 읽는/scanning] 것도 여기에 속한다. 이 때 독서방법은 빨리 대강을 훑어 나가는 방식이다.

③ 이미 읽어서 아는 내용과 사항을 복습하기 위한 독서인데 정독할 필요가 없고 확인만 하면서 빨리 읽어 나가면 된다. 시험 준비를 할 때나 이미 읽었던 내용을 재차 확인할 때 쓰는 독서 방식이다.

④ 특정 정보를 좇아 선택적으로 하는 독서이다. 관계가 있는 부분과 내용만을 [훑어서 읽는 것/skimming]이 여기에 해당된다. 가령 어떤 에세이를 쓰기 위해 15권의 책을 읽어야 한다면 어떻게 해야 할까. 무작정 읽는 것이 아니라 쓰고자 하는 에세이 계획에 따라 거기에 이용될 수 있거나 또는 [관련성/relevancy] 있는 부분을 찾아서 중점적으로 읽어 나가야 할 것이다.

독서의 목적에 맞게 관련된 이론과 아이디어를 빨리 추출하는 방법이다. 체로 거르듯 중요한 알맹이만을 읽어 나가는 것이다. 능동적인 독서법이라고 할 수 있다.

⑤ 서평을 위한 독서다. 당연히 정독이 되어야 한다.

⑥ 취미를 위한 독서다. 소설을 읽는 것이 그런 예이다. 차를 기다리면서 또는 잠자리에서 잡지를 읽는다면 마찬가지다. 영어로 [reading for pleasure/재미로 읽다]라고 한다면 그것이다.

⑦ 교정, 수정 등을 위해 읽는 것.

학교에서 내준 논문과제에 필요한 독서는 ①, ②, ④가 될 것인데, 이 때 어떤 독서방법을 어떻게 활용할지는 당연히 어떤 에세이를 어떻게 쓸 것인가에 따라 달라질 것이다. 이미 말한 대로 많은 영미 대학들은 공부방법 안내의 일부로써 독서방법을 논하는 소책자나 브로슈어를 강의 교재와는 별도로 준비해 놓고 있다. 한국에서도 이 방면의 안내서가 많이 나오고 있으므로, 유학을 생각하는 학생들은 떠나기 전에 읽고 원서(原書)에 대한 독서 훈련을 해 둔다면 가서 공부가 훨씬 수월할 것이다.

독서를 위해서는 도서관을 잘 이용할 수 있어야 한다. 학위논문, 에세이 등 과제는 도서관의 책을 주로 읽어야 하는 것과 밖에 나가 자료 수집을 주로 해야 하는 것이 있다. 전자를 [도서관 중심 조사.연구/library research], 후자를 [현장 중심 조사·연구/field research]라고 부른다.

어느 경우에나 유학생은 먼저 공부하게 된 대학의 [library skills/도서관 이용법]에 빨리 익숙해져야 한다. 이것도 공부방법에 적응하는 한 가지이다. 대체로 영미의 큰 대학의 도서관들은 한국의 대학 도서관보다 자료와 시스템 면에서 앞서 있다. 도서관 이용이 전자화 되면서 앞으로 더 그럴 것이다.

영미 대학의 도서관에 가 보면 학생들이 자료를 찾느라 정신이 없다. 특히 같은 에세이를 숙제로 받은 학생들이 똑같은 자료를 복사하느라 분주한 모습을 늘 볼 수 있다. 영미사회에서는 취업을 위한 공개시험이 별로 없으므로, 취업시험을 준비하느라 도서관을 드나드는 학생은 드물다.

　같은 숙제를 받은 많은 학생들이 같은 책과 자료를 한꺼번에 찾는 경우를 대비해서 [특별 자료 대여/Special Reserve] 지역을 만들어서, 그 책과 자료는 짧은 시간 동안(예컨대 당일 하루)만 대출하고 그 지역에서만 읽게 하는 제도도 있다.

10. 교수와 면담, 이렇게……

　학생이 강의나 연구와 관련해서 교수를 면담하는 제도는 한국에서도 점점 일반화되고 있다. 그러나 아직은 사제지간의 관계가 비교적 동등한 영미 대학에서 더 보편화되고 활발하다고 생각된다. 그러나 유학생들은 그런 혜택을 누리기가 힘들다. 현지 학생들은 강의가 끝나면 얼른 교수를 둘러싸고 얘기를 시작한다. 이 때 언어에 불편을 느끼는 유학생은 그렇게 하기가 힘들다. 예의 바른 영미 대학생들이지만 공부에 관한 한 매우 이기주의적임을 알게 된다. 다른 사람은 아랑곳없다.

　교수와 시간약속을 하는 것도 그렇다. 교수들은 이미 시간약속을 한 학생들 때문에 늘 바쁘고, 먼저 면담에 들어간 학생은 뒷사람이야 어떻게 되든 자리를 떠나지 않는 경우가 허다하다. 이럴 때는 가만히 기다리고 있지만 말고 자기가 와 있음을 알리는 적극성을 보일 필요가 있다. 수줍어하고 교수를 어려워하는 한국 학생들은 손해를 보게 되어 있다.

　서로 만나지 않고도 의사소통을 쉽게 할 수 있는 이메일이 출현한 요즘은 교수와의 면담약속이 쉽고, 실제로 면담하지 않고도 메일로 같은 결과를 가져올 수 있다. 그러나 그것도 교수가 바로바로 회답을 해 줄 만큼 부지런하고 성의가 있어야 가능한 일이다. 유학생, 교수, 유학을 보내는 나라, 유학을 받는 대학이 토의 주제로 삼을 만한 사항들이다.

11. 외국대학에서의 사제 관계

[아래는 시드니의 매콰리대학교 경제학과 남대훈 교수가 이 장을 위하여 기고해준 글이다. 시드니대학교 박사인 남 교수는 현직에 몸담고 있으면서 유학생 문제에 대해 남다른 관심을 갖고 있다. 성공적인 유학을 위해 아시아학생이 영미 대학에 와서 먼저 바꿔야 할 태도와 사제관계에 대해 매우 의미심장한 말을 하고 있다].

언어와 문화가 다른 곳에서 태어나고 자란 학생들을 가르치는 데는 물론 여러 가지 문제가 있겠지만, 특히 필자처럼 유교문화권에서 기본 교육을 받은 사람이 이곳 학생들을 지도할 때는 문화적 갈등을 겪게 된다. 군사부일체(君師父一體)는 아니라고 해도 인간적인 정감마저도 느끼지 못한 상태에서 가르치고 배운다는 것이 무미건조하고 허무하게 느껴지는 때가 있는 것이다.

그러나 다른 한편으로 생각해보면, 정감이란 무엇인가? 교육자의 공정한 평가를 흐릴 수도 있는 사사로운 감정은 아닌가? 적당한 실력보다는 사제지간의 인간관계에 따라 학력을 평가받고 장래를 보장 받는 부조리의 이면에는 정(情)이 있다는 사실도 부정할 수만은 없지 않을까?

동양의 교육(敎育)이나 서양의 [education]은 모두 지식을 전수하고 바람직한 품성을 기를 수 있도록 도움을 준다는 의미에서 다르지 않다. 그러나 그 구체적인 목적과 방법을 살펴보면 서로 많이 다르다는 것을 발견하게 된다. 교육의 구체적인 목적이 다르다는 것은 물론 문화와 그에 따른 가치관이 서로 판이하다는 사실에 기인한다. 어떤 품성이 바람직하고 무엇이 사회에 필요한 지식인가 하는 것이 그 사회의 여건과 가치관에 따라 결정된다는 뜻이다.

그러나 이러한 목적의 차이는 중등교육까지는 뚜렷하다고 할 수 있으나 대학교육에 이르면 사실상 유야무야하게 된다. 학생들이 선택할 수 있는 전공분야만이 조금씩 다를 뿐, 그들의 품성을 변화시킬 교육의 단계는 이미 지났기 때문이다. 따라서 이 목적의 차이는 외국 대학에서 강의하는 이들이 겪는 어려움과는 무관하다고 하겠다.

결과적으로, 글머리에 던진 화두(話頭)는 동서양의 교육방법의 차이를 고려해야 그 실마리를 찾을 수 있을 것 같다. 동양과 서양의 교육방법의 차이는 스승과 제자가 서로를 어떻게 인식하는가의 차이에서 비롯되는 것 같다. 동양에서는 일단 가르침을 받는 자는 스승으로부터 전문지식뿐만 아니라 그 인격도 전수받아야 하는 '아랫사람'으로 인식되는 반면, 서양에서는 동등한 인격체로서 상호계약에 따라 교육이라는 서비스를 받는 '소비자'로 인식된다. 그래서 동양에서는 인격을 바탕으로 한 규범교육이 중시되는 반면, 서양에서는 학생들이 필요로 하는 지식을 얼마나 효율적으로 전수하는가 하는 교수의 기능성이 강조된다.

스승이 훌륭한 본보기가 되었을 때, 가르침이 가장 효율적으로 이루어질 수 있다고 믿는 동양사회에서는 자연히 스승과 제자 사이에 상하관계가 형성되고 가르침이 곧 은혜로 인식된다. 그리고 그것은 곧 스승에 대한 존경심으로 이어진다. 그러나 동등한 인격체들간의 계약에 의한 서비스 정도로 교육을 인식하는 서양사회에서는 학생들에게 교수의 인격까지 존경할 마음이 생길 것을 기대하는 것은 마른 밭에서 벼가 나기를 기다리는 것 같다고 하겠다. 물론 가르치는 사람의 입장에서는, 단순한 실력뿐만 아니라 인격적으로 학생들의 존경을 받는다면 흐뭇한 일일 것이다.

그러나 객관적으로 볼 때, 스승의 모범에 가르침을 크게 의존하는 방법만이 좋다고 할 수 있을까? 잠시 언급했었지만, 두 가지 방법이 모두 장단점이 있어서 어느 한 가지가 절대적으로 좋다거나 나쁘다고 단정할 수는 없는 일이다.

스승의 인격이 교육의 바탕이 된다는 우리들 방식의 단점은 무엇일까? 그것은 스승도 인간인 이상 완전할 수는 없다는 진리를 무시한다는 것이다. 배우는 이들의 복지를 가르치는 사람의 개인적 판단과 인격에 일임할 뿐, 그것을 제도적으로 견제하는 수단이 거의 없다. 이럴 경우 어떤 문제가 발생하는가는 우리의 정치제도를 생각해 보면 금방 알 수 있다.

영미 대학의 동양인 교수

절대 권력은 절대 부패한다고 하지 않던가. 힘이 있는 곳에는 항상 그 힘의 덕을 보고자 하는 이들의 유혹이 따르기 마련이고, 힘을 가진 자는 그 집요한 유혹을 뿌리치기가 어려운 것이다. 뿐만 아니라 가지면 과시하고 싶은 것이 힘이다. 과시욕이 상대방의 외양을 중시하게 되고, 그로부터 받는 느낌이 감정으로 이어져 객관적인 판단을 어렵게 한다. 그러한 사고가 아직도 한국사회에서 거침없이 통용되고 있음은, 사법적 판결에도 소위 '괘씸죄'라는 것이 공공연히 적용되는 것을 보면 알 수 있다. 생각할수록 불합리한일이다.

이와는 반대로, 서양제도의 단점은 인간이라면 필연적인 감정을 무시하고 제도와 역할만을 강조함으로써 무미건조하고 고독한 사회를 만드는 것이다. 그들은 사회의 모든 문제를 제도와 법률로 해결할 수 있다고 착각하고 있다. 한두 사람이 못된 짓을 하면, 사회 전체 구성원들을 법률로 얽어 놓는다. 이런 까닭으로 스승과 제자는 물론 가족간의 관계에도 냉랭한 법망이 드리워져 있다.

선생과 부모조차 경계하고 조심해야 할 대상이 된다면, 아이들은 누구로부터 무엇을 배워야 한다는 말인가. 물론 제자를 희롱하는 선생이나 자식을 학대하는 부모가 없다는 것은 아니다. 그러나 대다수 선생과 부모는 선량하지만 어쩌다 나쁜 경우가 있다고 교육하지 않고, 어느 선생이나 부모라도 상황에 따라 괴수로 변할 가능성이 있는 경계의 대상이라고 가르치는 데 이들의 잘못이 있는 것이다.

서양 학생들을 가르치는 동양인 선생들을 괴롭히는 것은 이런 두 사회의 현격한 차이만이 아니다. 가끔 동양인 교수들이 본국으로 돌아가는 것을 본다. 물론 개인에 따라 차이가 있겠지만, 학생들로부터 예우 받지 못하는 섭섭함이 큰 작용을 하는 것 같다.

그러나 사실을 객관적으로 보면, 이러한 섭섭함도 자기중심적인 사고에서 비롯된 것임을 알 수 있다. 공정한 대우를 받아야 하는 학생들의 입장과 힘과 과시욕이 야기하는 부조리를 놓고 보면 학자적 양심으로 섭섭하다고만 할 수 없을 것이다. 이들이 흔히 다시 되돌아오는 이유도, 이곳에서는 미처 보지 못했던 불합리함을 그들의 고국에서 뒤늦게 발견한 때문이라고 생각된다.

서양의 대학에 몸담고 있는 동양인 교수들은 동서의 장점들을 잘 결합함으로써 이곳 출신 교수들보다 더 만족스러운 사제관계를 유지 할 수 있을 것이다. 그 비결은 서양제도의 공평성을 철저히 유지하면서도 그에 어긋나지 않는 한도 안에서 학생들을 엄하게 꾸짖고 자상하고 성심껏 돌보는 것이다.

학생들이 교육의 소비자로서 바라는 것 이상의 서비스를 제공받았다고 생각할 때, 스승에 대한 존경심이 자연스럽게 우러나온다. 사회의 전통적인 관행에 의한 형식적 예우보다는 학생들 마음에서 우러나오는 존경을 느낄 때 보람이 더 큰 것은 물론이다. 거기에 인간적인 따스함이 부담 없이 전해진다면 더 바랄 것이 없지 않겠는가. 이러한 것은 배우는 과정에 있는 유학생에게도 마찬가지로 적용된다. 어떤 사회에서 태어나고 자랐든 인간은 누구나 따뜻한 피가 흐르는 존재다. 내 마음이 먼저 열리고 따뜻해질 때, 저들의 마음도 차갑고 이질적인 싸개를 비집고 포근한 모습을 드러낸다.

12. 한산한 영미의 캠퍼스 주변

대학교육과 관련, 한국은 입학이 어렵고, 영미국가는 졸업이 어렵다는 사실은 잘 알려져 있다. 한국에서는 대학 진학 준비에는 혼신의 힘을 기울이나 일단 들어가면 맘을 놓아버린다. 졸업은 웬만하면 하기 때문이다. 영미국가에서는 반대다. 미국의 경우 일부 대학의 입학은 거의 자동일 만큼 쉽다. 그러나 졸업은 다르다.

한 조사에 따르면 미국 대학생 40%가 1주일에 강의시간 포함 35시간 이상, 80%가 30시간 이상 공부한다. 미국에서 중위권 대학 학생의 제때 졸업율은 평균 50-60%이라고 한다. 그만큼 학점 따기가 쉽지 않고 과목낙제가 흔하기 때문이란다.

미국에서 졸업율은 명문 대학과 비례하는 것으로 나타난다. 그럴만한 이유가 많다. 첫째로 높은 경쟁률을 뚫고 비싼 학비를 각오하고 들어간 학생들은 공부에 대한 동기부여가 그만큼 강하고, 둘째로 그런 학생의 가정은 경제적으로 안정되어있어 지원을 아끼지 않는다.

영국, 호주에서 지금은 등록금이 무상이 아니고, 졸업 후 일정액 이상의 소득이 생길 때 갚는 정부 융자제도로 바뀌었다. 이와 같은 학점 따기의 어려움에 비하여 학비 부담은 크지 않으므로 본전 아까워 학교에 매달리는 학생은 드문 것 같다. 쉽게 중도 탈락을 결정하거나, 나중에 돌아와 졸업하는 학생이 많은 이유다.

영미 대학생들은 한국 대학생들보다도 분명 자유분방한 생활을 즐긴다. 남의 눈치를 보지 않고 자신들이 원하는 방식으로 생활을 영유한다는 점에서 그렇다. 그러나 대학생활 동안 동료 학생간의 교류와 친목, 그리고 놀이문화에 보내는 시간과 스타일을 비교한다면 우리 쪽이 더 자유분방하다고 볼 수도 있다.

영미 대학에서는 한국에서처럼 학생들끼리 미팅이니 동아리 활동이니 하면서 밤새 술 마시거나 노래 부르며 밀착되어 몰려다니는 일이 적다. 얼마 전 필자는 서울을 다녀왔다. 시내 어느 지역에 가보니 해가 지면 그곳에 꽉 찬 음식점에서 밤늦게까지 5-10명 구룹별로 모여 먹고 마시며 노는 대단히 많은 대학생들을 거의 매일 보았다.

알고 보니 거기가 모 대학의 후문이 있는 곳이다. 필자가 대학을 다닐 때 공부 안하는 대학생을 일컫는 '먹고 대학생'이라는 말이 있었다.

지금도 그런 대학생들이 많은 것 같다. 미국, 영국, 호주 큰 대학 근처에 가면 캠퍼스 안에 몇 개 간이음식점과 생필품을 파는 가게들이 있을 뿐 한국에서처럼 정문과 후문 가까이에 번화한 상가와 술집 뒷골목이 형성되어 있지 않다. 오히려 다른 데 보다 한산하다.

한 가지 예외라면 옥스퍼드대학의 수십 개 칼리지들로 된 옥스퍼드 시(市)와 같은 곳이 아닌가 한다. 호주에서 공부해 본 한 한국 학생은 외국과 한국의 대학생활간의 큰 차이를 말하면서 "여기에서는 한국의 대학생활에서 맛볼 수 있는 낭만이 없다"고 말했다. 그가 말하는 대학의 낭만이란 MT, 대학 축제, 신입생 음주 환영회, 합숙훈련, 졸업여행, 갖가지 캠프, 농활, 사은회, 학생 데모 같은 것이었다.

한 캐나다 교포는 "이곳의 대학 생활은 우리의 기준으로 볼 때 좀 삭막하다. 낭망과는 거리가 멀다"고 말한다. 영미 학생들은 그런 것을 학창시절의 귀한 추억으로 여기는 것 같지 않다. 누가 뭐라고 하든 대학은 학문을 하는 곳이다. 대학이 운동선수나 인기 연예인의 배출로 이름 나지 않는다. 이런 대학생들의 행사와 과외활동은 나름대로 의미가 있으나 자칫 학업에 대한 열의와 집중을 어렵게 만든다. 한국에서처럼 대학생 한총련연합과 같은 정치활동 단체가 없고, 선후배간 군기 잡기와 같은 전통은 더군다나 없다.

'나는 가난해'

서방의 젊은이들에게 스포츠는 일반화되어 있다. 지역마다 고르게 있는 운동장과 그곳을 중심으로 조직된 클럽에 가입함으로써 운동을 생활

화한다. 그게 주된 동아리 활동이다. [짐/gymnasium]에 가서 개인적으로 운동을 즐기는 학생도 많다. 예외가 없지 않으나 대학에서의 운동은 모든 학생들이 즐기는 일상생활이지 대학의 홍보수단이 아니다. 우리처럼 대학 간의 친선 경기를 위해 선수들을 특채하고,

사람이 밀집되어 있지 않은 지역에서 살게 되는 영미 대학생들의 과외 취미 활동은 클럽에 가입하여 하는 각종 스포츠다. 사진은 서핑클럽 훈련 장면 (필자 촬영)

그들이 대학의 스타 노릇을 하고 일반 학생들은 수업을 제치고 경기 응원에 동원되는 그런 불합리성은 없다. 일부 미국의 중서부 대학과 경기연맹 회원 대학들간 럭비 등 경기가 요란하지만 관심 있는 학생들만의 잔치다.

영미 대학생들은 집단으로 식당, 다방, 카페, 나이트클럽, 극장, 노래방 등을 이른바 1차, 2차 3차로 몰려다니는 일이 드물다. 밤만 되면 매우 조용한 대학 주변의 분위기가 그것을 말해 준다. 미국, 호주, 캐나다, 영국, 뉴질랜드의 중소도시는 말할 것 없고 뉴욕 같은 대도시의 대학가에도 유흥가가 없다. 물론 동숭동 같은 만남의 장소도 없다.

왜 이들은 우리와 다른가? 다음 몇 가지를 생각할 수 있다. 첫째는 학교가 요구하는 과제를 해내자니 놀 시간이 없다. 여학생들도 멋을 내지 않는다. 한 미국 교포 부모의 말대로 "공부에 시달리니 자신들의 외모에 신경을 쓸 겨를이 없다." 대학에 진학하면서 대부분 교포 학생들의 피아노 레슨, 교회 출석이나 그 밖에 일반 사회활동이 현저히 줄어드는 까닭도 그것이다. 말하기 조심스런 이야기지만 한인교회에 나가

너무 많은 시간을 보내는 1.5세 교포 학생들 가운데 학업에 실패하는 일이 많다.

둘째로 영미인의 개인주의를 들 수 있다. 여기 사람들은 우리가 보기에 외롭다고 할 만큼 각자 따로 논다 (단채주의와 개인주의, 338-339쪽 참조). 셋째, 한국의 인구 밀도다. 도시는 물론, 어디로 가든 사람들이 교류하는 빈도가 높으며, 그런 이유로 어디를 가든 유흥시설이나 편의시설이 번성한다.

넷째로 영미 대학생들은 용돈을 자기가 벌어 쓰는 경우가 보통인데, 이런 학생들은 잘 놀러 다닐 시간과 돈이 없다. 학생들은 자신들이 인색한 것을 수치로 안 여긴다. 한국에서 흔한 졸업기념 여행 등 상당한 돈을 내고 하는 단체 행사나 활동에 참여하라고하면 "나는 돈이 없어 못 한다"고 말하기 일쑤다. 학생들은 [나는 가난해요/I am so poor…]와 같은 말을 서슴지 않는다.

졸업식도 초라하다. 대학 졸업식장이 우리처럼 꽃다발을 든 사람들로 인산인해를 이뤄 상업화되는 장면을 볼 수 없다. 전혀 없는 것은 아닌데, 이민자 가족 가운데 더 많은 것 같다. 대부분 공립 고등학교에서는 졸업식이 없거나 있으나마나한 실정이다. 명문 사립학교는 다르다. 학교마다 전통을 내세우며 색 다른 행사들을 벌인다. 하지만 우리처럼 학생들이 교수를 레스토랑으로 모셔가 저녁 대접을 하는 그런 문화는 없다. 물론 사은회도 없다.

제6장 해외유학 공부-
박사 따기 그렇게 어려운가?

1. 석사와 박사

 이 장은 앞의 공부방법에 포함시켜도 된다. 따로 쓰기로한 것은 길이와 중요성을 고려해서다. 한 분야의 최고 학자나 전문인이 되고자 하는 유학생의 궁극적 목표는 박사학위이다. 그리고 쉽게 도전 못하는 목표가 바로 이것이다. 대개 비용, 시간, 노력 면에서 비싼 대가를 치러야 하고, 그렇게 하고도 실패할 확률이 크다. 알려지지 않을 뿐 그런 사례가 많다.

 그 실패는 실력이 안 돼 그렇게 된 것도 아니다. 많은 경우 박사과정이 어떤 것인지, 최종 작품으로서 어떤 논문을 쓰면 되는가에 대한 사전 지식이 없어 그렇게 된다. 한국의 교육 상황에서 학사, 석사를 잘 마쳤어도 해외 박사과정의 상황에 어두워 초기 우왕좌왕하는 것이 보통이다.

박사 유학이라면 한국에 아이비리그를 꿈꾸게 하는 환상적인 책은 많으나 어떻게 하면 이 과정을 잘 마칠 수 있는가를 알려주는 유는 드물다. 여러 학교를 다니고 사회경험을 하고 난 후에 만학으로 박사과정을 시작한 필자도 막막했다.

여러 교수들을 찾아가보고 남의 논문을 많이 읽어 보고야 감이 잡혔다. 더욱 정치학과 언론학 분야에서 주로 [기술적/descriptive]인 방법으로만 공부를 해온 필자는, 실증적 및 계량적이지 않은 연구는 박사논문감이 안 되는 것 같은 편견을 가진 지도교수를 만나 처음 헷갈렸었다. 그때 이 교수와 계속 해야 하나 말아야 하나 큰 고민이었다.

선택이 없어 계속하기는 했으나 새로 통계학과 방법론 등을 혼자서 공부하느라 결과적으로 예정했던 것 보다 훨씬 길게 걸리고 고생을 했다. 서둘지 말고 기존의 지식과 가진 장점을 십분 살릴 수 있는 학과와 교수를 면밀히 조사. 검토한 후 선택을 하고 왔더라면 사정은 달라졌을 것이라는 생각을 지금도 한다.

하지만 그러는 과정에서 박사 공부란 이런 것이구나 하는 남다른 혜안을 갖게 됐다는 자위도 한다. 필자는 영미지역 여러 대학에서 박사 공부를 하는 유학생들 가운데 불필요하게 고생을 하든가, 심지어 오랜 고생 끝에 실패한 사람들의 이야기를 들으면서 뭔가 잘못됐구나 하는 안타까운 생각을 하게 될 때가 많았다. 그런 사람들을 위한 경험을 토대로 현실감 있게 안내하는 책이 드물다고 보는데, 이 장이 그런 역할을 일부만이라고 할 수 있기 바라며 좀 자세히 써보는 것이다.

제1장에서 소개한 세 가지 공부방식 가운데 박사학위 공부는 학교에서는 마지막이면서 가장 탐구적이고 창조적으로 할 수 있는 기회라 생

각한다. 그리고 이 단계의 공부와 연구방법을 잘 이해하고 해낼 수 있다면 그 이하 수준의 공부는 문제가 안 된다는 것이 필자의 생각이다.

어느 나라에서든 박사학위 과정은 후보 학생이 일정한 과제를 정하고 연구한 결과를 학위논문으로 정리하여 제출하고 그것이 통과됨으로써 끝난다. 그런 뜻에서 논문은 박사과정의 꽃이다. 박사과정의 일부로 학생들이 이수해야 할 강의실 강의도 결국 이 연구와 논문을 쓰기 위한 준비로 볼 수 있다. 논문은 대학 학부, 석사, 박사 어느 수준이든 쓰는 목적과 원칙은 같다고 봐야 한다. 다만 이에 요구되는 연구의 내용과 이 내용을 담는 논문의 규모 때문에 질적으로 수준이 더 높아야 할 뿐이다. 그런 만큼 이를 잘 해냈다면 다른 수준의 논문은 말할 것 없고 학자로서의 연구 능력을 제대로 갖췄음을 의미한다.

멜번 라트로브대학의 브라이언 크리텐던트 교수에 따르면, 박사논문과 석사논문의 심사기준은 원칙적으로는 다를 수 없으며, 다르다면 박사의 경우는 석사보다 그 수준이 더 높아야 하므로 당연히 심사기준이 더 까다롭게 적용된다는 점이다.

따라서 논문의 내용인 연구가 어떤 [가정/假定/hypothesis]을 증명하기 위한 것이라면, 여기에 적용되는 과학적 방법론이 더 엄격해야 할 것이다. 또 실증적이든 기술적이든 또 박사 논문감으로서의 연구 결과가 독창성과 해당 분야 기여의 면에서 더 높은 수준이 요구 될 것이다.

그러므로 박사 수준의 연구와 논문은 해당 분야에서의 일정한 수련과 든든한 기초지식 없이는 불가능하다. 대부분 나라에서 박사과정에 입학하려면 먼저 대학 학부와 석사과정을 좋은 성적으로 마쳐야 하는 게 보통이다. 나라와 대학과 학과에 에 따라서는 학부를 마친 후, 또는 석사

도중 곧바로 박사과정으로 진행하는 경우가 있기는 하나, 그 경우는 정말 탁월한 실적이 입증되어야한다 (가령 호주와 영국의 경우 우등학사/Honour's Degree/용어해설 382쪽 참조/그러나 유학생의 경우는 석사학위는 기본이고, 좋은 대학이라면 그에 더하여 또 다른 요구를 하는 경우가 많다. 영국에서는 석사과정에 유학생을 받기 전에 잠정 과정으로 pre-master's course를 밟게 하는 일이 흔한데 박사에게도 필요에 따라 그렇게 한다).

이런 과정과 실적을 거쳐 얻게 된 해당 분야의 넓은 전문지식이 박사과정의 바탕이 되는 것이다. 코스워크가 없는 영국, 호주, 뉴질랜드의 경우는 국가의 박사과정에 받아진 학생이라면 학부와 석사과정을 거치는 동안 이미 박사과정 연구를 독자적으로 수행할 만한 능력이 구비됐다고 간주하는 셈이다. 그렇더라도 박사과정은 역시 새로운 학교생활이며 학업과정이다. 한국의 교육환경에서 학부와 석사과정을 마쳤을 뿐 따로 해외에서의 연구 훈련 없이 국제 수준의 해외 대학 박사과정을 시작하는 한국 유학생들의 경우라면 더 말할 것 없다.

2. 왕도는 없으나 고생을 덜할 수는 있다

한 조사에 따르면 호주 대학에서 박사 과정 중 중도 포기 또는 탈락하는 비율은 30%이며 그 사유로 ① 불충분한 교수 지도, ② 박사과정에서 견뎌야 하는 오랜 고독한 생활, ③ 재정문제, ④ 가정문제 등이 꼽혔다. 필자는 이 가운데 지도교수의 역할이 가장 중요하다고 생각한다.

학문에 왕도가 없듯이 박사 공부에도 왕도가 없다. 그러나 박사가 될 충분한 실력을 가지고도 못할 수가 있다. 또 같은 실력과 자질을 갖고 있어도 어떤 사람은 비교적 수월하게 해내지만, 어떤 사람은 고생스럽게 오랜 시간을 보내는 것을 보면 누구를 만나 어떤 자문을 받고, 어떤 논문 토픽(연구 제목과 같은 말), 어떤 공부방법을 택하는가가 관건임을 알 수 있다.

지도교수는 학생이 이미 가지고 있는 지식과 경험을 바탕으로 어떤 연구를 어떤 방법으로 추진, 어떤 논문을 쓰면 효과적으로 끝낼 수 있는가에 대한 판단을 할 수 있어야 한다. 교수와 학생이 그 점을 빨리 확인하고, 학생이 연구에 온 정력을 쏟기 시작한다면 박사학위는 따 놓은 당상이다.

그렇게 되면 학생이 엉뚱한 연구로 들어서거나 논문을 쓰다가 좌절하는 일은 드물다. 그러므로 교수와 학생의 노력은 처음 여기 집중되어야 한다. 학생은 그런 과정을 거쳐 논문의 유형(뒤, 234-250쪽 참조), 논문제목의 선택과 그에 따른 자료수집, 분석 방법론 등에 대하여 지도교수와 빈번히 만나 상의하고 합의에 이르러야 한다.

이 단계에서 지도교수의 수준이 의심되거나 성의가 없어서 도움 받기가 힘들 것으로 느껴지면 학생은 머리를 써야 한다. 학생이 알아서 연구해야 한다는 입장을 취하는 지도교수는 위험하다.

성의가 부족할 때는 교수에 보채야 할 것이고, 아예 가망이 없다 싶으면 바꿀 생각을 해야 한다. 물론 이 때 선택이 가능해야 한다. 이 단계에서도 해당 분야에 나와 있는 다른 사람들의 논문을 많이 읽어 본다면 교수와의 대화를 더 유익하게 이끌 수 있을 것이다.

앞서 교수는 학생으로 하여금 어떤 연구와 논문을 써야 할 것인가에 대한 정확한 사전 감각을 갖게 하는 것이 매우 중요하다고 했다. 그런 의미에서 처음 교수의 말 한마디 한마디는 중요하다. 가령 박사논문은 엄청난 프로젝트이어야 한다는 등의 말로 오도한다면 학생은 현실적으로 해낼 수 없는 너무 거창한 쪽으로 발을 헛디뎌놓는 우(愚)를 범할 수 있다. 이는 뒤에서 논할 [다루기 가능한 범위와 분량/manageability]의 문제다.

사람의 감각은 매우 상대적이다. 남들이 뭐라고 하느냐에 따라 쉽게 바뀐다. 우리나라에 박사가 참으로 희귀하던 1950년대와 60년대만 해도 해외 박사를 따고 돌아오는 사람은 별천지에서 온 사람처럼 보였다. 그만큼 숫자도 적었고, 박사는 여간 머리 좋은 사람이 아니면 안 되는 것으로 알았다. 지금은 그게 아니다. 매년 국내외에서 박사가 몇 천 명씩 쏟아져 나와 박사 실업자를 주위에서 많이 보게 되면서 별거 아니라는 감각을 갖게 되는 것도 사실이다.

학문의 잣대로서 박사학위의 수준이나 가치는 예나 지금이나 같다. 수재만이 받는 것도 아니고, 그렇다고 해서 대학 졸업장처럼 누구나 웬만하면 받을 수 있는 것도 아니다. 과대평가와 과소평가 모두가 금물이다. 문제는 결심과 집념이 아닐까 한다. 박사 공부는 10%가 [머리/intelligence]이고 나머지 90%가 [지구력/persistence]이라고 갈파한 학자가 생각난다.

뒤에서 지도교수의 역할, 논문제목, 논문쓰기 등 여러 제목으로 나눠서 논해보겠는데 이때까지 든 사항들을 더 구체적으로 다뤄 볼 생각이다. 여기 박사방법론은 인문사회과학분야 위주임을 밝혀둔다.

3. 박사과정의 두 모델 - 북미식과 영국식

(가) 코스워크와 리서치

　영미대학 박사과정에는 전적으로 리서치 중심인 [영국식/영국, 호주, 뉴질랜드 등]과 리서치와 코스워크를 병합하는 [북미식/미국과 캐나다)의 두 가지가 있다. 양자간의 차이는 실질적으로 크다. 어느 쪽을 택하느냐에 따라 성패를 결정할 수 있는 차이다. 필자가 박사과정을 위하여 호주를 선택할 때만해도 그런 문제를 다룬 안내서나 책이 나와 있지 않아 영미권 박사 공부라면 모두 같은 줄로만 알았었다.
　학교교육하면 우리는 곧 교실에서 이루어지는 교육을 떠 올린다. 선생이 강의를 하면 학생은 듣고, 그것을 토대로 학기 중과 말에 평가하는 교육과정이다. 이것을 영어로 [코스워크/coursework]라고 한다. 다른 교육방법은 강의실 강의를 떠나 학생 스스로가 연구를 추진하고 그 결과를 논문이나 다른 형식으로 발표하고 평가 받는 것이다. 이것을 [리서치/research], 그런 교과과정을 [리서치과정/research program]이라고 부른다.
　대학 학부교육은 어느 나라에서나 코스워크 과정 위주이다. 영미 대학 학부에서는 과정 중 논문과제를 많이 내주지만, 이때도 코스워크의 일부일 따름이다. 석·박사과정은 어느 나라에서나 리서치에 비중이 더가 있다고 할 수 있다. 그 과정은 학부에 비하여 더 학생 중심의 탐구적 연구에 있기 때문이다. 이 경우에도 순전히 리서치 중심과 리서치와 코스워크의 병합식이 있는 것이다.
　미국이나 캐나다의 경우, 박사과정에 들어간 [박사 후보생/PhD candidate]

은 먼저 학부에서처럼 일정한 과목을 이수해야 한다. 그러는 도중 또는 학기 전부를 마친 후 [종합시험/qualifying, preliminary, comprehensive exam 등으로 불림]을 치르고 이에 합격을 한 다음에야 논문을 쓸 자격이 주어진다. 영국, 호주, 뉴질랜드 식은 과목의 이수가 원칙적으로 없고 연구와 그에 따른 논문 한 편을 써서 채택되면 학위를 받는 것이다.

  한국 학생들은 북미식 제도에 더 익숙하다. 한국은 미국의 대학원제도를 거의 그대로 따르고 있기 때문이다. 한국의 박사과정은 미국 박사과정과 똑같다고 보면 된다. 미국 박사과정 학생들은 석사과정에서처럼 강의실 강의를 받고 매 학기 학점을 받는 과정을 거친 다음 시험을 치러 합격해야 논문을 쓰게 되는 것이다. 영국식을 따르는 국가 석사에는 강의와 논문을 병합하는 코스, 강의나 리서치 하나만으로는 마치는 코스가 있다. 영국에서는 리서치만으로 받는 석사학위를 [Research Master], 강의만 받아 하는 학위를 [Taught Master/강의를 받아 하는 석사란 뜻]라고 부르기도 하는데 이때는 구분이 명백하다.

  그런 식으로 표현하면 호주, 영국, 뉴질랜드의 박사는 [Research PhD]이다. 일단 입학이 허가되면 학점 따는 일은 걱정 안 해도 된다. 그리고 [한 연구과제/single research project]를 놓고 연구와 논문쓰기를 곧바로 시작 할 수 있다. 물론 실제로는 그렇게 되는 사례는 드물다. 석사과정의 연장으로 이미 써 오던 논문을 다시 만지거나 들어오기 전에 확실하게 준비해 놓은 경우가 아니면 어떤 연구, 어떤 논문을 쓸까에 대하여 마음이 굳혀질 때까지 상당한 기간이 걸린다.

  그리고 지도교수는 과정 1년차에 학점과 관계없이 학부나 대학원과정에 가서 관련 과목이나 연구의 기초가 되는 방법론 등의 강의를 들도록 권하는 경우가 많다. 유학생들에게는 더 그렇다. 같은 과 학생이 여러 명이라면 세미나를 열어 참석케 하기도 한다. 캠브리지 대학에서 [유럽통합/European integration]으로 학위를 최근 끝낸 안광억 박사에 따르면 그 학과에서는 학생들이 논문의 일부를 미리 돌리고 정기적으로 만나 발표와 토론을 하는 게 정례화되어 있다.

그러나 학점을 취득하지 않아도 된다는 점은 큰 차이다. 이것은 호주, 영국, 뉴질랜드에서 박사과정을 이수하고자 하는 유학생들이 착안해야 할 점이다. 만약 좋은 연구제목이 정해져 있고 자료와 분석방법에 대해 사전 준비가 되어 있다면 이들 나라 박사과정 최소 기간인 2-3년에 끝낼 수 있거나, 적어도 상당한 기간을 절약할 수 있다.

북미식에서는 학업의 양이 코스워크와 리서치로 양분되므로, 아무래도 요구되는 논문의 질과 양 모두 그만큼 경감된다고 봐야 한다. 북미식에서는 논문의 첫 장에 [소정과정의 일부로서 논문을 제출한다/A thesis submitted in partial fulfillment of the requirement for the degree of doctor of philosophy]라는 말을 넣듯 논문은 전체 과정의 일부이다. 이에 반하여 영국식은 모든 것이 논문 하나로 압축되는 만큼 그 논문에 대한 기대도 그에 비례하여 커진다. 실제 미국의 박사학위 논문의 분량은 호주, 영국식의 2/3 또는 1/2 정도로 짧은 것이 보통이다. 영국과 호주 박사논문은 영어 단어로 대개 80,000-100,000자(더블 스페이스를 써서 약 500페이지) 정도의 길이이다. 호주에서는 학칙으로 50,000-100,000자 범위로 정해 놓는 대학도 있다. 그 이상의 논문은 심사하기도 불편하고, 연구자는 연구결과를 일정한 길이 안에서 보고할 수 있어야 한다는 관례 때문이다. 미국의 박사논문 가운데는 170여 페이지 정도의 것도 많다.

일반적으로 논문의 분량이 많다는 것은 이에 맞게 질도 높아야 함을 의미하므로 큰 부담이다. 아는 지식을 나열하느라 길어지는 논문은 박사학위감으로는 함량 미달이다. 석사과정, 박사과정을 막론하고 학생들이 예정한 날짜에 마치지 못하는 이유가 대개 논문때문이라고 볼 때, 이 문제의 중요성은 자명해진다.

두 제도 간에 또 다른 점은 논문심사제도이다. 북미와 한국의 박사논문 심사는 대개 교내 사항이다. 예외가 있지만, 지도교수를 포함한 대학원논문심사위원회가 결정한다. 영국제도에서도 최종적인 결정은 학위심사위원회가 하되 심사위원 (대개 3인)은 모두 본교가 아닌 외부 대학 (1명 정도는 같은 대학교 내의 다른 단과대학의 교수로 하는 수가 있다)이나 연구기관의 학자에게 위촉하게 되어 있다. 지도교수는 빠진다. 논문심사의 공정을 기하기 위한 것으로 영국 모델이 절대 만만치 않은 또 다른 이유다.

(나) 여러 번 칠하는 페인트

북미식의 장점 하나는 연구 경험이 적은 후보생이 초기 길을 잘 못 들어서 헤매게 되는 리스크를 줄일 수 있다는 것이다. 이미 지적한대로 북미식에서는 학생은 논문 쓰기에 앞서 코스워크와 위에서 언급한 종합시험을 치루는 등 여러 단계의 과정을 거치게 된다. 그 과정에서 그는 어떤 논문을 어떻게 쓸 것인가에 대한 감각과 지식을 갖게 된다. 지도교수도 혼자서 모든 책임을 떠맡지 않아도 된다. 호주에 교환교수로 와 있던 미국 위스컨신대학의 솔로몬 리바인 교수는 미국에서는 종합시험 단계에서 후보생 중 약 절반이 학위를 계속 할 것인지 말 것인지를 결정하게 된다고 말한다.

또 학생은 여러 단계를 거치는 과정에서 지도교수에게만 의지하지 않고 논문 방향이 제대로 가고 있는가를 여러 방법으로 확인할 기회를 갖게 된다. 자신의 취약점을 발견하고 수시로 [보충하고 대비하는 과정/remedial courses]을 가질 수 있다는 말이 된다. 그러므로 논문의 방향이 아주 엉뚱한 데로 갈 수 없으며, 갑자기 낭패를 맞는 일은 적다. 이러한 이점은 연구와 논문 쓰기에 있어 틀이 정해져 있지 않은 인문학 분야에서 더 분명해진다.

멜번의 스윈번대학 존 빌코츠 경제학과장은 미국식의 장점은 철저한 사전 [준비교육/enabling work]이라고 말한다. 특히 과학적 방법론에 의지하는 연구는 준비교육이 더 필요하다는 것이다. 사회과학분야에서 실증적 연구를 택한 학생은 방법론과 통계처리 기술에 익숙해야 하는데, 이것을 혼자서나 지도교수 한 사람으로부터 배우기는 어렵다. 특히 과거 그런 훈련을 못 받은 한국 유학생들에게 그러하다는 것이다. 그는 미국 오하이오 주립대학과 캐나다의 퀸즈대학에서 가르친 바 있다.

미국의 UCLA에서 [Organizational design]을 가르친 바 있는 일리스 클락 교수는 미국식 방법을 페인트칠하기에 비유한다. 칠을 여러 번 할수록 물건은 좋아진다. [초벌/first coating]은 아무래도 허술하다. 그러나 여러 번 칠을 하는 동안 학생의 실력과 논문의 수준이 모두 좋아진다.

북미제도에서는 각 분야의 박사과정 학생 수가 많은 것이 보통이다. [펜실버니아대학교 경영대학/Wharton School of Economics]의 경우만 해도 후보생의 수가 수백 명에 달한다. 이 많은 학생들을 대상으로 하는 과정이라면 교육방법에 있어 틀이 짜여 있지 않을 수 없다. 여러 형태의 세미나는 좋은 예이다.

영국식에서는 인원도 적고 교수와 학생간의 관계는 거의 1대 1이어서 거기에 정해진 틀이 없으며, 어떤 지도교수를 만나느냐에 따라 지도 방법이 크게 달라질 수 있다. 또 같은 분야 학생간의 교류가 적어서 연구에 필요한 자극과 의욕이 덜 할 수 있다. 필자가 1980년대초 호주에서 공부를 할 때 동료 학생은 단 하나가 있었는데 1년에 한두 번 볼까 말까 했었다. 사실 3~6년의 장기간이 걸리는 과정을 외톨이로 공부한다는 것은 쉬운 일이 아니다.

그러나 그런 분위기는 요즘 바뀌고 있다. 어느 나라에서든 박사과정에 학생 수가 늘고 있다. 일부 미국식의 영향이다. 여러 형태의 세미나가 늘고 있는 것이 한 가지 예이다. 빌고츠 교수는 세미나가 세계적 추세라고 말한다. 졸업생을 양산하는 취업 중심의 [경영대학원 과정/MBA]이 늘고 있는 것도 그런 예이다. 영국에서는 미국식을 닮아 리서치와 강의를 병합하는 [New Route PhD/새로운 박사] 과정도 생겼다. 실험을 필요로 하는 자연과학 분야에서는 실험실 운영의 필요 때문에 어느 과정에서든 동료들끼리 팀을 이뤄 하지 않을 수 없다.

(다) 자기 스스로 하는 연구

영국식 박사과정은 학생 자신이 하는 연구라는 컨셉트이다. 실제 많은 교수들이 학생을 지도하면서 [독자적 연구/independent research]

라든가 [근본적으로는 당신이 할 연구/Basically it's your own work] 라는 점을 강조한다. 리서치 중심이란 말이 바로 그런 의미다. 리서치는 남이 하는 게 아니다.

어느 나라에서든 대학 이상의 과정이라면 초중고와는 달라 수업은 교수가 아니라 학생 중심이 되어야 할 것이다. 한국의 대학교육은 아직도 교수 및 강의 중심인데, 그게 박사과정까지 지속된다면 어떻게 될까? 순전히 리서치 중심의 박사과정을 논하면서 한번 생각해볼만한 가정이다.

필자가 50년대에 대학에 들어가 크게 실망한 것은 교양과목이라며 고등학교에서 배우던 생물학, 국어, 국사, 독일어 시간을 들어야 했을 때다. 대학에서도 교양과목 기초를 튼튼하게 해야 한다는 설명이었으나 실은 한국의 대학 교육이 학생보다 교수들의 필요에 맞추어진 게 아닌가 하는 의구심을 가졌었다.

학부와 석사과정에서는 그렇다손 치더라도, 박사과정에서만은 학생이 독립적 리서치에 전념할 수 있어야 더 생산적이고 효과적일 거라는 생각을 하게 된다. 북미식은 박사과정도 하나의 훈련과정임을 강조하고 있다고 볼 수 있는데, 실제 미국에서는 [박사훈련/PhD training]이라는 말을 잘 쓴다. 영국·호주에서는 [박사 연구과정/PhD research program] 이라는 말이 더 잘 쓰인다.

리서치만으로 하는 영국식 박사과정은 학생을 기성인으로 보는 태도와도 관계가 있다. 특히 이 나라에 있는 파트타임 박사과정에는 이미 사계에 잘 알려진 학자나 전문인이 학생으로 끼어 있어 더 그런 이미지를 남긴다. 지도교수가 독립적인 연구를 강조하는 것은 상대방을 너무 간섭하지 않는다는 서방식 사고방식과도 일치한다. 그러나 리서치 경험이 없는 한국 유학생들의 리스크는 이미 설명한 바이다.

외부의 간섭이나 다른 일에 구애 받지 않고 자기 연구에만 몰두할 수 있고 또 연구를 자기가 정한 계획과 페이스로 할 수 있는 이 제도에서는 탁월한 성과가 나올 수 있다. 그런 뜻에서 멜번의 모나쉬대학 스튜어트 프레이저 교육학 교수는 학생과 지도교수 모두가 우수하면 영국식이 아주 효과적이라고 말한다. 그는 미국의 밴더빌트대학에 재직하면서 한국 유학생을 포함하여 많은 외국학생을 지도한 경험이 있다.

박사과정에 입학이 허가된 학생이라면 이미 연구를 독자적으로 해낼 수 있는 자격을 갖추었다는 전제 아래 운영되는 영국식에서는 당연히 입학심사 시 고려 사항도 미국과 좀 다르다고 생각된다. 졸업장과 학교 점수 외에도 해당 분야의 실무경험과 실적이 많이 감안된다.

(라) 머리 회전이 빠른 사람

교육의 효과는 피교육자가 주도적으로 참여할 때 가장 크다. 동기의식이 교육의 효과를 결정한다는 말과 같다 (제2장 88-93쪽 참조). [시키면 잊어버리고 가르치면 기억한다. 그러나 직접 참여하면 배운다/Tell me and I forget, teach me and I remember, involve me and I learn]라는 벤자민 프랭클린의 말은 타율적인 교육의 취약점을 잘 지적하고 있다. 스스로 책임지고 연구하는 리서치의 장점이 여기에 있다. 서구의 초등학생들의 숙제도 우리보다 과제 중심인 것은 대개 이런 교육의 효과 때문인 것이다.

한편 교육방법은 배우려는 대상이 무엇인가에 따라 달라져야 할 것이다. 단편적인 지식, 생활에 직접 적용시킬 수 있는 실제적 지식이라면 지식 전달식 강의실 교육이 낫겠지만, 적어도 연구라고 부르며 이론 계발을 위한다면 영국제도의 장점은 크다고 봐진다.

어느 쪽이 더 쉬울까를 점치는 것은 교육적이지 않지만, 학위도 사람이 만든 평가방법과 절차를 거쳐 결정되는 것이므로, 그런 한도 내에 비교적 쉽거나 어렵고 유리하고 불리하고의 논의가 가능하다고 본다.

필자는 박사후보의 적성을 두 가지 유형으로 크게 나눠 보고자한다. 하나는 이른바 [머리회전이 빠른 사람/quick thinker]이다. 재빨리 판단하고 실천에 옮기며 결과를 얻는 사람으로서 대개 수학적 머리가 뛰어나다. 이런 사람들은 생활 패턴이 규칙적이고 기계적이므로 공부도 꽉 짜인 학교교육 환경(예컨대 대학 수준의 강의실교육, 기술교육, 군대교육 등)에서 두각을 낼 공산이 크다. 필답시험을 보면 높은 점수를 받으며 최고득점자가 대개 이들 가운데서 나온다. 이런 사람들은 북미식이 더 적합하며 성공률이 높다. 특히 상상력보다 계산, 측정, 기계적 분석, 신속함을 더 요하는 분야에서 그럴 것이다. 컴퓨터학, 통계학, 회계학, 경영학, 계량경제학, 공학, 자연과학이 그런 분야이다.

다른 한 가지 유형은 앞의 유형과 달리 [머리 회전은 늦지만/slow thinker] 대신 생각이 깊고 상상력이 풍부한 사람이며, 독자적인 노력형이다. 타율적인 강박상태보다는 자율적이며 자유스러운 분위기와 상태에서 더 잘한다. 이런 사람들은 창의력이 뛰어나기 때문에 자기 페이스에 맞는 자유스러운 리서치 환경에서 좋은 결과를 낼 가능성이 크다. 계산과 비교적 관계가 없는 사색적, 철학적 또는 예술적 분야와 방법론에 더하여 상상력과 통찰력이 뛰어나야 하는 사회과학 분야에서 특히 그럴 것이다. 물론 이상은 예측일 뿐 체계적인 조사와 연구가 필요하다.

또 한 가지 고려할 변수는 영어 구사력이다. 영어 청취능력, 독해력이 현지인과 같지 않은 한국 학생들의 경우 코스워크는 큰 부담이 될 수 있다. 강의 내용이 어렵거나 새로워서가 아니라 잘 알아듣지 못하고 토의에 참여하지 못하는 데서 오는 좌절감, 혐오감 등 때문에 중도하차할 수 있다. 그 경우 리서치 쪽을 택한다면 과정을 자기의 계획과 페이스에 맞게 처리해 나갈 수 있으므로, 심리적으로 덜 압박을 받으며 궁극적으로 잘할 확률이 크다. 반면 영어 구사력과 함께 강의실 교육에 자신이 있는 사람은 미국식 과정에 들어가 짜인 일정을 남과 함께 따라가기만 하면 예정에 맞추어 목표에 도달할 수 있다.

리서치과정은 이와 다르다. 하버드대학 출신인 말콤 스미스 멜번대학 법과 교수는 이렇게 말한다. 영국, 호주 식에서는 이미 언급한 대로 학생들이 일정한 틀에 매이지 않으므로 상황에 따라서는 시간을 무한정 보낼 수 있다. 특히 학생들은 비중이 커야하는 논문에 대한 심리적 부담 때문에 그렇게 될 수 있다.

이런 여러 가지를 종합해 볼 때 논문만 쓰면 된다고 해서 영국식이 쉽다고 가정해서는 안 된다. 논문 중심이고 심사위원이 외부 교수 중심인 영국제도는 학생뿐만 아니라 지도 교수에게도 큰 부담일 수밖에 없다. 심사위원으로 위촉된 외부 교수들은 학생을 개인적으로 알지 못하여, 학교에 오지 않고 논문만을 읽고 있는 그대로 평가한 자세한 심사보고서를 보낸다. 학생도 심사위원을 알 수 없으며, 안다고 해도 손을 쓸 수는 없다. 이런 상황에서 수준 이하의 논문은 당연히 실격 당한다.

그러므로 지도교수들은 학생들이 논문을 쉽사리 제출하도록 '오케이'를 놓지 않는다.

영국, 호주, 뉴질랜드 대학들은 입학시 자격에 따라 최단 2-3년 후에 논문을 낼 수 있게 학칙으로 정하고 있지만, 그렇게 빠른 학생은 드물다. 개인의 노력 여하에 따라 다르겠지만 4~5년 정도 걸리는 것이 보통이다.

4. 이런 지도교수는 곤란하다

(가) 교수의 역할과 책임

영미대학의 대학원에 들어가 지도교수가 정해지면, 학생은 한국에서와는 크게 다른 상황을 맞게 된다. 무엇보다도 학교와 교수가 학생에게 기대하는 것, 학생이 교수에게 기대하는 것 사이에 큰 거리가 있어 그렇다. 이 또한 언어와 문화의 차이에서 온다. 이 때문에 교수가 생각하는 것이 무엇인지 학생은 잘 모르고, 학생이 생각하는 것이 무엇인지 교수가 잘 모르고 지내는 일이 생긴다.

한국에서 사제관계는 특별하다. 학생은 스승을 일단 존경하고 따르며, 스승은 정과 의리로 학생을 대한다. 선생이 여러 학생을 상대하는 대학 학부와는 달리 대학원의 사제관계는 더 친밀한 게 특징이다. 연구에 있어서 학생은 교수를 절대적으로 따르는 게 보통이다. 그렇게 하면 대개 대과 없이 일이 끝난다. 따라서 학생이 교수의 책임, 학생의 권한 등을 따로 논하는 일도 별로 없고 큰 문제가 일어나지도 않는다.

영미 대학에 있어서 사제관계는 이와 크게 다르다. 그것은 한국에서처럼 권위에 따른 주종 및 도제 관계가 아니다. 정이 아니라, 원칙적으로 계약에 따른 사무적인 관계라고 봐야 한다. 물론 거기도 인간사회니만큼 특별한 관계가 있을 수 있으나 그 나라 문화가 그렇다면 유학생들은 대비하는 것이 옳다. 우리식 의리나 정서에 안주하려고 한다면 실망이 크다.

영미 대학의 교수들은 우리 기준으로 볼 때 야속할 정도로 공사(公私)가 분명하다. 한국에서처럼 교수와 가깝다는 이유로 어떤 일이 적당히 넘어갈 것이라고 기대해서는 안 된다. 교수가 특별히 지적하지 않는다고 해서 잘 되고 있다고 안심하거나 묵묵히 따라가기만 하면 될 거로 생각해서도 안 된다. 거기에서 박사 공부를 하게 된 한국학생은 지도교수와의 관계를 좀 더 사무적으로 볼 필요가 있다. 필요하면 할 말을 하고 짚고 넘어갈 수 있어야 한다. 알아서 해 주기를 바라다가는 낭패를 당할 수 있다.

이런 사제관계의 당연한 결과지만, 외국에서 교수와 학생은 우리에 비해 훨씬 대등하다. 박사 수준이면 더욱 그렇다. 학부에서든 대학원 수준에서든 영미 대학에서 교수는 학생을 일반 사회에서처럼 인격적으로 대한다. 한국에서와 같이 교수라고 해서 학생에게 실례되는 말이나 태도도 불사하고 심부름 따위를 시키는 일은 거의 없다.

학위과정에 관련을 갖는 주체는 학교, 교사, 학생의 3자이지만, 가장 중요한 당사자는 역시 지도교수와 학생이다. 학교는 학생을 선발하고 논문심사위원회를 소집하며, 그 외 때때로 학사위원회를 열어 필요한 사항들을 결정해 나가는 책임을 갖지만 여기에 어려움이 생기는 일은 거의 없다. 학사에 관한 것도 대개 지도교수와 협의를 해서 처리하게 된다.

교수와 학생의 관계가 계약이라 함은 구체적인 계약서가 있다는 게 아니고, 관계가 사무적이라는 말이다. 이는 지도교수는 직책을 성실히 이행해야 하지만 학위를 꼭 책임지지 않는다는 뜻도 된다. 이런 태도는 독립적 리서치를 강조하는 영국. 호주식 제도에서 더하다. 실제 많은 외국인 지도교수가 자기는 학교와의 합의에 따라 학생을 지도 할 뿐이라는 생각을 갖고 있다. 특히 학교에 마땅한 사람이 없어 외부 인사 (타 대학이나, 학계가 아닌 전문직 인사)를 지도교수로 임명할 때는 계약 성격이 더 분명해진다.

(나) 학위과정 지침

외국대학들은 지도교수의 책임을 학칙과 [학위과정 별도 지침서 /Postgraduate Studies Handbook] 등에서 명시적으로 적고 있다. 아래는 멜번의 라트로브대학 교육학과가 마련해 놓은 지침 의 사례 일부다.

- 박사학위는 학위논문을 평가함으로써 결정된다. 지도교수는 학생이 먼저 해당 학위 통과에 기대되는 논문의 수준에 눈뜨게 하고, 이를 위한 연구 내용, 방법과 발표 전반에 대한 훈련을 거치도록 배려해야 한다.
- 교수의 책임은 수준급 논문이 나올 수 있도록 감수하는 것이다. 그가 학생을 위하여 무엇을, 어떻게 해야 하느냐에 대한 기준이 여기에서 나올 것이다. 이를 위해 교수와 학생은 어느 정도를 어떻게 연구해 나가야 할 것인가에 대해 초년도에 집중적으로 의논해야 한다. 교수는 적절한 지도와 감수를 위해 학생과 정기적으로 만나야 하는데, 적어도 월 1회는 필수적이다. 이와 함께 학생은

[연구안/research proposal]을 만들어 제출해야 한다. 논문제목과 내용에 대한 방향이 결정되면, 이에 따른 논문과 리서치 계획 세부에 대해 토의를 해야 한다.
- 교수는 학생의 진도에 대해 확인하고 시간이 없어 논문을 쓸 수 없는 경우가 생기지 않도록 지도해야 한다. 필요하면 글로 써서 언제까지 무엇을 어떻게 할 것인가를 확실하게 해 줄 필요가 있다. 각 학생의 취약점, 문제점 등을 빨리 파악하고 개선방법을 본인에게 알려 주어야 한다. 특히 1년차 준비단계에 있는 학생들에게 그래야 한다.
- 지도교수는 학생에 관해 필요한 사항을 학사위원회에 권고한다. 권고 내용 가운데는 논문의 진도, 논문을 석사에서 박사 수준으로 승격시킬지 여부, 실적 부진으로 인한 코스 중단 등이 포함된다.

이런 규정은 대원칙을 천명할 뿐이고, 실제는 구체적인 상황과 두 사람간 관계에 따라 달라질 것이다. 그리고 대개의 경우 학생이 자신이 바라는 이상적인 지도교수를 만날 확률이 많지 않지만, 그렇다고 한국 유학생이 명시된 기준을 가지고 지도교수와 왈가왈부하기는 어렵다. 다만 이런 명시된 기준이 있다면, 학생이 교수로부터 무엇을 기대하고 어떤 관계를 유지해야 할지 독자적인 판단을 할 수 있을 것이다.

한국 유학생들이 지도교수와의 관계에서 처하게 되는 상황은 대개 다음 다섯 가지 중 하나가 될 것이다. (a) 서로가 대단히 만족하게 생각하는 경우, (b) 학생은 지도교수에 대해 불만이지만 참고 꾸준히 노력하여 목표에 이르는 경우, (c) 지도교수는 학생이 수준 과 노력에 불만이지만 너그럽게 도와서 목표를 성취하게 지도해 주는 경우, (d) 서로가 상대에 대해 다른 의견을 갖고 좀처럼 간격이 좁혀지지 않아서 학생이 떠나거나 중도 포기하는 경우 (e) 교수가 학생의 퇴출을 권하는 경우 등.

언어 면에서 늘 불리한 한국 유학생은 대개 (c)의 경험을 겪게 될 것으로 생각된다. 다음으로 흔한 경우가 (e)일 것이다. 이러한 필자 관찰은 주관적 일 수 있지만, 50-60년대에는 '병풍 박사'라는 말이 생길 만큼 유학생들은 교수의 처분에 매달려 학업을 마치고 돌아온 흔적과 지금도 인문분야 한인 박사후보들은 현지인들보다 대개 2-3년 더 걸려 끝내는 사실을 근거로 하는 말이다. '병풍박사'는 지도교수에게 병풍을 선사하고 비가 오나 눈이 오나 찾아가 성의와 충성을 보이는 등 어렵게 참고 견뎌 끝냈다는 뜻이다.

그리고 이러한 배경에는 제7장 (251-255쪽 참조)에서 지적한대로 유학생의 당연한 영어의 핸디캡과 이에 대한 외국 교수들 간 보편타당하고 공정한 기준의 부재와 관련이 있다고 봐야 한다. 한 예로 교수가 언어를 빌미로 마음에 안 드는 유학생을 골탕 먹일 수 있는 일은 매우 가능하며, 학생은 그런 가능성 때문에 자연히 교수와의 관계에서 예속적이 되기 쉽고, 경우에 따라서는 억울한 결과로 끝날 수 있다.

필자는 이러한 가능성이 유학을 보내는 나라의 관심사가 되고 유학정책에 반영되어야 한다고 이미 말한 셈이다.

아래에서 박사과정을 약 몇 단계로 나눠서 지도교수가 각 단계마다 어떤 지도를 해야 할까를 필자와 다른 사람들의 경험과 문헌을 바탕으로 살펴보기로 한다. 이미 말한 것들과 일부 중복 될 수 있다.

(다) 입문 단계

　기성인인 박사후보자의 [신상문제/welfare]는 지도교수가 걱정할 사항이 아니다. 그러나 외국 학생은 좀 다르다. 대개 언어와 문화가 다르고 생활 기반이 전혀 없는 객지에서 공부에 앞서 당장 정착하는 문제로 진통을 겪게 된다.

　처음 정착 과정에서부터 신경 써 주고 돕는 교수를 만났다면 그 학생은 럭키한 케이스 이다. 특히 강의실 강좌가 없어서 고립되기 쉬운 영국식의 경우에는 그러하다. 연구를 떠나 학생이 사는 곳을 찾아가 처지를 묻기도 하고, 그럼으로써 서로의 거리를 좁힌다면 이는 틀림없이 원만한 지도와 협력관계로 이어질 징조다.

　교수는 이 단계에서 학생을 위하여 좋은 동료가 될 수 있는 현지 학생들을 소개해 주고, 그럼으로써 [친구간 서포트관계/peer support]를 구축해줄 수 있다. 이미 지적한대로 실험실 팀워크가 빠질 수 없는 자연과학분야의 경우는 몰라도, 인문분야이면서 학생이 몇 사람 안되고 (대개 한 사람 지도교수 아래 학생은 5명 이하다) 코스워크가 없을 때, 교수가 무관심하다면 학생은 고립된 채 캠퍼스 안 도서관과 컴퓨터 자료실, 식당 등을 떠돌면서 외롭게 지내게 될 소지가 크다.

　박사과정 정도면 학부와는 달리 말이 학생이지 실은 사회 각 분야 중견인인 경우가 많다. 이들은 강의에서보다 이들 간의 교류를 통하여 서로 나누고 배울 지식과 경험이 많다 (peer group learning system, 쪽 참조). 그런 이유로서도 친구간 서포트망의 구축은 중요하다.

　교수가 학생에게 어느 정도의 시간을 할애해야 하는가에 대해 최소한

2주일에 한번, 한 달에 한 번이라는 의견을 내놓는 학자들이 있지만, 개인과 구체적 상황에 따라 다를 것이다. 학생이 논문의 방향을 모색하는 단계라면 더 자주 만나야 할 것이고, 무엇을 하고 써야할 것인가를 자기가 알아서 할 수 있는 단계에서는 그 횟수를 줄여도 될 것이다. 안 박사의 경우는 교수가 월 최소 1-2회 만나야 한다고 권했다고 말했다.

교수와 유학생은 서로 다른 문화에서 자랐기 때문에 사고방식이나 일하는 태도가 다르다. 이 말은 한 동안은 상대를 잘 모를 수밖에 없다는 뜻이다. 서로를 잘 모른다는 것은 서로를 효과적으로 돕는데 가장 큰 장애이다. 상대방의 역량과 상황을 모르기 때문에 서로가 기대하는 것이 다르며 거기에서 오해가 생기는 것이다. 이 간격은 충분한 대화를 통해 좁힐 수 있다. 그러므로 유학생에게는 교수를 대하기가 어렵지 않고 편하다는 것이 매우 중요하다. 그러자면 학생의 의식적인 노력과 함께 교수가 거리를 두지 말아야 한다. 지도교수와 얼마나 가까운 관계를 갖게 되느냐는 박사과정 성공을 위한 한 가지 중요한 조건이다.

외국 교수 중에는 성격이 활달하고 대화를 좋아해서 쉽게 거리감을 없앨 수 있는 그런 사람도 있으나 대부분은 그렇지 못하다. 이쪽에서 접근하지 않는 한 그 상태로 얼마든 끌고 가는 경우가 많다. 이들 가운데는 비교적 수줍고 남의 일에 무관심한 사람, 겉으로는 매우 친절하고 예의 바르게 대하지만 마음을 열지 않는 사람이 적지 않다. 거기다가 뒤에 따로 언급하게 하지만 (사생활을 묻지 않는 교수, 339-341쪽 참조), [사생활이 존중/privacy]이라며 개인적 사항에 대하여는 알려고 안 하는 영미문화에서는 이런 태도가 오히려 당연한 것으로 받아진다.

현지 언어를 자유자재로 구사하지 못하고 문제가 많을 수밖에 없는 유학생들에게는 자상한 교수가 필요한 것이다. 외국 학생들이 교수를 평하면서 [그는 학생에게 관심이 있다/He cares for students]는 말을 잘 한다. 사생활존중 원칙을 지키는 것과 [관심/care]을 가져 주는 것은 다르다고 봐야겠다. 자상한 교수는 상대에 대하여 알려고 해야 한다. 이 단계에서 좋은 교수를 만나면, 학생은 장래에 대한 자신감을 가질 수 있다. 외국 학생들에게 자상한 교수는 대개 나이도 들고 해외에서 살아 본 경험이 있는 사람들 가운데 많다.

(라) 연구제목과 방향의 설정 단계

어느 지역 어느 제도든 박사학위는 최종적으로는 논문의 평가로 결정된다. 따라서 지도교수의 책임은 결국 원하는 논문을 만들어 내도록 지도하는 것으로 귀결된다.

논문 지도는 교실 강의와는 달라 교수는 대개 자기 방이 아니면 형편에 따라 편리한 곳에서 만나 개인적으로 한다. 코스워크부터 시작하는 북미식에서는 연구분야와 논문제목의 결정은 강의를 들으면서 시간을 두고 하게 된다. 영국, 호주식 과정에서는 강의가 없고 바로 리서치로 들어가므로, 준비가 되어 있다면 학생은 곧바로 논문의 제목과 연구의 방향설정 작업에 들어 갈 수 있다.

그러나 여기에서도 교수는 외국학생을 학점과는 관계없이 대학 학부나 석사과정의 강의를 듣게 하는 일이 흔한데, 이때 한국학생의 경우 몇 가지 문제가 있을 수도 있다. 그 한 가지는 한국의 박사과정 유학생들은 대개 나이가 많은데, 나이 어린 현지 학생들 속에 섞여 앉아 수동적으로 강의를 듣는 게 쉽지는 않다. 사기가 저하될 수 있다.

이미 지적한 대로, 이 단계에서 교수는 학생으로 하여금 학위논문을 과연 어느 정도 수준으로 써야 하는가에 대한 현실적이고 정확한 감각을 빨리 갖게 하는 일이 중요하다. 그게 잘 됐다면 학생은 곧 궤도를 잘 달려 나갈 수 있을 것이다. 처음 얼마 동안은 이런 궤도를 찾는 기간이라고 할 수 있다면 처음 교수의 역할이 자명해진다.

일반적으로 연구를 해 보지 않은 초보자는 거창한 연구를 꿈꾸는 경향이 있다. 교수 자신도 하기 어려운 이상적인 연구를 자꾸 암시하면 학생은 혼란에 빠지기 시작한다. 가령 교수가 박사논문의 수준에 대해 "석사논문과 박사논문은 아주 현저한 차이가 있어야 한다" "웬만한 수준의 논문으로 박사가 되지 못 한다"와 같은 말은 금물이다. 연구경험이 없는 학생은 실현 불가능한 논문을 구상하는 실수를 할 수 있다.

남부 호주 플린더스대학의 두 교수가 박사과정 세미나에서 발표된 [박사과정 성공을 위한 비법 7가지/Seven Secrets of Highly Successful PhD Students] 제안에도 [박사 논문 수준에 대한 현실감/being realistic on the quality of the PhD]이란 말이 들어 있다. "박사 논문은 노벨상 감이어야 하는 게 아니다. [완전/perfect]해야 한다는 강박감은 금물이다"라고도.

여기 초점은 연구와 논문 내용의 실현 가능성이다. 학위논문은 높은 수준일수록 좋겠지만, 학생은 여러 가지 제한된 여건에서 공부한다는 사실도 감안해야 한다. 너무 크거나 많은 과제를 다루려 한다면 일정 [기간/time frame] 안에 끝내지 못한다. 이는 [분량/workload, volume] 또는 [범위/scope]로 본 [처리 가능성/manageability]의 문제이다. 과학적 분석을 주로 하는 연구에서라면 자료의 수집, 분석, 논문작성에 걸리는 시간을 고려해 포함시킬 변수를 한정해야 하는 문제가 그것이다.

연구 가운데는 아이디어가 재미있고 기발하지만 기술적으로 불가능한 것이 많다. 이것은 기술적으로 [실현 가능 또는 불가능/feasibility]의 문제다. 원하는 자료를 사실상 입수할 수 없는 경우가 한 가지 예다. 어떤 경우는 연구비를 얼마고 쓴다면 가능한 일이지만, 현실적으로는 학생이 그럴 수가 없다.

많은 연구가 실증적 분석의 대상이 되지 못한다. 가령 '민주주의와 국민성' 같은 제목은 어느 정도 범위를 정해 기존의 지식과 개인의 통찰력을 바탕으로 기술적으로 다룰 수는 있으나, 실증적으로 증명하고자 한다면 거의 불가능하다. 그러므로 [연구하고 싶은 제목/research question]과 [연구할 수 있는 제목/researchable question]은 구별되어야 한다.

어떤 수준의 논문은 써야 할 것인가에 대한 감각은 알려면 잘된 남의 논문을 많이 읽어야 한다. 이 단계에서 교수는 학생으로 하여금 해당 분야의 모범적인 박사논문 몇 개를 비교하면서 자세히 읽게 한다면 말로 하는 것보다 몇 갑절 효과적이다. 이때 많은 논문보다 잘된 논문이어야 한다. 학생은 그런 논문을 읽음으로써 써야 할 논문의 수준뿐만 아니라 [형식과 구성/format]을 파악하게 된다. 특히 논문 안에 있는 가설, 연구설계, 연구결과 등은 서로 내부적으로 통일성을 유지해야 하는데, 모범적인 논문을 읽고 이런 지식과 지혜를 얻게 된다.

영미국가의 대학 도서관은 매년 국가별로 나오는 박사논문집, 각 분야의 최신 학술잡지와 관련 자료를 광범위하게 구비하고 있다. 다른 사람의 논문을 탐색할 이유는 논문 쓰기 요령을 습득하기 위한 것만이 아니다. 자기 분야에서 최근 발표된 논문들을 읽어봄으로써 그 분야의 전체적인 상황과 거기에서 자기가 하려는 연구가 어디쯤에 위치하고 있고, 어떤 기여를 할 수 있는가를 알게 된다. 그런 감각 없이 자신의 연구방향과 영역을 구체화해 나갈 수 없다.

지도교수는 유학생이 학업을 마치고 고국으로 돌아가야 하는 외국인이라는 사실도 잊지 말아야 할 것이다. 돌아갈 유학생에게 현지 사회에서만 실용성 있는 연구제목을 고집하거나 권장하는 것도 현명한 일이 아니다. 교수와 학생은 이런 문제에 대해 사전에 충분히 의견을 나눌 수 있어야 한다.

교수는 학생이 갖고 있는 기존의 지식, 경험, 적성 등 강점을 살려 그에 맞는 논문제목과 연구방법을 택하도록 지도해야 한다. 하지만 교수는 대개 연구제목을 자기 전공은 물론, 그 가운데서도 자기가 평소 관심을 가져온 영역으로 유도하고 싶어 한다. 그래야 지도하기 쉽기 때문이다. 유능한 교수는 자신이 하고 싶었지만 할 수 없었던 연구제목, 자기 연구의 연장으로서 할 만한 제목을 학생에게 떼어 줄 수도 있다. 그렇게 되면 학생은 연구제목을 찾는 데 보내는 시간을 크게 절약하게 되지만, 이때도 역시 그게 학생의 강점을 살릴 수 있는 분야인가를 따져볼 필요가 있다.

교수는 학생이 어느 정도 준비가 되면 빨리 일차 내용을 종이에 옮겨 쓰도록 지도해야 한다. 박사 공부 실패의 원인들 가운데 [뒤로 미루기/procrastination]와 [집중을 어렵게 하는 여건/distractions]이 있다. 몇 년이 걸리는 박사과정은 마라톤에 비유할 수 있지만 쓰는 일을 멀리 뒤로 미루는 것은 현명하지 않다. 진척이 안 되고 자꾸 지연될 수 있다.

크리텐던 교수는 박사과정이 마라톤이 아니라 800미터 중거리 경기라고 말한다.

학업은 생업이 아니며 외롭고 고달픈 길이다. 초기단계를 지나면서 수시로 잡념과 슬럼프에 빠져들 수 있는 학생에게 교수는 경고와 함께 용기와 힘을 줄 수 있어야 한다. [지적 및 정신적 자극/intellectual stimulation]이 필요하다. 영어로 [good days, bad days]가 있기 마련이다. 어떤 날은 공부할 맛이 나고 어떤 날은 아주 하기 싫어진다. 한 교수는 이것을 [롤러코스터 패턴/rollercoaster pattern]이라고 말했다.

공부는 또 자기가 잘한다고 느낄 때 더 잘 하게 된다. 좋은 지도교수를 만나서 칭찬을 듣는다면 자신감과 의욕이 생기지만, 반대로 늘 핀잔을 들으면 의기소침해지는 것이다. 그럴 때 [당신은 능히 해낼 수 있다/you can do it]는 신념을 줄 수 있어야 한다. 이것을 교수의 공식적인 책임으로 볼 수 있을지는 이론의 여지가 있겠지만, 교수가 학생의 공부를 도와야 한다면 이것도 중요한 책임이라고 할 수 있다.

이에 대해서 라트로브대학의 논문 지도지침은, 교수는 [학문적 반려자로서 건설적인 비판과 함께 격려/intellectual companionship, constructive criticism and stimulating encouragement]로 힘을 줄 수 있어야 한다고 적절하게 지적하고 있다.

교수 가운데는 성격상 남을 격려할 줄 모르고 필요 이상으로 어렵게 대하는 사람이 있다. 유학생으로서 그만하면 영어를 잘 하는데도 타박을 주는 균형 감각이 없는 교수, 읽어 달라고 써서 제출한 것을 얼마고 미루는 교수를 만나면 학생은 맥이 빠질 수밖에 없다.

(마) 어느 정도의 독창성?

어느 대학이든 박사학위 논문의 가장 중요한 평가 기준으로 드는 게 [독창성/originality]이다. 독창적이라 함은 새롭다는 말과 같다. 이미 있는 지식과 사상과 모델을 되풀이하는 것은 새로운 것이 아니며, 이런 것들을 모아 발표하는 논문은 아무리 잘 되어 있어도 독창성이 결여되었다는 평을 받는다.

독창적인 연구는 기존의 것에 새것을 더 함으로써 해당 학문 분야에 기여하는 결과를 가져오는 것이다. 각 분야의 대표적 [학술지/academic journals]에 실리는 논문은 대개 이러한 유이다. 그래서 학자들은 자기 분야의 학술지를 보고 해당 분야 학문의 발전 동향을 알게 되는 것이다. 그러나 이런 말은 원칙론이고, 박사학위 논문의 경우에 과연 어느 정도의 독창성이 필요한가를 구체적으로 정하기는 쉽지 않다.

누가 봐도 그 분야에서 새롭고 획기적인 연구결과가 틀림없을 정도로 독창적이면 좋은 데 실제에 있어서 대부분의 박사논문은 그렇지 못하다. [태양 아래 새로운 것은 없다/There is nothing new under the sun, 이 말은 성경에서 유래한다-구약 전도서 1장 9절]는 영어 구절대로 이 세상에서 이미 안 알려진 또는 전혀 생각하지 못한 새로운 것을 만들어 내는 경우는 매우 드물다. 갈릴레오, 뉴턴, 프로이드, 아인슈타인이 낸 성과라면 모를까. 이러한 천재들도 기존의 지식과 이론에 도전하고 이를 발전시키는 과정에서 새로운 것을 발견하고 개발해 낸 것이다.

학문의 경우, 무(無)에서 유(有)를 만들어 내는 것은 대개 불가능하다. 각 연구자는 다른 사람의 연구결과를 조금 넓히거나 그 깊이를 더함으로써 발전시키는 데 그친다. 그 과정은 마치 벽돌을 쌓아 가는 것과 같다. 한 사람이 쌓아 놓은 시점이 다른 사람이 시작 할 출발점이 된다. 인문과학은 물론이고 자연과학에서도 연구라는 게 대개 이미 다른 사람이 한 것을 찾아보고 새로운 것을 첨가하는 정도로 끝나는 게 더 많다. 이런 것을 두고 [약간 독창적/a little original]이라고 한 런던대학 에스텔 필립스 교수의 말은 재치 있다. 그는 호주국립대학에 와서 박사과정에 대한 공개강연 중 그렇게 말했다. 어떤 학자는 박사논문으로서의 연구란 기존의 것보다 바늘 끝 정도만 새로운 것이 있으면 된다고도 했다.

실제로는 여기에 무슨 새로운 것이 있는가 하는 의문이 드는 논문들도 많다. 필자가 읽은 논문 가운데 하나는 호주에서의 핀란드계 커뮤니티의 성장과정과 현황을 적은 것인데 단행본 책으로는 몰라도 박사논문으로는 새로운 게 없다고 느꼈다. 어떤 것은 여러 학자들의 이론을 인용했을 뿐 자기 것은 없는 유도 있다. 그렇기에 어느 학자는 '여러 사람의 이론을 재치 있게 결합하면 리서치요, 한 사람의 것만을 그대로 옮기면 표절이라고 비아냥거리기도 했다.

그러나 어떤 것은 독창성이나 새로운 게 없어도 남이 손을 안 대었으니 기여인 게 있다. 역사학이나 인류학 분야에 그런 예가 많은데, 남이 가지 않은 지역을 탐사하여 새로운 자료를 발굴하든가, 오랜 문헌 속에 숨겨져 온 사실을 찾아 발표했다면 이론의 개발은 아니더라도 학문적 공로로 인정되는 게 관례다.

남이 한 것을 되풀이 하는 연구

세상이란 원래 합리적이지만은 않다. 학위도 마찬가지다. 어떤 지도교수를 만나 어떤 제목을 택하느냐에 따라 고생을 더하거나 덜 하거나 하는 일이 생긴다. 학교와 교수가 논문의 독창성을 너무 까다롭게 설정하면 박사학위는 하늘의 별따기가 된다. 반대로 이 기준을 느슨하게 잡는다면 석사와 박사간, 국내와 해외 학위간 차이는 없어진다. 여기에 100% 공정성은 없다. 외국의 박사학위가 국내의 학위보다 무조건 더 우수하다고 말하려는 것은 아니다. 그러나 과거 (지금도 어느 정도는 그렇다) 우리나라에서 선진국의 박사학위를 철저히 더 우대했다면 심사기준에서 더 까다로웠기 때문이라고 생각된다. 그렇지 않고는 외국의 학위가 더 나을 이유도 없지 않은가.

아래는 여러 문헌에서 뽑아 종합해본 논문제목 선정의 한 가지 기준으로 좋은 참고가 될 수 있다.
 -각 분야의 연구결과는 대부분 완전하지 않다. 더 연구할 과제를 늘 남겨 놓고 있다. 또 새로운 응용의 가능성을 열어 놓고 있다. 이렇듯 기존의 조사나 연구를 뒤져보면 새로운 연구과제를 얻기 마련이다. 이때 연구제목은 꼭 새로운 것은 아니더라도 지식의 축적과 발전에 큰 기여를 한다. 그런 의미에서 각 연구 프로젝트는 기존의 이론체계 속의 일부로, 또는 그와 관련을 지어 계획되어야 한다. 기존의 지식체계와 무관하거나 동떨어진 조사연구는 타당성이 약하며 학술지에 발표되지 못하는 것이 보통이다.

이상을 교육학분야의 예를 들어 설명해 보자. 이 분야도 다른 분야에서처럼 기존의 연구와 문헌과 이론이 풍부하다. 그럼에도 그 연구 결과들은 더 많은 검증과 보충을 필요로 하고 있다. 이때 새 연구과제로서 착안할 수 있는 것을 예로 들어보면 다음과 같다.

(a) 기존의 연구에 이의를 제기하는 것, (b) 이미 알려진 현상과 과정을 더 자세히 분석하여 설명하는 것, (c) 기존의 연구를 반복하는 [반복연구/replication studies], (d) 한 분야에서 발견된 이론이 다른 분야에 확대 적용될 수 있는가를 알아보는 것, (e) 예기치 않은 사실을 발견했거나 기대한 연구결과를 얻지 못했을 때 이를 다시 알아보기 위한 것, (f) 한 가지 연구과제를 위해 개발된 방법론이 다른 연구에도 적용될 수 있는지를 보는 것 등이다.

(b)의 경우, 기존의 연구결과를 받아들이더라도 그 과정에 대한 설명이 명백하지 않거나 미흡하다고 생각될 때 이를 연구과제로 삼는 것이다. (c) 의 경우, 반복연구는 대개 이론의 과학적 신뢰성을 높이기 위해 필요한 것이다. 자연과학도 그렇지만 과학화가 어려운 사회과학의 경우에는 한두 번의 조사연구로 최종 결론을 내려서는 안 된다. 남이 한 연구를 되풀이해 같은 결과가 여러 번 나올수록 신뢰성은 높아지는 것이다. (d)의 경우는 언제나 새로운 조사를 필요로 하는 계기가 된다.

사회과학에서는 연구과제의 복잡성과 함께 자료수집의 어려움이 있다. 그런 제한된 여건에서 최선의 결과를 내려고 하기 때문에 여러 가지 방법의 고안과 이들의 병합 적용이 필요해진다. 때문에 새로운 방법을 고안 또는 적용하는 것만으로도 해당 학계에 큰 기여가 되며 좋은 박사학위 논문감이 되는 것이다. 또한 한 방법론이 다른 분야 연구에 적용될 될 수 있다면 그것 또한 기여이다. (f)가 그것이다.

(바) 리서치 단계-자료수집과 분석

이때까지의 단계를 잘 넘겼다면, 예컨대 과정 2-3년차 학생은 교수에게 의지할 일이 크게 줄어들 것이다. 학생은 무엇을 어떻게 할 것인가를 알게 되었으므로 그 계획에 따라 열심히 해 나가면 된다.

자료수집 과정은 연구분야와 제목에 따라 달라질 수밖에 없는데, 역사와 철학 같은 인문분야에는 기존의 문헌과 자료를 이용해서 하므로 도서관에서 살아야 하는 [도서관 리서치/library research, 도서관에 있는 책과 자료를 이용하는 연구]가 주가 된다.

실험실 연구는 물론이고 실증적 사회과학 연구에 있어서는 [가정/hypothesis]을 정하고 자료를 모아 분석하여 그 결과가 가정을 증명하는가 여부를 보는 절차를 밟는다. 이때 연구의 방향과 수집해야 할 자료의 내용, 자료의 분석방법은 연구의 목적 대개 (가정을 증명하도록)을 따라 일관성이 있게 짜여야 한다. [리서치 설계 또는 계획/research design]이다.

[설문지/questionnaire]를 가지고 수백 명의 응답자를 만나 자료를 구하는 [현장조사/field research]는 시간이 걸린다. 또 설문지가 응답자의 지식이나 태도를 목적에 맞게 측정할 수 있도록 샘플의 크기, 질문지의 내용과 구성이 잘 되어야 한다. 자료의 분석도 마찬가지다. 사회조사 방법론을 가르쳐 주는 좋은 책들이 영미국가는 물론 우리나라에도 그간 많이 나왔지만 필자가 한때 즐겨 읽고 지금도 간직하고 있는

원서는 [Research Methods in Social Relations, C. Selltiz, L. Wrightsman, S. Cook 공저]와 [Foundations of Behavioral Research, F. Kerlinger]이다. 1950-60년대에 나와 고전이라고 불러도 될 만큼 오래 됐지만 언제 봐도 타당한 설명으로 쓰여져 있다.

실험연구와 실증적 연구에 따른 자료 분석은 통계분석을 필요로 한다. 그런데 많은 학생들이 통계학 지식이 없거나 어느 정도 통계학을 공부하고도 통계분석을 혼자서 처리할 할 만큼 실무 능력이 모자라는 경우가 보통이다. 지도교수도 직접 도울 만한 지식을 갖지 못한 경우가 허다하다. 이때는 어떻게 할 것인가? 이 질문은 통계를 처리하는 능력도 박사과정 이수의 필수조건인가를 묻는 것과 같은데, 꼭 그래야 하는 것은 아니라고 봐야 한다. 그런 능력이 있는 지도교수도 [통계전문가/statistical advisor, statistical consultant]에게 분석을 의뢰해서 하는 경우가 보통이다. 그러므로 학생도 자기가 할 수 있으면 좋고 그렇지 못할 때는 전문가에게 맡길 수 있다. 특히 그런 일을 하는 컴퓨터가 프로그램이 많이 개발된 오늘날, 통계분석은 기술로 여겨질 뿐이다.

이런 요령에 대해 솔직히 말해 주는 교수가 있는가 하면 속수무책인 교수도 허다하다. 대학 안에 통계분석 전문가가 없다면 대학 밖에서 찾아야 하는데, 작은 대학이나 도시에는 그게 어렵다. 해야 할 통계분석이 고차원일수록 그럴 확률이 높다.

(사) 논문쓰기 단계

구슬이 서 말이라도 꿰어야 보배다. 아무리 연구가 좋아도 논문으로 잘 포장해서 발표되지 못하면 허사다. 그 포장은 일정한 분량 안에서 글의 형식으로 한다. 경제적이며 효과적으로 쓴, 질이 높은 글이어야 한다. 그렇지 못하여 장황하고 방대한 작품을 만들어서는 안된다. 이 문제를 앞에서 이미 자세히 다뤘으므로 여기서는 생략한다 (제5장 169-171쪽 참조).

논문 쓰기 단계에서 지도교수의 역할이 또다시 중요해진다. 이때 교수는 학생들로 하여금 한번에 너무 긴 시간을 두고 많이 써 오게 하는 것보다 적은 부분을 빨리 여러번 제출케 하는 것이 좋다고 생각한다. 그래야 논문의 방향이 엉뚱한 쪽으로 가지 않게 사전에 지도할 수 있을 것이다. 이때 교수는 전체적인 내용의 방향과 흐름에 먼저 신경을 쓸 일이며, 글의 기교와 문법 등 지엽적인 사항에 많은 시간을 보낼 필요는 없을 것이다. 그런 사항은 급하지 않으며 나중에 가서 만질 수 있기 때문이다.

논문을 쓰는 단계에서 고려될 사항은 학생이 쓴 문장을 다듬어 주는 일 (편집 기능)도 교수의 지도책임에 속하는가이다. 여기에 명시적인 원칙은 없는 것 같다. 그러나 통계전문가로부터 도움을 받아도 되는 것처럼 편집을 남에게 맡겨서는 안 된다고 경고하는 교수나 지침은 없는 것 같다.

한국 유학생이 박사논문 수준의 영어를 남의 도움 없이 쓸 수 있는 경우는 매우 드물다. 그렇다면 그는 문장에 대해 너무 걱정하지 않아도 되는 것인가? 논문은 내용이지 언어가 아니다라고 말할 수 있는가? 더욱이 영미국가 학생들은 자기 나라 글로 논문을 써서 한국에서 학위를 받아 가기도 하는데, 우리 유학생은 언어에 대해 그렇게 걱정을 해야만 하는가? 역시 쉽게 대답 할 수 없는 문제이다. 그러나 논문의 초안을 외국어로 알아볼 정도로 쓰지 못한다면 외국대학의 박사학위를 받을 자격은 없다고 필자는 생각한다.

(아) 절차문제

박사과정에 들어가는 절차는 어디에서나 비슷하다. 그러나 대학 학부와 석사과정과는 달리 리서치 중심이며 소수 정예가 원칙인 박사 과정 입학에는 성적 못지않게 그간의 실적이 중요하다. 따라서 자기가 한 연구와 논문 발표, 실무경험, 학자가 될 자질을 증빙하는 여러 가지 [추천서류/supporting documents]를 잘 정리해서 제출할 필요가 있다. 분야에 따라서 다를 수밖에 없지만, 대개 학교를 마치고 곧바로 떠나는 경우가 아닌 유학생에게는 경력이 더 중요할 것이다. 그리고 한국에서 관례가 되다시피한 의례적으로 쓰인 게 분명한 판박이교수 추천서는 별로 도움이 안 된다.

박사과정에도 심사절차와 입학시기 등이 있을 수 있으나 위에서 말한 같은 이유(특히 리서치박사의 경우)로 한국에서처럼 신학기 초에 공고가 나가고 같은 날에 시험을 쳐서 모두 같이 입학하는 식은 아니다. 유연성과 예외가 많은데, 관건은 학생이 하고자 하는 연구를 지도해줄 교수가 있느냐이다. 그러므로 학생은 전공 서적이나 기타 방법으로 지도교수나 담당학과장을 개인적으로 찾아가 어느 정도 합의가 이뤄진 상태에서 입학신청을 하고 허가되는 경우가 많으며, 그렇게 될 때 그는 편리한 시기에 과정을 시작할 수 있다.

뒤에서 지적하는 대로 작은 대학에서 지도교수를 바꾸려면 선택이 없어 결국 포기할 수 없게 될 만큼 박사과정에서는 지도교수의 유무가 중요하다. 그런 만큼 특정 학생의 입학 결정 과정에는 교수의 역할이 크다. 당연히 경쟁률이 치열한 학과에서라면 지도교수의 사전 양해 없이는 입학이 불가능할 것이다.

리서치 박사과정에는 [비전업제/part-time/파트타임)제도가 있어 직장을 다니면서 할 수도 있다. 학칙은 이때 논문제출 최소기간을 [전업제/full-time/풀타임]보다 길게 정하고 있다.

호주와 영국처럼 대학이 정부 재정으로 운영되는 나라의 경우, 대학 전체가 같은 시스템으로 인식된다. 따라서 한 학교의 박사과정에 입학된 학생이 초기 또는 후에 다른 학교로 옮기고자 한다면 지도할 교수가 있는 한 아주 쉽다. 처음 밟는 모든 절차를 되풀이할 필요가 없다.

논문심사위원 위촉은 교무처의 책임에 속하지만, 교무처는 해당 분야 학자들에 대해 잘 모르기 때문에 지도교수와 상의를 한다. 학생은 이 과정에 참여하지 않는 것이 원칙이지만, 지도교수는 학생의 의견을 참작할 수 있다. 그러나 최종적으로 누가 지정 될지는 예측 못한다.

영국, 호주식 박사과정에서는 북미제도에서 하는 논문 통과 단계에서의 [구술시험/oral exam 또는 deffence]는 없다. 그러나 각 심사위원의 심사 결과를 보고서 형식으로 작성하는데 매우 자세하다. 논문 내용에 이견이 있거나 미심쩍은 점이 있을 때는 구술 또는 서면으로 하는 [자기 설명 및 방어/defence]를 하게 한다. 필요하면 부분적으로 수정할 것을 조건으로 OK한다. 이때 학위위원회는 학생에게 논문을 수정해서 제출하라고 통고 한다. 그렇게 되면 논문의 [제본/binding]을 다시 맡겨야 하므로 시간과 비용 면에서 추가 부담이지만 논문통과는 거의 확정적이다.

(자) 지도교수와 기타 문제

이때까지 말한 지도교수의 역할과 책임은 원칙론일 뿐이다. 현실은 늘 거리가 있다. 이상적인 지도교수를 만나면 좋지만, 그렇지 못할 때라면 어떻게 해야 할 것인가? 이 때 학생이 적극적으로 요구사항을 명백하게 하면 상황이 개선될 수도 있고 그렇지 못할 수도 있다. 교수의 능력에 한계가 있어서라면 아무리 요구를 해도 별로 도움이 되지 않을 것이다. 그렇지 않고 상대방이 문제를 잘 파악하지 못했거나 나태하여 그런 것이라면 개선이 가능할 것이다.

교수가 알아서 먼저 말해 주지 않거나 적당히 넘어갈 때는 예의에 어긋나지 않게 따져 짚고 넘어가는 것이 필요하다. 라트로브대학의 프레이저 교수는 이 때 요구사항을 글로 자세히 적으라고 권한다. 나중에 학교측과 문제를 공식적으로 논해야 할 때 참고가 되고 내용을 구체화하기 위해서 필요하다는 것이다.

대학은 교수와 학생간에 마찰이 생길 경우, 불만을 듣고 시정하는 길을 정해 놓고 있다. 또 외국학생을 위한 카운슬러를 두고 이런 문제에 대해 자문해 준다. 지도교수와 쉽게 풀지 못하는 문제가 있을 때 이들과 의논하면, 이에 개입하여 학교 측과 절충해서 해결안을 찾아보겠다고 제의한다. 그런데 그러한 부탁을 하는 한국 유학생은 드물다. 섣불리 그러다가는 불리할 것으로 느끼기 때문이다.

저명 교수가 언제나 좋은가

지도교수가 맞지 않으면 다른 교수를 찾도록 권장하는 여유있는 대학도 있다. 대개 교수진이 많은 큰 대학이다. 물론 그 경우에도 해당 위원회의 승인을 받는 등 절차를 밟게 된다. 그러나 작은 학교에서는 마땅한 교수가 없어 그런 선택이 어렵다. 또 교수들은 학생이 다른 동료교수와 분쟁관계에 있다면 선뜻 맡으려 하지 않는다. 따라서 그대로 계속 하든지 아니면 다른 대학으로 가든지, 아니면 대안이 없어 포기하는 사례가 생긴다.

외국인 교수들은 적당한 이유가 있으면 왜 못 바꾸느냐고 말하지만, 한국인 학생들에게 결코 쉬운 일은 아니다. 특히 같은 학과에서 교수끼리 불편한 관계가 존재한다면 이 교수 저 교수 찾아가서 의논하는 것은 현명하지 않다.

저명한 학자를 지도교수로 좇는 것이 언제나 좋은가? 경험해본 학생들의 말을 들어보면 꼭 그렇지만도 않다. 그런 교수는 여러 직책을 갖고 있고 또 지도하는 학생이 많아 시간을 내지 못하거나 접근하기가 어려울 수 있다. 그런 교수 밑에서 몇 번 만나지 못하거나 충분한 지도를 받지 못했다는 사례는 흔하다. 그보다는 성의 있고 시간을 많이 낼 수 있는 교수가 훨씬 나을 것이다. 한 지도교수가 잘 지도할 수 있는 학생의 수는 2~3명 정도, 5명이 넘어서는 곤란하다.

이런 사정을 종합해 볼 때 가장 현명한 방법은, 지도교수의 선택을 시간을 두고 하는 것이다. 학교가 정해 주는 대로 하기보다 특정 교수의 성격, 관심분야, 지도방법 등에 대해 친구나 경험이 있는 사람의 의견을 듣고, 평소 강의를 듣거나 만나보고 선택하는 것이 안전한 방법이다. 교수 개인 못지않게 학과의 지도 전통도 고려해야 한다.

한 지도교수가 너무 바쁘거나 논문의 성격상 두 사람 혹은 그 이상의 교수가 슈퍼바이져가 될 수 있다. 예컨대 논문 중 연구 쪽은 한교수가 맡고 방법론은 다른 교수가 지도하는 식이다. 또는 잘 아는 분야별로 두 사람이 나누어 할 수도 있다. [공동 지도교수/co-supervisor, group supervision]제도라고 부를 수 있다.

요즘 대학들이 계속 새로운 아이디어와 제도를 시도하고 있는바, 여기에도 과거 생각지 못한 일이 벌어지고 있다. 한 예로 서로 다른 대학끼리 공동으로 박사과정을 여는 이른바 [joint PhD 프로그램]도 구상되고 있을 정도다. 그런데 이때는 교수들끼리 서로 호흡이 잘 맞아야 하므로 쉬운 일이 아니다. 어떤 교수들은 지도에 [상충/conflict]이 생길 수 있다는 이유로 반대한다.

과거에는 외국학생의 지도를 꺼리는 대학교수들의 문제가 생기기도 했다. 지도하기 힘들고 시간을 빼앗기 때문이라고 한다. 물론 여기에는 서로 다른 언어와 문화와 인종의 문제가 복합된다. 그런데 근래에는 사정은 많이 달라진 것 같다. 학자들 사이에 국제문제에 대한 관심이 커지고 또 비교연구의 사례도 많아져서 다른 나라 학자나 학생의 지도가 자기 연구에도 도움이 된다는 인식이 퍼졌기 때문이라고 본다.(제1장 33-34쪽 참조).

대학의 국제정치, 국제경제, 국제기업경영 관계 교수들이 좋은 예이다. 이들은 자기 연구의 일부로써 한국에 대해 관심이 크므로 한국 학생이 오겠다면 환영 하는 편이다. 호주국립대학의 잘 알려진 한 교수도 좋은 예이다. 그는 호주의 아시아 지역 진출 방안에 대해 호주정부에 자문을 할 수 있는 몇 안 되는 학자이다. 한국문제에 대해서도 지대한 관심을 갖고 있는 그는 교환교수로 오는 한국의 학자나 한국문제를 연구하겠다는 박사과정 유학생을 좋아하는 입장이다.

시드니대학에서는 한국의 노사관계에 관심이 있는 교수 아래 한국 유학생들이 이 분야의 박사과정을 밟고 있다. 또 대학이 정부의 돈으로 운영되는 나라의 대학교수 자리는 수요에 따라 유지되므로, 지도할 학생이 많다는 것은 자신에게도 이익이 된다.

박사 후보생은 전 학기 중 일반 학생처럼 학교에 남아 있어야 하는가? 한국 유학생의 경우라면 한 1년 고국에 가 있으면서 리서치를 할 수 있는가이다. 코스워크가 끝났거나, 코스워크가 없는 리서치 박사의 경우는 학생은 학교에서든 밖에서든 자기 리서치를 하면 되는 것이고, 유학생이 한 동안이라도 고국에 돌아가 지낸다면 비용을 절감하고, 향수를 달래고, 취업 등 다른 편의도 볼 수 있는 좋은 기회가 될 것이다.

리서치를 현지와 한국에서 나눠서 한다

이 문제에 대한 대답은 당연히 바로 위에서 언급한 연구의 국제적 관련성과 중요성과 직결된다고 본다. 대체적으로 연구과제가 그 지역과 관계가 있어 자료 수집이나 연구의 편의상 이유가 있다고 인정, 지도교수가 허락한다면 늘 가능하고 실제 그렇게 되고 있다. 이와 관련 언급하고 싶은 것은 일부 영국대학에서 도입한 [split PhD]이다. 과정 중 리서치를 같은 교수 지도 아래 영국과 출신국에서 나눠서 할 수 있게 하는 제도다.

　마지막으로 자료 수집에 조작 등 하자가 있었다면 어떻게 될까? 논문 내용을 표절했다면 당연히 최소한 실격이다. 세계적인 과학계 학술저널에 논문으로 실린 황우석 교수의 줄기세포 관련 연구에 쓰인 자료의 조작 시비로 그는 서울대 교수직을 상실했다. 그러나 학위논문의 경우는 좀 다르다고 본다. 학위 논문을 위한 연구는 일부 [학술훈련/academic exercise]의 성격을 갖고 있다고 생각된다. 그러기에 학위 논문은 [미출간 박사논문/unpublished doctoral thesis]라고 불린다.. 학술 잡지에 실린 논문은 당연히 [출판물/published article]이다.

　과거와는 달리 지금은 박사학위를 받아도 대학교수 자리를 얻기 어렵다. 그러므로 연구를 빨리 끝내는 일에 못지않게 연구하는 동안 장래 취업에 대비할 필요가 커지고 있다. 학생이 연구 중에 각종 국제 학술대회와 세미나에 참석하고 발표를 한다면, 연구에 자극이 될 뿐만 아니라 해당 분야의 학자들을 알게 되며 장래 그 분야로 진출하는 데 도움이 된다. 연구 도중 해당 분야의 최고 학술지에 관련 논문을 여러 편 발표했다면 최종논문에 대한 보증서가 되고 학교자리를 얻는 데 큰 도움이 된다.

　어떤 학자는 "교수가 되기 위한 사람이라면 학위를 마칠 때까지 유명 저널에 한 두 편의 논문을 실을 수 있어야지, 그러지 못하면 같은 분야 사람들이 모인 자리에서 자기 소개가 떳떳하지 못하게 된다"라고 말한다. 열의 있는 교수를 만난다면 학생은 공동연구로 학술지에 기고하게 되기 쉽고, 그렇게 되면 자기 이름을 알리는데 큰 힘이 될 것이다. 한국 유학생들이 실험을 주로 하는 자연과학 분야에서 박사학위를 끝낸 뒤에도 귀국하지 않고 [후박사/post-doctor] 과정을 모색하는 추세가 늘어난 것도 같은 맥락으로 이해할 수 있다.

5. 논문의 유형을 알면 박사가 보인다

학문은 자연과 사회 현상을 줄여서 설명하기 위한 지적 활동이다. 자연현상은 우주만큼 넓고 사회현상은 인간이 서로 모여 하는 일과 관계만큼이나 다양하고 복잡하다. 이렇게 넓고 다양하고 복잡한 현상을 밖에 나타나는 대로만 말하거나 쓰기만 한다면 문제해결에 도움을 못준다. 현상을 지배하는 원칙을 줄여서 제시하는 게 [이론 모델/theoretical model /이고, 학문이다. 이론 모델이 그 일을 한다.

이를 위한 가장 좋은 방법이 과학성의 발견이다. 과학은 원인과 결과의 관계. 같은 조건 아래에서는 언제나 같은 결과가 나오는 관계다. 수소2와 산소1이 같은 조건에서 합해지면 물이 될 때 언제는 그렇게 되고, 언제는 안 된다면 그것은 과학이 아니다. 이때 [$H_2+O=H_2O$]로 정리되는 간단한 공식은 현상을 과학의 원리로 최대한 줄여서 설명한 예이다. 이론 모델이다.

과학성은 사회현상에도 적용된다. 사람은 배가 고플 때 도둑질할 확률이 크다. 또 열심히 공부하는 사람이 높은 성적을 낸다. 거기에 과학성이 있다. 그러나 그 과학성은 위 자연과학의 경우처럼 완전하지 못하다. 지조가 있는 사람은 굶어 죽을 망정 도둑질하지 않는다. 그러므로 이때 설명은 [다른 조건이 같다면/Other things equal], 또는 그럴 '확률이 높다'와 같은 전제를 달아야 한다, 예컨데 지조가 없는 사람이 배고프면 도둑질을 한다고 말해야 한다.

　사회현상의 경우, 한 결과에 대한 원인은 여러 개의 복합체인 것이 보통이므로 그럴 때 하나만을 원인으로 단정해서는 안 된다. 그 복합체를 일일이 격리시켜 투명하게 보일 수 있을 때 원인 규명이 가능하다. 그게 어렵다. 열심히 공부하는 것과 좋은 성적과의 관계도 그렇다. 이처럼 대부분의 사회현상이 철저한 과학적 분석을 허용하지 않는다. 사회과학의 어려움이다.

　비 자연과학분야에서도 가치와 영적 세계와 정서 등을 연구대상으로 하는 신학, 철학, 문학, 미학, 정책 등의 분야는 과학화가 불가능한 쪽에 속한다. 인생의 목적은 무엇이고 인생은 어떻게 살아야 하는가,와 같은 철학과 신앙의 문제를 과학으로 설명할 수 없다. 정책도 그렇다. 부의 균등한 분배를 주장하는 사회주의정책은 이념의 문제인데 과학적으로 설명될 일이 아니다. 필자는 이런 분야를 사회과학과 구별하여 [인문학/humanities]이라 부른다.

　앞에 든바 변수의 격리가 어려운 것 말고도, 사회현상에 대한 과학적 설명이 어려운 다른 몇 가지 이유가 있다. 첫째로 사람의 마음속을 알아보기 위하여 실험실에 동원할 수는 없고 질문지로 조사 하여야 하는데 그게 철저할 수가 없다. 둘째로 사회현상은 현재 뿐만 아니라 과거와 관련을 맺고 있는데, 과거에 있었던 현상을 재현시켜 분석할 수 없다.

　이 문제는 박사 연구과제 선택과 논문 계획을 위하여 대단히 중요하다. 연구대상이 과학적 접근과 분석을 허용하느냐에 따라 그게 달라질 것이기 때문이다. 과학적 분석이 가능한 제목이라면 대개 과학적 방법론을 이용하는 논문 설계를 하게 된다. 그렇지 못할 때는 일부 과학적으로 접근하거나 여러 가지 다른 접근 방법을 모색해야 한다. 논문의 유형이 여러 가지일 수 있는 이유이며, 이것을 모르면 연구과제의 결정이 잘 될 수 없으며 그 결과는 혼란과 시간낭비로 끝날 수밖에 없다.

다음은 몇 가지 연구 유형을 예로 들고 그 점을 더 구체적으로 보이도록 해 보겠다.

(가) 설명적 연구 [explanatory studies]

과학적 설명은 앞서 물의 예처럼 원인과 결과의 [인과관계/causal relations]를 밝히는 것이다. 원인을 알면 문제의 해결책이 나온다. 독감은 특정 바이러스가 인체 내에 침투함으로써 발생한다. 그러므로 이 바이러스의 정체를 알면 그 예방책과 치유책이 나올 수 있다. 그런 의미에서 실용성을 기준으로 말한다면 연구방법 가운데 으뜸이다.

감기의 경우 원인은 확실히 바이러스다. 그러나 대개의 경우 원인인 변수는 복합되어 있다. 그러므로 어느 하나가 원인이라고 단정할 수 있으려면 모든 변수들을 서로 분리해볼 수 있어야 한다. [실험/laboratory experiment]이 하는 일은 주로 그런 분리 작업이다. 앞서 사회현상을 실험하기 어렵다고 하는 것은 그런 분리작업이 어렵다는 말이다.

사회과학에서도 실험실 연구와 유사한 방법을 쓸 때가 많다. 가령 같은 여건에 있는 아동들을 두 실험집단으로 분리하여 수용하고, 한쪽은 그대로 놓아둔 채 다른 한쪽에는 한가지 원인을 제공한 후 어떤 차이가 있는지를 실험하는 것이 그것이다. 이때도 사람을 대상으로 하는 한, 변수의 완전 분리는 어려워 결과에 대하여 절대적인 단정을 하지 않는 것이 보통이다.

사회학, 심리학, 교육학 등 분야에서 위와 같은 방법으로 시험을 하기 어려울 때는 비교를 위한 적합한 여건을 갖춘 두 집단의 사람들을 찾아 설문지로 물어 그 결과를 분석하여 유사한 효과를 얻어야 한다. 그때는 결과에 대하여 더 조심스럽게 해야 한다.

사회현상을 대상으로 하는 설명적 연구도 그 결과를 보고하는 논문의 형식은 실험실 연구의 경우와 같이 일정하다. (a) 연구의 의미, (b) 기존의 관련 문헌개관(literature review), (c) 가설의 설정, (d) 자료수집, (e) 자료 분석방법 설명, 과 (f) 분석결과 보고와 해석 등의 순서로 한다. 사회과학분야 학술저널에 실리는 설명적 연구 논문은 거의 예외 없이 이런 포맷을 따르고 있다.

가설은 연구에 앞서 미리 내린 결론이다. 검증되기 전의 결론이다. 자료를 모아 분석하고 그 가설이 맞는가 여부를 검증하는 과정이 바로 연구다. 수소 둘과 산소 하나가 합쳐 물이 된다 [$H_2+O=H_2O$]는 이론은 실제 그런 가설을 전제로 실험을 해본결과 나온 결과다. 이때 가설의 검증은 연구의 목적이며 가설이 있기 때문에 연구가 흩어지지 않고 한 방향으로 나갈 수 있다. 자연과학분야 연구는 거의 대부분이 설명적 연구다.

(나) 상관관계 연구 [correlational studies]

복합적으로 존재하는 변수를 서로 격리하기가 어려워 한 변수를 유일

한 원인은 아니고 여러 원인 가운데 하나라로 추정하든가, 그런 정도의 인과관계마저 인정하기가 이르지만, 적어도 두 변수간 어떤 관계가 나타날 때 상관관계라고 부른다. 서로 연관성이 있다는 뜻이다. 그 연관성은 일부 인과관계일 수도, 아닐 수도 있다.

미국의 초등학교 흑인과 백인 학생 간 학업성적을 비교한 결과 백인의 점수가 훨씬 높은 것으로 나타났다고 하자. 이 때 인종과 성적 간에는 상관간계가 있지만, 그게 원인이라고 단정하기는 이르다. 이 두 집단 간의 서로 다른 사회·경제적 여건(상류층인 백인 가정의 자녀는 영양 섭취도 잘하고 과외공부도 했다는 등)이라는 밖에 얼른 안나타나는 제3의 변수가 요인일 수 있기 때문이다.

인종이 원인이라고 단정할 수 있으려면 흑인과 백인 학생들의 가정환경 같다는 전제가 입증되어야 한다는 것이다. 사회경제적 차이를 통제(분리)해볼 수 있어야 한다. 술을 마시는 사람이 안마시는 사람보다 돈을 잘 번다는 조사결과가 나왔다면 더 극단적인 사례다. 이때 술 그 자체가 돈 잘 버는 능력이나 그렇게 만드는 직접 원인이라고 보기 어렵다.

텔레비전의 폭력장면을 많이 보는 아동이 난폭하다고 해서(두 변수간에 상관관계가 있다고 해서) 텔레비전을 원인이라고 단언할 수는 없다. 텔레비전 폭력을 아무리 많이 보아도 난폭해지지 않는 아동이 있다. 성장과정에서 얻은 다른 요인이 숨어 작용하고 있을 수 있다. 그러나 연구는 텔레비전 시청과 난폭 행동 간에는 상관관계가 있음을 지적하고 끝날 수 있다. 이와 같이 상관관계 연구는 연구의 성격, 자료 수집과 분석의 어려움 때문에 더 나가지 않고, 정확한 원인까지는 아니나 그 가능성과 연관성의 존재를 입증하는 정도로 만족하는 연구다. 그런 의미에서 원인

쪽에 위치하는 변수를 독립변수가 아니라 [선행변수/antecedent]라고 부르는 학자도 있다.

상관관계 연구도 설명적 연구와 마찬가지로 [실증적/empirical studies] 이며 [수량적 연구/quantitative studies]이다. 관계의 유무를 과학적으로 증명하기 위하여 변수를 [수량적으로 잴 수 있어야만 하기 때문이다. 수량적 분석은 당연히 통계적이 된다. 따라서 상관관계 연구도 설명적 연구와 대충 같은 절차와 논문 쓰기 형식을 따른다.

아래 논문 제목들은 모두 성격 상 상관관계 연구의 사례들이다.

(a) [집단압력이 개인의 판단의 수정 및 왜곡에 미치는 영향/Effects of group pressure upon the modification and distortion of judgments]. 한쪽인 집단압력이 원인(또는 일부 원인)일 가능성을 시사한다.
(b) [북쪽 도시지역 서민층 결혼에 있어서 흑백인종간 차이/Negro-white differences in blue-collar marriages in a nothern metropolis]
(c) [멕시코계 미국인과 기타 인종적 정체성의 함수로서의 사회적 거리감/Social distance as a function of Mexican-American and other ethnic identity]
(d) [IQ논쟁: 인종, 지능, 교육/The I.Q. argrument : race, intelligence, and education]
(e) [교육과 소득의 격차로 본 사망률/Education and income differentials in mortality]

(f) [교육, 읽고 쓰는 능력과 발전과정에 참여행위/Education, functional literacy, and participation in development]
(g) [신문구독 행위의 예측요인으로서 정보의 유용가치/Information utility as a predictor of newspaper readership]
(h) [어머니의 취업이 자녀에게 미치는 영향/Effects of maternal employment upon children]
(i) [감정이입과 효과적 커뮤니케이션의 관계/The relation of empathy to effective communication]

 (a)의 연구는 앞의 선행 변수인 집단압력과 뒤의 결과인 판단 행위 간 상관관계가 있어 그게 일부 또는 중요한 원인일 확률이 클 것임을 보여준다. 위의 다른 연구들도 모두 인종, 결혼, 지능, 교육, 소득 차, 어머니의 취업여부, 정보 습득 능력, 신문구독, 사망률, 발전과정에의 참여행위, 자녀의 장래, 효과적인 커뮤니케이션 등 변수간의 관계를 모두 연구대상으로 삼고 있다. 이때 그 관계가 한쪽이 원인이라고 단정할 만큼 검증이 과학적이라면 설명적 연구이고 그렇지 않다면 상관관계 연구가 된다. 그러나 위의 연구제목들의 성격으로 볼 때, 이 선행변수가 일부 원인일 가능성이 큼을 예측케 하는 연구들이다.

 (다) 탐색적 연구 [exploratory, formulatory studies]

 과학적 연구에서 설정하는 [가정/假定]은 아무렇게나 적당히 하는 것이 아니다. 그런 가정을 내릴 만한 근거가 있어야 한다. 기존의 문헌과 이론, 문제와 실태에 대한 연구결과 얻은 기존의 지식이 그런 근거가 된다. 앞서 말한바 논문의 일부가 되는 관계 문헌에 대한 개관은 바로 근거를 찾기 위해 필요한 것이다. 그런데 기존의 연구가 없거나 빈약하여 가정마저 내리기 어렵다면 어떻게 해야 할까.

 탐색적 연구는 그런 공백을 메우기 위하여 필요한 것이다. 설명적 연구에 가기 훨씬 전에 비교적 잘 알려지지 않은 문제, 현상, 관계, 역사적 배경, 해당 분야 전체에 대해 일차 탐색을 하는 연구이다. 이런 기초조사와 연구를 거쳐 자료를 얻은 다음에야 설명적 연구가 가능해진다. 그러므로 여기서 탐색은 제1장에서 공부의 한 가지 접근방법으로 말한 탐구와는 좀 다르다. 제1장의 탐구는 지식의 수동적 습득이 아닌 능동적인 탐구란 뜻이었다.

 상관관계 연구도 넓게는 탐색적 연구의 하나로 볼 수 있다. 설명적 연구로 이어지는 기초가 될 수 있기 때문이다. 한 실증적 연구에 필요한 개념규정을 위해 하는 조사도 탐색적이라 할 수 있다. 한국사회의 불평등의 원인을 찾는 설명적 연구를 한다고 생각해보자. 이때 불평등에 대한 개념마저 애매할 정도여서 먼저 [불평등의 이해/Toward Understanding of Inequity]와 같은 연구를 하겠다면 탐색적 연구의 한 가지 사례가 될 것이다.

 [한국 가족의 성격/The Nature of the Korean Family]이라는 이름으로 한국사회와 가족 관계에 대한 어떤 가정을 가지고 연구를 하고자 할 때, 한국의 가족제도에 대한 개괄적인 연구가 전혀 없다면 이것부터 먼저 해야 할 것이다.

(라) 사례연구 [case studies]

　전쟁, 폭동, 혁명 등 과거와 현재 일어난 사건과 사고를 사실대로 기술함으로써 거기에서 찾아볼 수 있는 변수간의 관계를 증명하려는 연구이다. 인물에 대한 연구도 여기에 포함시킬 수 있다. 박정희 전 대통령의 리더십과 한국의 경제발전 및 근대화간 연관을 찾는다면 사례연구가 될 수밖에 없다. [공동체모델 교육은 성공할 것인가/Does Communal Education Work?], [키부츠의 사례연구/The Case of the Kibbutz]와 같은 논문제목은 모두 사례를 들어 할 수 있는 연구에 속한다.

　역사적 사례를 모아 보면, 한 나라의 힘이 강해져 인접국가와 힘의 균형이 깨질 때 전쟁이 일어난 것을 알 수 있다. 나치 독일의 군사적 팽창에 따른 제2차 세계대전의 발발이 그랬다. 국제정치학 연구는 대개 이런 방법을 택한다.

　사례연구는 과거 사건에만 한정되지 않는다. 법률학, 경영학, 회계학 등의 분야에서 볼 수 있는바 현재 사례에도 그대로 적용된다. 영미국가에서 법 관련 연구는 주로 법의 적용이나 해석을 사례를 들어 하는 것이 보통이다. 특정 국가의 비즈니스 경영 스타일의 특징을 밝히기 위해 대표적인 기업을 선택하여 사례를 자세히 든다면 물론 사례연구가 된다. 한국의 대기업 안에서 일어난 노사분규 사례를 들어 거기에서 어떤 이론을 찾아낸다면 이 또한 그런 예이다. 아래는 사례연구가 될 만한 두 가지 제목이다.

　(a) [1967년 아랍-이스라엘 간 대결 : 아랍 쪽에서 본 관찰/The Arab-

Israeli confrontation of June 1967 : An Arab perspective]
(b) [한국에서의 외국인 투자/Foreign investments in Korea]
(c) 언론 소유의 집중: 미국의 경험에 대한 관찰/Media concentration: some observations on the U.S experience]
(d) [3개 임의사회단체에 대한 연구/A study of three voluntary organizations]
(e) [외국 학생의 미국 대학생활의 적응 과정, 한국 학생의 사례/Challenges to adjustment to colleges in the United States: experiences of Korean Students]

(마) 관찰에 따른 연구 [observation studies, participant studies]

　동물과 어린 아동들을 대상으로 하는 연구에서는 질문지와 면접에 의한 조사가 적절하지 않다. 물어서 될 일이 아니기 때문이다. 관찰법은 이런 때 대안으로 활용된다. 어린 아이들이 텔레비전에 나오는 폭력 장면에 많이 노출되면 난폭하게 된다는 가정을 증명하고자 하는 연구는 적어도 일부 관찰연구가 되어야 한다. 어린이의 난폭성 여부를 알기 위하여 일정 기간 동안 어린이의 행동을 관찰해야 하기 때문이다.
　인류문화학 연구는 대부분 관찰에 따른 연구가 된다. 문화가 다른 집단 또는 한 나라 안에서도 특정 마을의 씨족들 속에 들어가 같이 살면서 이들의 생활을 자세히 관찰하고 기술한다면 그렇다. 관찰자는 물론 자신의 경험과 통찰력에 의지하여 관찰한 사항을 해석하고 어떤 결론을 내리거나 의미를 부여하게 된다. 그런 의미에서 많은 관찰연구는 사례

연구와 거의 같아진다.

상관관계연구의 경우도 자료수집이 어렵고, 또 어렵게 얻은 자료의 신뢰성이 문제가 될 수 있으므로 이를 보완하기 위한 수단으로 개인 면접과 관찰법 등을 병합하게 된다.

(바) 추측적 연구 [speculative studies]

국제관계, 국내정치, 국내경제 분야 연구에서 [시나리오/scenario]란 말이 흔히 쓰인다. 장래 제3차 대전이 일어날 것인가 아닌가의 해답을 과학적으로 얻을 길은 없다. 북한이 적화통일 전략을 포기했는지 누구도 단언할 수 없다. 이때의 분석은 여러 가지 앞으로 일어날 수 있는 [가상/speculation] 아래 논해보는 수밖에 없다. 많은 한국의 정치학자들이 남북한 문제를 이러한 방법으로 연구하여 학위를 받았다. 많은 남북한 관계나 동남아 정세를 전망하는 세미나가 이런 추측적 연구에 따르고 있다.

요즘 서방과 이슬람 세계와의 여러 가지 충돌 사건들을 보면서 흔히 인용되는 사뮤엘 헌팅턴의 '문명 충돌' 이론도 그러하다. 세계적인 미래학자와 석학들이 인류사회의 장래를 예언하는 논문은 대부분 추측적 연구다. 경험과 통찰력에 의한 하나의 시나리오이지 어떤 방법으로도 현 시점에서 증명할 도리가 없기 때문이다.

(사) 비교연구, 이문화 간 비교연구 [comparative studies, cross-cultural studies]

같은 연구를 문화나 지역이 다른 여건에서 [되풀이 하는 연구/replication studies]가 있다. 가령 미국에서의 연구와 그에 따른 이론을 문화가 다른 한국에 적용해 봐서 같은 결과가 나오면 좋고, 다른 결과가 나왔을 때는 여러 가지 새로운 설명과 해석을 낳게 된다. 이와 같이 서로 다른 문화권과 지역간의 제도와 행태적 유사점과 차이점, 거기에서 파생되는 문제들을 연구 대상으로 삼는다면 이질문화간 비교연구라고 불러야 할 것이다.

동서양인들간 의식구조와 행태적 차이에 대한 연구가 많은데 그런 예이다. [한국과 미국인 기업 경영자들간의 토론방식의 차이/Contrasts in discussion behaviors of Korean and American managers]와 같은 연구도 그러하다. 폭동이 잘 일어나는 지역들을 서로 비교하여 그 공통점을 찾는 [폭동을 경험한 도시들의 사회적 특징에 대한 비교연구/The social characteristics of riot cities: A comparative study]와 같은 제목도 여기에 포함시킬 수 있을 것이다.

정치학, 법학, 행정학, 회계학, 조세학, 언어학, 교육학, 문학 등 분야에서도 학자들이 서로 다른 국가의 정부형태, 법제도, 행정제도, 조사제도, 회계제도, 교육제도, 작품간의 차이점과 유사점을 비교한다면 그런 연구다. 요즘 국제화 바람을 타고 해외와 한국에서 이런 비교연구가 많아지고 있는 추세이다.

(아) 철학적 [philosophical], 역사적 [historical], 정책연구 [Policy-oriented research]

인간 활동 가운데는 과학적 분석의 대상이 될 수 없는 영역이 있다. 신앙, 가치관, 정서 사유, 사상, 정책이 그런 영역이다. 기독교에 따르면 이 우주와 그 안에 사는 모든 생명체는 하느님의 피조물이며 그의 원대한 계획에 따라 움직인다. 그런 하느님의 세계를 과학으로 설명할 수는 없다.

이런 연구는 철학과 미학과 신학 등의 몫이다. 정책은 늘 가치 지향적이다. 현실이 아니라 목표이다. 정책 또한 마찬가지지만, 구체적인 문제해결을 위한 방안을 제시하는 정책은 그 정당성을 뒷받침하기 위하여 과거나 현재의 사실을 내세우는 한도에서 과학성을 활용하며, 그 점에서 철학이나 신학 분야와는 좀 다르다.

역사적 연구도 과거에 일어난 기록을 찾아 구체적 사건을 수치적으로 분석한다면 일부 또는 전부가 실증적 및 수량적이 될 수 있다. 하지만 그 연구는 궁극적으로 과거의 사례를 거울삼아 장래 대한 혜안을 찾는 것이 보통이므로 가치 지향적이며 철학적이라고 생각해서 여기에서 다루기로 했다.

(자) 서술적(기술적) 연구 [descriptive studies]

연구 유형을 설명적 연구와 서술적 연구의 둘로 크게 나눌 수 있다. 그렇다면 설명적 연구가 아닌 것은 모두 서술적 연구인 셈이다. 이점을 서두에서가 아니라 마지막에서 지적하기로 한 이유는 이해의 복잡성을 피하기 위한 편의 때문이었다.

  서술적 연구는 현상의 원인을 과학적으로 찾아내고 설명하는 게 아니고, 현상을 있는 대로 적는 연구이다. 문제의 [기술/description/記述]이고 [처방/prescription]이 아닌 연구다. 그렇다면 위에서 설명적 연구를 뺀 모든 연구가 엄밀히 따지면 거기에 속하게 된다. 그러나 여기에 약간의 혼란이 가능하다. 위 방법론 가운데 상당 부분은 문제해결 방안이나 대안을 제시한다. 위 사례연구, 관찰연구, 역사적 연구의 상당 부분이 그러하다. 그리고 많은 서술적 연구가 수량적이고 일부 논리와 분석을 토대로 한 설명과 처방을 담고 있다.

  그 경우에도 엄격한 과학적 방법에 따라 원인을 찾는 게 아니라는 점이 다르다. 그래서 엄격이란 말을 특별히 쓴 것이다. 서술적 연구에서 수량을 말할 때는 대개 몇 프로가 어떻게 했다든가(또는 질문서에서 몇 프로가 뭐라고 대답했기 때문에) 어떻다는 식이다. 그런 의미에서 과학적 분석이 어려운 대부분의 사회과학 연구가 서술적이다.

  문학 작품은 연구라고도 부를 수 없을 만큼 전형적으로 서술적이다. 실태와 진상에 대한 보고서 또한 기술 작업의 예다. 역사적 사실에 대한 연구, 역사적 사실에 대해 반론을 제기하는 연구, 정책을 다루는 연구, 장래를 논하는 연구가 모두 그러하다. 현장에 나가 자료를 수집하지 않고 책만 이용하는 문헌 중심의 연구는 대부분 여기에 속한다. 그러므로 국가, 민주주의, 민족, 사상, 가치, 역사, 사회문제 등 거시적이거나 실증적으로 다루기 어려운 연구는 거의 서술적 연구가 된다. 앞에서 든 것들 말고도 여기에 속할 만한 연구제목의 예를 들어보면 아래 같다.

  (a) [인도의 계급제도 아래 신분 유동/Social mobility in the caste

system in India]에 대한 연구
- (b) [빈민아동:보건, 영양, 학업 실패율/Disadvantaged children : health, nutrition, and school failure]에 대한 연구 (이하 연구란 말 생략)
- (c) [도시로의 인구 이동과 인척관계/Urban migration and kinship ties]
- (d) [종교의 영향을 평가한다/Assessing the impact of religion : A critical review]
- (f) [1970년대의 성행태/Sexual behavior in the seventies]
- (g) ['퓨처 쇼크' 가설의 실험/A test of the future shock-thesis]
- (h) [소가족제도를 위하여/The case for small family]
- (i) [조선의 개국:중국 외교에 대한 한 연구(The opening of Korea : A study of Chinese diplomacy]
- (j) [한국 민주주의 실패/The failure of Korean democracy]
- (k) [혁명기 농민의 역할/The role of the peasantry in revolution]
- (l) [저개발국의 장래/The future of underdeveloped countries]
- (m) [1960년대의 이슈/The issues of the sixties]
- (k) [중국과 일본의 근대화/The modernization of China and Japan]

모두가 특정 시기, 특정 지역, 특정 분야에서 일어난 사실들을 실증적 자료를 가지고 다루고 있다고 하더라도 원론적으로는 말로 기술하고 논의하고 있는 것이 특징이다.

(차) 결어

필자는 왜 이때까지 연구방법론에 대한 장황한 설명을 했을까? 단지 방법론 설명을 위한 설명이 아니다. 연구와 논문을 위하여 어떤 방법론이 가능할까, 어떤 방법론을 이용할까에 따라 논문의 유형이 달라지고, 그러기 때문에 우수한 연구와 논문을 쓸 수 있기 위하여는 먼저 이에 대한 충분한 지식이 필요하다는 사실을 알려주기 위해서다. 연구자는 논문제목을 정하고 연구를 시작하기 전에 다음과 같은 질문을 스스로 해 볼 필요가 있다. "내가 하고자 하는 연구는 얼마나 과학화가 가능한가?" "과학화가 가능하더라도 필요한 자료를 쉽게 얻을 수 있는가?" "나는 과학적 연구방법론에 익숙한가, 통계처리 방법을 알고 있는가?" 등이 그것이다. 과학적 방법론에 익숙하지 않고 또 연구제목이 과학적이 될 수 없다면 서술적인 방법을 택할 수밖에 없다.

한국 유학생들은 한국인으로서의 이점을 살려 고국과 해외에서 쉽게 접근이 가능한 자료를 바탕으로 연구제목을 정하는 경우가 늘고 있다. 사회학, 인구학, 언론학 분야에서는 자료수집이 비교적 쉬운 현지 한인 사회를 이용하여 하는 연구가 많아졌다. 또 많은 유학생들이 한국의 특정 분야에 대해 자기가 알고 있는 지식과 통찰력을 활용하여 유학하고 있는 나라의 제도 또는 현황과 비교하는 연구를 한다.

실증적 연구 가운데는 자료를 자신이 수집하지 않고 이미 남이 모아놓은 것을 가져다가 분석하는 것도 있다. 그렇게 하면 시간과 노력을 크게 절약할 수 있다. 이때 이미 남이 한 것과 다른 방법으로 분석하고 해석을 한다면 그 연구도 사계의 기여가 되는 것이다. 경제학분야에서 박사학위를 받은 상당수 한국 유학생들이 한국은행과 재정경제원 (과거 경제기획원)이 갖고 있는 과거의 자료를 가지고 [재분석연구/second analysis]를 했다. 그 밖에도 한국에서 각 분야에 오랫동안 실무자로 있던 사람이 그런 경험을 이용하여 정책연구를 해서 논문을 쓴 경우가 많다.

제7장 바다를 건너면 맥 못 추는
영어-언어충격

1. 영어, 얼마나 잘해야 잘하는 건가?

 영미지역에서 한국 유학생이 겪는 언어충격을 길게 설명하면 잔소리가 된다. 그만큼 영어 문제는 오래 거론돼 왔다. 그러나 직접 체험해 보지 않으면 그 실상을 잘 모른다고 보는 것이 맞다.
 6개월간 교환학생으로 경제학을 공부하러 호주에 온 한 한국 대학생의 영어실력이 수준급이었다. 그런 그가 했던 말이 기억난다. 장래 미국 학위 유학을 갈 계획이었는데, 현지에 와 잠간이나마 체험해보고 과연 가야 할지 망설이게 되었다는 것이다.
 멜번의 한 대학에서 인문분야 공부를 하는 한 한국 유학생은 튜토리얼(173쪽 참조) 시간이 제일 큰 고역이라고 했다. 본 강의에서는 학생수도 많아 가만히 듣기만 하면 되지만 튜토리얼에서는 교수와 학생들은 서로 마주보고 말을 주고받아야 하는데 알아듣기도 힘들고, 몇 사람 안

되는 소그룹 속에서 한 두 시간씩 벙어리처럼 앉아 있는 것이 너무 힘들다고 말한다. 시드니에서 석사과정을 하는 다른 유학생은 교실에서 앉아 토의가 한창일 때 교수가 말을 걸어올까 봐 조마조마하다가 막상 끝날 때는 섭섭하더라고 토로했다.

토의 중심인 강의 중 현지 학생들은 교수에게 기탄없이 묻고 서로가 신이 나 대화를 나누는데 늘 가만히 앉아 있다 보면 나중에는 이들의 관심 밖이 되어버리고 만다.

한국에서는 해외에서 경험하는 영어 문제의 원인을 과거 국내에서의 부적절한 영어교육에 돌린다. 한국인 교사에 의한 문법 중심의 영어교육 말이다. 근년 한국에서 힘을 얻고 있는 원어민 교사에 의한 말하기 중심 영어교육은 이에 대한 대책이다.

그러나 영어사용 국가에서 자란 2세가 아니고, 한국에서 영어를 배운 사람은 어떤 식으로 배웠든 아주 드문 사례를 빼고는 현지에 나와서 모두 영어가 문제다. 정도 차이가 좀 있을 뿐이다. 쓰기와 읽기는 좀 나을 것 같지만 그렇지도 않다.

그 이유를 들면, 첫째로 현지에서 나와 만나게 되는 외국인은 한국의 대학 강의실이나 어학원에서 가르치거나 사귀던 원어민 영어교사와 친구들처럼 말하지 않는다. 그 영어는 교육받은 사람이 조심스럽게 쓴 정식영어, 기본영어였을 것이다.

그 영어는 물론 제대로 된 영어다. 문제는 해외 현지의 거리와 작업장에서 만나는 원어민들은 그렇게 문법에 맞게, 그리고 알아듣기 쉽게 또박또박 발음해주지 않는다. 뿐만 아니다. 그 영어에는 자기들끼리 평소 주고받던 [속어/slang], [구어체 표현/colloquial expressions], 은

어, 각 지역 문화에 따라 다른 비 공식영어가 많이 섞여 있다.

학교라고 크게 다르지 않다. 강의를 하는 교수, 세미나에서 토론을 벌이는 현지 학생들이 쓰는 영어는 역시 대부분 구어체이며 공식영어 말고는 잘 못하는 유학생을 의식하여 조심스럽게 하는 영어가 아니다.

발음도 변화무쌍하다. 천천히 발음해 주면 얼마든지 알아들을 수 있지만 그렇게 안한다. 우리나라에서도 어떤 지역 출신들은 [선생님]을 [생님]으로 빨리 발음한다. 대부분 굴러가는 발음인 영어에서는 더 그렇다.

둘째로, 한국인이 해외에 나와 만나는 현지인들은 한국에서 대하던 미국인(또는 캐나다인, 호주인)과는 달리, 이쪽에서 그런대로 괜찮은 영어를 구사했을 때도 [sorry?]하면서 되묻는 때가 많다. 외국인과 접촉 경험이 없어 약간 다른 발음을 하면 못 알아듣거나, 자세히 귀를 기울이면 충분히 알아들을 수 있으나 그런 성의가 없다.

유학생으로 해외에 나오면 아쉬운 쪽은 언제나 이쪽이다. 우리말로 대화를 할 때도 상대방보다 유리한 입장이면 말이 편하게 되지만, 반대일 때는 그렇지 못하다. 그런 상황에서 저쪽이 얼른 못 알아들으면 대화하고 싶은 의욕과 자신감과 모두 없어진다. 그러니 외국에서 복잡한 문제를 해결하려면 참으로 힘들다. 사고를 당해 보면 금방 실감하게 된다.

영미인들은 대개 예의바르고 친절하지만 큰 도시에 가면 그렇지도 않다. 전화로 문의를 받는 현지인 비서는 영어가 약한 외국인에게 간단히 설명해 주고 나서는 [thank you, thank you]를 연발한다. 전화를 그만 끊자는 신호인데 여간 달변 아니면 계속하기가 어렵다.

이런 경험을 여러 번 하고 나면 한국에서 영어를 잘 한다고 믿었던 사람도 거의 예외 없이 위축된다. 이민자를 많이 받는 영미국가의 주민들은 비 영어사용 국가에서 온 사람도 당연히 영어를 잘 해야 한다고 생각한다. 그러기 때문에 외국 태생으로서 그만하면 괜찮은 영어를 해도 자기들처럼 말하지 못하면 영어를 못한다고 치부해버리고 만다. 이민자들이 자신의 교육수준이나 자격에 걸 맞는 직업을 얻지 못하는 이유다.

유학생에 대하여도 마찬가지다. 유학을 왔으면 자신들과 똑 같이 영어를 잘 해야 한다고 생각한다. 때문에 우리 기준으로 볼 때 유학생으로서 그만하면 괜찮은데도 교수는 평가서에 [영어가 약하다/예컨대 limited in English]와 같은 말을 집어넣는다. 이 점은 우리와 크게 다르다. 우리는 외국인이 우리말을 조금만 할 줄 알면 잘 한다고 감탄한다. 더욱이 한국에 오는 외국 학생들은 자기 나라 말과 글로 공부하고 학위를 받아 가는 실정 아닌가.

그렇다면 영미국가에서 외국 유학생에게 요구되는 영어의 객관적이며 보편타당한 기준이 없는 게 문제로구나 하는 것을 깨닫게 된다. 유학생에게 필요한 외국어를 공부와 관련하여 자기가 아는 지식과 사상을 최소한 표현할 수 있고, 새로 배워야할 지식과 사상을 읽고 들을 수 있는 실력이라고 규정한다면 그 기준은 명백해진다. 그런 영어가 바로 [학술영어/academic English]다. 논문과 보고서를 쓰거나 세미나에서 발표를 할 때 쓰는 영어가 여기에 속한다. 특정 직업과 관련하여 [활용되는 전문 또는 기능영어/professional, functional English]도 여기에 속한다.

그런 영어는 당연히 [정식영어/formal English]이다. 외국학생이 영어를 사용하는 국가로 유학을 하기 위해서 치러야 하는 각종 영어실력 테스트 [미국의 TOFEL, 호주의 IELTS, 영국의 Cambridge Test, 한국의 TOEIC]는 그런 영어의 실력을 측정하는 것이다. 이 영어는 한국인이 노력하기에 따라서 정복할 수 있는 영어다. 거의 만점에 가까운 점수를 받는 학생이 나오지 않는가.

어느 학교 입학 조건에도 유학생은 현지인들이 쓰는 변화무상한 모든 영어를 알아듣는데 불편이 없어야 한다는 조항은 없다. 그러나 강의를 듣고 세미나에서 현지 학생들과 토론하며 교수와 의논하기 위하여 대화를 할 때는 그게 아니다. 이것은 영어사용 국가에 나가 있는 아시아 학생들이 불필요하게 견뎌야 하는 큰 부담과 고충이다. 한국에서 토플이나 토익 시험 내용을 회화 중심으로 바꾼다 해도 별로 달라질 게 없다. 그 점수가 좋다고 해도 현지 대학에서의 강의를 듣는데 어려움이 있기는 마찬가지다.

이 문제는 유학을 받는 나라와 보내는 나라의 국제교육분야 전문인, 실무 담당자간 논의와 합의가 필요한 영역이지만 그런 움직임이 전혀 없다. 유학을 보내는 쪽에서 아무런 움직이나 관심이 없기 때문이다. 이 또한 유학은 아직도 셀러스 마켓이고 한국에는 유학정책이 없다는 또 한가지 증거다 (제10장 361-362쪽 참조).

2. 짧게 줄여 쓰는 말을 조심해라

오랜 기간을 거쳐 세계적으로 넓게 퍼져나갔지만, 놀라울 만큼 동질성과 일관성을 가지고 쓰이고 있는 게 영어다. 한국에서 나온 영어사전은 미국, 캐나다, 호주, 남아프리카, 뉴질랜드 등 영어를 사용하는 모든 국가와 지역에서 아주 미미한 철자법 차이 말고는 그대로 쓰인다. 많은 영문 서적들이 어디에서 발행됐든 모든 영어사용 국가에서 그대로 판매되고 읽힌다. 교육 받은 영어사용 국가 사람들이라면 어디에서 왔든 서로 영어로 대화하는데 어려움이 없다.

그 점은 똑 같은 문법을 쓰는 [문어체 영어/literary English]일 때는 당연히 그렇다. 그러나 [구어체 영어/spoken English]에서는 많은 변칙과 지역적으로 다른 [용례/usage]를 허용하기 때문에 그런 영어를 즐겨 쓰는 사람을 만나면 상황은 바뀐다. 한국에서 제대로 배운 정식영어가 나와서 맥을 못 추는 이유는 이미 위에서 설명했다.

여기서는 호주에서 잘 쓰이는 영어 [준말/shortend words]을 한 가지 그런 실례로 들어보고자 한다. 아마도 그들의 실용주의 생활양식 때문인듯 다른 영미인들도 준말을 잘 쓴다. 준말은 구어체에서의 사소한 변칙이지만 이것 하나만으로도 웬만한 영어를 하는 한국인이 밖에 나가 상대의 말을 못 알아듣고 어리둥절하게 되는 경우가 허다하다.

호주 가게에 들어가 물건을 사느라 돈을 꺼내 주면, 저쪽에서 받으면서 [ta!]하고 대답하는 일이 흔하다. 이 때 처음 온 한국인은 이게 무슨 소리인가 당황하게 된다. [Ta]는 [thank you] 또는 [OK, good]의 뜻일 뿐이지만 영어 교과서나 사전에서 찾아볼 수 없는 호주인들이 흔하게 쓰는 표현이다.

호주에 금방 온 한국 유학생은 현지인으로부터 [Are you a uni student?]라는 질문을 받으면 [Sorry? What student?/미안합니다. 무슨 학생이라고요?] 하고 되묻기 쉽다. 호주에서 흔히 [university]는

[uni]로 줄여서 말한다. 미국과 캐나다 등지에서는 잘 못 듣는 말이다. 직장에서 바쁜 호주인에게 말을 걸면 [Justsec!]하는 수가 많다. 또 [Have a cuppa]도 있다. 분명 새로 온 한국인은 순간 못 알아듣게 되어 있다. 기껏 [Just a second/잠깐만] 과 [Have a cup of tea/차 한 잔]인데 말이다.

하루는 필자가 카페에 들어가 [카푸치노/cappuccino] 커피 한잔을 주문했다. 웨이트레스가 [jumbo or regular?] 하고 묻는 말을 못 알아듣고 어리둥절했다. 점보는 점보 여객기에서 나온 대형이란 뜻이다. 제일 큰 컵 잔을 그렇게 둔갑시킨 것이다.

[handkerchiefs를 hankies], [television은 telly], [vegetables를 vegie], [the Salvation Army를 the Salvo], [kindergarden을 kindy], [sick leave를 sickie], [flexible time을 flexi/원하는 시간 출근제], [expatriate를 expat], [football를 footie], [breakfast를 brekkie], [registration을 rego/자동차 등록 등] 등으로 줄여 쓰는 사람이 많다. 또 특정 집단을 지칭하는 명사 끝에 [y]나 [ie]를 붙여 단어를 줄이는 버릇이 있다. 예컨대 [bookie/bookmaker, 출판사가 아니고 경마장 마권 파는 업주를 말함], [bikie/오토바이를 타고 다니는 갱], [cabbie/cab driver, 택시기사], [truckie/truck driver, 트럭기사), [yachtie/요트 애호가], [greenie/녹색 운동가, 환경 운동가], [junkie/drug addict/마약중독자), [soccer goalie/축구 골키퍼], [Tassie/Tasmania사람들], [Aussie/호주인] 등으로.

[How are you?]에 대한 우리가 배운 영어 대답은 [I am fine, thank you]이다. 호주에서는 대화에서 주로 [I am good 또는 단지

Good, thank you]로 통한다. 호주의 가게나 관청에 들어가 서 있으면 직원이 [You right?]하고 독특한 발음으로 묻는다. [Are you right?]를 줄여서 말하는 것으로 직역하면 무슨 문제가 없느냐, 어떻게 도와 드릴까요, 괜찮으냐? 가 된다. [Can I help you/도와 드릴까요?] 같은 정식 영어를 배워 들어 온 한국 사람은 이 간단한 말마저도 처음 들으면 순간적으로 혼선을 일으킨다.

  [She'll be right!]은 호주인 식자층에서도 잘 쓰는 말인데 직역하면 [걱정하지 마십시오, 그 여자는 잘 될 겁니다]가 된다. 그러나 영문법에서 배운 대로 [she]를 나라를 지칭하는 대명사로 쓸 때는 호주의 국민성과 관련 짖는 특별한 의미를 갖는다. [나라(호주)가 잘 되겠지요. 너무 걱정하지 않으셔도 됩니다]의 뜻으로, 호주인들이 낙천적이고 태평한 태도를 보여주는 표현이다.

  이 말을 한국의 현실에 적용한다면, 나라를 걱정하여 정부를 비난하는 사람들을 향하여 [She will be right]라고 한다면 "당신이 걱정 안해도 돼요. 내버려 두세요"와 같은 말이 된다.

  호주의 국토는 남한의 거의 80배, 거기에 사는 인구는 남한의 반도 안된다. 천연자원이 무진장하고, 땅은 [Down Under]라고 별명이 붙을 만큼 지구 아래쪽 멀리 떨어져 있어서 핵전쟁이 일어나도 안전한 곳이니 그 국민의 낙천성은 이해가 간다.

3. 말하기 영어로만은 안돼.

  청소년기에 일본으로 가 일제 말기인 1945년까지 약 20여년을 산 한인들의 대부분이 일본말을 원어민처럼 잘했다. 한국전쟁 종료후 미국과 캐나다 등으로 이주해간 한인들은 대부분 거기에서 20-30년 살았어도 영어는 거의 예외 없이 서툴다. 왜 그런가를 우리가 잘 안다. 한국말은 구조적으로 일본말과 매우 가깝고 영어와는 크게 다르기 때문이다. 발음에 있어서도 마찬가지다.

어려서부터 영어사용 국가에서 자란 경우가 아니라면 영어를 두루 잘 할 수 없는 이유다. 비영어권에서 사는 사람이 영어를 배우자면 먼저 양 언어간의 차이를 잘 알아야 한다. 영어를 모국어로 하는 사람은 영어의 특징을 모른다. 문법을 모르고도 말을 잘 할 수 있다는 뜻이다. 그러나 언어구조가 크게 다른 문화권에서 자란 사람(특히 아시아인)은 영어를 어느 정도 분석적으로 배워야 한다. 그런 분석을 가능케 하는 것이 영문법이고 구문론이다. 영문법을 체계적으로 발전시킨 대표적인 사람들은 거의 모두가 영어가 모국어가 아닌 언어학자(예컨대 네덜란드 태생 O. Jespersen)라는 사실은 이런 점에서 시사하는 바가 크다.

박명석 교수는 저서 [*Communication Styles in Two Different Cultures: Korean and American* 1994]에서 한국인이 영어를 잘 할 수 없는 이유인 몇 가지 영어와 한국어간의 구조적 차이를 잘 요약하고 있다.

박교수는 그 차이를 크게 7개 분야로 나눠 설명하고 있는데, 그 가운데 두 가지는 발음과 음조상의 차이다. 나머지 다섯 가지는 어순, 문맥에 따른 의미의 변화, 같은 단어가 서로 다른 품사 역할과 의미를 갖는 문제 [lexical differences], 관용어의 사용, 각 단어 속에 숨어 있는 서로 다른 [의미/connotation] 등이다.

영어의 자음에는 한국어에 없는 발음하기 어려운 [음소/phonemes]

가 여러 가지 있다. 한글의 경우 약간의 예를 빼고는 같은 글자는 같은 음을 낸다. 영어는 단어에 따라 발음이 달라진다. 단어에 따라 어떤 글자는 소리를 전혀 내지 않는 것도 있다. 모음의 발음법도 일정치 않다.

음조는 단어의 악센트와 말하기에 있어 [리듬 또는 억양/rhythm]의 문제다. 우리말 단어에는 악센트가 없다.

영어의 어순은 동사가 주어의 뒤로 먼저 오는 등 우리말과 다른데, 그나마 같은 단어가 명사, 동사, 형용사 등으로 서로 다른 역할을 하면서 문장 가운데 위치도 달라지고, 서로 다른 뜻으로도 사용된다. 예컨대 [charge]는 문맥에 따라 명사와 동사로 쓰이면서 기소, 담당할 책임, 돌격, 요금부과 등 여러 가지 뜻으로 쓰인다. 몇 개 비슷한 예를 들면, [drive/동사=운전하다/명사=운전], [rise/동사=상승하다/명사=명사), [graft/물, 접목], [bar/변호사직, 봉 (棒), 술집], [squash/운동경기 이름, 눌러 부수다, 짜내다], [fault/실수, 지진층], [pale/울타리, 창백한], [trip/여행, 줄에 걸려 넘어지다, trip over]등이다. 이런 사례는 영어 단어 대부분에 적용된다.

같은 뜻인 단어의 경우에도 [활용, 용례/usage]는 우리말과 다르다. 예컨대 [wear는 /옷을 입다/wear clothes)]로 쓰지만, [모자를 쓴다 /wears a hat)]때나 [안경을 낀다/wears glasses]때 혹은 [반지나 장갑을 낀다/wears a ring and gloves]때, [신발 또는 양말을 신는다 /wears shoes and socks」때, [시계나 귀고리를 찬다/wears a watch or earrings]때도 그대로 쓰인다. [see/본다]라는 동사는 문맥에 따라 육안으로 [본다]와 [진찰을 받으러 의사를 찾아간다] [의사를 만나다]의 뜻으로 서로 달리 쓰인다. 영미인들 농담조로 쓰는 [I will see you when I see you]의 처음 [see]는 [만난다, 접견한다], 후자의 [see]는 글자 그대로 [본다]의 뜻이다.

영어에는 문법으로 설명되지 않는 [관용구/idioms]가 많다. 복합동사의 구성, 전치사의 사용법도 변화무상하다.

호주에서는 브래들리(179쪽 참조)가 영어와 타이어, 인도네시아어, 말레이시아 어의 차이점을 개관하고, 이들 국가의 유학생들이 언어적 차이 때문에 겪는 어려움을 실증적으로 조사한 적이 있다. 브래들리의 조사는 발음, 단어 그리고 구문의 세 분야로 나눠 이들 학생들이 영어를 구사할 때 어려워하는 사항들을 조사해 본 것인데, 단어로서는 불규칙 동사의 변화, 조동사, 시제, 완료형, 수, 관사 등 대개 한국인이 영어를 배우면서 주로 실수하는 것들과 같았다.

영어사용 국가에서 보면 유럽계 이민자와 유학생들은 아시아계에 비해 교육 배경과는 관계없이 일반적으로 영어를 빨리 익혀 잘한다. 독일, 네덜란드 등 비영어사용 유럽 국가에 가보면 영어를 잘한다. 그들의 언어구조가 영어와 유사하기 때문이라고 생각된다. 그런데도 간혹 영미국가에서 오래 산 일부 유럽계 가운데 영어 동사의 과거분사에 왜 [have 동사]를 붙이는지 이해 못하는 사례를 보게 된다.

이런 사람들의 영어는 아무리 거기에 살아도 [문법에 안맞는 영어/Broken English]일 수밖에 없다. [영어구문/English syntax]에 대한 체계적 지식 없이 영어를 배운 탓이다. 구문론의 기초는 문법이다. 한국에서 한창 일고 있는 영어공부 붐은 과거 한국의 문법 중심 영어교육에 대한 반성론에 따른 [말할 수 있는] 영어를 지향하고 있다. 물론 충분히 이해가 가는 일이지만, 한국에서 말로만 영어를 완전히 배울 수 없을뿐만 아니라, 문법 지식을 소홀이한다면 위와 같은 이유로 그 영어는 얼마 안가 한계에 부닥치게 된다.

영어에 지름길은 없다

언어학습은 [hearing/듣기], [speaking/말하기], [writing/쓰기], [reading/읽기]의 네 가지 분야로 나눌 수 있는데, 대개 들을 수 있으면 말할 수 있다는 게 필자의 확신이다. 어린아이가 처음 말을 배우는 과정이 바로 그러하다.

해외에 나와 사는 한국인들이 영어를 듣기는 해도 말하기가 어렵다고 말하는 수가 있으나 실은 그 반대다. 잘 알아듣지 못하기 때문에 영어가 잘 늘지 않는 것이다. 상대방의 말을 모두 알아듣는다면 말은 곧 배우게 된다.

어른이 된 한국인이 잘 듣지 못하는 이유 하나는 영어 특유의 발음과 그나마 또박또박 발음하지 않는 원어민 때문이다. 그러나 그게 전부는 아니다. 대화 내용이 "밥 먹고 놀러 가자" 등 아주 기초적인 의사소통 단계를 넘어 복잡해지면 그 속에서 써야 할 논리와 단어와 개념 또한 복잡하고 차원이 높아진다. 그럴 때는 언어구조에 대한 이해와 함께 영어 단어와 표현력이 풍부해야 한다. 듣기와 말하기만으로 될 일이 아니다. 단어를 몰라 독해를 못하는 내용을 [히어링/hearing]할 수는 없다. 책을 읽고 공부를 해야 한다.

이 문제는 특히 유학생에게 중요하다. 학교 과제를 주로 에세이로 제출해야 하는 유학생의 경우는 듣고 말하기보다 더 중요한 게 어려운 제목을 글로 다루는 읽고 쓰는 영어 [written English] 실력이다. 유학을 준비하는 한국 학생들이 해외 영어연수로 나가 배우는 주요 영어 과목 하나를 검토해 보면 재미있는 사실을 발견하게 된다. 학술영어라고 불리는 이 영어는 영어로 에세이를 쓰는 능력을 길러주는 것인데, 영어 구문과 문장 스타일에 대한 지식을 빼놓고 할 수 없다

해외 영어학교의 주요 과목인 [일반영어/General English, English for General Purposes] 수준을 넘어 [학술을 위한 영어/English for Academic Purposes, English Writing course], [비즈니스 영어/Business English, English for Business Purposes], [전문영어/Professional English], [관광영어/Tourism English], [비행영어/Aviation English] 등은 각 분야별 전문 및 기능영어이므로 말보다 책과 교재를 중심으로 공부를 해야 한다. 어느 정도는 한국에서 더 잘 배울 수 있는 영어다.

유학을 위한 영어공부를 준비하는 사람들에게 하고 싶은 또 한 가지 충고는 한국에서 폭발적 수요 증가에 힘입어 우후죽순격으로 나온 영어 학원과 영어 학습서들이 몇 주 또는 몇 달 내에 영어를 끝내준다고 떠드는 광고에 현혹되어서는 안된다는 것이다. 영어는 모든 단계에 걸쳐 노력하고 연습한 만큼 실력이 는다고 봐야 한다. 어디에서 공부를 하든 오래 시간을 거쳐 천천히 변하는 과정이다. 노력한 시간의 함수일 뿐이다.

상업성을 추구하는 영어 사용국 영어학원들도 영어를 체계적으로 가르친다는 점을 강조한다. 또 영어를 사용하는 나라에서 생활하며 영어를 체계적으로 배우게 한다는 점을 강조하지, 몇 주 또는 몇 달 내에 영어를 정복할 수 있게 해 준다는 말은 하지 않는다.

영미지역으로 나가는 한국 유학생의 70-80%가 영어연수생이다. 이들은 연수를 마치고 돌아가거나 정규 학교로 진학한다. 많은 영어연수생들이 6개월 또는 1년 과정의 연수 코스를 마치고 나서도 별로 달라지지 않았다고 실망하는 것은 속성으로 하는 영어공부에 대한 잘못된 기대 때문이다.

모처럼 큰 기대를 가지고 들어온 연수생들은 학교의 시설미비와 교사의 자격미달 (일부 그런 학교가 있긴 하다), 해외에서 만나게 되는 너무 많은 한인 등을 탓하기도 하지만, 어떤 우수한 시설과 교수법과 여건으로도 단시일 내에 큰 변화를 가져올 수는 없다. 이것은 현지에 나와 원어민만이 있는 클래스에서 공부를 해도 마찬가지다.

한국에서 영어학원과 영어 학습서가 [말하는 영어] 혹은 [생활 속에서 재미있게 배우는 영어]니 하면서 재미있지만 사용빈도가 적은 이상한 영어표현을 골라 가르치는 풍조도 경계할 일이다. 한국인 해외에 가서 그런 특이한 표현을 무리 없이 구사할 정도가 되려면, 다른 일반영어가 거기에 걸맞게 고급이어야 한다. 그렇지 못하면 절름발이 영어가 되고 만다.

4. 영어 구문과 글쓰기

글쓰기는 집짓기에 비유할 수 있다. 집을 짓기 위해서는 자재를 구입해야 한다. 그에 앞서 자재를 어떻게 써 어떤 건축을 할 것인가에 대한 설계가 있어야 한다. 설계 없이 재료를 잘 쓸 수가 없다. 글쓰기도 마찬가지다. 필요한 단어를 찾아야 하나 그에 앞서 문장 설계를 해야 한다.

그에 따라 단어들을 질서 있게 나열해야 한다. 앞서 말한 언어의 경제성 원칙은 그런 구문 설계의 하나이다 (제5장 에세이 쓰기, 169쪽 참조).

이 책은 영어구문론이 아니므로 이 문제를 너무 자세히 다룰 생각은 없다. 그러나 좋은 영어 에세이 쓰기의 한 가지 요령인 문장의 경제성을 높이는 구문 기법 몇 가지를 들어 영어 글쓰기 훈련에 도움이 되고자 한다. 그런 준비를 비싼 유학을 간 다음 할 수는 없다.

먼저 이해를 돕기 위해 아래와 같은 한글 문장을 예로 들어 설명해 보자.

한국은 정치적으로 성장하면서 그에 따른 고통도 컸다. 이는 대부분의 개발도상국에 공통적인 현상이다. 남북으로 갈라져 있는 한국의 경우, 그 고통은 폐쇄된 북쪽보다 개방된 남쪽에서 더하다.

이에 대한 영어 번역은 여러 가지가 있을 수 있겠으나, 연습의 목적상 다음 두 가지를 생각해 보기로 한다.

(1) Korea has experienced serious pains as the country continues to grow politically. The phenomenon is common to most other developing countries. Korea is a country divided between the south and the north. The pains are more evident in the north, the society of which is more open than in the north.

(2) Like other developing countries, Korea (both north and south)

has serious political growing pains – more evident in the relatively open south than in the closed north.

처음 문장은 51개 단어로 되어 있다. 두 번째 것은 26개로서 거의 반으로 줄었다. 언어의 경제성 때문에 문장이 더 효과적이고 힘 있게 된 예이다. 구문이 달라진 부분을 지적해 보면, 첫째 [다른 개발도상국가들도 그런 것처럼]이라는 [구/phrase]앞에 [Like]라는 전치사를 써 문장 하나를 절약했다. 둘째, 괄호 안에 남과 북이라고 씀과 동시에 남이 북보다 더 개방적이라는 부분을 [대시/dash (—)]로 연결함으로써 같은 내용을 말하면서도 단어 여러 개를 절약했다. 위는 전치사, 형용사, 괄호, 대시 등을 사용하여 [언어의 경제]를 크게 도운 예인데, 단어 숫자 절약의 효과를 낼 수 있는 다른 기법과 요령 사례 몇 개를 더 아래에 들어본다.

- 하이픈(hyphenation)

정확한 통계를 제시할 수는 없지만, 영어 문장을 쓸 때 가장 빈번하게 쓰는 것이 사물과 현상을 설명하는 구절이 아닌가 한다. 이 때 설명 부분이 단어 하나로 될 수 있는 단순한 것이면 좋지만, 아닌 경우에는 길어지게 된다.

영어에서는 이런 설명 부분을 대개 관계대명사가 잇는 [형용사절/adjective clause]가 담당한다. 이 때 구를 하이픈을 써서 복합어로 된 형용사절로 바꾸면 문장은 대폭 준다. 뜻은 그대로인데 길이가 줄어 문장은 힘 있게 된다. 이용법은 극히 흔하다. 그런 형용사절은 다음 몇 가지 유형이 있다.

① 명사 다음에 형용사 역할을 하는 분사(과거분사와 현재분사)를 써서 만든다.

예컨대, [수출에 기반을 둔 경제/An economy that is based on exports], [수출로 뒷받침되는 경제/An economy that is supported by exports], [수출에 크게 의존하는 경제 /An economy that is heavily dependent on exports] 같은 절 대신 [수출지향적 경제/Export-oriented economy]라는 구를 쓴다면 벌써 단어 몇 개를 절약하게 된다. 동사를 분사형으로 바꿔 하는 구문이다. 이렇게 쓰일 수 있는 동사는 [orient, base, center] 등 많다. 예컨대:

- [클린턴 대통령의 상업주의적 외교정책/President Clinton's commerce-oriented foreign policy]
- [무역금융 관련 회사영업/trade finance-related corporate business]
- [쌀을 주식으로 한 식단/Korea's traditional rice-based diet]
- [수수료로 버는 은행영업/fee-based banking business]
- [석유화학 원료로 된 제품/petroleum-based products]
- [현금이 궁핍한/cash-strapped]
- [국가 소유의 공장/state-owned factories]
- [국내 자본으로 성장한 잡지/home-grown magazines]
- [쌀 수출 회사/rice-exporting companies]

- [높은 급료를 받는 직업, 고소득직/high-paying jobs]
- [돈 잃어버릴 사업제안/money-losing business proposition]

② 형용사 노릇을 하는 분사를 써서 위와 같은 복합형용사가 가능하다면 이것을 일반 형용사로 대치해도 같은 결과가 된다.
- [비용에 민감한/cost-conscious management]
- [상품별 (사업별, 국가별)로 명시된/industry, country-specific product]
- [주택 등 이자율에 민감한 산업/housing and other interest rate-sensitive industries]
- [확산되기 쉬운/ (홍수) 피해를 입기 쉬운/proliferation (flood)-prone]
- [노동 (자본) 집약적인/labor (capital)-intensive]
- [환경을 오염시키지 않는, 사용자의 편리를 도모하는/environmentally-friendly]

③ 이들 복합어들은 형용사 역할을 하므로 보어로 쓰여질 수 있으며, 그때는 문장 술부의 길이가 줄어든다. 예컨대:
- [이 회사는 매우 비용에 민감하다(The company is very much cost-conscious)
- 이 상품은 사용자에게 편하게 되어 있다(This product is user-friendly)
- 이 자리는 보수가 높다(This job is high-paying)

④ 때로는 명사가 형용사 노릇을 하므로 다음과 같은 용법이 가능하다.
- [집단농장식 경영체제/collective farm-style management system]

⑤ 영어와 우리말은 단어의 배열에 있어 크게 다르지만, 위에서도 보듯 어쩔 수 없이 같은 사례도 많다. 많은 한국어 표현이 한문(漢文)식을 따르고 있고, 영어와 한문식 표현 간에 공통점이 많기 때문에 그런 것이다. 다음은 한문으로 된 우리말 표현과 같이 명사가 형용사 노릇을 하는 예인데, 언어의 경제를 위한 한 가지 기법으로 이해할 수 있다.

- [노동관계를 정한 법/law governing labor relations 또는 law that governs labor relations] 대신에 [노사관계법/labor relations law]이라고 하면 단어 몇 개가 절약된다. 마찬가지로 [회사명/company name/, [농업학교/agriculture school], [농산물 수출보조금/farm export subsidies], [경기회복 전망/economic recovery prospects], [도용 시비/piracy row) 등을 예로 들 수 있다.

- 위의 [-oriented/ -지향적], [-centered/-중심의], [-style/-식의]도 같은 이치이다. 아래에 예를 드는 [pro-/친], [anti-/반] 같은 접두사도 한문 구문법임을 알 수 있다.
- 여기에다가 또 하나의 형용사와 소유격까지 활용, 형용사구를 만들면 표현은 한층 더 짜임새 있게 된다. 예컨대 [어두운 한국경제 회

복 전망/Korea's bleak economic-recovery prospects], [한국식의 가혹한 노사관계법/Korean-style draconian labor relations law] 등이 그것이다.
- [반노조 대중의 정서/anti-labor public sentiment], [친경영 성향의 의장/pro-business chairmanship], [올림픽 후의 한국경제/post-Olympic Korean economy]. 이때 단어 수가 너무 많으면 혼란을 초래하므로 조심해야 한다.

⑥ 위와 같은 식으로 복합형용사를 만드는 데서 진일보하여 원래 형용사가 될 수 없는 구절을 형용사로 쓰는 사례도 늘고 있다. 이때는 대개 해당 구절에 인용표를 사용한다. 예컨대:

[하면 된다는 정신/ 'Can-do' spirit],
[전원 여자인 승무원단/all-women crew],
[손수 하거나 만들 게 안내하는 기구, 학습 책자/'Do-it-yourself' kit 또는 manual],
[무노동 무임금의 원칙/'No work, no pay' basis],
[평상과 같다는 식의 태도/'business-as-usual' attitude], [자력갱생 사업/'self-help' project],
[성장제일주의 정책/'growth first' policy],
[아시아 국가만 회원이 되는 교역 그룹/'Asian only' trade group],
[먼저 온 사람 순으로 하는/on a 'first come, first served' basis]

- 삽입용법으로서 대시/dash (─)

[대시/─]는 하이픈보다 약간 길이가 긴 줄로 나타내는 표시다. 대시를 이용하여 문장 안에 입구를 넣으면 내용은 그대로이면서 길이는 준다. 대시는 문장 속에 보충설명을 넣기 위하여 쓰는 괄호와 같은 역할을 한다. 그러나 문장의 흐름을 더디게 만드는 괄호보다 대시가 낫다. 예를 들면,

① People who believe in the basic element of Christianity ─who have no doubt that God exists and who believe in life after death, heaven, hell and the evil ─are much more opposed to abortion.
② Flights out of Hong Kong in the week leading up to June 30 ─the handover takes place at midnight that day─are as heavily booked as those coming in.

- 동격 [appositive]

영어 구문법이 한글 구문법과 한 가지 다른 점은 단어간의 관계가 토씨가 아니라 문장 내 단어의 위치에 따라 밝혀진다는 것이다.

주격, 목적격 등 [격/case/格]은 바로 그런 위치를 말한다. [I like you/나는 당신을 좋아한다]라는 문장에서 [I/나]는 주격이다. 주격(主格)의 위치(앞에 나오는 위치) 때문에 [는]이라는 토씨 없이도 문장이 가능하다. 타동사 뒤에 오는 명사가 그 동작의 대상(目的)임을 그 위치(目的格)가 밝혀 준다. 따라서 [를]이라는 토씨는 필요 없게 된다. 이 때문에

영어에서는 전치사는 있어도 토씨는 없다.

동격(同格)은 보통 주격에 있는 명사와 같은 내용 또는 속성을 말하는 명사를 같은 격(동등한 위치)으로 배치함으로써 수식어 역할을 하게 하는 구문 방법이다. 이때는 두 개의 주격 또는 목적격으로 쌍을 이루는 명사구 가운데 하나가 형용사절 역할을 함으로써 단어 몇 개를 절약한다. 이때 동격(동등한) 관계는 위치(격)와 콤마가 밝혀준다.

① A native of California, Morris attended Chouiard Art Institute in L.A.…(캘리포니아 태생인 모리스/모리스와 캘리포니아 태생은 동격, 위치로 서로의 관계가 분명해지고 그간에 연결어가 필요 없게 된다)

② When Hongkong, a British Colony for more than 50 years, returns to China, it will……(150년 이상 영국 식민지였던 홍콩……)

③ He was appointed mayor of kwangju, a post he kept until his retirement(은퇴할 때까지 봉직한 광주시장).

- President Kim Dae-jung is wooing the old enemy in the hope of eventual reunification — a process of Washington supports.

• 전문용어 [terminology, jargon, technical terms]

각 전문분야에는 해당 전문가들이 직업적으로 쓰는 전문용어가 있다.

의학 공부의 상당 부분이 이 용어를 암기하는 일이다. 전문용어는 대개 현상과 개념을 짧게 기술적으로 표현한 것이다. 그런 전문 및 기술 용어를 모르고 안쓰면 말은 길어진다.

[민주주의/democracy]와 [자본주의/capitalism]에 대한 개념을 국어사전이나 경제용어사전에서 찾아보면 적어도 20-30자의 설명이 들어 있다. 그러나 대부분 사람들이 이해하는 전문 용어를 그대로 쓴다면 문장의 길이는 준다. 자연과학 분야의 학술용어는 거의 전부 그런 전문용어이다.

[족벌주의/nepotism], [권위주의/authoritarianism], [인척관계/kinship relations], [또래집단/peer group], [일부다처제/polygamy] 등은 사회학에서 잘 쓰이는 학술용어 또는 전문용어의 예다.

- 짧은 단어 [key or powerful words]

같은 값이면 짧고 의미가 함축된 단어를 쓰고, 그리고 수동보다 능동체 구문이면 문장은 힘 있게 된다. 이때 짧은 단어로 된 동사를 골라쓰면 더 그렇게 된다. [생산이 기록적인 2,500만톤에 달했다/Production hit a record 25 million tons]라는 문장에서[hit]는 글자 셋으로 되어 있다. 대부분 영어 문장이 한국어 문장보다 짧으면서도 더 힘 있게 들리는 이유는 영어에 동사, 명사 할 것 없이 그런 어휘가 풍부하기 때문이다.

[avert, curb, cut, fuel, spark, forgo, veto, don, mar, old]와 같은 동사와 [entry, inquiry, role, (a rise to) power, status, rivalry, surge] 같은 명사와 [shy, brief, short, tiny, abrupt] 같은 형용사가 그런 예이다.

- 전치사의 사용

맨 앞에 든 문장 [....like other developing countries]에서 [like]라는 전치사를 써서 단어를 절약한 예를 들었다. 같은 원칙으로 [with, without] [because of] [thanks to] 같은 전치사나 전치사구를 쓰면 절이 구로 바뀌어 문장은 간략해진다. [Be+In (전치사)+ 명사 (대개 특질/quality을 의미하는 추상명사)가 어떤 상태를 알리는 짧고 힘 있는 형용사구 역할을 한다. 예컨대 [Rice is in short supply/쌀이 부족하다]. 같은 식으로 [in the doldrums/지지부진하다], [in danger/위험하다], [in trouble/곤경에 빠지다],

- 단문과 복문

주어와 동사로 구성된 부분이 문장 속에 하나만 있는 문장을 단문이라고 할 수 있다. 하나 이상이 들어 있으면 복문이다. 그러므로 한 문장 안에 절이 하나 또는 그 이상이 끼어 있거나 두 문장이 접속사로 연결되어 있으면 복문이다.

간단명료한 문장의 기법으로서 [한 문장에 한 가지 사항/one thought, one sentence]이라는 원칙이 있다. 한 문장에 한 가지 사항, 즉 한 가지 사실 또는 사상만을 다룬다는 것이다. 이런 문장은 독자의 머리에 쉽게 들어온다. 신문기사의 문장은 모두 그렇다.

그러나 모든 글이 그렇게 간단할 수는 없다. 글의 성격(예컨대 시시비비를 따지는 글 등 복잡한 문제를 다룰 때)에 따라서는 [만약(if)/조건] [때문에/because] […하더라도/although …] [그리고/and]등의 접속사를 이용하여 둘 이상의 사항간의 관계를 밝혀야하고, 글은 약간 길어지게 되어 있다. 이때도 한 문장 안에 다루어야 할 사항이 2~3개를 넘지 않게 하고 짜임새 있게 구문을 작성할 필요가 있다.

문장의 길이가 너무 길면 읽기 어려워져 효과적인 글이 될 수 없다. 세계적으로 문장의 길이가 짧아지는 추세이다. 다루고 있는 대상과 내용에 따라 달라질 수밖에 없지만, 영문의 경우 10~20자 사이가 표준이다. 사실만을 보고하는 글이라면 한 문장에 한 가지 사항을 담는 식이 좋을 것이다. 어느 경우든 똑같은 길이의 문장을 반복하는 것보다 긴 것과 짧은 것을 적당히 섞어야 글의 단조로움을 피할 수 있다.

- 표현의 정확성 [precision]

한 가지 개념을 표현하거나 사실을 묘사할 때 쓸 수 있는 단어는 대개 여러 가지다. 그러므로 단어를 고르는 [선택/diction] 작업이 필요하게 된다. 기계처럼 표현이 정확할 수는 없으나 가능한 그래야 한다. [과장/exaggeration]은 표현과 실체간에 생긴 괴리다.

이상의 영어문장 기법은 언어의 경제성을 위한 것이므로 문자의 [색깔이나 멋/color, flavor]과는 관계가 없다. 문장의 단조로움이 문제가 된다면 [일화/anecdotes], 인용[quotations], [실례/examples], 멋있는 표현 등을 문장의 경제성을 크게 해치지 않는 한도에서 적절히 섞어 이를 보완할 수 있다. 글 속에 있는 내용이 좋다면 단조로움은 줄어든다.

5. 국제영어, 세계영어

현재 영어를 모국어로 쓰는 인구는 4억5천만, 제2외국어로 구사하는 인구는 3억5천만명, 세계 6대주에 걸쳐 널리 퍼져있다. 세계 70여국이 영어를 [공식언어/official language]로 사용하고 있다. 앞으로 더 널리 쓰일 추세다. 그 영어의 본산은 물론 영국이다. 그런 의미에서 영국의 영어가 표준영어이고 다른 지역 영어는 [밖으로 실려 나간 영어/transported English], 이론적으로 말한다면 [오리지널리티/originality]가 덜한 영어이다.

원래 영어는 어디에서 쓰이든 이미 지적한대로 통일성과 동질성이 잘 보장된 언어다. 요즘은 세계가 점점 문화적으로 하나가 되고 있으므로 길게 봐 어떤 지역의 영어가 굳이 표준영어라고 말을 할 수 없게 된 것이다. 어느 지역, 어느 계급이 아니라 모든 지역을 망라하여 교육받은 사람이 쓰는 영어가 표준영어라고 봐야 할 것이다.

영어로 교육받은 인구가 전 세계적으로 늘고, 그들 간의 교류가 많아지면서 영어의 지역적 격차는 갈수록 줄고 일정한 [세계적 패턴/world pattern]으로 통합되어 가고 있는 추세다. 이 과정에 인터넷과 텔레비젼 등 대중매체의 영향을 빼놓을 수 없다. 오늘 영어를 사용하는 국가의 텔레비전 방송치고 미국에서 제작한 영화나 컨텐츠에 크게 의지하지 않는 경우는 없다. 책과 국제적으로 읽히는 잡지도 마찬가지다. 미국영어가 [세계영어/global 또는 world English]를 주도해나가는 이유다.

지역별로 영어의 차이를 소개한 문헌들을 보면 약간 혼돈이 온다. 과거에는 차이라고 지적된 것들이 오늘에 와서는 더 이상 차이가 아니기 때문이다. 많은 미국영어가 호주로 건너와 호주영어가 됐고, 또 호주영어가 미국으로 건너갔다. [chore, junk, cinema, cab, guy, kid, truck, astronaut, collect call, disk jockey, rain check, sexism, lame duck, collect call, swinging vote, baby-sitter, dark horse, soap opera]등은 미국에서 더 쓰이던 말인데 호주에서도 사용이 일반화되고 있다. 영국과 호주에서 [taxi]와 [cab], [junk]와 [rubbish]는 모두 함께 쓰인다.

인도인, 일본인, 중국인의 영어 발음이 각기 특이하다. 현지에서 자라지 않은 이들의 영어는 모국어의 영향을 받기 때문이다. 현지에서 자라는 2세라면 몰라도 성장해서 영어를 배운 한국인이 영어를 쓸 때는 절대 원어민과 똑같은 발음을 낼 수 없다. 혀를 억지로 굴리며 어느 특정 영어사용 국가의 발음을 그대로 모방하려 한다면 오히려 우스꽝스러운 영어가 된다. 그보다는 약간은 우리식일지라도 표준 발음표에 충실하게, 그러나 [우아하게 또는 품위 있게/gracefully] 발음하는 쪽이 훨씬 품위가 있다고 본다.

이렇게 말하고 난 다음에도, 아직 남아 있는 주요 지역의 영어의 특징을 간과할 수 없다. 아래에서 간략하게 써본다.

6. 미국영어와 영국영어

해방 후 줄곧 미국의 영향권 아래 성장, 발전한 한국인들의 영어는 미국영어다. 하지만 근래 한국인들이 유학, 관광, 그 밖의 교류를 위하여 방문하는 영어사용 국가가 미국에서 호주, 영국, 캐나다, 뉴질랜드, 남아프리카 등으로 확대되면서 다른 지역의 영어에 대한 이해가 필요해지고 있다.

어느 나라든 수도에서 쓰이는 언어가 표준어가 되는 것은 우연이 아니다. 수도는 상류층이 모여 살고 자연히 정치와 문화와 교육의 중심지가 되기 때문이다. 이른바 영국의 [표준영어/Standard English]는 런던에 사는 영국 상류층을 중심으로 가까운 남부와 동부지방의 말이 일부 섞이면서도 오래 왕실에서 정화된 것들이다.

한국과 많은 세계 지역에서 인정받는 미국영어는 한때 영국영어에 비해 한수 낮은 영어로 여겨졌었다. 그 영어 발음은 [뉴잉글랜드/New England] —매사추세츠 주와 코네티컷 주를 포함한 미국 동부지방— 와 남부가 아닌, 대서양 쪽과 중서부지역에 사는 미국인의 주류, 즉 미국인 3분의 2이상이 쓰는 영어이다. 말하자면 미국의 [대중영어/General English]이다. 이 영어는 주로 스코틀랜드, 아일랜드 그리고 영국의 북부와 남부지방의 말이 섞이고, 그 밖에 여러 미국적 요인이 섞인 결과물이다.

영국 상류층은 그 영어를 한때 [비천한 영어/vulgar English]로 쳤었다. 특히 미국의 [남부지역의 특이한 발음/southern accent]과 흑인사회에서 잘 쓰이는 [빈민층 영어/ghetto English]는 더 괄시를 받아왔다.

미국영어가 영국의 표준영어를 일탈한 것은 영국을 등지고 미국으로 건너간 미국인들이 영국 상류층 출신이 아니었던 점과 당시 그들이 가졌던 [반영국 정서/anglophobia, anti-British sentiment]로 설명 된다. 초기 미국인의 그런 영국에 대한 정서는 [노아 웹스터/Noah Webster 1798]의 아래 글에 잘 나타나 있다.

[As an independent nation …our honour requires us to have a system of our own in language as well as government. Great Britain, whose children we are, and whose language we speak, should no longer be our standard…]

그러나 오늘날 세계 각 지역의 영어는 두 나라의 국제적 지위를 따라 크게는 영국식과 미국식 영어 [양국의 정치 제도를 따라 전자를 [왕실영어/Queen's or King's English], 후자를 [대통령영어/President's English]라고 부르기도 한다]의 바탕에 지역적 특성이 가미된 것들이라고 말하고 싶다.

그러므로 아래에서 이들 나라간 영어의 차이점을 식별하는 데 도움이 될 몇 가지를 소개해볼까 한다.

(1) 먼저 미국과 영국 영어의 발음상 주요 차이점을 들어보면,

-[bath, laugh, grass, class, dance, pass, ask, that, sample, plant]의 예에서 볼 수 있듯이 미국 영어는 [a]를 [æ]로 짧게 발음한다. 짧은 모음 [a]는 [short vowl a] 또는 [flat a]라고 한다. [father, psalm, alm, calm] 등 몇 개의 예외를 제외하고는 이 때 영국식은 긴 [아] 발음(broad a)을 한다. 따라서 [bath]는 [배스]가 아니라 [바스]가 된다.

-[car, first, card, return, part, park, hard, born]의 예에서 볼 수 있듯이 미국 영어는 [r]에 힘을 주어 길게 발음한다. 영국식은 [r]발음이 거의 없어져 [alms]와 [arms] 그리고 [father]와 [farther]는 서로 거의 같은 소리로 들린다. 런던 영어의 특징인 [l]발음의 모음화(l-vocalization)도 같은 원칙에 따른 것이다. [milk]가 [miək]로 발음되는 것처럼 [r]과 [l]소리가 없어진다.

-[direction, civilization, organization]에서 영국식은 앞의 [i]를 길게, 미국식은 짧게 한다.

-[not, pot, block, rod, God]에서 모음[o]의 경우, 영국식은 [nor]와 운을 같이 하여 발음한다. 미국식은 [father]의 [a]에 가깝게 그러나 더 짧게 발음한다. 미국에서 [God]는 [Gahd]로 들린다.

-[duke, duty, new, news, student, studio, assume, presume]등의 경우, [u]는 미국식에서 [oo]에 가깝게, 영국식에서는 [yu]에 가깝다. 미국에서는 [new]는 [뉴]가 아니라 [누]에 가깝게, [news]는 [nyus]가 아니라 [nooze]로 들린다. [enduring]은 영국에서 [endyuring]이고 미국에서 [endooring]으로 들린다. [assume]은 영국에서 [아슘]이고 미국에서는 [아숨]으로 들린다.

-[extraordinary, interesting, medicine]에서 영국식은 모음들을 어물쩡하게 붙여 발음하기 때문에 [kstrordnri] [intrsting] [medsn]이 된다. 이때 미국식은 모음을 전부 살려서 발음한다. 예컨대 [extraordinary]

는 그대로 [eks-tra-ordi-na-ri]가 된다.

-[either, neither, patent, tomato]는 미국에서 [ee-ther, nee-ther, pat-ent, tomayto], 영국에서는 [eye-ther, nye-ther, pay-tent, to-mah-to]이다. [schedule, lietenant, often, envelop]은 미국에서 [ske-dule, loote-nant, offn, loote-nant, offin, ,on-velop]이고, 영국에서는 [she-dule, left-nant, off- ten, en-velop]이다.

-[which, with, when, whether, weather, whale]에서 영국식은 [w]와 [wh]간에 차이를 두지 않고 발음한다. 이 때 미국식에 서는 [wh]에 [h]발음이 섞인다.

-[address, inquiry, magazine, recess, romance, spectator] 등의 명사에서 미국식은 악센트가 첫 음절에, 영국식은 두 번째 아니면 마지막 음절에 붙는다.

-[fertile, genuine, docile, senile, virile, profile]의 미국식 발음은 끝의 [-ine] [-ile]이 [pine] [wine]에 가깝게, 영국식은 [pin] [win]에 가깝게 발음한다. 하나는 [ge-nu-ain]이고 다른 하나는 [ge-nu-in]이 된다.

(2) 양국간 [철자법/spelling]의 차이에 대하여는 대부분의 영어 교과서에 잘 소개되어 있어 여기서는 몇 가지만 적는다.

- 영국식에 비해 미국식은 단어의 가운데 또는 끝에 글자 하나 정도가 간소화되어 있다. 예컨대 [영국의 aluminium, carburettor, flunkey, chilli]는 [미국에서 aluminum, carburetor. flunky, chili]이고 [영국의 axe, annexe, furore, gelatine]은 [미국에서 ax, annex, furor, gelatin]

이 된다. 또 [영국의 -our(ardour, behaviour, clamour, favour, colour, neighbour), -re(centre, fibre, theatre)]는 미국에서 대부분 [-or] [-er]이 된다.

- [panelled(paneling), jeweller]의 경우, 미국 영어에서는 2중 자음을 쓰지 않으므로[paneled(paneling) jeweler]가 된다. [gravelled, parcelling, kidnapped, worshipped]도 마찬가지다. [미국의 defense, offense, pretenses]는 [영국에서defence, offence, pretence]가 되며, 영국에서 동사의 끝의 [-ise]는 미국에서 [-ize]가 된다. 그 외 불규칙적으로 영국에서 [cheque, gaol, grey, kerb, pajamas, plough]는 미국에서 [check, gray, curb, pajamas, plow]가 된다.

(3) 마지막으로 [단어/vocaburary]의 차이다. 영국에서 [luggage]는 미국에서 [baggage]이다. 비슷한 다른 예를 들면 (뒤쪽은 미국식) [biscuit/cookie, boot/trunk, odd jobs /chores, cinema/movies, flicks/pictures, chips/potato, flat/apartment, estate car /station wagon, holidays/vacation, jumper/sweater, lorry/truck petro/gas, lavatory/toilet/rest room, lift/elevator, nappy/diaper, postman/letter-carrier, railway/railroad, sidewalk/pavement, silencer/muffler, serviette/napkin, torch/ flashlight]

그 외 [blinds/shades, cupboard/closet, drains in a house/sewerage, elastic band /rubber band, hall/hallway/passage, janitor/caretaker, living-room/parlor/sitting room/lounge room, tap/faucet, taxi/cab, veranda/porch, tea party/coffee party] 등이 있다. 그러나 앞서 지적

한대로 이 구분은 갈수록 애매해지고 있음을 여기 예에서도 알 수 있다. 예컨대 [toilet, muffler, cupboard, napkin, vacation, elavator]는 영국영어를 더 쓰는 호주에서도 그대로 사용된다.

7. 캐나다영어와 미국영어

[영연방/British Commonwealth] 회원국이지만 인접국인 미국으로부터의 인구 유입과 영향이 컸던 캐나다는 [영어의 미국화/Americanization of English]가 거의 완전히 이루어진 나라다. 그 외에도 영국과 함께 미국에서 이 나라로 옮겨온 서민들의 영국 상류층에 대한 반감정서가 이에 한 몫을 했다.

영국의 표준영어는 사실상 영국의 상류층 자녀가 다니던 [이튼학교/Eton College] 등 [최대 명문 사립학교/great public boarding schools/영국에서 public school은 공립학교가 아니다/이들 학교의 학생들은 기숙사에서 생활 한다/용어해설 GPS, 380쪽 참조] 내에서 쓰인 영어다. 이들 학교 출신이 영국 상류층을 구성했기 때문이다. 그래서 한때 영국 표준영어는 [사립학교 발음/public school pronunciation]이라고 불리기도 했다.

초기 캐나다 공립학교에 채용된 교사들은 그런 영어를 배운 영국 상류층 출신이 아니었다. 교사 가운데 누구도 표준영어의 2대 특징인 긴 [a] 발음이나 단어의 끝 또는 자음 앞에서 [r]의 음가를 낮추는 발음을 학생들에게 가르칠 줄 몰랐다. 다만 국영방송인 [Canadian Broadcasting Corporation/CBC]이 표준영어를 따랐지만, 대중은 미국의 [일반영어

/General English]쪽으로 기울었다.

　인접국인 미국 매스컴의 영향으로 캐나다에서 [미국영어의 침투/American invasion of English speech]가 근래 더 철저하게 이루어졌다. 당연한 귀결이지만 캐나다 영어의 미국화는 국경에서의 거리에 정비례하여 일어났다.

　여러 조사에 따르면 많은 캐나다인이 미국식 영어를 그대로 쓰지만, 캐나다-미국 국경에서 가까운 [온타리오/Ontario] 주 주민의 90% 이상이 [class, dance, bath]를 짧은 [a] 를 [flat (a)]로 발음하는 것으로 나타났다. 알버타 주민에 대한 오래전의 한 조사는 이들 3분의 2 이상이 절대적인 미국식 발음, 1%가 절대적 영국식 발음을, 나머지는 그 둘을 섞어서 쓰는 것으로 밝혔다. 캐나다에서 [schedul]은 [shedule]과 [skedule]이 모두 쓰인다. CBC는 오래 [shedule]을 고집하다가 지금은 바뀌었다.

　캐나다에서도 영국식보다 미국식 철자와 단어가 우세하다. 자동차 용어는 전부가 미국식이다. 유학생들은 미국영어를 잘하면 캐나다에서 그대로 쓸 수 있다는 이야기다.

8. 호주영어와 뉴질랜드영어

　호주 언어학자들은 호주영어를 교육 받은 [지식인 호주영어/Cultivated Australian], [일반층 호주영어/General Australian], [하류층 호주영어/Broad Australian]로 나눈다. 지식인 영어는 교육을 받고 전문직에 종사하는 호주사람들의 영어다. 이 구분은 다른 나라의 영어에도 대충 그대로 적용된다.

지식인 호주영어는 영국의 표준영어에 가깝다. 일반층 호주영어는 호주의 대다수인 대중이 쓰는 영어이다. 호주 대학생들이 쓰는 영어는 여기에 가깝다고 생각된다. 농촌과 공장 노동자, 그 외 교육수준이 낮은 서민들이 쓰는 하류층 호주영어는 이와는 크게 다르다. 아주 촌스러운 호주사람의 별명으로 [오카/ocker]라는 게 있다. [오스카/Oscar]라는 문학 작품의 등장인물에서 유래된 것이라는 설이 있다. 하여간 오커 영어는 [Broad Australian English]다.

언제부터인가 가보지도 않은 사람들이 호주영어에 대한 신화를 만들어 놓았다. 예컨대 호주영어는 [굿다이 투다이/Good day, today]식으로 발음하기 때문에 [I go to Sydney today]가 [I go to Sydney to die]로 들리는 아주 이상한 영어, 아주 열등한 영어라는 것이다. 이는 앞서 말한 대로 하류층 호주영어의 특징이며 호주인 대부분이 쓰는 영어는 아니다.

호주인들의 상당수가 영국의 영향을 받아 아직도 [a]를 [에이]가 아니라 [아이]로 발음한다. 따라서 [base, face, pace, fail, say]는 [bais, faice, fail, sai]로 들린다. 호주인들 가운데 아직 [ABC 방송]을 [에이비씨]가 아니라 [아이비씨] 방송이라고 부르는 사람이 허다하다. [They say]는 [dai sai]로 들린다. H는 [에이치]가 아니라 [해이치]로, [HSC/Higher School Certificate]는 해이치에스씨로 발음하는 사람이 많다.

[One has sometimes to pronounce [male] as [mile] before one can be understood……] 이것은 호주에서 유학하고 돌아간 한 아시아

학생의 호주영어에 대한 평인데, 남자를 의미하는 [male/미국 발음 메일]을 호주에서는 거리의 단위인 [mile/마일]로 발음해야 알아 듣더라며 풍자적으로 쓴 글이다. 마찬가지로 later와 lighter의 구별이 쉽지 않다. 그리하여 [salad later/셀러드는 나중에요]라고 주문했더니 [salad lighter/셀러드는 연하게]로 알아 듣더라는 우수개도 있다.

[Class, bath]의 모음을 [broad (a)]로 발음하며, 자음 앞 [r]발음이 약하다. [better]의 경우 미국에서 [t] 발음은 약해져 잘 들리지 않지만, 호주식은 영국식에 가까우며 [t] 발음은 확실하다. 영국과 호주 모두 [not]의 [t]는 확실하게 소리를 낸다. 많은 호주인이 [schedule]을 영국식인 [shedule]로 발음한다.

서민층과 하류층 호주영어를 들었을 때 금방 알아차릴 수 있는 특징은 말끝마다 톤을 올리는 [high rising tone/HRT]이라고 불리는 [억양/intonation]에 있다. 대화를 할 때 질문이 아닐 때도 말끝을 올린다. 가령 대화 도중에 상대에게 [I said to her to go to school]이라고 말할 때도 끝 부분인 [school]을 올려서 말하는 것이다. 이것은 대화중에 상대의 호응을 바라는 일종의 제스처에서 유래한 것이라고 한다. [HRT]는 젊은이와 여성 그리고 서민층 영어에 더 흔하므로 상류층 영어라고 할 수는 없다.

호주에 처음 이주해 온 많은 영국인들은 유배된 [죄수/convicts]들이었다. 이들은 원래 거의 농촌 출신들이었지만 도시로 나와 도시 사람들과 섞이고, 호주로 향하는 긴 항해를 하는 동안 여러 지방에서 모여든 다른 죄수들과 섞이면서 독특한 말투와 발음이 생긴 것이다. 한국의 군대 생활 중 여러 지방에서 온 사람들과 섞여 지내는 과정에서 말이 특정 지방색을 잃고 잡탕이 되는 것과 같다고 할 수 있다.

그러나 앞서 말한 대로 교육 받은 상위층 호주인들의 영어가 영국의 표준영어에 가까운 이유가 있다. 20세기에 들어 호주로 꾸준히 들어온 영국인 가운데 전문인들이 많았으며, 이들은 지금도 미국보다 영국과 더 빈번한 교류를 갖는다. 호주는 경찰청장, 은행장, 방송국장, 기업체 CEO들을 미국, 영국에서 수시로 영입해온다. 호주 이민자 가운데 단일 인종으로는 영국인(아일랜드와 스코트랜드 포함)이 제일 많다. 또 많은 호주 전문인들이 취업으로 미국, 영국 등에 나갔다가 돌아온 사람들이다.

호주는 현재도 영국의 여왕을 국가원수로 섬기며, 구세대의 대부분 호주인들은 지금도 영국을 모국으로 삼고 있다. 호주에도 집안 좋은 자녀들이 다니는 영국 모델인 [Greater Boarding School/용어해설, 380-381쪽 참조]가 그대로 존재한다. 대부분 [grammar school]나 [college]라는 이름이 붙는 사립고등학교는 그런 전통을 따르고 있다.

30여 년 전의 조사에 따르면, 호주인 34%가 하류층 호주영어를 썼다. 그 후 고등교육의 확대, 미국영어의 영향, 다른 영어사용 국가(특히 영국)에서 유입된 전문인력을 생각할 때, 그 비율은 많이 줄어들었을 것으로 보인다.

영국의 식민지였던 뉴질랜드의 발전 과정도 호주와 매우 비슷하다. 그러나 19세기에 와서는 현지 출생 백인의 수가 더 많아졌고, 인접국인 호주와 교류가 많아서 호주영어로부터 가장 많은 영향을 받았다는 것이 정설이다.

그러나 뉴질랜드 백인들은 호주에 비하여 영국식 귀족풍을 더 좋아하며, 영어 또한 더 영국풍이라는 견해가 지배적이다. 뉴질랜드 원주민은 [마오리족/Maori]이다. 뉴질랜드 영어가 마오리족 언어의 영향을 받았다고 하지만, 일부 섞인 단어 말고는 별로라고 생각된다.

제8장 유학을 슬프게 만드는 것
-[인종충격]

1. 향수와 인종차별

 유학을 어렵게 만드는 것 가운데 하나가 [향수/homesickness]이다. 향수는 두고 온 고향산천과 가족과 친구에 대한 그리움이다. 이런 그리움은 한인 이민자들의 문학 작품에 잘 나타난다.
 향수가 자기와 친숙했던 사람과 환경의 박탈에서 오는 심리적 갈등이라면, 그 정도는 거주국 사회의 처지와 큰 관계가 있다. 일반적으로 이질문화권이라면 더하다. 백인사회에서 지내다가 사람들의 생김새와 사회 분위기가 비슷한 일본에만 와도 내집에 온 것 같다고 말하는 한인들이 많다.
 거주국 주민들의 태도 또한 중요하다. 이들이 친절하고 따뜻해서 쉽게 섞일 수 있다면 그만큼 고독감은 덜하다. 이점에서 관광이나 출장으로 일시 밖에 나온 사람과 이민자들이 느끼는 감각은 크게 다르다. 전자는 호텔이나 관광지 등 특정 지역을 다니면서 손님 대접을 받을 수 있는 위치에 있다. 이와는 달리 대부분 이민자는 생계를 찾아 사회의 저변에 파고 들어가야 한다. 유학생은 이민자는 아니나, 부유한 집 자녀가 아니라면, 더 어려운 처치에 놓이게 된다.

외국인이 대거 들어와 사는 영미사회에서는 유학생이라고 따로 봐 주지 않는다. 이점 한국과는 크게 다르다. 한인 이민자와 유학생들이 자동차 접촉 등 사건과 사고로 현지인과 마찰을 겪거나 경찰 취조를 받는 일이 흔한데, 그럴 때 갑자기 고향 생각이 더 나더라는 것이 대개의 경험담이다.

여기에서 빼놓을 수 없는 게 인종차별이다. 사람이 인종적 이유로 주류사회로부터 따돌림을 당할 때처럼 슬픈 일은 없다. 그리고 그런 대우를 받을 때 그 사회에 대하여 건전한 판단과 감정을 가질 수가 없다.

백인 위주의 서방사회 전반에 걸쳐 반아시아 정서가 있는 것은 사실이나, 그 실체를 몇 마디로 단정하기는 어렵다. 역사적으로 그 정도가 다르고, 지금도 지역과 상황에 따라 그러기 때문이다.

유학생들이 갖는 인종차별에 대한 감각은 이들의 현지 사회로의 적응 과정과 유학의 성패에 큰 영향을 준다. 그러므로 국제교육 리서치의 일부로 다뤄져야할 중요한 영역이지만 아직까지 이에 착안하는 한국인이 없다. 단편적인 흥미 중심 언론보도가 전부다. 한편 인종문제는 남의 나라에서나 있는 일로만 여겨 온 게 사실이다. 한국에도 100만에 육박하는 외국인 거주자가 있고, 최근 미국의 한인계 혼혈인 하인스 워드가 성공담이 한국에서 감동을 일으키는 등 한국에서도 인종문제가 관심 되어야 한다는 인식이 커져 가고 있다.

2. 제도가 아니라 행태의 문제

[다문화, 다인종/multicultural, multiracial]으로 이뤄진 영미국가들은 법과 국가정책 선언으로 인종, 성별, 종교에 따른 차별을 금하고 있다. 영미국가들은 모두 - 표현 방법은 달라도- [다문화주의/multiculturalism]를 채택, 이질문화권에 온 사람들의 문화를 존중할 것을 천명하고 있다. 그리하여 여러 이민자 집단이 모여 사는 지역의 행정기관은 [여러 문화, 하나의 사회/Many cultures, One community]와 같은 그럴듯한 정책 구호를 내걸고 있다. 인종차별 행위는 심지어 형사처벌 대상이다.

그러나 인종차별은 눈에 보이지 않게 또는 법규에 걸리지 않게 교묘히 정책에 반영되는 것이다. 제도를 봐서 인종차별의 유무를 따지는 것은 무의미하다. 법과 제도가 인간관계의 모든 영역, 특히 국민의 정서까지 다루는 것은 아니다.

그럼 이들 나라의 인종차별은 어느 정도인가? 영미인(앵글로 색슨)들의 마음속에 도사린 동양인에 대한 생각과 감정은 어떤 것일까? 현지인들에게 그런 점을 직접 물어봐 알 수는 없다. 솔직한 대답을 안 할 것이기 때문이다. 일상생활의 구체적 사례를 들어 나름대로 어떤 결론을 얻을 수밖에 없다.

인종차별은 엄격하게 따진다면 혈통과 피부색과 생김새에 따른 인간차별이라고 봐야 할 것이다. 유유상종(類類相從), 미운 오리새끼, [새도 같은 색깔끼리 모여 다닌다/Birds of a feather flock together]와 같은 말로 알 수 있듯이 동물들은 같은 것끼리 떼를 이뤄 다닌다. 사회학자들은 인간 사회도 이와 같다는 점에 주목한다. 영미국가에서 방과 후 중고등학교 교문을 나서는 학생들을 보면 재미있다. 인도계, 중국계, 한인계, 아랍계, 백인계 학생들이 모두 따로 따로 삼삼오오 무리를 지어 가는 것이다.

적어도 표면상 단일 민족국가인 한국에서는 인종에 따른 차별이 있을 수가 없다. 있다면 성, 종교, 교육, 지능, 사회경제적 지위 등에 따른 인간차별이라고 봐야 한다. 다민족 국가인 영미사회의 경우에도 차별은 대개 인종에 사회경제적 변수가 복합되어 있는게 보통이다. 하지만 두 가지는 이론상 구별해서 말해야 한다.

백인도 차별을 받았다

5개 영미국가의 인종 상황은 미국에 특별히 많은 흑인과 히스패닉을 제외 한다면 놀랍게도 비슷한 패턴이다. 대개 150여개 출신 국가별 민족이 모인, 그야말로 인종 전시장이란 말이 실감난다. 하지만 백인 중심의 영미사회에서 피부색과 생김새 때문에 두드러지게 보이는 인종은 동양계, 아프리카계, 인도계 등이다. 이때 인종차별은 모든 백인이 똑같이 유색인을 일률적으로 차별하는 [단선모델/linear model]이 아니다. 여러 층과 여러 방향으로 일어나는 [복선 모델 curvilineal model]이므로 누가 누구를 차별하는가를 따져 볼 필요가 있다.

영미국가의 주류는 앵글로 색슨과 셀틱계인 잉글랜드, 스코트랜드, 웰즈와 아일렌드계를 망라한 백인이다. 이들이 주로 19-20세기초에 걸쳐 미국, 캐나다, 호주, 뉴질랜드로 건너가 백인 중심의 사회를 만들었다.

같은 기간에 스페인계와 프랑스계(특히 캐나다와 미국의 일부 지역에), 북유럽과 중부 유럽계, 남부 유럽계(주로 이태리와 그리스)와 유태계도 건너왔지만 수적으로는 소수다. 그들은 이미 3-4세대에 이르렀고 이들 후세대는 같은 백인으로서 대체적으로 앵글로 주류에 거의 완전히 통합되었다고 볼 수 있다.

그러나 이들 비영국계 백인 일부와 심지어 아일랜드계 마저도 한 때 앵글로색슨계 주류 속에서 인종차별을 느껴온 흔적이 많다. 미국에서는 한때 노예 신세였던 미국 흑인들이 점점 주류가 되어 가고 있고, 이들의 거센 반인종차별 운동 때문에 다른 유색 소수민족들이 간접적으로 덕을 보고 있는 셈이다.

이들 나라에서 현재 주류에 일부 진입했거나 전혀 못한 채 눈에 쉽게 띄는 소수민족 집단은 2차대전 후 내전의 피난민으로 비교적 늦게 미국, 캐나다, 호주 등지로 대거 유입된 레바논계, 한국전쟁과 월남전쟁을 거치면서 역시 같은 지역으로 꾸준히 유입된 다른 아시아 이민자, 뉴욕과 LA 등으로 유입해온 푸엘토 리코와 멕시코인계 등이다.

2차대전 종료 후 영국 외 주요 영어 사용 국가들로 각각 비슷한 비율로 대거 이주한 남 유럽계(특히 이태리, 그리스계, 구유고슬라브계)가 3, 4세에 이루고 있지만 1, 2세는 아직도 이민자의 때를 벗지 못하고 있다. 영국의 경우, 아시안계라면 영연방에 속하는 인도인, 파키스탄인, 스리랑카인들을 주로 의미한다. 중국인, 한국인, 일본인이 아니다. 그 외 한때 영국 식민지였던 중동계가 이 나라에서 큰 소수 민족이다.

전체 인구 대비 이런 비영국계 외국 태생 거주자의 비율은 전체적으로 20-25%이나 주로 대도시에 몰려 있어 유학생이 이들과 만날 확률은 훨씬 높다. 뉴욕의 경우는 인구의 36%가 비영국계 이민자다. 유학생들이 뉴욕의 저소득층 지역에 거주하면서 만나게 되는 백인은 유태계, 이태리계, (전)유고슬라비아계, 스페인계일 공산이 크다. 뉴욕과 런던 같은 대도시에 나가 겪은 나쁜 경험을 말하면 현지인들로부터 뉴욕은 미국이 아니다, 또는 런던은 영국이 아니다와 같은 소리를 듣게 되는데 일리가 있다.

　이들 여러 시기에 여러 가지 이유로 이민으로 들어온 유색인은 물론, 비영국계 백인들도 한때 인종갈등과 계층갈등을 겪었으며, 이들 중 아직도 활동하는 1세나 1.5세들은 지금도 대도시의 특정 지역에 모여 레스토랑이나 간이음식점 등 소규모 가게를 운영하며 이민자 냄새를 풍기며 산다.

　개구리 올챙이 시절을 모르듯 이들은 [새로 들어온 아시아 이민자/newcomer Asians]들에게 친절하지는 않다. 시집살이를 한 시어머니가 며느리에게 더 가혹한 이치라고나 할까. 처음 외국에 와 이런 지역에서 푸대접을 받은 유학생들은 그 불행한 경험을 전체 사회로 확대해서 생각할 개연성이 크다.

3. 인종감정은 언론에 나타난다

　영미사회에 살면서 문득 [나는 여기에 속한 사람이 아니로구나]하고 서글퍼질 때가 있다. 밤에 달리는 차 속에서 걸어가는 동양인을 향해 소리치거나 야유를 하는 백인 젊은이들을 볼 때다. 대개 불량 청소년이거나 이민을 반대하는 일부 극우파 단체에 속한 사람들의 소행으로, 흔하게 일어나는 일은 아니지만 막상 당하고 나면 여간 불쾌한 게 아니다.

주로 밤에 그런 일이 일어나는 것을 보면 현지인들의 마음을 읽을 수 있다. 얼굴을 마주 대하고는 못하지만, 마음속에 강한 인종적 편견이 있다는 확실한 증거다.

영미인들은 황인종이면 모두 중국인으로 동일시하는 버릇이 있어, 미국에서는 아이들이 [칭크/chink], 호주에서는 [칭총/chinchong] 등으로 부르는 일이 많다. 반아시아인 감정이 심했던 1900년대초 노동자로 온 중국인들을 멸시해서 붙인 별명인 것 같다.

이들 나라 주류언론의 보도는 인종문제에 대한 현지인들의 마음을 알 수 있는 하나의 바로미터가 된다. 전화로 시청자들을 연결시켜 대화를 하도록 하는 래디오 [토크 쇼/talk show] 프로그램의 흔한 주제 중 하나가 이민이다. 이 프로를 들어보면, 이민과 이민자에 대한 현지인들에 대한 감을 잡을 수 있다.

많은 노인층이 동양인을 싫어하는 것을 알 수 있다. [동양인 이민을 너무 많이 받는다] [동양인은 실업문제를 악화시킨다] [들어오자마자 실업자 수당으로 산다] [병을 옮겨온다] 같은 불평이 나온다. 그 토크 쇼에 전화를 거는 참여자는 이름을 밝히지 않는다. 그래서 더 솔직한 심정을 털어놓는다. 영미국가들은 다른 나라에 자선을 베풀려고 이민을 받아들이는 것은 아니다. 자신들의 이익을 위해 서다. 그러나 대다수 일반 국민은 그런 깊은 지식을 가지고 있지 않다.

뉴욕, 토론토, 밴쿠버, 시드니 중심가나 근교에는 중국과 베트남 촌들이 형성되어 있다. 이 지역들이 자주 주류매체의 관심과 보도 대상이 되는데, 마약이나 갱, 범죄 등 부정적 측면을 강조하는 사례가 많다.

이민을 노골적으로 반대하는 단체와 인사들도 있다. 재향군인회, 노동조합 지도자, 일부 튀는 대학 교수, 정치인들 가운데 가끔 그런 움직임이 나타난다. 그러면 예외 없이 주류매체의 집중 조명을 받는다. 소리 없는 주류의 취향에 들어맞기 때문이라고 생각되는 반면, 주류의 여론에 상당한 영향을 주게 되어 있다.

시드니에서 한 한국인이 아파트에 세 들어 살다가 아이들 문제로 아랫집과 자주 마찰을 빚었다. 이 한국인은 정부가 무료로 운영하는 [법률자문관실/legal service]을 찾아가 의논했다. 그러나 변호사는 베트남 사람들이 많이 사는 지역으로 이사를 가는 것이 어떠냐고 자문했다고 한다. 이 변호사의 말은 여러 가지로 해석할 수 있지만, 왜 백인들이 주로 사는 곳에 끼어들어 말썽이냐는 뜻도 된다.

반면 이 나라 사회가 [그만하면 괜찮다]든가 [한국인보다 더 친절하다]고 느끼게 하는 사례도 많다. 특히 한국에서 늘 겪는 빈부와 지위에 따른 차별대우를 생각하면, 호주 사람들은 양반이라고 말하는 교포도 많다. 해외 한인들이 과거 한국의 화교를 예로 잘 든다. 한국사회가 이들에게 했던 것에 비한다면 백인들은 훨씬 덜 인종주의적이라는 것이다.

영미국가의 백인들이 모여 살던 인기 지역에 홍콩인, 중국인, 한국인이 눈에 띄게 늘고 있다. 뉴욕의 맨하탄에서 강 건너 멀지 않은 뉴저지 주 고급지역에는 과거 백인만이 주로 살았다. 백인들이 흑인에게 집을 팔지 않았기 때문에 그런 것으로 들었다. 이런 백인의 태도가 많이 바뀐 것일까? 지금은 뉴욕도 그렇고 LA의 베벌리힐에서도 주택을 동양인들에게 팔 수 없다고 고집하는 백인은 드물다.

　처음 들어오는 한국 유학생들은 동양인이기 때문에 집을 얻기가 어렵지 않을까 걱정한다. 그것은 기우이다. 여기 복덕방은 고객의 인종을 따져 집을 팔거나 세를 주지 않는다. 다른 조건이 같다면 먼저 온 사람 순서대로 거래해 준다. 다른 조건이란 임대료를 잘 낼 수 있을 것인가, 아이들이 많은가, 집을 깨끗이 쓸 것인가 등이지 인종을 가리는 일은 드물다. 특히 부동산 경기가 침체된 요즘은 부동산업자나 소유주 모두 사람을 빨리 들이고 집을 팔려고 노력하므로 그렇다.

　이민자의 자녀들도 현지인과 똑같은 조건으로 대학에 들어간다. 동양계라고 해서 차별을 받는 일은 없다. 사립대학제도를 위주로 하는 미국에서는 타민족의 비율을 규제하기 위한 내부 쿼터가 있다는 이야기도 있으나 다른 영미국가에 그런 제도는 없다. 호주의 경우, 대학 입학은 각 주 주관으로 실시하는 국가고시를 치러서 받은 점수와 지원한 대학과 학과의 순위에 따른 커트라인에 따라 일률적으로 결정된다. 아직까지 동양계라고 해서 입학에 손해를 보았다는 사례는 없다.

　지역에 따라 다르나, 어느 영미국가에서든 시골 쪽으로 갈수록 사람들이 더 친절한 점은 같다. 여행자가 길을 물으면 인종에 관계없이 도와주려고 애쓰는 현지인들을 많이 볼 수 있다. 자신이 잘 모르면 [지도/street map]까지 가져와 보여주면서 가르쳐 준다. 필자는 한국의 친구로부터 부탁받은 호주의 도서 전시전 관련 정보를 어떻게 얻을 수 있을까 묻기 위하여 한 서점에 들러 점원에게 말을 걸어본 적이 있다. 그는 인터넷을 열어 여러 가지 정보를 찾아 가르쳐주었다. 한국에서는 있기 어려운 일이다.

좋은 동네에서는 밤에 자동차가 고장나 서있으면 도와 줄 것이 없느냐고 물어 오는 사람도 있다. 물건을 살 때나 다른 서비스를 받을 때도 상냥하게 대해 주는 호주인들을 보면 인종차별이란 듣던 것처럼 심각하지 않다고 느끼게 된다.

4. 돈 있으면 외국도 편하다

생활수준이 낮은 이민자 출신이 많이 모인 지역에서 살기 때문에 더 많은 차별을 받게 된다면 그 차별은 위에서 지적한대로 인종차별이 아니라 사회경제적 이유로 당하는 차별이다. 이와 같이 얼른 봐 원인은 같지만 실제는 아닌 것을 사회과학 용어를 빌어 말한다면 [제3 또는 숨은 변수/the third, hidden variable]가 된다.

영미사회에서도 학교군이 좋고 집값이 비싼 주택가가 있다. 이런 지역에 사는 사람들은 대개 정치인, 의사, 변호사, 기업가, 회사 중역 등 전문인들로 대개 잘 살며 예의와 교양이 있다. 이들은 비슷한 사회경제적 처지의 이웃 유색인종에게도 친류감을 갖게 되어 있다.

외국에서도 역시 돈이 좋다라고 느끼게 하는 일이 많다. 고급 주택과 자동차, 그 밖에 비싼 물건을 살 수 있으면 귀빈 대접을 받게 된다. 그러므로 본국의 지원을 받아 외국에서도 비교적 어려움 없이 지내다 온 외교관, 주재 상사 직원, 교환교수와 가족들의 인종차별 감각은 크게 다를 수밖에 없다.

인권을 존중한다는 자유민주주의 사회라지만, 이민자가 주로 모여 일하는 공장에 가면 그게 아니다. 일부 백인들이 영어가 서툴러서 자기 주장을 못하고 굴종하는 이민자들을 대하면서 나쁜 습성이 갖게 된 것이다.

영미국가에서는 계장급 공무원, 은행 대리와 기업 작업장 매니저 등 슈퍼바이저 가운데는 중고등학교 출신이 많다. 이런 사람 가운데는 좋은 사람도 있지만 힘없는 이민자들을 멋대로 부리는 사람도 적지 않다.

컴퓨터 프로그래머, 간호원, 그 외 기능공으로 이민을 와서 일하는 한국인 가운데 불평등으로 보이는 대우(임금, 진급, 작업량 등)와 직장에서의 불편을 견디지 못해 자영업을 시작하거나 그것도 힘들어서 한국으로 돌아간 사례가 적지 않다. 그런 사람들은 틀림없이 이런 나라들이 대단한 인종차별적이라고 주장한다.

원래 [게토/ghetto]라는 단어는 미국에서 사회·경제적으로 낮은 생활을 하는 흑인들이 모여 사는 도시 빈민가를 의미했다. 지금은 비슷한 처지의 이민자들이 모여 사는 지역을 포함해서 쓰이고 있다. 이런 지역 거주자로 전락되면 잘 사는 주류에 대한 소외감은 크기 마련이며 그게 인종차별 의식으로 바뀐다. 1992년의 로스앤젤스 인종폭동 때와 2005년 뉴올리언즈 허리케인 피해를 당한 흑인들의 불만 표시는 그런 예라고 봐야 한다.

5. 인종차별은 주관적일 수도

인종차별은 실제가 아니라 주관적 심리 상태 일 수 있다. 동양인은 백인과 크게 다른 외모에 민감하다. 이 때문에 백인에 대하여 불필요한 거리감이나 이질감을 느낄 수 있다.

영미사회에 처음 온 한인들은 백인만이 탄 버스에 올라타면서, 또는 백인들만의 모임에 들어설 때 시선이 집중되는 것을 심히 의식하게 된다. 그러나 몇 년을 살다 보면 아무렇지 않게 되는 것을 보면 이질감은 자기 맘속에 있었다는 것을 알게 된다.

약 40-50년 전에 미국정부 초청으로 그곳 중소도시를 다녀온 친구들의 말이 기억난다. 가는 곳마다 사람들이 신기한 눈으로 쳐다보더라면서, 그런 데서 살 수 없을 것 같았다는 이야기였다. 목욕탕에 들어가 거울을 보니 자신이 얼마나 다르고 왜소한가를 새삼스럽게 실감했었다는 여행담도 흔하다.

여기에 언어장벽이 가세한다. 상대방이 어떤 말을 걸어왔을 때 말로 대응하기가 쉽지 않다는 불안감이 이질감을 더하는 것이다. 이는 인종차별과는 무관한 거리감의 문제다.

미국 가정에 하숙생으로 묵고 있었던 한 한인 유학생의 경험담이다. 하루는 주인이 친구들을 초청해서 파티를 여는데 참석하지 않겠느냐고 물어 왔다. 겸양을 보이는 우리식으로 그는 애매한 태도를 보였다. 하숙집 주인은 학생이 원하지 않은 것으로 받아들였는지 더 권하지 않았다. 그날 밤 손님들이 저녁을 먹으며 즐기는데, 그는 혼자 방에 틀어박혀 심한 인종적 소외감을 견뎌야 했다.

이민 온 한국 부모들이 처음 어린 자녀를 교실에 남겨두고 집으로 돌아오면서 가슴 아파한다. 백인 아이들 속에 철모르는 까막머리 아이 하나를 남겨 놓고 온데 대한 죄책감이다. 누가 뭐라고 하는 것도 아니므로 이 또한 주관적 인종차별 감정이 아닐까.

영미지역 거리에 지나다 보면 뭐라고 장난기 섞인 어조로 말을 걸어

오는 아이나 청소년을 더러 만나게 된다. 이럴 때 인종적으로 놀리는 것이 아닌가 당황하게 된다. 그럴 수가 있으나 아닌 때가 더 많다. 몇 마디 친근한 말로 대응해보면, 오히려 악의가 아니고 호기심으로 그렇게 한 것임을 알게 된다.

유학생과 교포 학생 모두가 교수로부터 동양인이기 때문에 소홀한 대접을 받았다고 느끼는 사례가 종종 있다. 교수를 만나려해도 시간을 잘 내주지 않거나 만나도 별로 성의가 없다면 인종적인 차원으로 느낄 수가 있다. 시드니대학에서 경제학을 전공한 한 교포학생은 이렇게 말한다. "일부 교수들 가운데는 호주학생들에게 주로 신경 쓰고 동양학생은 약간 싫어하는 사람이 있어요."

영미 대학에서는 학기말에 학생들로 하여금 담당교수의 강의 방법, 강의 내용에 대한 평을 종이에 써서 내게 한다. 이런 공식적인 평가가 아니더라도 교수의 인기는 학급을 좌지우지하는 현지 백인 학생들의 태도에 따라 정해질 것이므로, 교수들은 조용한 동양학생들을 소홀히 하고 이들에게 더 신경을 쓰게 된다. 이점은 한국에서도 같다.

학비를 걱정해야 하는 많은 유학생이 일을 찾아 나서야 한다. 이때 일자리를 찾아다니면서, 또는 인터뷰를 하고나서도 몇 번이고 거절을 당하게 되면 인조차별의 사례라고 받아들이기 쉽다. 그러나 직업 잡기는 과거나 현재, 어디를 가든 어렵다. 그리고 유학생, 현지인 할 것 없이 마찬가지다.

이민자들에게 이종차별이 어느 정도냐고 물어 보면, 그 사람의 성격에 따라 서로 다른 대답이 나온다. 인종차별이 주관적일 수 있는 또 다른 증거다. 대개 성격이 외향적이며 언어에 어려움이 없어 외국인과 잘 어울리며 주류사회에 진출한 이민자들은 인종차별은 없고 오히려 우리 쪽에 문제가 있다고 말한다.

한 개인이나 집단이 다른 개인과 집단을 어떻게 대하느냐는 상대적이다. 한쪽이 강하면 다른 쪽도 조심하게 되는 것이 일반적인 인간관계이다. 인종관계도 마찬가지다. 영미인들은 역사적으로 유색인종에 대해 차별을 해 온 민족이지만, 개인으로만 보면 우리보다 합리적이다. 특히 상대방이 정당한 이론을 가지고 사리를 따지면 듣는다. 대부분의 동양인들이 언어와 태도 면에서 그런 자신감을 갖지 못하는 게 문제다.

6. 역인종차별

지난 20여년 간 영어권 사회에 일어난 가장 큰 변화를 필자보고 말하라면 유색 이민자의 대거 유입으로 적어도 피부색에 관한 한 백인 중심 사회는 와해되고 있다는 사실이다.

아프리카계 흑인이 많은 미국은 원래 그렇지만, 최근 다른 영미국가 주요 도시를 가보면 여기가 과연 백인 사회인가 눈을 의심하게 된다. 시드니에 있는 NSW대학과 UTS대학 캠퍼스는 아시아계 일색이다.

런던, 뉴욕, 로스앤젤레스, 토론토, 밴쿠버 마찬가지다. 중심가에 나가 보면 순수한 백인은 적다. 이들 대도시 대부분의 가정은 이민족간 믹스가 되어 부부 한쪽이 아시아계, 자녀의 배우자는 중동계라는 식이다. 미국에는 흑인과 멕시코와 푸엘토리코계, 런던에는 아랍, 파키스탄, 인도, 아프리카계가 더 우세한 게 다르다. 이런 추세가 기하급수적으로 늘고 있으니 앞으로 이들 국가에서 인종적 구분은 모호해질 것 같다.

호주의 경우 근년 유입되는 전체 이민자 중 아시아인의 비율이 30% 전후로 영국계를 앞서고 있다. 캐나다와 뉴질랜드도 비슷하다. 영미국가들이 민족 정체성 상실을 무릅쓰고 아시아인을 대거 받게 된 사정은 이미 언급한대로 (제1고 영주권 유학, 38-39쪽 참조) 저 출산과 인구 노령화에 대비하고, 경제를 위하여 젊고 교육 높은 전문인과 부유층 인력을 받아들이고 내수 시장을 확대할 필요다. 이런 인력을 유럽에서 더 이상 받을 수 없게 된 것이다.

유색인의 급격한 증가는 어떤 식으로든 백인들의 소수민족에 대한 정서와 태도를 바꿀 수밖에 없는데 인종차별 상황의 개선 또는 악화, 어느 쪽으로 기울어질지 한마디로 말하기는 어렵다. 두 가지 상반된 시나리오가 가능하다. 하나는 물론 상황의 악화다. 타

유색 인종의 이민 증가로 백인뿐인 지역은 점점 사라지고 있다. 사진은 시드니의 한 전철역 (필자 촬영)

민족의 대거 유입은 거시경제 면에서는 몰라도 당장은 현지 주민들에게 엄청난 불편을 증폭시킬 수 있어 그렇다.

개선될 가능성을 점치는 이유는 전체 인구 중 순수 혈통을 주장할 수 있는 주류의 비율은 계속 줄어드는 반면, 수적으로와 사회경제적으로 입지가 향상되는 소수민족 집단의 목소리는 커질 것이기 때문이다. 그 결과 여러 형태의 인종분규를 예상할 수 있지만 그 과정이 바로 점차적인 인종관계 개선의 길로 봐야 할 것이다.

호주에서는 몇 년 전 폴린 핸슨이라는 무명의 여성이 과감한 반아시

아인 적대 발언과 이민 반대 구호로 연방하원에 진출했었다. 급격히 늘어난 아시아 이민자들에 대하여 반감을 가진 보수 노인층 호주인들의 절대적인 지지를 받은 결과였다. 그럼에도 불구하고 그와 그의 [One Nation Party]는 결국 몰락하고 말았다.

여러 가지 이유를 들 수 있지만, 필자의 생각으로는 인종보다 경제를 더 중요하게 보는 주류층의 인식 때문이다. 구매력과 노동생산성이 최대 관심사인 자본가와 기업가들에게 이민은 절대 필요하다. 특히 주택건설업과 자동차생산 업계는 이민 숫자에 민감하다.

여기서 한 가지 짚어봐야 할 것은 유색인종의 증가로 서구의 이민자 관련 문헌에서 가장 흔하게 거론되고 한국인들이 우물 안의 개구리식으로 믿는 견해인, 이민 2세들의 [정체성위기/identity crisis]는 지금도 맞는가이다. 요즘 필자가 보기에 이들 나라 대도시에서 '나는 누구인가'를 놓고 고민하는 아시아계 자녀들은 드물다고 생각된다. 역시 아시아인의 수적 증가 덕택이다. 여기에도 패러다임의 변화가 필요하다.

20여년 전에 영미국가에 이민 와서 초등학교 또는 고등학교에 다닌 한국인 자녀들은 백인 급우들로부터 괴롭힘을 당하는 일이 흔했다. 같은 반은 말고 전교에서도 한국인 친구가 거의 없어 혼자인 경우가 많았기 때문이다. 요즘은 외모가 같은 중국계는 물론 한인계 자녀들이 집단을 이루고 다니니 고립될 수가 없다.

50년과 60년대초 미국이나 호주 내 한인사회의 식자들은 현지인의 눈살을 피해 조용히 살아야 한다는 이론을 폈었다. 이들은 가끔씩 한인회 집회 등 한인들이 거리에 모여 떠드는 것을 보고 질색하곤 했다. 이런 감정은 해외에 사는 한국인 자녀들의 태도에서도 엿볼 수 있었다.

이들은 부모들이 모여 현지인들이 보는 앞에서 우리말로 크게 말하고 행동하면 매우 창피하게 생각했다. 그러기에 미국 현지 매체들은 한인 커뮤니티 보도에서 [invisible Koreans/잘 나타나지 않는 한국인, 보이지 않는 한국인, 조용한 한국인, 수줍은 한국인]과 같은 표현을 쓴 것을 알 수 있다. 지금의 상황은 전혀 다르다.

최근 미국의 명문 고등학교에서 백인 학부모들이 압도적으로 늘어난 아시아계 학생들을 피하여 자녀들을 다른 지역 학교로 옮기고 있는 현상이 일어나고 있다. 호주에서도 명문 대학 진학의 관문으로 여겨지는 셀렉티브 스쿨 자리를 족집게 과외공부에 힘입어 높은 점수를 내는 아시아 학생들이 백인 학생들을 따돌리고 있어 백인들의 우려를 낳고 있다.

요즘 영미국가에서는 백인 여성을 껴안고 지나가는 유색인 남자들을 갈수록 많이 보게 된다. 영국과 호주에서는 이슬람계 여성들이 눈만 빼고 얼굴 전부를 가리고 다니는 행위가 이슈가 되고 있지만, 이 [얼굴가리게/veil 또는 headscarf]를 쓰고 다니는 사람들은 오히려 당당하다. 지하철을 타보면 유색 이민자들이 옆에 앉은 백인들이 아랑곳없이 큰소리로 떠드는 광경을 어디에서나 볼 수 있다. 특히 중국인들의 목소리는 크다.

유색 이민자들이 백인들이 독점했던 지역과 직종에 파고드니 백인 서민층이 이사를 떠나는 이변도 일어나고 있다. 모두 [역인종차별/reversed discrimination]의 사례로 이해될 수 있는 일이다.

이런 변화는 이 분야 학자와 이민자와 유학생에게 시사하는 바 크다. 장기적으로 이들 국가에서 동양인의 입지는 크게 개선될 것이다. 정치

계와 기업의 최고 경영층은 몰라도 그 외 자리라면, 영어와 실력이 문제지 국적과 인종 때문에 크게 손해 보는 사례는 줄고 있다. 앞으로 더 그럴 것이다. 동양인의 수적 증가는 이들의 정치적 기반을 넓힐 것이고, 이미 언급한 경제적 필요성 외에도 서로 다른 인종이 상호 의존관계를 맺고 평화적으로 사는 게 서로에게 도움이 된다는 생각이 더 우세해질 것이기 때문이다. 어려서부터 유학을 와 언어와 문화적으로 애로가 없다면 길게 봐 한번 도전해 볼만하다.

한국인의 인종문제에 대한 우물안 개구리식의 인식 사례는 그 외에도 많다. 인종차별하면 잘나가는 앵글로색손 백인 주류, 이른바 [와스프/WASP/White Anglo-Saxon Protestants]가 모든 유색 소수민족을 일률적으로 억압한다는 그런 시각이다. 해외 현지에서 경험하는 실제와는 맞지 않는다.

얼마 전 시드니의 클로뉼라 해변 (해수욕장)에서 일어난 인종충돌 사건을 예로 들어 말해보겠다. 사건은 이 해변에서 자원봉사자로 일하는 영미계 청소년 [구급대원/Life Guard]을 다른 지역에서 온 동년배의 레바니즈계들이 폭행함으로써 발단이 된 것이다. 다음날 앵들로색손계가 주류인 그 지역 주민들이 흥분, 거리에서 마주치는 레바니즈계들에게 닥치는대로 보복을 가한 것이다.

한국의 언론들은 이 사건을 백인들의 우월주의와 소수민족에 대한 억압과 인종차별 케이스로만 보도했다. 그러면서 심지어 교포의 피해는 없었다는 사족까지 붙였다. 이런 보도가 얼마나 현지 사정과 안 맞는가를 현지 한인들은 잘 안다. 3-4대에 이른 이들 레바니즈 청소년들은 뉴커머 아시아인들에게 백인 행세(실제 피부가 흰 사람도 많다)를 한다. 많은 교포들이 앵글로보다 아랍계로부터 폭행, 강도, 또는 길거리에서 놀림을 당하는 사례가 훨씬 많다. 인종차별에 관한 한, 이들 레바니즈와 한인들을 같은 차원에 놓고 보는 것은 큰 착오다.

7. 사람은 가려서 사귀는 지혜

외국에도 좋은 사람과 나쁜 사람이 있다. 역시 사람을 골라 사귀는 지혜가 필요하다. 유학생들의 경우는 더 그렇다. 직장과 학업 등 절대적인 필요가 아니라면 도움이 안 될 사람은 피해야 한다. 아래 몇 가지 구체적인 아이디어를 적어 본다.

(1) 필자가 미국의 여러 지역을 여행해보면 지역마다 흔한(펍/pub/선술집)이나 간이음식점 등에서 접근해와 알게 되는 미국인들은 한국전쟁에 참가한 재향군인들이였다. 한국과 잊지 못할 깊은 관계를 맺었던 외국인이 한국인에게 친절하다.

한국인 아동을 입양했거나, 한국이나 다른 아시아에서 살아본 적이 있거나, 아시아인과 결혼했거나 아시아 사정을 연구하는 외국인이 한국인에 더 큰 관심을 갖으며 서로 친근해질 확률이 크다.

(2) 외국의 현지 백인들 가운데 자기 사회에 대해 소외감을 갖고 사는 층이 의외로 많음을 알게 된다. 이런 사람들 중 일부는 인종이 다른 이민자와 더 잘 섞인다. 자기 처지와 다른 백인들보다 비슷한 이민자에게 더 친근감을 느끼는 것 같다. 영미국가에서 원주민의 인권투쟁, 노동운동, 반아시아 이민정책, 자유무역 등에 항의하는 집회에 서민층 백인

이 늘 끼어 있다. 유학생은 이런 백인들과 친구가 되기 쉽다. 호주에서는 유학생에게도 교통요금 할인제를 자국민과 동등하게 허용하라는 데모에 현지 백인 동료들 일부가 동참했었다.

　(3) 운동, 종교, 음악은 보편성을 갖는다. 거기에 흑색, 황색, 백색 차별이 있을 수 없다. 영미 학생들은 초중고등학교에서는 필수 과외활동의 일부로, 일반인은 각 주거 지역 클럽을 중심으로 스포츠 경기에 참여하게 되는데 현지인들과 잘 섞이고 길게 사귀게 되는 좋은 기회가 된다.

　(4) 영미국가 사람들이 현지에 와서 사는 아시아인들에게 갖는 불만 하나는 이들이 주류사회에 섞이려 하지 않고 [끼리끼리만 어울린다/they stick together]는 것이다. 동양인에 대한 그러한 비난이나 불평에 일리가 없는 것은 아니지만, 그들이 미처 생각하지 못하는 점도 많다.

　남과 어울린다는 것은 일방적으로 할 수 있는 일이 아니다. 상대방도 열의가 있어야 한다. 그렇지 않으면 짝사랑이 될 뿐이다. 그렇다고 해서 외국인이 섞인 자리에 우리끼리 우리말로 너무 눈에 띄게 떠들거나 행동하는 것은 현명치 못하다고 생각한다. 한인 이민자나 유학생이 주류에 섞이기 위하여 현실적으로 할 수 있는 방법은 현지인들보다 몇 갑절 더 노력하는 것이다.

　이런 이민자로서의 한인들의 애로가 개인차원에서 끝나지 않고 전체 사회에도 전달되고 토의 대상이 되어야 하지만 현지에 와보면 그렇지를 못하다. 대부분 해외 한인사회가 그런 단계에 와 있지를 못하다.

8. 때려부수는 문화(밴달리즘)와 유학생의 안전문제

영미국가에서는 치안 문제를 [법과 질서/law and order]라고 부르며 큰 총선거 이슈 하나로 치는 것이 보통이다. 그만큼 살인, 강도, 폭행, 도난 사건이 여기에도 늘고 있다. 그리하여 전체 인구의 소수인 유학생도 피해자가 되는 일이 적지 않다.

인적이 드문 길거리에서 강도나 핸드백을 날치기를 당하는 일은 보통이고, 교통사고나 악한을 만나 숨지는 사건도 적지 않았다. 그럴 때마다 한국에서도 언론에 크게 보도되어 잘 알려진다.

원래 준법정신이 높다는 영미사회에서도 왜 범죄와 비리 사례는 늘고 있는 것인가? 첫째는 자본주의가 가져오는 빈부격차에 따른 박탈감을 갖는 청소년층의 증가와 자유분망한 사회 분위기를 원인으로 들 수 있다. 특히 마약을 하는 청소년들의 좀도둑 사건이 늘고 있다

둘째 이민에 의한 외국인의 대거 유입으로 도시 우범지역이 늘고 있다. 이민자들은 원래 모국에서도 사회경제적으로 낮은 계층인 게 보통이다. 외국에 나와서는 더 그렇게 된다.

범죄의 대상이 따로 없으나 범인들은 흔히 현금을 많이 소지하고 다니며 방어 능력이 떨어지는 외국인을 표적으로 삼는다. 한인 이민자나 여행자는 대표적인 피해자다.

영미사회에 일반화된 범법 행위 가운데 한국인들이 이해 못하는 것 하나는 젊은이들이 공공기물을 부수는 행위, 즉 [밴달리즘/Vandalism]이다. 이 말은 12세기 경 유럽 지역과 북아프리카를 습격하여 서적과 예술품을 마구 파괴한 겔만 민족에 속하는 [밴달Vandal]족에서 유래한

것이다.

 필자가 뉴욕에서 한 동안 지낼 때 뉴욕시 당국자들을 괴롭히던 여러 가지 심각한 도시 문제 가운데 빠지지 않는 것들이 거리에 널린 개똥, 불량배들에 의한 공원 벤치와 기차역 간판 파괴, 거리에 설치된 화재 경고 장치를 장난으로 작동해 소방차를 동원시키는 것이었다.

 중심가에 주택이 드문 시드니의 경우 개똥과 불필요한 소방 장치 작동 문제는 그다지 심각한 것 같지는 않다. 그러나 공원 벤치와 공중전화박스 등 공공 기물과 점포 유리창을 부수거나 훼손하는 행위, 전동차 내 시트(좌석) 카버를 칼로 찢어 놓는 행위, 공공시설에 마구 [낙서/graffiti]를 하는 행위는 다른 영미 도시에서처럼 아주 심각하다.

 또 이해가 안 가는 것은 영미의 신사 숙녀들이 전동차 좌석에 앉아 앞자리에 신발을 신은 채 다리를 올려놓는 매너다. 서양인들이 구두를 신고 방안 출입을 하는 것을 보면 청결에 대한 개념이 우리와 다르다는 것을 알게 된다. 신발은 먼지와 박테리아와 개똥 부스러기 등이 분명 붙어 있다. 육안으로 안 보일 뿐이다.

 과연 이런 일이 어떻게 남을 배려하는 사회에서 가능한가 묻게 된다. 전동차 안에 경고문이 붙어 있는 대로 좌석에 다리를 얹는 행위는 벌칙 대상이 되는 위법 행위이기도 하다.

 그러나 이런 문제들은 그 사회가 걱정할 일이다. 안전의 문제는 이와 다르다. 일생일대의 큰 결정인 유학이 화로 끝나서는 안 될 것이다. 영미 도시에 나가보면 자동차도로의 무단 횡단도 일반화되어 있다. 아마도 대부분의 번화가의 도로는 좁아 위험이 덜해서 그런 것 같다. 그러나 유학생의 처지는 다르다. 취중 난폭 운전 사례가 늘어나는 한적한

밤이 더 위험하다. 변을 당했을 때는 증인과 증거 확보가 어려워 억울하게 처리되는 일이 흔하다.

이런 비운을 피하기 위하여 유학생이 주의할 점 몇 가지를 적어본다.
(1) 대도시가 아니라면 대부분 영미지역에서는 서울에서와 같이 밤에 사람이 많이 모여 있는 곳은 드물다. 밤거리를 혼자서 다니면 위험하다. 인적이 드문 밤 전철과 버스 정류장에서 혼자 기다리는 일은 피해야 한다. 우범 지역이야 말할 것 없다.

(2) 한국인은 외국에서도 현금을 많이 들고 다니는 집단으로 잘 알려져 있다. 액수가 큰 현금 지참을 삼가하고, 물건을 사면서 100불짜리 등 큰 지폐를 내비쳐서는 안 된다. 또 우범 지역에서 뜨내기처럼 길을 묻는 일은 조심해야 한다.

(3) 노상강도 등 위험이 닥칠 때는 대항하지 않는 게 좋다. 현지인들 가운데도 지갑에 늘 50불 정도를 비상금으로 지니고 다니는 사람이 있다. 위급 시 가진 게 전부라며 달래기 위한 것이다.

(4) 영미지역에 다녀보면, 많지는 않으나 청소년들이 뭐라고 잘 알아들을 수 없는 말과 몸짓으로 놀리는 것 같은 일을 경험하게 된다. 위험성이 없는 짓궂은 아이들의 행동일 때가 있다. 이럴 때는 물론이고, 더 험악한 상황에서도 일단은 상대를 자극하지 않게 영어로 여유 있게 대응을 하면서 상황을 잘 넘기도록 해야 한다.

(5) 한인사회가 있는 지역에는 어디에서나 한글 매체가 나온다. 외국에서 주의해야할 위험과 사건. 사고, 그에 대한의 사전 대비책에 대한 정보를 주류매체보다 여기에서 쉽게 얻을 수 있다. 주류매체는 현지 사정을 잘 모른 소수 외국인을 위한 그런 잔 정보를 잘 다루지 않는다. 런던의 지하철 레일에는 한국과는 달리 고압의 전류가 흐르고 있어 몸에 닿으면 감전사를 당할 수 있다. 실제 그런 사고로 불과 얼마전 한국인 한명이 목숨을 잃었다.

호주에서는 바다낚시를 하다가 갑자기 몰려오는 파도에 휩쓸려가 죽은 한인들이 그간 많았다. 호주의 바다는 한국의 바다와 다르다는 것을 새로 오는 한인들이 잘 모른다. 유학생들은 현지 교포매체에서 안전에 관련된 기사와 정보를 찾아야 한다.

(6) 위에서 쓴 대로 백인사회에서의 인종문제는 매우 복잡하지만 한국에 사는 한국인들의 시각은 매우 단순화되어 있는 게 특징이다. 1999년 이른바 9.12 뉴욕 테러와 2005년 런던 테러 사건 이후 영미국가에서 늘어나가고 있는 외국인에 대한 감시와 인권 제약에 대한 이슬람계 거주자들의 반발이 인종차별이나 '문명의 충돌' 차원에서 보도되지만 이는 현실을 정확하게 반영하는 것이 아니다. 필자는 이 분쟁은 오히려 법과 치안의 문제라고 본다.

앞서 언급한 시드니의 남부 해변 지역인 클로널라에서 발생한 앵글로색슨계와 레바니즈계 두 집단간에 폭력 충돌 사건도 그런 사례다.

제9장 동과 서, 어떻게 다른가?
-[문화충격]

1. 문화적응, 왜 필요한가

　비슷하게 생긴 사람끼리 좋아하고 아닌 사람끼리는 서로 배척하는 인간의 본능이 인종차별의 시발이라면, 같은 논리로 비슷하게 행동하는 사람과 아닌 사람간의 관계도 그럴 것이다. 인종은 타고난 대로이나 행동은 하기에 따라 달라질 수가 있다. 그렇다면 인종적으로는 어쩔 수 없어도 문화적으로라도 같아진다면 차별을 줄일 수 있다는 예측이 가능하다.

　서로 다른 문화와 가치관에 따라 사람들의 행동양식이 다르다. 그러므로 새로운 문화권으로 옮겨간 이민자는 그 문화의 가치와 행동양식을 배워 거기에 적응하도록 해야 한다. 그렇지 않으면 [문화적 마찰/cultural clashes]을 겪는다. 이런 문화적 마찰 과정에서 겪는 정신적 스트레스가 [문화충격/culture shock]이다.

인간의 본능과 필요는 기본적으로 같으므로 어디에 살든 생활양식에 있어 크게는 다르지 않다는 것을 알게 된다. 의식주 문화가 대표적이다. 그럼에도 세부적인 면에서는 상당한 차이가 있는 것이 사실이다. 학자들에 따르면 그런 차이가 영어를 사용하는 지역과 아시아 지역간에 크다고 한다.

많은 한국 사람들이 미국 가정에 초대되어 저녁을 같이한 경험이 있다. 식탁에 마주 앉게 될 때부터 편치 않다. 무슨 말을 어떻게 하고, 무엇부터 어떻게 먹어야 할지 불안하다. 미국식 [식탁 예절/table manners]을 따라야겠다고 생각하면 더 그렇다. 식탁문화의 차이는 비근한 예에 속한다. 문화의 차이는 이런 작은 것에서부터 거의 모든 생활영역에 적용된다.

단일문화가 아니라 다문화로 된 국가에서는 문화의 다양성을 존중한다는 정책을 정해놓고 있다. 이 덕분에 미국, 캐나다, 호주에 사는 한국인이 한국음식만을 먹고, 한국말만을 쓰며, 관혼상제를 한국식으로 지내고, 한국인들끼리만 어울려도 누가 뭐라고 하지 않는다.

하지만 여기서 명심할 것이 있다. 이들이 지키고 따라야 할 법과 정책과 기본 가치는 언제나 하나라는 사실이다. 이 법과 정책을 위반하면 처벌 대상이 된다. 근래 늘어난 이슬람계에 의한 테러 위협이 늘면서 영미지역의 사회 분위기가 더 그런 쪽으로 가고 있다.

이들 국가 정치인들의 발언은 주목할 만하다. 영미국가의 근간은 자유민주주의다. 이 가치를 부인하는 세력은 거기에서 살 필요가 없다는 것이다.

그러므로 이들 나라에서 한국인은 법에 저촉되지 않는 한도에서 한국식으로 살 수 있는 것인데, 그나마 그렇게 만 살기를 고집 한다면 거기에도 함정이 있다. 이들 사회에는 앵글로색슨 문화라는 [지배문화, 주류문화/the dominant culture, core culture]가 엄연히 존재한다. 영어를 잘해야 하는 것은 한 가지 예다. 이에 거스르면 출셋길은 막힌다. 좋은 직업을 잡을 수 없으며, 현지의 상류층은 물론이고 중류층으로의 진입도 어렵다.

길게 봐서야 물론, 당장 이웃으로부터 불편을 당하는 일이 생긴다. 잔디를 제때 깎지 않는 일, 개를 학대하는 일, 소음을 내는 일, 된장 냄새를 풍기는 일, 정원에서 쓰레기를 태우는 일 등 한국에서라면 문제가 아닌 것이 문제가 된다.

직장에서도 마찬가지다. 외부로 전화를 할 때 영미식으로는 자기 이름을 먼저 대고 점잖게 접근해야 한다. 우리식으로 목에 힘을 주고 말한다면 상대는 외국인이라고 너그럽게 봐주지 않으며 비협조적으로 나오므로 당장 불편하다.

유학생활도 같다. 영미 학생들은 가끔 방과 후에 친구들을 아파트로 초청해서 포도주 몇 병과 과자를 안주로 파티를 연다. 이때 외국인 학생 가운데서도 자기들과 달리 행동하는 외국인 친구는 뺀다.

손해는 여기에서 끝나지 않는다. 자기들과 다르다고 생각하면 원래 친하던 현지인들도 소원해진다. 요즘 한국 학생들이 외국인 가정에 하숙을 하는 사례가 많아졌다. 이들은 대개 주인과 한두 번 문화적 마찰을 겪는데, 그 결과 집을 옮겨 다니는 것이 보통이다. 부엌과 화장실 사용, 밤에 연락 없이 늦게 들어오는 일, 친구를 데려오는 일, 담배피우기 등 서로 다른 생활양식 때문에 그런 것이다 (제4장 홈스테이, 127-144

쪽 참조).

문화충격은 이민자와 함께 유학생에도 큰 이슈가 된다. 조사에 따르면, 유학생의 공부 의욕은 현지 적응이 어려울수록 감소되며, 그만큼 공부에 실패할 확률이 커진다.

2. 적응, 통합, 흡수, 동화

[문화적 적응/cultural adjustment]은 [완전동화/assimilation]와 다르다. 후자는 이민자가 현지인과 모든 분야에서 같게 되는 과정으로 [흡수/absorption/현지사회로의 흡수]라고도 불린다. 그런 과정은 문화적, 사회적, 심리적의 세 가지 차원으로 완성된다는 것이 통설이다.

이민자가 (a) 현지 문화를 배우고 행동으로 잘 실천할 수 있으면 문화적으로 동화가 되는 것이며, (b) 현지 사람들과 잘 섞이고 주류사회에 파고 들어갔으면 사회적으로 동화가 되는 것이고 (사회적 통합) (c) 현지 문화와 사람을 좋아하고 [나도 현지 사람이다]는 정서, 말하자면 일체감 또는 소속감을 갖게 되면 심리적으로 완전동화가 이뤄진 것이다.

미국에 사는 한인으로서 강단에 서서나 대중연설을 하면서 자신 있게 [우리들 미국인/We Americans] 운운할 수 있다면 후자의 경우다. 이민 1세 가운데 그런 사람이 드물다. 현지 생활에 필요한 한도에서 안간힘을 다하는 문화적 동화 단계에 그친다고 봐야 한다.

공부를 마치고 돌아오는 유학생의 경우는 더 그렇다. 공부하는 동안의 필요와 목적을 위하여 현지 문화와 행동양식을 이해하고 배우고 행동하는 것이라고 봐야 한다. 유학생 상대의 여러 조사에 따르면, 이들이 외국에서 느끼는 어려움 중 하나가[현지 학생들과 섞이기 어려움/difficulty in mixing with local students]이라는데, 언어 외에도 행동양식의 차이가 알게 모르게 큰 원인이다. 그리고 유학생들의 고독감도 알고 보면 현지인과 잘 섞이지 못하는 어려움과 밀접한 관계가 있다.

3. 서양인, 완전히 이해할 수 있나?

[동은 동, 서는 서. 둘은 서로 합하지 못하리/East is East, West is West. The twin shall never meet]. 영국이 세계 여러 지역을 식민지로 두어 [대영제국에 해가 지지 않는다] 던 19세기 [키플링/R. Kipling, 1865~1936]의 시 한 구절이다. 근래 동양인과 서양인, 동

물질문화 면에서 세계는 하나로 통합되어 가고 있다. 그러나 가치와 자아(自我)를 의미하는 정신문화 면에서는 아직도 동서양간 쉽게 넘지 못할 큰 장벽이 가로 놓여 있다. 사진은 시드니 오페라 하우스 앞 광장에서 펼쳐지는 야외 공개 공연을 기다리는 백인이 대부분인 관중 (필자촬영)

양문화와 서양문화가 서로 밀접하게 교류하고 양자의 차이가 점점 모호해지는 것을 보면 이 말은 시대착오일지 모른다.

민족과 국가는 나라마다 인종, 언어, 문화가 달라 서로 구별된다. 인종과 언어에 대해서는 이미 언급했다. 물론 언어와 문화는 별개가 아니다. 언어는 문화의 주요한 내용이고 또 인간은 언어를 통하여 문화를 만들어 나가지만, 분석의 편의상 여기서는 문화를 따로 떼어 보기로 한다.

문화는 크게 물질문화와 정신문화로 나누는 것이 보통이다. 물질문화

는 주택이나 산업시설, 그 밖에 여러 문명의 이기처럼 형체가 있어 눈으로 볼 수 있는 문화다. 음식, 주택, 기계, 생산 수단과 조직, 교통수단, 은행제도, 보험제도, 의료제도, 교육제도는 여기에 속한다. 정신문화는 그 사회에 사는 사람들의 가치관, 의식구조, 태도 등 밖으로 잘 보이지 않는 내면 문화다.

두 문화는 동전의 양면과 같다. 가령 한 나라의 교육제도는 학교, 교재 내용, 교육시설 등 물질적 측면으로 되어 있지만, 이 또한 정신문화인 가치와 교육철학이 결정한다. 반면 물질문화가 가치와 교육철학을 변화시킨다. 컴퓨터, 비디오, 인터넷, 휴대폰, 화상 의사소통 수단 등의 등장이 교육철학과 방법을 변화시키는 것은 한 예이다. 그래도 이러한 양분법은 문화를 이해하는 데 큰 도움이 된다.

오늘 우리의 세계를 물질문화 측면에서 본다면 키플링의 생각은 크게 시대착오인 것 같다. 지금 세계는 서양의 물질문화로 일원화되고 있다. 거기에는 그럴만한 이유가 있다. 일반적으로 서양의 것이 더 실용적이어서 어느 나라에서나 환영받기 때문이다. 한국은 전통 한옥 대신 난방, 수세식 화장실 등 시설 면에서 편리한 아파트를 선택했다. 서양의 자동차 문화를 안 받아들인 나라는 드물다.

그러나 정신문화에 대해 묻는다면 대답은 그리 간단하지 않다. 유교의 영향을 많이 받은 동양권, 특히 한국이 위치한 동부아시아 지역사람들의 가치와 태도는 지금도 서양과 다른 면이 많다. 가령 한국의 학교 건물과 시설은 서양의 것과 같다고 해도 학교 운영, 교육의 내용은 서로 다른 철학과 가치관을 반영한 탓에 크게 차이가 난다.

요즘 한국인을 보면 겉으로는 서양인이고 안으로는 역시 한국인이라는 생각을 하게 된다. 그러므로 서양인과 동양인간, 서양인과 한국인간에 문화적 마찰이 지금도 문제가 된다면 이는 내면 문화인 가치관과 사고방식 차이다. 이런 관점에서 본다면 문화적 적응도 용이한 것부터 어려운 것까지 여러 차원이 있음을 알 수 있다. 첫째로 물질적 문화여서 눈으로 보고 쉽게 배울 수 있는 것, 둘째로 배우기는 어렵지 않으나 이미 몸에 밴 가치관과 습관과 정서 때문에, 아니면 개인적으로 불이익이 되기 때문에 못하는 것, 셋째로 이해 못하여 체득하지 못하는 것 등으로 나눠 볼 수 있다.

첫째 예로는 식탁문화, 주거문화, 자동차 문화, 크레디트 카드와 슈퍼마켓 등 당장 필요한 새로운 상품과 서비스의 이용을 들 수 있다. 둘째의 예는 남녀관계에서 찾아 볼 수 있다. 많은 남성 우위의 문화에서 자란 결과, 한국 남자들이 웬만한 서구식 문화를 받아들인 경우도 [여자먼저/lady first]의 서양 매너를 잘 실천하지 못한다.

영미국가에서는 아버지가 오랜만에 만난 딸을 자연스럽게 껴안거나 볼에 입을 맞추기도 한다. 자녀에게 이런 식으로 애정 표현을 하는 서양 매너는 어른들에게 익히기 어려운 예이다.

타인의 마음속을 헤아려 보는 것을 영어로 [emphasize/감정이입, 공감대 형성]을 한다고 한다. 그것은 남의 마음속에 내가 들어가 남의 입장에서 나를 굽어보는 능력이다. 이게 가능해야 충분한 인간 교류가 가능한데, 서로가 비슷한 성장과정을 거쳐야 그게 가능하다. 이 점을 이해하려면 미드 [G. Mead, *Mind, Self. Society* 1934] 같은 고전적 사회심리학자의 [자아/自我/self-concept]에 대한 설명을 읽어야 한다.

많은 한국인들이 한국이나 외국에서 외국인과 친교를 맺는다. 국제결혼한 사람도 많다. 이들은 상대를 나름대로 잘 이해했다고 믿지만, 오래 지내 본 후에 좁히지 못할 간격이 있음을 알게 되는 경우가 허다하다. 한국에서 오래 살면서 한국인을 잘 안다고 생각하는 외국인도 많지만, 이들도 한국인의 깊은 마음을 모르기는 마찬가지다. 이것은 성장과정이 다른 두 집단간 자아의 차이 때문이다.

한국인은 한국인들 가운데서 나서 자랐기 때문에 한국인 나름의 자아와 행동기준을 갖고 있다. 서양인도 마찬가지다. 백인이 인종적 편견이나 우월감을 가졌다면 이것 또한 그들 사회에서 얻은 자아 속에서 나온 것이다. 한국인이 잘 알고 지내던 서양인에게서 야속하다는 느낌을 받거나 오해를 하는 것도 같은 경우다. 동서가 아직도 서로 융화 못하는 영역이 여기다. 유학생, 이민자들 모두 현지 사회에 적응하면서 여기에서 높은 장벽에 부딪치는 것이 현실이다. 새로운 정신문화의 이해와 습득이 얼마나 어려운가를 잘 보여준다.

4. 예절은 문화와 커뮤니케이션 문제다

문화적 마찰은 이질집단간의 교류를 전제로 한다. 교류가 없으면 마찰도 충격도 없다. 그런데 인간의 교류란 알고 보면 커뮤니케이션 과정이다. 말과 글, 제스쳐 그 밖에 어떤 방법으로든 서로의 생각과 감정을 나타내고 나누는 과정이다.

이때 나타내는 방법이 잘못되면 속마음과는 관계없이 오해와 갈등이 빚어진다. [실은 내 마음은 그게 아니었는데] 하는 말은 소용이 없다. 그리고 그 여건은 문화가 결정한다. 언어는 문화 속에서 이해가 되기 때문이다. [예의/etiquettes, manners]는 그런 예의 하나다.

영미인들은 [Thank you]라는 말을 우리보다 훨씬 자주 쓴다. 진정으로 감사를 표시하기 위한 때가 보통이지만, 아닐 때도 있다. [No, thank you]라고 했을 때,. 꼭 고마워서가 아니라 그 반대일 수도 있다. [I am sorry] 또한 마찬가지다. 어느 나라에서나 상대방에게 미안한 짓을 했을 때는 미안하다고 해야 한다. 그러나 영미사회에서는 불쾌한 감정을 나타낼 때, 자기 잘못이 아닌 때도 약간 냉소적으로 미안하다고 한다. 위의 경우, [감사하다][미안하다]를 어떻게 쓸까는 두 문화의 예의법을 알아야 한다.

서양인들은 동양 사람들보다 제스처를 더 잘 쓴다. 이런 비기호적 메시지의 구체적 의미는 역시 문화 속에서 찾아야 한다. 한국인이 미안하다는 뜻으로 나타내는 웃음을 서양인들은 반대로 받아들일 수 있다. 이처럼 말과 제스처에 얽힌 문화를 모르면 언어를 제대로 구사할 수 없으며 문화적으로 적절한 대응을 할 수 없다.

[커뮤니케이션이 문화이고, 문화가 커뮤니케이션이다/Communication is culture, culture is communication]라고 한 에드워드 홀의 말 [E. Hall, *The Silent Language* 1959]은 이런 맥락에서다. 이 유명한 말의 뜻은 한국어의 경어와 반말의 사용법을 생각하면 더 분명해진다. 한국어에서는 상대의 나이, 성별, 계층에 따라 쓰는 말투가 다르다. 존칭도 그렇다. 이 문화를 잘 모르고 말을 하면 아무리 좋은 말을 해도 예의에 어긋나며 상대의 기분을 거스르게 된다. 영미사회에서는 남녀노소와 직위와 관계없이 상대방은 [you]이다. 한국에서는 [당신]이란 한마디가 어떻게 쓰이냐에 따라 상대방에게 엄청난 결례의 말이 될 수 있다.

많은 영어 표현이 자유민주주의 가치관을 반영하여 상대의 의사를 존중하고 독단적인 말은 피하게 되어 있다. 일상생활에서 남에게 어떤 충고나 자문을 해 줄 때, 그 표현방법은 여러 가지가 있을 수 있다. 상대방의 인격을 존중하여 조심스럽게 말하는 것으로부터 권위적이며 일방적으로 하는 것까지 많다. 한국에서라면 [이봐, 이렇게 하라고]라고 할 때, 영어에서는 [내가 당신이라면 이렇게 하겠는데…(If I were you, I would…)]라고 한다면 그런 차이다. [내가 당신의 입장이라면……이렇게 하겠어요/If I were in your shoes…]도 같은 말이다.

[그럴 리 없다]라는 뜻의 영어는 여러 가지가 있지만 [I would be surprised if…]를 들 수 있다. [그렇게 되면 나는 놀랄 일이다]는 식으로 조심스럽게 말한다. [Believe it or not]이라는 말이 언제부터인지 우리나라에서는 [믿거나 말거나]라는 뜻으로 쓰이게 되었다. 지각 있는 영미인은 상대가 믿거나 말거나 자기가 하고 싶은 대로 말하지 않는다. 영미인들이 잘 쓰는 이 표현은 [안 믿으시겠지만, 그게 사실입니다.]라고 할 때 쓰인다.

[Would you mind if I…]는 상대방의 의사를 존중하여 무엇을 요구하거나 질문할 때 잘 쓰이는 말이다. [내가 이렇게… 한다면 괜찮겠습니까]의 뜻이다. 상대방의 의사와는 관계없이 자기 요구를 어차피 관철할 것이면서도 그렇게 묻는 외국인들이 가끔 없지 않으나 대개는 매우 정중한 표현법이다. 이러한 것들은 모두 민주주의에 바탕을 둔 문화라는 테두리 안에서 이해해야 할 언어사용의 사례라고 할 수 있다.

지금부터 열거해나가는 몇 가지 문화와 가치의 차이에 대한 비교와 논평은 영미문화가 우리 것보다 우수하다고 말하려는 것이 아니다. [로마에 살면 로마인처럼 행하라/When in Rome do as the Romans do]

는 말대로 순조로운 유학생활을 위한 토론일 따름이다.

5. 나이와 직위 의식 버려야

　동양인들의 가치관과 대인관계가 유교문화에 뿌리를 두고 있다는 것은 상식이다. 뒤에 소개하는 여러 가지 동서양인 간의 행태 차이가 대부분 그러하다. 그 가운데 중요한 게 나이와 지위에 대한 태도다.
　한국인들은 장유유서(長幼有序)라는 유교 사상에 따라 나이가 윗사람과 아래 사람을 확연히 다르게 대한다. 먼저 나이에 따라 쓸 언어와 취해야 할 태도가 달라진다. 그러므로 사람을 처음 만나면 어떤 식이든 먼저 나이와 신분을 아는 것이 수순이다.
　장유유서는 자연히 가정에서는 가부장제도, 일반 사회에서는 직위의 고하에 따른 [계층서열/hierarchy]을 낳게 된다. 그리하여 나이와 신분에 따른 어른과 윗사람에게 써야 할 존칭과 경어(敬語)가 있으며, 이에 대한 세심한 주의를 기울어야 한다. 이는 권위에 대한 두려움 및 숭배이며 권위주의 사회의 특성이다.
　근래에 와서는 나이보다 직위가 더 중요시되는 것 같다. 나이가 아래인 사람도 직위가 높으면 윗사람으로 대접하는 것을 볼 수 있다. 이런 사회에서 자란 사람들은 자연히 강한 [지위의식/status consciousness]을 갖는다. 그리하여 사람을 평가 할 때 자연히 능력과 인격보다도 사회적 지위와 직함을 더 먼저 본다. 이런 국민의 의식구조 때문에 자유민주주의 제도가 도입되어도 뿌리를 못 내리는 게 아닌가 생각된다.
　어느 사회에서나 나이와 지위를 무시할 수는 없겠으나, 영미사회는 이 점에서 다르다. 직장 안에서도 어느 정도 그렇지만, 직장 밖에서라면 직위와 권력 관계가 그렇게 두드러지지 않는다. 상대가 고급관리, 국회의원, 교수, 연장자라고 해서 우리처럼 피크닉, 결혼식장, 파티 등 사석에서까지 몸이 굳어져야 하는 것은 아니다. 영미인들이 우리처럼 명함을 흔하게 사용하지 않는 것도 이와 관계가 있다.

한국 유학생들이 서양에 나와 잘 적응하지 못하는 것이 바로 이점이다. 대학 안에서 총장, 학장은 말할 것 없고 담당 교수들과의 관계에서 지나치게 경직된다면 보기도 흉하고 해야 할 말을 제대로 못하는 손해를 보게 된다.

대학과 대학원 과정을 하러 오는 한국 유학생들은 군대를 마치고난 후, 아니면 한 동안 사회생활을 하다가 오는 경우가 많아서 현지 학생들에 비해 나이가 많다. 대개 20대나 10대의 현지인 학생들과 섞여야 하는 상황이다. 그럴 때 나이나 과거 직위를 너무 의식한다면 자연스럽지 못하고 어정쩡해진다. 나이 어린 사람들이 많이 모이는 파티나 다른 모임에서도 마찬가지다.

한국사회는 겉으로는 서양화, 미국화가 폭넓게 이루진 것 같으나 인간관계에서는 그렇지도 않다. 신세대들도 해외에 나와서는 한두 살 나이 차이에 따라 선후배 구분을 하느라 갈등을 겪는 것을 볼 수 있다. 현지인들에게 이런 태도는 불편하게 보이므로 조심해야 한다.

동양인들은 대개 체구가 작아서 영미 사람들에게는 나이보다 어리게 보인다. 거기다가 영미인들은 상대의 나이를 별로 개의치 않으므로 40대가 60대를 [친구/friend/심지어 mate]라고 부르는 일이 흔하다.

6. 퍼스트 네임은 친근감의 표시

나이와 직위 의식이 강한 한국인이 영미사회에 와서 익숙해지기가 어려운 매너 하나가 [이름/first name, given name, 성이 아닌 퍼스트 네임]의 사용이다. 이 사회에서 이름은 친근감의 표시로 사용된다. 미스터 또는 닥터 아무개라고 상대를 [성/性] 으로 정중하게 부른다면 가깝지 않다는 뜻이다.

영미인 교수가 학생들을 향하여 닥터, 프로페서, 미스터 아무개 대신 이름으로 불러 달라고 부탁까지 하는 일이 흔하다. 특히 남녀끼리 미스터 또는 미스 아무개라고 부른다면 정다운 사이가 아니다. 이들 나라에서는 친한 사이라면 목사도 퍼스트 네임으로 부른다.

그래서인지 서양인들은 우리보다 주위 사람들의 이름을 잘도 알고 기억한다. 잘 모르면 몇 번이고 묻고 확인한다. 초등학교에서만은 예외다. 초등학생은 선생님을 미스터 또는 미세스 아무개라고 성으로 불러야 한다.

한국에 그런 문화가 없다. 불과 몇 살 위인 사람에게도 이름을 부르면 실례다. 직위가 있으면 직함으로 불러야 한다. 부인들은 다른 사람과 얘기할 때 남편의 이름을 지칭하지 않고 누구의 아빠 등 돌려서 말한다. 이런 문화에서 지낸 사람이 영미사회에 오면 매우 어정쩡한 처세를 하게 된다. 유학생이 몇 년을 같이 지낸 교수나 현지 기관장에게 예의 바르게 대하는 것은 좋으나 직위로만 부르는 경직된 자세를 늘 유지하면 어색하고 가까워지기 어렵다. 권위주의에 찌든 제3세계 지역에서 온 학생들 중에는 이름으로 교수를 부르는 영미 학생들을 보고 깜짝 놀라는 일이 흔하다.

호주는 다른 영미국가보다 사회분위기가 더 [평등적/egalitarian]이어서 격식이 덜하다고 한다. 브래들리(179쪽 참조)의 조사에 따르면, 호주인들이 다른 영미사람들보다 [퍼스트 네임]을 더 잘 쓴다. 특히 서민들 사이에서는 그런 정서가 강하다. 친한 직장 동료끼리는 물론이고 처음 만난 사람에게 친근함의 표시로 [마이트]란 호칭을 듣는 일이 흔하다. 그럴 때 한국인은 불쾌감을 느끼기도 한다. 시드니에 사는 어떤 한국인 여성은 아이의 친구가 놀러 와서 자기 이름을 부르는 바람에 큰 충격을 받았다고 토로했다.

한국에서 직책을 가진 사람은 동료나 연하의 사람에게 전화할 때 [나 어디 무슨 국장인데……]또는 [아무개 소장인데요] 정도로 신분을 밝힌다. 이름을 먼저 대는 경우는 극히 드물다. 교포들도 전화를 받았을 때 자기 이름은 대지 않고 상대방이 누군가만 묻는 일이 흔하다. 여행사 등에서도 예약을 받으며 상대방 이름과 번호를 물어 확인하고 나서도 이쪽에서 이름을 물으면 이름보다 다른 방법으로 가리켜주는 일이 흔하다. 이름을 대는 것이 싫은 것이다.

영미사회에서 그렇게 하면 큰 실례다. 필자는 한국인이 영미문화에 적응된 정도를 전화로 자기 이름을 대는 데 아무렇지 않은가, 심지어 긍지를 느끼는가를 살피는 것으로 판단할 수 있다. 현지인(또는 교포)이 자기 이름을 직함을 빼고, 또는 아무개 씨 등으로, 불렀을 때 거부감을 느낀다면 아직도 한국 사람이다. 필자는 안면이 별로 없는 교포의 집에 전화할 때 난감함을 느낀다. 손자 같은 아이가 전화를 받아 [누구시냐고]고 물을 때 대답하기 곤란해지기 때문이다. 김 아무개라고 말해 주면 [김아무개씨요?]하고 되물어 올 때 아직도 약간의 거부감을 느끼는 것이 솔직한 심정이다.

7. 여성에게 함부로 하면 촌놈

한국과 해외 어디서나 남녀 성별이 나이와 직위 못지않게 인간관계에 한 몫을 한다. 약한 여성은 보호되어야 한다는 의식이 우리 사회에 없었던 것은 아니지만, 여필종부(女必從夫)라는 말이 있듯이 과거에는 여자는 남자에 예속되어야 할 존재였다. [암탉이 울면 집안이 망한다]는 말도 있었다. 여자가 남자보다 앞서서는 안 된다는 것이다.

한국에서도 영미문화의 영향과 교육받은 인구의 저변 확대로 이런 극단적인 남존여비 사상은 점차 사라지고 있다. 구미식 [여권운동/Women's liberation], [여성운동/feminist movement]도 점차 늘어나고, 과거 가볍게 여겨지던 [성희롱/sexual harrassment]에 대한 인식도 달라지고 있다.

그러나 오랜 세월 동안 굳어진 의식구조는 쉽게 바뀌지 않는다. 한국인들이 해외에 나왔을 때 어색할 수밖에 없는 것이 이 분야다. 서양남자들에게 익숙한 [여자 먼저]원칙의 실천은 전형적이다. 여자를 자동차로 안내하면서 문을 열어 주는 것이 쉽지 않다. 엘리베이터를 타면서 상대가 탈 때까지 기다리는 것도 그렇다. 특히 나이든 사람, 지체가 높은 사람이 그 반대 입장에 있는 여성에게 그렇게 하는 것은 어렵다. 한국에서는 그런 행동이 아직까지도 비정상으로 받아들여지기 때문이다.

한국에서는 연설을 아직도 [Ladies and gentlemen]이 아니라 [신사 숙녀 여러분]으로 시작한다.

영미인들은 여성의 인권을 경시하는 제3세계의 문화와 관습에 대하여 민감하다. 서구 언론에 그런 사례와 사건이 흔히 보도되는 이유다. 영미 국가의 주민들은 이민 온 중동계 남성들의 편향된 여성관이나 여성 관련 관행을 대단히 못마땅하게 생각한다. 터놓고 말하지 않을 뿐이다. 미국의 부시 대통령은 이따금 특정 제3세계 국가에서의 여성차별 문제에 대하여 공개적으로 언급한다.

중동계 이슬람계 여성들은 여성에 대한 멍에라고도 할 수 있는 머리와 얼굴을 감추는 머리 천을 해외에 나와서도 둘러쓰고 다닌다. 어떤 머리 천은 얼굴을 완전히 가리고 눈만 보이게 되어 있어 저항세력이나 강도가 쓰는 [복면/바라크라바/balaclava]를 연상케 한다. 그렇게 해서 주류사회에 잘 섞일 수는 없는 일이다.

서양여성들은 한국남자들의 매너를 보고 금방 남존여비적이라는 인상을 갖는다. 30여 명의 한국 유학생이 다니는 시드니 서부에 있는 커버데일고등학교의 제프 클라크 교장의 관찰은 재미있다. "한국 남학생들은 동료 여학생들이 의당 그들을 위해 잔심부름을 해 주기를 바라며 실제로 강요하는 일이 흔하다"는 것이다. 또 남학생들은 한국인 남자 어른이 무엇을 시키면 잘 따르지만, 여자 어른의 지시는 잘 따르지 않는 경향이 있다고 했다. 외국에 나와 공부하는 신세대라고 해도 한국식 남녀관을 알게 모르게 그대로 반영한 사례라고 하겠다.

영미사람들 앞에서 여자를 깔보는 발언을 하거나 같은 한국인이라고 해서 여자에게 거칠게 대하는 일, 여자 앞에서 오해받을 수 있는 농담을 한다면 아무리 다른 일을 서양식으로 잘 해도 그들에게 나쁜 인상을 줄 뿐이다. 아직 젊은 나이인 유학생들은 현지 학생들의 남녀관계 매너를 잘 지켜보면서 쉬운 것부터 조금씩 태도를 바꾸도록 노력해 볼 일이다.

8. 눈치와 기분

크레인의 저서 [P. Crane, *Korean Patterns* 1967)에는 기분에 대한 서술이 여러 군데 나온다. 한국인은 기분에 살고 죽기 때문에 한국에서 사업에 성공하자면 상대방의 기분을 먼저 알아 처신해야 하고, 그러기 위해서는 한국인 특유의 눈치가 있어야 한다는 것이 요점이다. 크레인의 저서 이후 여러 서방 문헌들이 이 한국인의 행태를 다루고 있다.

사람은 어떤 식이든 푸대접이나 무례한 대접을 받았을 때 참담하고 불쾌하게 느끼게 된다. 그렇다면 기분은 한국인에게만 특이한 속성은 아니다. 남에게 기분 좋게 해준다는 뜻의 영어로 [make him(her) feel important/상대방으로 하여금 자기가 중요한 사람으로 느끼도록 해 준다]가 있다.

한국은 동방예의지국이고, 한국인은 원래 예의 바르고 친절하고 인심이 후한 민족이라고 한다. 예의바른 것은 다른 사람의 기분을 상하지 않게 배려한다는 말도 된다. 그렇지만 예의지국도 권위주의가 지배한다면, 그 예의는 일방적으로만 지켜질 수밖에 없다. 예의는 약자가 강자에 대한 관계에서만 지켜질 뿐 그 반대의 경우는 일정치 않다. 이런 행태가 외국 사람의 눈에는 별나게 보여서 한국인의 [기분]을 따로 운운하게 된 게 아닌가 싶기도 하다.

영어에 [The police is always right. The customer is always right]라는 재미있는 말이 있다. 권한을 갖는 경찰은 민간인과의 관계에서, 물건을 사는 고객은 상인과의 관계에서 언제나 옳다(상위)라는 말이다. 민간인이 경찰에게 약할 수밖에 없음은 만국 공통이다.

그러나 서구에서 소비자가 왕이라고 할 때도 우리 사회에서 흔히 볼 수 있는바 고객이 장사꾼이라고 무례하게 대하여도 되는 것이 아니다. 한국에서는 식당에 들어가 손님이 마음대로 아무 식탁에나 앉아도 된다. 떠들며 들어와도 된다. 영미 레스토랑에서는 종업원이 안내할 때까지 입구에 조용히 서서 기다려야 한다. 어떤 식당 입구에는 [Please wait here to be seated/ 종업원 안내를 받아 앉으세요] 라고 쓰인 푯말이 있다. 그럴 때 못 보거나 묵살하고 쑥 들어가 앉으면 창피 당한다. 영미인들은 식당에서 음식을 사 먹을 때 주인이나 종업원 앞에서 [음식이 왜 이렇게 짠가] [맛이 없다] 와 같은 불평을 잘 하지 않는다. 맛이 있으면 물론 감탄사를 연발하지만, 없으면 다음에 가지 않을 뿐이다. 장사꾼이라며 물건 값이 왜 이렇게 비싸냐는 등 함부로 말하지 않는다.

물건 값이 비싸면 안사면 되고 값을 깎자고는 안한다. 사지 않더라도 물건이 마음에 들면 칭찬을 아끼지 않는다. 몇 개를 더 살 테니 값을 깎아 줄 수 없느냐는 식의 제의를 하면 [여기는 홍콩이 아니다]라는 식의 싸늘한 대답이 돌아온다.

영미사회에서는 종업원이 물건을 포장하거나 잔돈을 거슬러 줄 때, 그밖에 어떤 서비스를 해 주면 밝은 웃음과 함께 [thank you]라는 인사를 잊지 않아야 한다. 한국에서 처럼 상대가 장사꾼이라고 해서 서비스를 받고도 시큰둥한 얼굴을 하고 그냥 나오는 사람은 드물다. 유학생들은 이런 면에서 자기도 모르게 실수를 범하기 쉽다. 현지 사람들이 하는 것을 잘 봐 두었다가 실천해 볼 일이다.

9. 캐주얼 옷은 실용주의

불평등제도의 유지를 위해서는 격식이 필요하다. 권위주의 사회에서 비생산적인 격식이 중요시되는 이유다. 군대는 가장 좋은 예이다. 군대는 상급자가 하급자를 권위로 지배하는 사회이며, 그런 위계질서를 효과적으로 유지하기 위해 계급장, 훈장, 제복, 예식, 사열 등의 의식과 격식이 필요하다.

권위주의의 반대 개념은 자유민주의인데, 그런 사회에서는 개인의 권리와 사생활은 존중되며 남의 이익을 해치지 않는 한, 개인에게 편한 것은 선(善)으로 받아진다. 바로 실용주의 철학이다.

격식은 대개 지배층 외 아무에게도 실익이 없는 체면과 의전을 위하여 전체 사회에는 큰 비용 부담을, 서민에게는 비용과 함께 생활의 불편을 가져다준다. 그간 한국에서 많이 줄어든 대부분의 허례허식이 그러했다.

서양문화와 생활양식은 동양의 그것보다 실용주의에 더 입각하고 있다. 모든 제품이 그런 필요에 맞게 고안되고 개발되었는데, 한국도 물질문화분야는 그런 쪽으로 빨리 바뀌고 있다. 영미사회가 일반적으로 격식을 덜 차리지만 호주는 특히 그러하다. 여름에는 짧은 바지에 슬리퍼를 신은 채 강의를 하는 교수도 있고 맨발로 나다니는 학생도 있다.

한국은 발전이라며 서방의 것은 무엇이든 도입해와 옷 만해도 웬만한 모임에는 정장 대신 [편한 옷/casual]을 입고 나가는 사람이 뚜렷하게 늘어났으나 많은 다른 실질적 분야에서는 아니다. 해외에서도 결혼식장이나 교회 모임에 대부분 1세들은 넥타이를 매고 나가는 게 보통이지만, 그야 큰 돈 드는 것도 아니어서 아무래도 괜찮을 것 같다. 한국의 혼수는 이와 다르다.

유학생과 조기 유학생 학부형들의 경우는 한국식 체면 의식 때문에 해외생활을 비싸게 보내고, 현지인들과의 관계에서는 어색하게 되는 우를 범하지 말아야겠다. 아래 몇 가지 실례를 든다.

너무 푸짐한 음식 대접

부부 유학생이나 조기유학 학부모는 외국인 교사, 교수, 친구, 이웃 등을 집으로 저녁 초청을 할 일이 생긴다. 이때 우리는 손님에 대한 음식을 잘 차려야 한다고 생각하기 때문에 대개 큰 부담을 안게 된다. 이 점 외국인들은 우리와 크게 다르다. 외교관이나 CEO들의 교제가 아닌 서민들의 경우라면 한두 가지 간단한 음식과 음료로 편하게 치른다.

먹지 못하는 거창한 음식보다 비용은 덜 드리는 대신 유쾌한 대화 분위기를 살리고, 그렇게 함으로써 자주 만날 수 있는 편이 서로 더 친근해질 수 있는 실제적인 방법이 된다.

한국인이 외국인과 갖는 외식에서 자유스럽게 못하는 습관 하나가 각자가 자기 몫을 지불하는 이른바 [더치페이/Dutch pay/go Dutch]이다. 한국에서도 젊은이들 간에는 각자 지불 방식이 늘어나고 있지만, 식당에 가보면 누군가 한사람이 자진해서 내고 있거나 서로 내겠다고 실랑이가 벌어지는 것을 보게 된다.

외국에서는 대개 동료 학생이나 직장인들 간의 경우, 누군가가 주말에 저녁을 같이 나가서 먹자고 할 때 그가 한턱내는 것으로 착각하면 안된다. 같이 내고 먹자는 뜻인 경우가 많다. 이런 문화에 빨리 익숙해지지 않으면 매번 어색하게 된다.

한국의 학부모들은 학교 교직원이나 교사들에게 특별한 이유 없이 음식 말고도 비싼 선물 등으로 호의를 베푸는 것으로 이름나 있다. 외국으로 옮겨온 [치맛 바람]이다. 대접 받기 싫어할 사람은 없겠지만, 이들은 왜 그렇게 푼푼해야하는가 의아해 한다.

순박한 한국 농촌 사람들의 대접을 잘 받은 크레인씨도 책에서 너무 후하게 대접해주는 한국인들은 대부분 나중에 청탁을 해온다고 썼다. 주고 손해 보는 사례다. 결코 넉넉한 형편일 수 없는 유학생의 경우, 우리식 미덕도 좋지만 서양식의 실용적인 생활양식에 빨리 적응하는 것이 건전한 생활과 학업의 성공을 위해서도 좋다. 50-60년대에 병풍박사 (지도교수에게 의례 병풍을 선물했다는 박사과정 한국 학생들을 지칭)라는 우수개가 생겼다는데, 영미사회에서 물질로 교수의 환심을 사려고 한다면 바보짓이다.

무엇을 도와드릴까요?

필자가 공부한 미국과 호주 마찬가지인데, 학장과 교수 등 사전 약속을 하고 찾아 가면 [Hello, sit down] 정도 짧게 말을 건넨 후 곧 바로 [뭘 도와드릴까요?/What can I do for you?, 또는 How can I help you?]라고 단도직입적으로 묻는 일이 흔하다. 심지어 [Why we are meeting for?/왜 우리가 만나지요?/왜 오셨지요?]라고 할 때도 있다. 의사의 경우는 [Why you are here today?]도 있다.

이들이 꼭 불친절하거나 냉담해서 그런 것만은 아니다. 용건이 있을 테니 중요한 것부터 먼저 하자는 선의로 이해해야 한다. 하지만 대부분의 한국인은 당황하게 된다. 보통 한국에서라면 이 경우 한참 잡담을 하다가 용건을 꺼내는 게 보통이기 때문이다.

따라서 이런 상황에 어떻게 대답을 할 것인지. 방문이나 면접에 앞서 생각해 둘 필요가 있다. 서양인들은 비즈니스를 할 때 용건부터 말한다. [비즈니스가 먼저/businesslike]다. 우리는 처음 의례적인 인사와 얘기를 하다가 나중에 용건을 내놓거나, 눈치를 봐 상대방이 알아서 꺼내주기를 기다리는 방식을 택한다. [비즈니스 먼저]로 하다가는 역효과가 나기 쉽다. 영미사회에서도 세일즈맨들은 우리와 비슷한 전략을 쓰지만, 우리보다는 실제적이다. 그렇게 해서 손해 보지 않는다.

한국인의 비실제적인 커뮤니케이션 방식은 다른 분야에서도 나타난다. 연설이나 좌담회에서 하는 발언의 전반부는 알맹이 없는 의례적인 말로 채운다. 토론을 위한 발언 때도 [먼저 이 자리를 마련해 주신 주최자에게 감사를 드리며] 등의 인사말을 건네는 그것이다. 국회의 청문회장이나 기자회견장에서 나오는 질문도 진짜 내용보다는 서론이 더 긴 것이 특징이다.

한국인들은 타인과의 분쟁을 중간인을 통해서 해결하는 간접적인 방법을 선호한다. 남의 일에 잘 끼어들지 않는 영미인들과의 관계에서는 이게 어렵다.

전화로 문제 해결이 가능하다

 권위주의 사회에서 자란 한국 유학생들은 해외에 나와 학교, 교수, 민원 관계에서 여기 민주주의와 실용주의 사회의 이점을 활용 못함으로써 비능률적이 되기 쉽다.

 영미사회에서는 대학원생 정도라면 학장과 학생처장에게 전화했을 때, 본인이 부재중일 경우 비서가 전화번호를 남겨 놓으라고 하는 게 보통이다. 본인이 돌아오면 회답을 해주겠다는 뜻이다. 이것이 우리들에게는 좀 신기하다. 우리 문화에서는 저쪽에서 전화번호를 남기라고 하지도 않을 뿐만 아니라, 학생은 [알겠습니다. 나중에 찾아뵙겠습니다], [나중에 전화하겠습니다]라고 대답하는 게 상식이다.

 한국사회에서 고위직자와 단체장이 민원과 관련하여 일반인이 남긴 메시지에 회답을 해 주는 일은 드물다. 장이 자리에 있더라도 전화를 직접 바꿔 달라고 하기는 어렵다. 비서에게 용건을 말하거나 나중에 찾아가는 게 예의다. 이메일이 일반화된 요즘에도 메일로만 무슨 일을 하려고 하면 잘 되지 않는다. 영미국가에서는 일반적으로 될 일은, 찾아가든 전화로하든 이메일로하든 잘 된다. 안될 일은 어차피 안된다. 유학생이 이런 차이를 극복하는 데도 시간이 걸린다.

 영미사회에서 관청이나 학교, 그 밖의 단체는 거의 모두 자세한 [안내서/brochure/leaflet]를 구비하고 있는데, 민원을 내기에 앞서 먼저 읽어 봐야 한다. 전화를 해서 안내서를 보내 달라고 하면 우편으로 보내온다. 거의 예외가 없다.

10. 계약사회 - 도장과 사인

한국인의 형태에는 아직도 농경사회의 흔적이 많이 남아 있다. 인간 관계에서 정과 의리가 강조되고, 작은 거래에서 계산을 꼼꼼히 하는 행위는 야박하게 받아진다. 이는 서양인의 계약 중심 사고와는 배치된다. 서양사회에서 모든 거래는 문서로 명시되고, 액수는 크든 적든 철저히 따져서 수수 되어야 한다.

중요한 일은 늘 조건이 깨알처럼 적힌 용지를 읽고 [싸인/sign/서명/signature]을 함으로써 하게 된다. 이들 대부분이 계약서인 셈이다. 방을 하나 얻는데도 세입자와 집주인의 권리 및 의무가 임대계약서에 아주 세밀하게 명시된다. 사람을 고용할 때도 마찬가지다.

주고받은 편지도 계약 효과를 갖는다. 영미사회에서는 도장 대신 서명을 하게 되는데, 이때는 매우 조심스럽게 해야 한다. 액수가 큰 사항은 변호사를 통해 하는 것이 보통이다. 한번 서명함으로써 어떤 계약의 당사자가 되면 잘 몰랐다든가 정황을 참작하여 봐 달라고 해도 통하지 않는다.

부동산 거래를 할 때도 소유자는 나타나지 않고 부동산 중개인과 변호사가 대신 일하며 서류로만 처리한다. 부동산 문제, 자동차 사고 등 분쟁이 생기면 당사자는 변호사에게 일을 맡기고 빠져 버리기 때문에 한국에서처럼 직접 만나 동정을 구한다든가 타협을 보기 어렵다.

서양인들의 이런 타산적이고 메마른 생활태도는 섹스피어의 희곡 [베니스의 상인/The Merchant of Venice]에서도 잘 풍자되었지만, 이를 좋다 나쁘다 단정해서 말하기는 어렵다. 정과 의리를 내세우며 적당히 하는 거래나 인간관계가 나중에 더 큰 분쟁으로 발전되는 것을 보면 그렇다. 또 한국인은 [운용의 묘]를 살린다거나 [신축성 있게 운용]하는 것을 미덕으로 알지만, 이는 말로만 가능하지 실제에 있어서는 불가능한 때가 많다. 많은 한국 유학생들이 거래에 있어 우리와 서양인간 차이점을 모르거나 알아도 습관적으로 소홀히 함으로써 손해를 본다.

영미사회에서 주택을 임대할 때는 계약 서류를 잘 살펴서 해야 한다. 그 서류에는 주택 내부의 이상 여부를 사전에 확인하는 체크 리스트가 들어 있다. 이것을 미리 확실히 해 두면 나중 분쟁을 막을 수 있다. 값이 나가는 상품 구입 또한 마찬가지다.

하숙집들은 학생이 사정상 2,3일만 더 있게 되면 추가분을 계산해서 돈을 받는다. 서양인들에게는 당연한 일이지만 우리에게는 야박하게 느껴진다. 넓은 집에 자녀 없이 사는 노부부가 빈방을 세놓는 일이 있지만, 이들도 생계 때문에 그러는 것이 아닐지라도 돈 계산은 역시 철저하다.

해방 후 후한 원조물자로 도와준 미국인에 대해 듣고 자란 한국인들은 서양인은 부자이며 인정 있다는 막연한 이미지를 갖고 있다. 그러나 한국인이 현지에 나와 보면 그런 감각은 싹 달라진다. 이것도 일종의 문화충격이다. 그렇다면 [좋은 사마리아의 여인/The good Samaritans/누가복음 10장, 30-35절)의 미국인 이미지와 현지에서 맞닥뜨리게 되는 야박한 서양인의 차이는 어떻게 이해해야 하는가? 서양인들은 재산을 자손에게 물려주겠다는 집념이 우리처럼 강하지 않아 공익을 위해 기부하는 사례가 많다. '야박하게' 모은 돈이 종교단체를 비롯한 각종 공공단체를 통해 한때 한국 같은 나라에서 큰 선심으로 받아진 게 사실이다. 하지만 서양인들에게 전통이 되다시피 한 공공성을 띤 자선사업과 개인간 거래는 차원이 다르다.

11. 홀로 지내는데 익숙해져야

"한국인들은 집단 속에서 일한다. 혼자서 하는 일은 고독하고 의미가 없다." 한국에서 살아본 서양인들이 한국인에 대하여 한 평이다. 우리의 성장과정을 생각해보면 맞다. 우리가 가정 밖의 활동 가운데 개인으로서 독립해서 창의적으로 한 일이 별로 없다.

[나] 개인보다도 [우리나라] [우리 학교] [우리 모임]을 위해 일한다는 말이 더 귀에 익숙하다. 지도자들은 전체의 이익을 위한다며 개인의 희생과 획일적인 사고와 행동을 강요해온 게 사실이다.

[집단주의/collectivism]의 반대가 [개인주의/individualism]다. 개인주의는 가능한 한 개인의 자유와 이익을 최대로 옹호하자는 사상이다. 개인보다 전체의 이익을 먼저로 하는 사상 자체에 잘못이 없다. 그러나 역사적으로 볼 때 집단주의는 전체 이익이라는 구실 아래 [전체주의/totalitarianism], 독재주의로 변질되었던 것이 사실이다.

아마도 이런 집단주의와 인구 과밀이 섞인 결과 한국에서는 인간교류가 아주 빈번한 것이 사실이다. 서울의 한 샐러리맨의 하루를 상상해보자. 그는 조기 축구 등 클럽의 회원으로 새벽 일찍부터 다른 회원들과 근처 공원에서 어울리는 것으로 하루를 연다. 자가용 또는 전철로 출근할 때도 근처에 사는 직장동료와 함께 갈 확률이 높다.

낮에는 직장 동료들과 함께 점심 식사를 가고, 그 후에는 찻집에서 30분 정도 잡담을 즐기는 일도 흔하다. 퇴근 후에도 들러야 할 동창회,

종친회, 계, 강연회, 동호인 파티 등 모임이 한두 건은 꼭 있다. 국회의원이라면 주말에 결혼식만 십여 군데를 들러야 하는 것이 통례라고 하며, 가정주부도 거미줄처럼 얽힌 인간관계 속에서 하루를 보낸다.

지금은 많이 달라졌다고 하지만 크게는 같다. 서울에 전화를 해보면 주말에도 젊은이는 집에 없다. 이런 문화에서 살다가 해외로 나오면 적응하기 어렵다. 도시 근교 웬만한 거리에도 낮에 사람이 없다. 있다 해도 외국인들과 우리식으로 밀착되어 지내기 어렵다. 이들 자신들끼리도 우리처럼 밀착되지 않는다.

영미국가의 중년 남자들이 주말을 보내는 것을 보면 우리와 아주 다르다. 이들은 대개 부부가 집수리나 정원 손질을 하면서 보낸다. 한국 남자들에게 이게 어렵다. 해외에 나온 한국 사람들이 외로워하고 적응에 어려움을 겪는 이유다. 가족과 떨어져 와 지내는 유학생들의 경우는 더 그렇게 될 공산이 크다.

그래서인지 이들은 예외 없이 유학생회를 조직하고 서로 어울리곤 하지만, 그래도 외롭다. 이런 상황에서 이따금 실수를 하게 된다. 식당에서 늦도록 술을 마시다가 싸움을 벌여 경찰의 신세를 진다든가 카지노에서 생활비를 날리고 공부를 포기하는 일이 생긴다. 영미지역으로 유학을 떠나는 학생들이 외로움을 덜 느끼려면 한국에서 익숙해진 집단주의 생활습성을 빨리 버려야 한다.

12. 사생활 묻지 않는 교수

집단주의 사회에서 자란 사람은 자연히 [사생활/privacy/프라이버시)

에 대한 관념이 희박하다. 밀착해서 지내다 보면 타인에 대한 지나친 관심과 의식을 갖게 된다. 좁은 해외 한인사회에서는 서로가 상대방 집 숟가락이 몇 개인지도 안다는 말이 생길 정도로 밀착되고, 모이면 남의 말을 많이 하는 편이다.

서양인들은 가까운 친구나 가족간에게도 개인적 사항은 묻거나 거론하는 것을 금기로 한다 함은 이미 우리에게도 잘 알려져 있다. 하지만 실제 생활에서 어느 정도면 사생활 침범인가를 꼬집어 말하기는 어렵다. 사생활 문제가 워낙 미묘한데다가 언어장벽까지 겹쳐 섬세한 대화가 불가능한 외국인과의 관계에서는 더 그렇다.

문제는 각자의 처지이다. 상대가 특별히 필요한 사람이 아니라면, 저쪽에서 프라이버시를 지키면 이쪽도 그렇게 하면 된다. 그러나 유학생은 사람들과의 관계에서 늘 아쉬운 처지에 있다. 말을 먼저 걸어야 할 때가 많다.

지도교수와 학생과의 관계는 가히 부부 관계에 비유할 만하다. 상대와 대화하기가 조심스러울 때는 상대 마인드를 알기 어렵고 제대로 도움도 못 받게 된다. 그런 점에서 필자가 잘 아는 박사과정 학생은 호주에서 공부할 때 불운한 사람이었다.

몇 년을 지내는 동안에도 지도교수는 필자의 가족 관계는 물론, 어떻게 먹고 사는가, 한국은 어떤 나라인가, 한국에서는 어떻게 지냈는가 등 개인 형편을 한 번도 물은 적이 없다. 이 정도면 프라이버시의 문제가 아니다. 이런 사람은 남의 일에 관심을 갖고 도울만한 위인이 못 된 것이다. 선택이 있다면 이런 사람은 피해야 한다. 한국인이건 외국인이건 개방적인 성격이어서 무슨 얘기든 터놓고 쉽게 할 수 있는 사람이 있다. 이런 오픈 된 외국인과는 사생활 문제의 벽을 쉽게 허물 수 있다.

영미사회에서는 상대의 직업, 나이, 소득, 가족 관계, 출신 학교, 결혼 관계 등 개인적 사항을 묻는 것은 일반적으로 금기 사항이다. 한발 더 나가 왜 그렇게 됐느냐고 묻는 것은 정말 실례다.

다만 외국 사람에게 개인적인 사항을 묻더라도 너무 직접적이고 구체적이지 않게 무난하고 완곡하게 질문한다면 대체로 무난하다. 한국인들이 범하기 쉬운 일인데 남의 물건을 보고 얼마를 주고 샀느냐와 같은 물음은 조심해야 한다. 영미학생들은 자기들끼리도 개인 사항을 속속들이 알고 지내지 않는다는 점을 유학생들은 유의할 필요가 있다.

13. 아는 사람, 모르는 사람-낯을 가리지 말라

"한국인은 친척은 물론, 동향, 동문, 같은 직장 출신이라면 그렇지 않은 사람들과 다르게 대한다. 이런 개인적 [연/緣]이 친목으로 그치지 않고 공적 관계로 확대되면 비리가 된다. 그렇지 않다면 좋아하는 사람끼리 따로 지내는 것을 파벌이니 하며 비난할 이유도 없는 것이다.

파벌 중심 사회에서는 독자적인 길을 걷는 사람은 손해를 본다. 그래서 하다못해 직장 계모임, 낚시모임, 산악회 같은 모임 등에라도 가입하여 나름대로의 인맥에 끼어들어야 한다.

서양인들이 한국인들보다 더 인정이 있고 친절하다고 말할 수는 없다. 그렇기로 말하면 한국인만한 민족도 없을지 모른다. 다만 한국인의 인정, 친절, 의리, 인심은 보편타당성이 없는 것이 문제다. 연으로 통하거나 잘 알면 친절하고 관대하지만, 그렇지 않으면 예측불허다.

이에 비해 영미인들의 인간관계는 훨씬 보편성을 띤다. 상대가 누구이든, 잘 알고 아니고를 따지지 않고 기본적인 예의는 모든 사람에게 지키는 편이다. 서양 사람들은 초면인 사람일지라도 한적한 길거리에서 마주치면 적어도 미소 정도 짓는다. 한번 정도 봤던 사람이면 날씨를 가지고 간단한 대화를 나누거나 농담을 하는 게 보통이다.

잘 아는 사람끼리는 수다스럽고, 모르는 사람은 외면하는 문화에서 자란 우리에게 이게 힘들다. 이런 차이는 리셉션, 피크닉, 파티에 참석하거나 단체여행을 해 보면 쉽게 알 수 있다. 원래 알던 사람끼리만 어울려 초면은 [개밥의 도토리]가 되기 쉽다. 그러니 모임에 가거나 여행에 합류하기 전에 누가 참석하는지 알아봐야 한다.

영미사회에서는 몇 사람이 잠깐이라도 자리를 같이 하게 되면, 누군가가 서로를 예외 없이 인사를 시킨다. 모르는 사람에게 먼저 자신을 소개하고 접근하는 것도 일반화된 관습이다. 이런 서양의 관행도 보편 타당한 인간관계에서 나온 것이 아닌가 한다. 한국에서도 그런 관행은 점차 늘고 있지만, 아직도 별로 중요하지 않은 사람, 모르는 사람은 내버려 두기 일쑤이다.

영미사회의 에티켓 책자에 따르면, 사람을 소개시킬 때는 중간인은 연하자를 연장자, 남자를 여자 쪽을 향하여 하는 것이 관례다. 예컨대 국회의원과 유학생이 한자리에 있다고 하면, 중간인은 국회의원 쪽을 향하여 [이 사람은 학생인 아무개입니다]라고 해야 한다.

외국인이 섞인 리셉션에 가보면 한국인들이 외국인들에게 민망하게 보일 장면이 자주 연출된다. [높은 사람]만 외국인에게 소개하고 나머지는 내버려두든가, 지인끼리만 옹기종기 모여 대화하면서 한 두 사람은 소외된 채 놓아두는 것이다.

여성들은 모르는 남자에게 먼저 말을 하거나 친절하게 대하면 오해를 받을 것이므로 일부러 냉담한 체한다. 영미사회에서는 그렇게 하면 안 된다. 누구든 소개를 받아 알게 되었거나 말을 걸어오면 예의상 잘 알던 사람처럼 친근하게 잠깐이라도 대응해야 한다. 상대방이 무어라고 하면 [Is that so?/ 아, 그래요] [Really?/ 진짜에요?], [Great!/ 좋습니다], [wow/ 아, 그래요] [ah, okay/ 아 오케이] 와 같은 말로 쾌활하게 관심과 성의를 보이는 게 예의다.

14. 편지로 해결하는 사회

사회가 선진화 될수록 일처리는 말로가 아니라 글로 하게 된다. 먼저 정확성을 기하고 기록을 남겨야 할 것이기 때문이다. 계약이라면 더 말할 것 없다. 영미사회에서 변호사는 자기 고객이나 상대 변호사와의 대화를 말보다 편지로 한다. 분쟁 소지가 있는 사항을 말로 한다면 자칫 감정이 개입되어 언쟁으로 발전할 수 있고, 소송으로 이어질 경우에 대비 기록으로 남겨야 하기 때문이다.

주거 관련 이웃과 일어나는 작은 분쟁도 한쪽이 관할 구청 (호주, 영국은 카운슬, 타운 홀, 카운티 홀. 미국은 시티 홀, 카운티 홀 등)에 편지를 써 해결하는 게 보통이다. 대부분의 민원도 편지와 함께 서류를 받거나 보내며 하는 게 원칙이다. 그래서 인지 이 사회의 전문인들은 말할 것 없고 일반인들도 [실무 편지/business letter]를 요령 있게 잘 쓴다.

조직 내에서도 마찬가지다. 의사소통이 주로 [메모/memorandum]라는 회람(요즘은 이메일을 더)을 통하여 이뤄지므로, 매니저들은 대개 글을 잘 쓴다. 그런 능력이 없거나 성의가 없는 사람은 진급을 안하거나 못한다. 교수들은 더 그렇다. 1970년대 초 미국에서 공부할 때 노교수의 열의와 정력에 놀랐었다. 그는 10여명 학생들의 개별적 질문이나 용건에 대한 회신과 연락을 이들 각자에게 배정된 [서류함/pigeon hole]에 일일이 남겨 놓음으로써 하는 것 이었다.

대부분 영미 교수들이 한국 교수들보다는 많은 양의 편지를 쓴다는 게 필자의 판단이다. 해외 유학파 교수들이 늘고 인터넷이 사용이 일반화된 요즘은 이메일에 의한 교수와 학생 간 커뮤니케이션이 용이하겠지만 역시 글을 써야 하기 때문에 능력과 성의가 있어야 한다.

단체장이든 개인이든 영미인들은 정당한 편지에 대해서는 상대가 누구인지를 따지지 않고 회답을 잘해주는 편이다 (요즘은 살기가 각박해지면서 서양에서도 이런 좋은 관례가 퇴색하고는 있으나). 비서들은 외부에서 단체장 앞으로 온 편지에 답장하는 일을 먼저 한다. 유학생들은 문제 해결을 위해 이 점을 잘 이용해야 한다. 제7장 공부방법 가운데 영어 에세이 글쓰기에 대한 요령을 다뤘지만 그 요령은 실무 편지 쓰기에도 그대로 적용된다.

15. 기쁜 감정은 숨길 필요가 없다

서양인들이 우리보다 기쁨, 사랑, 놀라움 등의 감정을 공개적으로 잘 표출하는 편이다. 자녀나 친한 친구를 만날 때는 껴안으며 기쁨을 표시한다. 요즘 한국에서도 [안아드려요/Free Hugs] 운동이 벌어지고는 등 세상이 달라지고 있는 것 같으나 아직은 아니다. 서양인들은 선물을 받으면 그 내용물을 사람들이 보는 앞에서 열어 보이며 호들갑을 떤다. 또 남의 집에서 음식 대접을 받으면 맛이 있다고 극구 칭찬을 한다.

동양사회에서는 이런 때 감정은 억제하는 것이 미덕이다. 한국에서는 아직도 약혼식, 결혼식 때 여자가 손님들 앞에서 심각한 표정을 짓는 것이 보통이다. 너무 웃는다든가 행복감을 나타내는 것은 부적절하게 여겨진다.

그러나 한국인들은 영미인들과는 달리 울분, 슬픔, 증오감, 불쾌감 등 감정은 참지 않고 나타낸다. 관공서에서 일이 마음대로 안 될 때, 기차가 연착하거나 고장 정차하게 되면 아우성을 치는 승객이 많다. 영미사회에서도 기차가 늦어서 30~40분씩 기다리는 일은 흔하지만, 신기하리만치 조용하다.

영미사회에서 한국인 어른이 가끔 서양인들 앞에서 얼굴을 붉히고 화를 내거나 초중고등학교 학생이 다른 서양인 학생을 때리는 사건이 생기는데 본래의 급한 성격에다 영어가 부자유스러워 그렇게 되는 것을 알 수 있다.

필자는 영미사람들의 장례식에 가, 상주측이 손님들 앞에서 목 놓고 우는 장면을 보지 못했다. 죽은 아들의 장례식에 온 손님들을 어머니가 침착하게 커피 대접하는 것을 봤다. 그렇다고 슬픔이 덜 하다는 얘기는 아닐 것이다. 결국 영미사람들은 긍정적인 일에, 한국 사람들은 부정적인 일에 더 감정을 표출하는 것은 아닌가 한다.

남의 집에 가 어린이는 물론, 개를 보면 예뻐하고 호감을 표시하는 게 예의인 것 같다. 무표정과 침묵에 익숙한 동양인에게 어려운 일인데,

그렇게 하면 서양인들과 가까워지기 어렵다.

　유학생들이 영미인들 집에 민박을 하면서 어려움을 겪는 일이 많다. 이유야 여러 가지지만, 주인집 아이들과 놀아 주는 정도의 성의만 보여도 돈으로는 얻을 수 없는 호의를 받을 수도 있는데, 대부분의 한국 학생들은 그러지 못하더라는 것이다. 유학생과 경험이 많은 교포의 이야기인데 새겨들을 만하다.

16. 땡큐, 굿모닝

　[Thank you/ 고맙다] [I am sorry/ 미안하다] [very good/ 좋다] 등이 상대방에게 호의와 협조적인 태도를 보이는 말과 제스처는 일상생활에서 많이 쓸수록 좋다. 그런데 한국인들은 이런 표현에 비교적 인색하다. 그 이유는 아마도 권위와 위엄을 중시하는 우리의 문화 때문이지만, 언어도 한 몫 한다. 우선 우리의 인사말은 영어보다 길다. 영어의 [How are you?]는 음절이 세 개일 뿐이다. [안녕하세요]는 다섯 음절이다.

　1950년 말에 필자는 공군에서 근무했다. 그 때 근무처에 처음 나가 모두가 아침 인사를 [굿모닝 또는 굿모닝, 써/good morning, sir]로 하는 것을 보고 놀랐다. 당시 우리 공군의 조종사와 간부들 대부분이 미국의 원조로 거기에 가서 훈련을 받고 돌아온 사실 말고도, 영어로 인사하기가 더 편해서 그랬던 것이 아닌가 한다.

　필자는 최근 서울에 가 분식점마다 물통 앞에 "물은 셀프입니다"라고 쓴 안내 표지를 보고 또 한번 그런 생각을 해봤다. 여기 셀프는 [셀프 서비스/self-service]인데 이것을 우리말로 한다면 훨씬 길게 쓰고 말해야 한다. 국어 순화론자들은 뭐라 할지 모르겠으나, 일본인들이 외래어를 그렇게 많이 쓰는 이유를 알만하다.

영미인들은 웬만한 사이면 [hello]또는 [hi]정도로도 인사가 가능하다. 우리나라에서 어른에게 물론이고 동료끼리라도 [안녕]은 곤란하다.

영미인들이 [thank you]라고 할 때, 이 말이 진정 고마움을 의미하느냐를 따지는 것은 무의미하다. 한 연극의 장면이 생각난다. 상대의 말끝마다 [thank you, thank, you]를 연발하다가 [Your are fired/당신 해고야!]라는 말을 듣고도 자동적으로 [thank you]라고 대답하는 것이었다. [Thank you]라는 말이 얼마나 형식적으로 쓰이는가를 잘 말해 주는 사례다.

[Thank you]는 두 음절이지만, 우리말 [고맙습니다]는 다섯 음절이다. 그렇다고 줄여서 [감사]라고 할 수도 없는 노릇이다. [Thank you] [my pleasure], [sorry], [my apology], [no worry], [please], [all right], [okay]처럼 예의와 관계되는 영어 표현이 모두 짧은 말로 되어 있다. [excuse me]의 [excuse]는 두 음절이지만 악센트가 있는 [-cu-]를 힘주어 발음할 때는 한 음절로 들린다. 예컨대 [cuse me]가 된다.

어쨌든 영미인들은 타인과 몸이 스치면 자기 잘못이 아니어도 [I am sorry]라고 하며, 어떤 서비스를 받으면 [thank you]라고 하는데, 그렇게 안하면 예의에 어긋난다. 그런 예는 [very good]같은 말에도 그대로 적용된다. [Delicious]는 영어로 맛있다는 말이지만, 영미인들은 그 대신 [um!]같은 감탄사와 함께 표정으로 짓을 하는 것이 보통이다. 한국말에서라면 음식을 대접받고 어떤 반응을 보이려면 [어이구, 맛이 있네요. 음식 솜씨가 보통이 아닙니다] 또는 [맛이 기가 막힙니다] 정도로 길어지기 십상이다.

영미사람들은 만족, 호감, 선의나 그 밖에 감정을 표시하려고 할 때 말에 못지않게 제스처를 많이 사용한다. 짧은 말로 인사를 하는 것, 제스처로 인사를 대신하는 것은 이들의 실용주의와 관계가 있을 듯하다.

물론 이들도 예식과 행사에 있어서 우리보다 더 까다로운 격식과 표현 방법이 있기는 하다. 하나 일반적으로 우리 문화에는 짧고 편리하게 수시로 호의를 표시하는 적극적인 커뮤니케이션 방법이 잘 발달되어 있지 않다. 그런 표현이나 제스쳐는 경박한 행동으로 받아지기 때문이다. 앞에서 말한 친근함의 표시로 쓰이는 퍼스트 네임도 짧은 말을 선호하는 서양인의 태도와 무관하지 않다고 생각된다. Douglas, Robert, Katherine, Michael 등 2-3음절의 이름을 Doug, Bob, Katy, Mike로 줄여 부르는 것을 봐도 그렇다.

이 지역에 나가는 유학생들은 현지에서 하는 대로 짧고 간단한 인사말이나 이름과 제스처를 자주 쓰고, 또 현지인들이 줄여 쓰는 일상어 정도는 배워 자연스럽게 쓰는 것이 이들과 쉽게 섞이는 길이 된다.

17. 토끼문화, 거북이문화

한국인들이 보기에 영미국가의 농촌은 물론, 중소도시의 생활은 느슨하다. 이런 지역에 살다가 한국에 가보면 사회가 참으로 빨리 돌아가는 것을 느낀다. 호주에 와 사는 한국인들이 하는 공통적인 얘기 하나는 관공서의 서류처리가 너무 느리다는 것이다.

[빨리]가 좋으냐 [천천히]가 좋으냐는 여기서는 논의 밖이다. 문제는 한국식의 [빨리빨리] 생활양식을 해외에 나와서도 기대한다면 갈등을 겪는다는 사실이다. 영미국가 관공서나 가게에서는 서비스는 순서대로 받는 이른바 [First come, first served] 원칙이 잘 지켜진다. 그러기 때문에 시간이 좀 걸린다고 하더라도 서비스는 공평하게 받게 된다. 유학생들은 이에 익숙해져야 한다.

이 나라의 가게에 들어가 보면 우리와 많이 다르다는 것을 알 수 있다. 가게 주인은 한 손님을 상대하는 동안은 다른 손님이 기다리더라도 거들떠보지 않는다. 고객도 다른 사람에 개의치 않고 주인을 붙잡고 있다. 이런 태도에 익숙지 않은 우리가 기다리는 손님의 처지라면 은근히 화가 치밀어 오르기도 한다.

오래전 필자가 뉴욕에 도착, 이튿날 학교 앞 햄버거 식당(맥도널드가 아님)에 들렀을 때의 일이다. 카운터 앞에 손님들이 앉아 있고 그 안쪽으로 몇 사람의 종업원이 시중을 드는데, 새로 들어온 손님인 필자를 쳐다보지도 않는 것이었다. 미국이 처음인 필자는 내가 동양인아라서 그런가 하고 은근히 걱정이 됐지만 어쨌든 기다렸다. 그런데 얼마쯤 지나자 종업원이 무엇을 주문하겠느냐고 물었다. 그 때까지는 차례가 아니었던 것이다. 한 손님에 대한 서비스를 완전히 마친 다음에야 다른 손님 쪽을 보는 게 여기 관행이다. 한국의 가게 주인이라면, 잘 아는 손님이 들어오면 때로는 상대하던 손님을 제쳐놓고서 그 사람에게 말을 걸기 시작하는 일이 흔하다.

관공서나 은행에서 차례를 기다릴 때도 그렇다. 앞 사람의 일이 완전히 끝날 때까지는 좀 떨어져서 기다려야 하고, 또 앞 사람이 일을 마쳤어도 직원이 그 일을 마무리 중이면 그대로 기다려야 한다. 성급히 가서 말을 걸면 [무식한 외국인]으로 취급하고, 기다려달라고 차게 대한다.

고객을 상대하고 있는 동안 외부에서 전화가 걸려올 때 매너도 우리와 크게 다르다. 한국에서라면 빨리 통화를 끝내거나 나중에 걸어달라고 하는데 여기서는 아니다. 전화로 충분히 용건을 보도록 한다. 이들 사회에서는 외부인이 전화를 걸어 길게 문의를 하는 것이 조금도 이상한 일이 아니다.

영미사회에서는 주문한 물건의 배달이나 작업을 당일이나 2,3일에 끝내 주기를 기대하면 낭패 보기 쉽다. 시간이 걸리므로 미리미리 준비해야 한다. 그러나 이런 영미사회라도 자동차만은 대개 급하게 몰고 다닌다. 느리게 운전하거나 규칙을 위반하면 참아 주지 않는다. 유학을 나가는 사람은 천천히 돌아가는 사회에 적응해야 하고, 자동차는 규정에 맞게 빠르게 몰아야 한다.

18. 친절해도 까다로운 영미사람들

예의 바른 사람일수록 남의 행동에 까다로울 수밖에 없다. 자기가 조심하는 만큼 상대에게도 같은 기대를 하기 때문이 아닐까. 이게 바로 영미인들이다. 이들은 상대방의 무례에 대해서 우리식으로 좋은 게 좋다며 너그럽게 봐 주지 않는다. 얼른 말을 안할 뿐이다.

영미 사람들은 우리보다 감정이 예민한 편인데, 교육수준이 높고 여자(특히 할머니)일수록 더 그렇다고 보면 된다. 이 사회에서는 자기 집 마당의 풀을 안 깎고 두어도 이웃의 불평을 듣게 된다. 대개 해당 구청이나 동사무소에 알려 경고 편지를 받게 한다. 한국인 관점으로 보아서는 매우 박절한 일이지만, 백인 거주 지역에서는 거의 예외가 없다. 그러므로 잔일에 자신이 없는 사람은 집을 얻을 때, 아파트나 마당이 없는 집을 택하는 것이 좋다.

이 사회에 와보면 관할 동과 구청이 정해 놓은 우리와 다른 거주와 환경과 생활 관련 규칙이 많아 유학생들은 자기도 모르게 이를 위반하게 될 확률이 크다. 그리고 누군가가 그런 위반을 꼭 지켜보고 있다. 주거라면 대개 이웃에 사는 노파가 그런 사람이다. 한가한 이런 노인들이 옆에 사는 외국인들의 일거수일거동을 들여다보고 있는 경우가 보통이다. 호주 한인들 가운데 한가한 해변에 나가 전복을 따오다가 걸려 비싼 벌금을 낸 사례가 허다했다. 늘 보이지 않는 제보자가 있는 것이다.

어느 나라든 [morning person/ 일찍 자고 일어나는 사람]과 [늦게 자고 늦게 일어나는 사람/night person]이 있다. 대도시 유흥가 지역 거주자나 일부 지식산업에 종사하는 사람을 빼고는 대부분의 영미 사람들은 일찍 잠자리에 든다. 저녁 9시 정도면 주택가는 완전히 조용해진다. 때문에 밤늦게 떠들거나 텔레비전과 피아노 소리를 크게 내면 불평을 듣게 마련이다. 그러나 현지인들 중에도 휴일이 시작되는 금요일 밤이 되면 파티를 열고 늦게 까지 떠들어대는 사람이 더러 있다. 이때는 이웃들도 봐준다. 이점은 유학생들이 알아두어야 할 사항이다.

19. 침묵은 금이 아니다

웃음과 침묵은 때로는 말보다 더 중요한 의사전달 수단이다. 웃음은 어느 나라 문화에서나 친근과 양보의 표시이므로 생대의 호감을 산다. 그러나 침묵의 의미는 웃음과 미소만큼 분명치 않다.

우리 문화에서는 대부분 대화를 하면서 말을 아끼는 사람을 더 쳐준다. 여러 연구에 따르면 동양문화에서는 수다보다 과묵한 것을 더 낫다고 본다. [침묵은 금]이라는 말대로다. 윗사람, 또는 나이든 어른이 아랫사람에게 말을 많이 하면 덕이 없다는 평을 듣기 쉽다. 윗사람이 아랫사람에게 지시할 때도 직접보다 중간 부서장을 통해 하는 것도 같은 맥락이다. 말은 아끼지 않는 노무현 대통령이 인기가 없는 이유다.

서양에서는 좀 다르다. 침묵은 적극적인 가치가 아니며 비협조적인 것으로 받아들여지기 쉽다. 수줍은 것은 때로 무례가 된다. 서양인들은 자리를 함께 할 경우 서로 대화를 이끌려고 노력하고, 모임에서는 혼자가 아니라 다른 사람을 참여시키려고 노력한다.

필자가 대학시절 외부강사로 만났던 선교사 부인인 미국 할머니가 생각난다. 그녀는 첫날 강의를 시작하면서 100여명쯤 되는 학생들에게 열심히 질문하면서 참여를 유도했다. 그런데 참석자들이 모두 쥐죽은 듯 가만히 앉아 있자 당황했다. [제발 협조해 주세요/Please cooperate with me]를 연발하더니 그 다음 강의부터 나오지 않았다. 학생들은 한국의 대학 강의실과 모임에서 하던 그대로였는데, 이 미국인 할머니는 그들이 비협조적인 것으로 오해했던 것이다.

한 일본학자 조사에 따르면 같은 조건에서라면 미국인이 일본인보다 대화를 두 배나 더 나누는 것으로 나타났다. 영미국가에 유학한 사람이라면 현지인과 명랑한 대화를 많이 나누어 손해 볼 일이 없다. 그들은 그런 사람을 좋아한다. 한국 유학생들은 너무 말을 하지 않아 참여의식이 부족하다는 오해를 받고 그 때문에 현지인과의 관계에서 서로 서먹서먹해지는 경우가 많다.

물론 웃음은 어느 나라에서나 친근감의 표시지만, 웃어야 할 때와 그러지 말아야 할 때는 분명히 가려야 한다. 한국 사람들 중에는 현지인이 어떤 설명을 바라고 있는데도 정작 설명은 않고 웃기만 하는 경우가 많다. 조심해야 할 일이다. 또 웃거나 밝은 표정을 보여야 할 때 묵묵히 앉아 있는 것도 문제다.

한국인들은 보통 다른 사람 앞에서는 무표정이지만, 직장 상사 등 윗사람을 대할 때 불필요하게 웃음이 많은 경우가 많다. 이것은 서양인들의 관찰이다. 권위주의적인 계층사회에서 약자는 강자의 기분을 상하지 않게 배려해야 하기 때문에 그렇게 되는 것이라는 해석까지 덧붙였는데 맞는 관찰이다.

20. [Yes or No]를 확실하게

동양계 유학생들과 지내본 영미 교수들의 지적 하나는 늘 같다. 동양학생은 자기 생각을 나타내는 데 매우 [소극적/reserved and withdrawn]이다. 그리고 그 이유로서 동양사회에서의 교사 중심의 권위주의적 교육과 앞에서 언급한대로 겸양이 미덕으로 받아지는 문화가 거론된다.

영미사회에서는 일반적으로 권위주의적 태도는 인기가 없으며, 정당한 자기주장이나 의견을 분명하게 밝히는 일은 장려된다. 영어로 [자기 생각을 자신 있고 능숙하며 확실하게 밝힌다]의 동사는 [articulate]이고, 그런 사람은 [articulate person]이며 일반적으로 소신 있는 인격자로 대접 받는다.

한국의 경우는 상황에 따라 일정치 않다. 조직의 이익을 대변해서 논리적으로 이론을 전개한다면 능력 있다는 평을 듣는다. 그러나 대부분의 토론, 일상생활, 특히 조직 내 상하 관계에서는 하고 싶은 말이 있어도 참고, 알아도 모른 척하는 쪽이 유리하다.

침묵을 쳐주는 문화에서는 말도 확실하게가 아니라 두루뭉실하게 하는 것이 유리하다. 한국에서 여러 정권에서 고위직을 무난히 지키는 사람은 대개 그게 능한 인물이다. 한국에서는 직장에서나 가정에서 자기 입장을 명백히 하는 사람은 입바른 사람이라고 해서 미움을 받으며 오래 못 간다. [모난 돌이 정 맞는다]는 옛말대로다.

영미대학의 강의실이나 모임에서는 누군가가 수줍게 발언을 할라치면 동료들이 [Speak up !]하고 소리치는 것을 보게 된다. 잘 들리지 않으니 목소리를 높이라는 뜻도 되지만, 주저하지 말고 주장을 확실하게 펴라는 맞장구이기도 하다.

영미 대학에서는 자기 주장을 펴는 능력을 훈련하는 과외활동도 있다. [자기 주장 훈련 /assertive training]이라고 부르는데, 상대방에게 공격적이 아니면서 할말을 잘 할 수 있는 능력 습득 훈련이다. 이 훈련의 모토는 [공격하지 않으면서 자기 주장을 내세워라/Be assertive without being aggressive]이다.

이 능력이 문화와 관계가 있다고 본다면 성장과정 중 부모나 친척, 친구들의 영향이 크다. 한국인들은 어려서부터 건전하고 원숙한 토론보다 자칫 감정 싸움으로 번지는 공경적인 토론문화에 더 익숙한 게 사실이다. 민주화와 상호 인격 존중의 면에서 많이 발전했다는 지금의 한국도 그렇다. 국회 청문회나 질의에서 상대를 대하는 태도를 보면 그야말로 언어폭력이다.

영어에도 [Tall poppy syndrome/돋보이는 양귀비가 다치기 쉬운 현상]이란 말이 있다. 근래 취업이 어려운 영미 국가에서는 입바른 소리를 하다가는 역시 손해 보는 사례가 늘고 있다고 한다. 심지어 대학 지식인 사회에서도 상급자의 이론이나 생각에 정면으로 도전하다가는 그대로 붙어 있지 못한다는 얘기가 나오기도 한다.

유학생의 입장은 대개 반대다. 해외에 나와 학교 안팎에서 자기 방어를 위하여 말을 잘해야 할 일이 많이 생긴다. 고국에 있을 때라면 본인이 나서지 않아도 누가 대신해 줄 수도 있고, 직접 나서더라도 아는 사람을 통하면 손쉽게 처리할 수 있다. 그러나 해외에서는 사정이 다르다. 모든 것을 내가 혼자서 해 나가야 하기 때문이다. 더욱 언어의 불편을 고려할 때, 평소 특별한 마음의 대비와 훈련이 없이는 좌절하기 마련이다.

영미사회에서 자동차 접촉사고가 나면 먼저 운전면허, 보험회사 등 기본적인 정보를 서로 조용히 교환한 다음 한쪽이 실수를 인정하면 좋고, 그렇지 않을 때도 일단 헤어진다. 가입한 보험회사에 가 해결을 한다. 길에서 시비를 벌이는 일은 드물다. 그렇지만 보험도 안 들고 협조적이 아닌 상대를 만나면 기지가 필요하다.

외국 사람과 분쟁을 품위 있게 해결하려면 의사표시가 자유로워야 하는데, 언어 때문에 이게 유학생들에게 힘들다. 억울한 감정을 말로 제대로 표출할 수 없다면 인상부터 먼저 험해질 수밖에 없다. 이민 초 한국의 초중고등학생들이 현지인 친구를 때리는 일이 자주 일어난다. 이들은 약을 올리는 현지 아이들에게 말로 대꾸할 수가 없어서 주먹질을 하게 된 것이었다.

아래 몇 가지 사례를 들어본다.

(1) 영미국가에서 운전교습은 도로상에 나가 한다. 교관이 운전석의 교습생 옆에 앉고 타고 다니면서 한다. 교습이 끝나면 시간 당 돈을 받고 다음 예정을 정하고 헤어진다. 한 한국 유학생은 교관의 태도가 무례해서 그만 끝내고 싶었다. 이때 그는 당연히 더 이상 안하겠다고 확실하게 말했어야 했다. 그런데 마음이 약한 이 학생은 그렇게 못하고 우리식으로 다음에 연락하겠다고만 말했다. 이 교관은 나중에 연락 없이 다시 찾아 왔는데, 이런저런 사정을 말하며 취소하느라 서로 시간을 낭비했다.

(2) 사업차 한국을 다녀온 서양인들의 말을 들어보면 재미있다. 한국에서 [예스]라는 대답을 듣고 돌아온 후 그 일을 진전시키려고 편지를 보내면 묵묵무답이라는 것이다. 한국인들은 서양인들 앞에서 [노]라는 말을 잘 하지 못한다. 모호하게 [예스] 해놓고 나중에 빠지는 식을 택하는데 바람직하지 않다. 한 때 일본 정치인이 [*Japan That Can Say No*/ 노라고 대답할 수 있는 일본]이라는 책을 내서 관심을 끈 적이 있다. 우리도 하루바삐 [노]라고 해야 할 때는 하는 습관을 들여야 한다.

서양에서도 세일즈맨은 끈덕지다. 특히 태도를 확실히 못하는 동양인들을 밀어붙인다. 길거리에서 만나는 젊은 미국 몰먼 선교사의 경우도 그렇다. 이들은 우유부단한 동양 젊은이들에게 잘 접근하는데, 이 때 어떻게 대응할 것인가? 처음부터 Yes 또는 No를 확실하게 해야 한다.

(3) 한국인들은 흔히 외국인과 대화할 때 잘 못 알아들어도 들은 것처럼 고개를 끄덕이거나 웃어 보인다. 잠깐은 예우가 되고 잘 넘어갈지 모르지만 조심해야 할 일이다. 잘 알아듣지 못했을 때는 재차 묻는 편이 낫다. 그대로 넘어가다가는 큰 오해가 일어날 수 있다.

(4) 영미인들은 식사할 때 테이블 건너편에 있는 양념 병 같은 것이 필요하면 건너편 사람이나 옆 사람에게 건네 달라고 요구한다. 한국인들은 친구나 아랫사람에게는 그렇게 해도 윗사람과 손님에게는 그렇게 못한다. 그래서 음식 너머로 손을 들어 직접 집어오려고 하기도 하지만 주의할 일이다.

(5) 외국인 학생이 어려운 부탁을 해 왔을 때 어떻게 할 것인가? 받아들일 수 없을 때는 빨리 확실하게 대답을 해 주어야 한다. 마음을 결정하기까지 시간이 필요할 때는 그렇게 말해 주되, 시간이 갈수록 거절하기 어려워진다는 사실도 알아야 한다.

(6) 외국에서는 학생들끼리는 물론, 학생과 교수간에도 금전 거래는 철저하다. 학생이 교수에게 돈을 꾸어 주었는데, 그 교수가 갚는 것을 잊어버렸다고 하자. 한국에서는 큰 액수가 아니라면 말을 해 받아 내는 학생은 드물다. 이런 경우 서양의 학생들은 부드럽게 말을 한다. 우리에게는 매우 박절하게 보이지만 알고 보면 실용적인 태도라고 할 수 있다.

제10장 한국에 정책과 유학 리서치가 전무하다- 후기

'영어마을'과 교육시장 개방 등 산적한 리서치 이슈들

서양 사람들이 우리보다 리서치란 말을 더 잘 쓴다. 이들이 리서치의 중요성을 더 안다는 증거다. 영미국가에서는 이빨 빠진 할머니에게도 리서치 어쩌고 하면 얼른 알아듣는다. 리서치의 한국말은 조사. 연구다. 나이든 한국 어른들에게 리서치는 물론, 조사. 연구하면 잘못 알아듣거나 관심이 없다.

서양사회가 동양사회보다 근대화가 빨랐던 까닭이 여기에 있다. 동(東)으로 갈 것인가 서(西)로 갈 것인가의 결정을 서양인들은 자료와 정보를 중심으로 할 때 한국인들은 점쟁이에게 물어 했었다. 지금도 그런 사례가 많다. 문제를 미신이나 주먹구구로 해결하려는 사람이 아주 많다. 그러니 근대화가 늦을 수밖에 없는 것이다

한국은 경제대국 10위권에 가까워지고, 과학기술에서 세계의 첨단을 걷고 있는데 무슨 소리냐고 할 사람이 있을 것이다. 그러나 눈에 얼른 보이는 경제와 과학기술은 몰라도, 그러지 못하나 더 중요한 사회와 인간관계 분야는 엄청나게 뒤쳐져 있다. 여러 가지 이유가 있지만, 인문학

과 사회과학 분야의 리서치 부재 때문이다.

한국에서 대부분 이 분야에서 대학 강의를 하자면 외국에서 나온 책과 학술 잡지를 읽고 준비해야 한다. 이 분야에 실증적 리서치가 없어 우리대로 내놓고 인용할 이론이 없기 때문이다. 이따금 우리 학자들 가운데는 미국 이론을 수입할 게 아니라 우리대로의 학문을 하자는 주장을 펴는 사람을 볼 수 있다.

몰라도 한참 모른다는 생각이 든다. 한학과 국문학이라면 몰라도, 철학, 역사, 심리학, 사회학 등 사회과학분야에서 박사논문을 쓰겠다면 우리 학자가 내놓은 이론을 적용하여 할만한 게 거의 없다. 가치와 사회 정책은 몰라도 실증적 이론 분야는 나라가 다르다고 다를 수 없다. 미국의 의학이나 심리학 이론이 다른 나라에서 응용 가치가 떨어 질 수 없는 것이다.

유학 안 보내기 잘했다.

리서치란 무엇인가? 제6장 박사학위 과정을 다루면서 설명한 학술 발전을 위한 연구가 모두 리서치이다. 그러나 여기 이 장의 유학 관련 리서치라면 순수 이론이나 학술 목적보다 유학 정책을 위한 실천적, 정책적 연구가 주종이 될 것이다.

한국은 해외로 유학을 많이 보내는 나라로 잘 알려져 있다. 유학을 받는 주요 나라 유학생 수를 보면 한국은 대부분 지역에서 상위권에 있다. 그리하여 유학으로 지출되는 외화는 천문학적이다.

앞으로는 나가는 유학만이 아니다. 받는 유학 시대에 대비해야 한다.

국제화의 추세에 따라 교육분야도 외국 자본에 문을 열어야 하니 그렇다. 그 새로운 시장 규모도 막대하다. 그렇다면 국제교육의 일부로 자국 학생이 해외에 나가 겪는 경험과 문제와 함께 교육개방이 우리에게 가져오는 변화와 혜택과 새로운 문제에 대한 리서치가 필요하다.

필자는 이 분야 한국의 어떤 대학과 연구소들이 어떤 연구를 했고, 하고 있는지 따로 조사 해보지 못했다. 그러나 이 분야 현안 문제를 제대로 파악하고 정책으로 이어지게 할 만한 이렇다 할 리서치가 있다면 간단하게나마 대중매체에 보도될 텐데 보지를 못했다. 다른 해외 주요 도시와 함께 시드니에도 교육인적자원부 소속인 한국교육원이 상주해 있다. 교육원의 주임무는 해외 한국어교육 지원과 실태 파악이라고 듣고 있다. 그렇더라도 한국 유학 대상지인 호주에 교육부를 대표하여 나와 있는 기관에 연구 실적들을 알려주는 간행물 하나라도 있을만 한데 없다.

이점은 한국에서 나온 책이 거의 모두 진열되어 있는 서울의 교보문고에 가 봐도 금새 안다. 교육 섹션에는 교육개론, 교육철학, 교육방법론, 육아교육, 발전단계론 등 학점을 따는데 필요한 대학 교과서 성격의 서적만 빼곡하다. 국제가 붙은 책이 딱 한권 있어 보니 유학 관련 법령과 유학 통계를 중심으로 한 자료 정도로 그치는 것이었다.

그간 국민의 관심사가 되어온 유학에 대한 풍부한 언론 보도는 유학의 폭발적 증가, 조기 유학에 따른 부모의 보호와 감시를 떠난 미성년자의 해외 탈선 사례들을 흥미 중심으로 다룬 것 들이 주로였다. 따라서 대중은 물론, 대학과 교육기관마저 나가 있는 유학생에 대한 관심은 언론이 보도한 흥미 중심이고, 유학 관련 국민들의 화두는 "유학 안보내기 잘했다.""유학 보내 자식 잃어버렸단다.""나가 한국말만 하다가 돌아온다.""가정 파탄으로 끝난 기러기 엄마 (또는 아빠) 이야기" 등 가십과 자기 이익 중심이 전부가 아닌가 한다.

이는 한국의 다른 주요 공공분야에서 널려 있는 정책 수립과 집행을 위한 실천적 리서치가 과잉이라고 할 만큼 많은 것과는 대조적이다. 경제, 정치, 사회, 통일, 국내교육 분야에서 그 많은 국책과 민간 연구소나 연구원들이 내놓는 연구 결과들과 그에 따른 풍성한 대 정부 건의서들이 그것이다.

한국에 아직까지 국익에 맞는 이렇다 할 뚜렷한 유학정책의 부재는 이 분야 연구 부재와 밀접한 관련을 갖는다. 문제의 실태와 그 해결책을 찾는 연구, 무엇이 국익에 맞는 유학인가 등에 대한 연구가 없다면 무엇이 문제인지에 대한 지식이 없고, 지식이 없다면 정책이 있을 수 없다. 한편 리서치가 없는 것은 정책이 없는 당연한 결과다. 사재를 털어 유학 리서치를 할 사람은 없다. 정책이 있어야 리서치를 위촉할 돈이 생긴다.

밖에 나오는 국제교육담당자들

사실 한국의 유학정책은 무엇인가? 과거에는 유학을 엄격하게 금지하다가 지금은 자유화로 전환했다는 것 외에 없다. 과거에는 남의 나라 돈으로 유학을 보냈으니 우리의 필요에 맞는 유학정책이 있기도 어려웠다. 자비유학으로 바뀌어 그 많은 인재와 돈이 밖으로 나가고 있는 지금도 그렇다면 뭔가 크게 잘못되어 있음이 틀림없다.

앞서 말한 유학생에 대한 사전 준비교육 프로그램의 부재도 리서치 부재와 직결된다. 문제가 무엇인지 모르고 사전에 무슨 교육을 시킬 것인가를 알 수가 없다. 유학생들의 이익을 보호하기 위하여 상대국 정부나 학교 당국과 협의를 하는 메커니즘이 전혀 없는 것도 마찬가지다(제1장 유학 컨설팅, 61쪽 참조). 역시 문제가 무엇인지 모르니 저쪽에 감히 무슨 건의를 해야 할지 아이디어가 있을 수 없다.

이는 공급국인 영미 학교 마케팅 담당자나 그 나라 주한대사관 교육담당관이 상대국에 대하여 리서치 결과 나온 자료와 전략을 가지고 우리측에 일관되게 접근, 시장공략을 하는 것과는 너무도 대조적이다. 선진국에서는 국제교육연구 또는 국제교육협력이라는 이름 아래 유학생들의 문제에 대한 조사·연구를 많이 해놓았다. 그 중 일부는 외국 사회와 외국 교육에 대한 유학생들의 적응과정 등 유학생 송출 국이 활용할 수 있는 것들이 더러 있었지만 대부분은 서비스 수요자보다 공급자측 필요에 더 맞게 되어 있어 참고는 되지만 우리가 그대로 쓸 수 있는 것들은 아니다. 유학 유치 대상국별 자국의 경쟁력 분석, 상대국 경제와 시장 동향연구는 그런 예다.

그런데 이해가 안 가는 것은 이런 유학 정책 부재와 방임에 대하여 우리 정부, 교육계, 대학들은 걱정을 안 한다는 점이다. 요즘 국제화를 내건 한국의 대학들도 해외 대학들과의 학술교류 및 협력을 위한 교환교수, 교환학생, 학점 상호인정, 공동연구, 자매결연, 합작투자 등의 프로그램의 일환으로 대학총장, 국제교육협력 담당관과 교수들의 해외 방문이 늘고 있지만 현지에서 유학생들이 겪는 그 많은 문제나 우리의 유학정책과 관련 알아봐야 할 만한 사항들을 알려고 하지 않는다. 그저 자기 학교의 홍보를 겨냥한 협력 프로젝트나 가져와 상대국의 대학총장과 교육계 인사들을 만나 후한 저녁 대접 등 겉 치레에 지나지 않는 의전 행사만을 마치고 돌아간다. 얼마 전 시드니를 방문한 국회 교육분과위원들도 교포들을 모여 놓고 고국은 잘되고 있다는 이야기나 하고 떠났다.

그 많은 대학생들이 해외로 나가고, 또 그와 함께 귀한 외화가 지출되고 있다면, 적어도 국제교육협력을 말하는 교육 공무원과 대학의 책임자들은 유학 소비자로서 우리나라의 필요는 무엇이며, 그런 필요가 만족스럽게 충족되고 있으며, 문화협력과 상호 이해증진과 선진국 지식의 도입이라는 유학의 원래의 목적이 잘 이뤄지고 있는지 알아봐야 할 텐데 그런 기미를 현지에서 전혀 느낄 수가 없다.

여기서는 누군가가 해야 할 몇 가지 연구과제가 될 만한 것들을 들어보고자 한다. 필자는 지금 이 분야 깊은 연구를 할 수 있는 처지가 아니어서 그런 과제들을 광범하고 책임 있게 내놓을 수가 없다. 그럼에도 불구하고 감히 현지 경험을 중심으로나마 써보는 이유는 이 분야 리서치를 자극하기 위하여서다. 실은 이 책에서 다룬 국제교육 관련 이슈들이 모두 체계적 리서치의 대상이 되며, 국제교육분야 학위과정, 이론 개발, 정책 수립 목적을 위한 풍부한 리서치 방향과 과제를 제시해준다고 생각한다. 아래 첫 두 가지는 연구라고 부르기도 어려운 기본자료 수집을 위한 조사에 속한다.

(1) 석·박사를 하고 돌아와 현직에 자리 잡고 있는 사람과 그렇지 못한 사람을 분야별, 년도별, 전공 및 학위별로 정리한 자료가 있어야

한다. 유학을 마친 인적 자원에 대한 자료인데, 거기에는 현재 유학 중이며 앞으로 돌아올 인력도 포함되어야 하나 쉽지는 않을 것이다. 현재 한국에서 그런 책임을 지고 있는 기관은 한국학술진흥재단이다.

그러나 재단이 현재 가지고 있는 자료는 제한적인 것으로 안다. 재단은 자료수집을 본인의 자발적인 보고에만 의지하기 때문이다. 필자도 두 차례에 걸쳐 해외에서 학위를 마쳤지만 어느 누구로부터도 편지나 전화 등의 접근이 전혀 없었고, 등록을 권하는 광고도 보지 못했다. 필자가 1989-91년 잠깐 한국에 나가 일을 하고 있을 때 미국문화원이 어떻게 알고 편지로 접근해온 것과는 대조적이다. 해외유학 인력 데이터 수집도 능동적인 방법을 동원, 좀 더 체계적이며 신뢰성 있게 해야 할 것이다.

앞으로 재단이든 새로운 기관이든 이런 데이터를 수집, 보관하는 주체는 해외유학 인력의 공급 사정과 함께 수요측에 대한 조사. 연구도 추진해야 할 것이다. 그런 리서치 없이 유학 인력의 과잉이라든가 불균형이란 결론을 내릴 수도 없지만, 그 경우에도 그게 구체적으로 어느 분야에서 정도인지 알 수가 없을 것이다.

(2) 학생과 학부모들이 필요로 하는 유학 관련 정보와 자문 서비스를 찾아 주로 유학원으로 향해야 하는 지금의 상황도 문제다. 이미 지적한 대로 영세 기업으로서 살아남기에 급급한 유학원들이 안내와 자문 업무를 공정하게 할 수도 없고, 그에 앞서 필요한 리서치를 하기에는 역부족이다. 정부 주관의 기구가 그런 목적을 위하여 총체적인 책임을 지고 자료를 담은 간행물을 정기(반기별. 매년 1회 등)적으로 내놓고 자문에도

응하는 일을 한다면 지금의 상황과는 비교가 안 되는 도움을 학생들에게 주고 국가의 이익이 될 수 있다. 그런 자료에는 해외 국가별, 대학별, 주요 학과별로 바뀌는 추세도 알려주는 내용이 포함되어야 할 것이다.

자국의 이익을 위한 국제교육 리서치 임무를 일부 맡고 있는 준 정부 단체로의 예로는 미국의 [국제교육원/Institute of International Education/뉴욕], 호주의 [IDP Australia /캔버라에 본부를 두고 각 주에 지부가 있는 전국적 조직/제3장 학비 비교, 113쪽 참조]를 들 수 있다. 한국에도 각 산업계에는 정보 제공을 담당하는 전문 간행물이 있는 게 보통이지만 유학 분야에는 유독 그런 게 없다.

영국의 [The Times]와 호주의 [The Australian]은 매주 9-15면의 [Higher Education supplement/대학교육 특집]을 내고 있다. 여기에는 리서치를 인용한 국제교육분야 연구 보도와 건의가 빠지지 않는다. 대학 숫자가 호주보다 거의 10배에 가까운 한국에서 그런 정기 특집을 발간하는 신문이 하나도 없는 것을 보면 고등교육 과련 리서치와 심층보도가 얼마나 등한이 되고 있는지를 짐작케 한다.

(3) 유학을 받는 영미국가들은 이들 서로간의 경쟁력 연구(교육의 질, 등록금, 환율 변동에 따른 비용, 유학 후 고국과 현지와 제3국 취업 전망 등을 고려해서 하는 비교) 못지 않게 과거 유학을 많이 보내던 나라들이 쏟는 교육환경 개선과 '유학의 자국화' 노력을 주시하고 있음을 알 수 있다. 특히 싱가폴, 말레이시아 등 영어를 공용어로 쓰면서도 영미지역으로 유학을 많이 보내던 아세안 국가들을 점점 경쟁자로 보는 편이다.

한국도 앞으로 유학 송출은 줄이고 수(受)유학국으로의 변신을 위한 정책을 펴나가야 할 것이므로 이 분야 리서치가 시급하다. 선진국 대학 학위면 무조건 국내에서 우대 받는 추세도 바뀌어야 할 것이다. 영어로 쓰는 것 말고는 국내에 자료가 더 많아 굳이 해외로 나가 연구할 필요가 없는 분야도 적지 않다. 과거 한국인이 미국에서 가 한 비교언어학, 국제정치학, 경제학, 교육학 등 분야 박사논문 가운데는 얻기 어려운 자료를 들고나가 영어로 잘 옮겨 주고만 온 것 같은 것들도 많았다. 이런 이슈도 현안 연구과제다.

교육시장 개방에 따른 외국 대학의 국내 진출에 대비 이 분야 국제협력 모델에 대한 연구도 시급하다.

(4) 유학 후 돌아온 인력의 국내 재적응과 실태에 대한 연구의 필요성이다. 유학은 지식과 기술의 전수만을 목적으로 가는 것이 아니다. 해외 거주 중 그 나라의 문화와 가치를 습득할 목적도 중요하다. 영미지역과 한국간에 놓인 사회 환경과 문화적 차이를 고려할 때, 5-6년간의 외국생활 후 돌아온 이들 유학생들의 행태적 변화와 이게 한국사회에 미치는 효과를 안다는 것은 대단히 중요하다. 필자는 귀국 후 사회 고위직에 앉게 된 사람들을 보면서 그들의 행태는 대부분 유학 전 한국인으로 돌아갔다는 가정을 하게 된다. 그러지 않고 나가서 배운 서구적 가치와 행태를 고집하는 한, 국내에서의 적응은 어려울 것이기 때문이다.

'영어 마을' 해외 영어연수 외화 유출 줄일 수 있을까

(5) 선후진국가간 존재하는 불균형은 부와 힘의 관계에만 한정되지

않는다. 언어와 국제교육 같은 문화분야에서도 그대로 일어난다. 한국인이 미국에 가서 공부를 하거나 연구를 하려면 상대국 언어로 말하고 글을 써야 한다. 그러나 미국인은 한국에 와서 자기들 언어로 해도 된다. 때로는 오히려 환영을 받는다. 서울의 어느 대학에서 한국정치에 대하여 영어로 석사 논문을 쓰고 돌아온 한 외국 여학생은 공부하는 동안 한국의 지도교수, 동료 학생들로부터 얼마나 잘 대접을 받았는가에 대하여 말한 적이 있다.

여기에서 필자는 해외유학도 우리말로 할 수 있어야한다고 주장하는 것은 아니다. 문제는 자기 나라에서 영어를 배운 유학생은 어떤 노력에도 불구하고 영어가 원어민과 같아질 수 없으므로, 유학생에 대하여는 유학을 받는 나라 교수들간 보편타당한 기준이 있어야겠다는 것이다(제7장 영어, 254-255쪽 참조)다.

영미 대학과 교수들은 이런 문제에 대하여 특별히 생각해보지 않는다. 영어가 자기들과 같지 못하다면 노력 부족으로만 단순하게 받아들이고, 영어학교에 가서 보충수업을 받게 하는 수가 많다. 실력이 아주 초보인 사람은 몰라도, 그 외의 경우는 교실에 가 조금 더 공부한다고 크게 달라지지 않는다. 한국에서 영어교육이 중고등학교 1학년에서 시작된다고(지금은 일부 초등학교까지로 내려갔지만) 칠 때 대학을 졸업한 한국인은 10년 간 영어를 공부한 셈이다. 그래도 평균적으로 영어를 못하는 이유는 양국의 언어간 구조적 차이 말고도 한국에서 배운 영어는 공식 영어이지만 현지에 나와 보면 이와는 다른 구어체를 쓴다는 사실에 있으므로 조금 더 공부했다고 크게 개선될 일이 아니다.

유학과 관련된 위와 같은 기본 문제가 관련 당사국이나 학자들간 거론된 적이 없어 한국 유학생들이 밖에서 부당한 대우를 받는 일이 흔하다. 앞으로 이 분야 의제가 되기 위해여는 여기에도 조사. 연구와 이론이 필요하다.

(6) 말 할 수 있는 '산 영어' 교육의 중요성과 해외 영어연수에 지출되는 외화 절감을 위한 대안으로 국내에서 일고 있는 [영어마을/English Villlage] 프로그램이 과연 소기의 외화 절감과 함께 외국에서 살았을 때와 비슷한 원어민 영어 능력 취득 효과를 가져 올 것인가에 대한 연구도 해야 할 시점이다.

후자의 연구는 영어마을의 원어민 교사들에 의하여 어려서부터 국내에서만 영어를 공부한 자녀, 조기유학을 가서 성인이 될 때까지 현지에서 지낸 자녀, 조기유학을 몇 년 또는 짧게 마치고 돌아와 한국에서 나머지 학업을 계속 한 자녀들을 나눠 [추적조사/longitudinal study/지나간 오랜 과거를 추적하거나, 처음부터 성장과정을 기록하고 관찰해나가는 두 가지가 있을 수 있다]를 해야 하는데 그런 조사는 많은 비용이 들 것이다. 한국에서 그런 논의가 없다.

국내에서 원어민에 의한 영어교육이 영어연수를 줄이는 효과를 가져 올 수 있을까를 알아보는 것은 재미있는 연구과제다. 외국어 공부에 끝이라는 게 있을 수 없다. 영어를 알고 배울수록 영어 사용국가에 가서 더 할 필요와 욕망은 더 커지는 것 아닌지?

(7) 테크놀로지의 발달로 교육혁명이 계속되고 있다. 그 가운데 한 가지가 교실 강의를 대치할 인터넷을 이용한 녹음 강의다. 이 문제를 일

부 제5장(177쪽 참조)에서 다뤘다. [Podcasting 또는 coursecasting]이라고 불리는 바 교수의 강의가 인터넷에 입력되어, 먼 곳에 있는 학생이 다운로드 받아 동시에 들을 수도 있고, 계획하기에 따라서는 한 학기 동안의 강의 전부를 저장한 MP3플레이어를 학생들이 구입하여 듣게 하는 시스템이 일부 미국과 그 외 영미국가 대학에서 실용화 단계에 있다.

그런 시스템이 널리 보급되면 지금의 교실 중심 교육의 양상은 크게 달라진다. 먼저 [원거리 교육/distance education]이 지금보다 크게 확대될 것이다. 이때 원거리는 거리만 이 아니다. 같은 지역에서도 직장이나 기타 이유로 대학을 못가는 사람들에게 새로운 교육 기회를 제공하게 된다. 영미국가에서는 이에 따른 복역 중인 죄수에 대한 교육의 확대 가능성도 논의되고 있다. 영미국가에서 보편화되어 있는 파트타임 교육제도를 한국에서 더 확산시킬 수 있을 것이다.

온라인 강의의 확대는 대학 등록율의 신장과 함께 캠퍼스와 강의실에는 학생이 보이지 않는 대학문화의 진풍경이 연출 될 수 있다.

학사관계 영어 용어해설집

ACADEMY
학원, 학술. 학자, 대학교수, 학술인 등의 뜻이라면 [academician], [academic]이고 [실무자/practitioner]에 대칭적으로 쓰인다. 학계는 [academia], [academic community]등으로 쓰인다.

ACADEMIC RECORD
성적, 성적표는 보통 [transcript of academic record]이다. 성적은 원본에서 [전체/轉載/transcribe)하게 되는데, 전재본이 [transcript]이다.

ACADEMIC STAFF, TEACHING STAFF
교수진(대학 이하라면 교사진)의 총칭, 교수를 부르는 방법 또는 등급 [rank, staff hierarchy]은 미국, 영국, 호주, 캐나다 간에 약간의 차이가 있다. 한국의 제도는 미국식이다. 조교수 [assistant professor], 부교수 [associate professor] 교수 [professor] 등이 그것이다.

캐나다는 미국식과 비슷하다. 그러나 1년제 강사는 [lecturer]라고 부르기도 한다. 미국, 캐나다 모두 전임으로 대학에 자리 잡은 사람은 [professor]로 불린다.

영국, 호주, 뉴질랜드에서 교수진을 부르는 방식은 이와 조금 다르다. [Professor]는 각 과의 교수진에서 몇 안 되는 수석 자리를 가리키며 행정책임을 갖는 경우가 많다. 전임은 [associate lecturer] [lecturer] [senior 또는 principal lecturer] [associate professor] [professor]의 순으로 올라간다. 여기 [lecturer] [senior 또는 principal lecturer]는 한국의 강사가 아니고 정교수와 같다. 그러므로 이들 나라 대학의 [professor]는 미국과 한국의 교수보다 격이 높다. 그 점을 분명히 하기 위하여 [full professor]라는 말도 쓴다.

호주와 일부 영국의 대학에는 [tutorial]이라고 하는 복습을 위한 클래스가 있는데, 여기서 지도하는 조교가 [tutor]였지만 요즘은 전임일 경우 [associate lecturer]라고 부르는 데가 많아졌다. 그 밖에 박사과정을 하면서 겸하는 대학원 조교는 [graduate assistant] [teaching assistant] [research assistant], 1년 계약직 시간강사는 [teaching fellow] [instructor]등으로, 시간강사는 [sessional teacher 또는 lecturer]라고도 부른다. [academic staff/teaching staff]가 아닌 일반직 학교 직원은 [general staff]이다.

ACADEMIC YEAR

학업과정으로서 1년 학기다. [학기제도/semester pattern]로는 9월에 시작되는 미국, 캐나다, 영국 대학과 2월과 3월에 시작되는 호주와 한국 등 대학의 [2학기제/two-semester system]가 있다. 그 밖에도 [three-term] [four-quarter 또는 four term system] 등이 있다. [가을학기/fall term], [겨울학기/winter term], [봄학기/spring term], [여름학기/summer term] 등으로 부른다.

ACCOMMODATION

유학 경비로는 등록금 외 주거 [accommodation]가 중요하다. (제4장 주거, 122-126쪽 참조). 대부분 외국 대학들은 교내에 숙박시설을 마련해 놓고 있는 데 이게 [on-campus accommodation]이다. [University halls of residence, university apartment, guest houses] 등이 있다. [Off-campus accommodation/학교 밖 주거] 가운데 임대 주거로는 [rented accommodation, rented flats or houses] 등의 말이 쓰인다. 유학생이 거처를 정하기 전 임시 찾아갈만한 숙박 시설로는 학교 근처에 간소한 [hotel, lodge]와 같은 게 있다. 방과 음식을 모두 제공한다면 [room and board] 또는 [full board], 방만은 [room only 또는 half board]다. 요즘 민박식 하숙을 [homestay]라고 부른다. 하숙비는 [boarding fee, homestay fee]가 된다.

ADMISSION REQUIREMENTS

입학에 필요한 자격 요건. 같은 뜻으로 [entry 또는 enrollment requirements]도 있다. 입학 신청을 하다는 [to seek enrollment]가 된다. 입학 사무처는 [Admission Office], 입학처장은 [registrar]다.

ALUMNI

동문. 복수로는 [alumnus], 모교는 [Alma Mater], 동문회는 [Alma Mater Society], 동문회 사무실은 [Alumni Office]다.

ASSESSMENT

교육평가. [평가방법/methods of assessment]으로는 [시험/formal exams]과 [숙제/assignments, homework]의 결과를 가지고 [숫자로 된 점수/numerical grade]나 [글자로 된 점수/letter grades]로 나타낸다. 글자로 된 점수로는 [통과/pass]와 [낙제/fail], 아니면 [H/honor], [S+/satisfactory plus], [S/satisfactory], [LP/low pass], [F/fail], 그 외 [high distinction, distinction, credit, pass, fail] 등 여러 가지가 있다. 이 경우도 각 글자는 대개 점수대를 나타낸다. 예컨대 [high distinction]은 85점 이상, [distinction]은 75-84점이라는 식이다.

영미대학의 평가는 대개 필기시험 외에 논문, [출석/class attendance], [세미나 참석/seminar participation]과 [토론 참석과 기여/contribution to discussion] 등을 합산하여 내는 것이 보통이다. 시험 결과 채점은 100점 또는 70점 만점에 몇 점이라는 식으로 나타내는 것은 우리와 같다.

ARTS

영국과 호주 대학에서는 예술이 아니라 비자연계 대부분의 문과를 총칭할 때 쓰인다. 미국대학의 liberal arts와 거의 같다. 미술 등 예능학과는 fine arts다.

BACCALAUREATE

보통 [The international baccalaureate (IB) diploma program]이라 불린다. 어디에서 공부를 하던 세계 대부분 국가의 대학 입학 자격을 인정받게 되는 2년 과정(결국 고등학교 최종 2년에 해당)이다. Baccalaureate는 [matriculation course/

대학 입학자격 취득 과정/용어해설 matriculation, 참조]와 같다. 즉 우리식으로 풀어서 쓴다면 고등학교를 졸업하여 대학진학 할 수 있는 자격이다. 다른 게 있다면 해외 파견 및 근무자 자녀들이나 해외 유학생을 겨냥한 과정으로 영미식 교육을 바탕으로 하는 명문사립학교나 세계 여러 지역의 국제학교가 따로, 아니면 일부 과정으로 운영하고 있다. 그러므로 그 활용은 분명해진다. 대개 장래 거주 지역을 떠나 자녀를 대학에 보낼 때를 대비하여 시키는 과정이다. 예컨대 영국이나 호주에서 근무(또는 거주)하는 한국인 또는 외국인 부모가 자녀를 나중에 하버드나 옥스퍼드에 보내고 싶다면 IB과정을 현지 에서 시킬 수 있다.

BOARDING SCHOOL

기숙학교. 원래 영국의 상류층 자녀들을 겨냥하여 시작된 명문 사립초중고등학교는 [public boarding school]이라고 불리며 모두 기숙사 시설을 갖추고 있었다. 이 모델을 따라 영미 국가의 좋은 초중고등사립학교는 거의가 전부 [boarding school]이다. 이 때 [public]은 공립이란 뜻이 아니다. 이 구별을 명백하기 위하여 영국에서는 공립은 [state school], 사립은 [independent school, private school]이란 말을 따로 쓰기도 한다. [Boarding school]의 반대는 [day school/통학학교]. [Public boarding school]제도는 영국이 식민지 통치를 위하여 해외에 파견된 자국민의 자녀 교육 문제의 해결책으로 시작했다는 설이 있다.

BURSAR

학교의 재무처장. 일반 기관과 종단의 [재무 및 경리/bursary]에서 유래, 영미 학교에 있는 재무 및 장학사업 운영 담당관을 말함. 유학생은 장학금 관련 문의와 신청을 이 사람에게 해야 한다 (용어해설 Registrar 참조).

CALENDAR

각 대학은 학교와 교과과정을 종합적으로 안내한 책자를 매년 발간하는데, 이것을 [university calender] [bulletin/주로 미국에서] [handbook] 등으로 통한다.

The CHAIR

석좌교수. [the Chair]라고 앞에 관사를 붙이고 대문자로 쓰는 것이 원칙이다.

[자리]란 뜻에서 나온 이 제도는 미국의 경우 대개 대학이 외부기관의 기금을 받아 만든 특수 교수직이다. 기금은 분야와 목적을 지정하여 기탁되지만, 교수의 임명은 학교가 담당한다. 특정 교수 초빙을 위하여 만들어진 자리는 해당 교수가 은퇴하면 없어진다. 석좌의 예로 [The Sanskrit Chair/산스크리트 석학 교수 자리], 특수 목적을 가진 재단의 돈으로 설립되는 석좌의 예는 [The Korea Foundation Chair/해외 한국학진흥을 위하여 한국교류재단이 지원하는 자리] 등을 들 수 있다.

영국, 호주, 뉴질랜드 대학 [professor]는 앞서 지적한대로 미국과 한국의 교수와는 달리 한 학과에 대개 두 명이 넘지 않는 고위직이다. 보직을 갖는 것은 아니지만 해당 학과에서 큰 영향력을 발휘한다. 연륜과 사계의 영향력으로 봐 석좌교수 성격도 띈다.

CHANCELLOR

미국의 대학총장은 [president]이며 영국, 호주, 캐나다의 대학총장은 [chancellor]이다. 그러나 [chancellor]는 명예직으로서 졸업식과 같은 행사와 다른 의전 집행 시 상징적 역할이 주고, 실질적 최고 행정책임자로서의 총장은 [vice-chancellor]이다. 덜 중요한 행정은 그 아래 학장 [dean]선에서 대부분 처리하게 된다. 총장을 나라와 학교에서 따라서는 [principal] [rector]란 말로 부르기도 한다.

COLLEGE

영미지역에서는 단과대학의 뜻으로만 쓰이지 않는다. 예컨대 [전문학교/technical college 등], [중고등학교/Eaton College, Newington College 등], [학회/a college of physicians], [학원/Universal English College 등], [대학 기숙사/Dunmore College, Robert Menzies College 등]과 같이 넓게 쓰인다.

COURSECASTING

녹음강의. 녹음과 인터넷과 MP3 플레이어 기능을 활용, 학생들이 강의실에 나오지 않아도 아무데서나 원하는 시간에 들을 수 있는 강의시스템(용어해설 podcasting, 177쪽 참조).

COURSE OUTLINE, COURSE INFORMATION, COURSE SCHEDULE.
강의 내용 설명서 (본문, 쪽 참조)

COURSEWORK, RESEARCH WORK
코스워크는 교실강의 중심의 교과과정이다. 리서치워크는 강의 없이 하는 연구과정이다. 대학의 학부과정은 코스워크가 전부고, 대학원은 코스나 리서치 하나, 아니면 겸하는 것이 보통이다. 코스로만 받은 석사학위를 [taught degree/taught postgraduate degree/특히 영국에서], [taught Master/수업석사], 리서치로만 받은 석사학위를 [research degree] 또는 [research thesis-based degree], [research Master/연구석사] 라고 한다. 미국과 한국의 석·박사 학위과정은 대부분 두 가지를 겸한다 (a combination of the two methods, 본문 198쪽 참조).

COURSE CHAIRMAN, CONVENOR
영국, 호주 대학에서 하는 정기 학과목은 본 강의 외에 [보조강의/tutorial]와 수시로 외부 강사를 초청해서 하는 특강, 과목에 따라서는 실습 [practicals, 보통 pracs라고 부름]들로 구성되어 있다. 이 때 강좌 전체를 책임지는 교수를 [course chairman] [convenor]라고 부른다.

CREDIT TRANSFER
다른 학교나 과정으로 옮길 때 기존의 학점을 인정받는 제도. 전학하는 학생은 [transfer student]다. [학점은행/credit bank]제도는 여러 학교, 여러 시점에서 따놓은 학점을 모아두었다가 나중에 쓰게 하는 제도다. 학점이 있는 코스는 [credit course]이다.

CYBER UNIVERSITY
학생들이 인터넷 공간을 이용하여 강의를 받고 과정을 마칠 수 있는 대학. Online campus란 말도 쓰인다. [용어해설 distance education, open university]

DEGREES
학위는 [정규과정/regular courses, regular program 또는 degree course]을 마침으로써 받는다. 대학 정규과정은 [학부과정/undergraduate courses]과 [대학원 학위과정/postgraduate degree courses]으로 나누인다. 따라서 [undergraduate/

postgraduate/ training 또는 education]란 말도 쓴다. 해당 과정을 마치면 [학사/bachelor's degree], [석사/master's degree], [박사/doctoral degree]학위를 받는다. 박사학위로는 [PhD/Doctor of Philosophy] [Ed.D/Doctor of Education] [Sc.D/ Doctor of Science]등이 있다.

대학 이상 수준의 고등교육을 [higher education], 학위를 [higher degrees] 또는 [advanced degrees]라고 한다. [비정규과정/non-degree course]에서 받는 학위증서는 대개 [자격증/certificate]라고 부른다.

호주, 영국의 대학원 학위과정 중에는 [postgraduate diploma 또는 certficate courses]가 있다. 대졸 자격을 요하지만 (1) 과정이 대개 1년 내지 1년 반이고, (2) 과정이 직업 위주인 것이 특징이다. 과정을 마친 후 취직 전선에 나가는 게 보통이며 박사과정으로는 바로 들어가지 못한다. 예컨대 호주에서 교육학 디플로마 [Graduate Diploma in Education, 줄여서 GDipEd]는 일반 대학을 나와 교사가 되고자하는 사람들이 많이 지원한다.

학사, 석사, 박사 학위의 이름도 분야에 따라 여러 가지다. 인문분야, 사회과학 분야라면 [Bachelor of Arts] [Master of Arts/약하여 MA degree], 상과이면 [Bachlor of Commerce/ BCom] [Master of Commerce/ MCom] [Master of Business Management/ MBA], 자연과학 분야라면 [Bachelor of Science/ BSc] [Master of Science/ MSc], 엔지니어링이라면 [Bachelor of Engineering/ BEmg] [Master of Chemical Engineering/ MChemEng], 법학이라면 [Bachelor of Law/ LLB] [Master of Law/ LLM] [Doctor of Law/ LLD]이다

미국과 한국에서 대학은 [4년제/four-year program]이다. 호주, 영국, 뉴질랜드에서는 의과, 치과, 복수전공인 법과와 건축학을 제외한 대부분 대학과정은 대개 [3년제/three-year program]이다.

호주에서는 박사과정에 들어갈 수 있는 자격을 대학 졸업이면 우수 졸업 자격인 [BAHonours, 1st class honours]나 [master's degree]로 제한하고 있다. [Master's course]도 원칙적으로 BAHonours로 제한하고 있어 원래 성적이 좋지 않다면 박사과정으로 갈 수 없다. 영국에서는 특히 유학생들에게 권하는 석사 준

비과정인 [pre-master's course]도 있다.

DETENTION

영미 초등고등학교에서는 기강이 엄하다. [Detention]은 방과후 벌칙으로 일정 시간 학교에 남아있게 하는 것이고, [suspension]은 정학, [expulsion]은 퇴출이다.

DISCIPLINES

경제학, 정치학, 역사학 등 각 학문분야를 말함. 학문의 분야를 크게 [사회과학/social sciences], [인문학/humanities, humanity studies], [자연과학/natural science] 등으로 나눌 때 [political science] [economics] [psychology] [sociology education] 쪽을 과학적 방법론을 써 연구한다면 전자에 속한다. [Psychology] [sociology] [education] [communication]등은 인간의 형태에 대한 과학적 접근을 한데 묶어서 [behavioral sciences]라고 부르기도 한다.

자연과학 분야에는 [chemistry] [biology] [physics] [engineering] [medicine] 등이 있다. 비자연과학분야에서도 비교적 과학화가 어려워 [기술적/descriptively]으로 접근해야 하는 분야를 인문학이라 부르며, [philosophy] [literature] [theology] [history] [linguistics] [language] [anthropology] [culture studies] 등 많다.

그러나 실제에 있어서는 이 구분은 유동적이다. [the school of humanities and social sciences]라고 한데 묶어 놓은 학과가 있고, 어떤 학교는 인문학 속에 영어, 역사, 커뮤니케이션학, 언어학, 종교학을 포함시키고, [social studies]속에 [behavioral sciences] [geography] [political science] [government], [sociology]를 넣는 것을 볼 수 있다.

학문에 [studies/연구]란 말을 붙이면 대개 말이 된다. 예컨대 [social science studies] [engineering studies] [legal studies]등이 그것이다. 이 때 연구는 꼭 복수이다. 연구란 한 가지 활동이 아니기 때문이라고 생각된다. 새로 생기는 영역이 확실하지 않은 학과는 대개 [studies]를 붙여 부르는 것을 볼 수 있다. 예컨대 [여성학/woman's studies], [이민학/이민 관련 연구/ethnic studies, race relations studies], [커뮤니케이션학/communication studies], [가정학/home studies], [한국학/Korean studies], [재무관리학/financial studies] 등.

[Interdisciplinary] 또는 [multidisciplinary studies 또는 research, approach] 라고 하면 여러 분야의 지식을 동시에 활용하는 통합적 접근 또는 연구방법이다.

DISTANCE EDUCATION

원격 또는 원거리 교육 호주, 미국, 캐나다 등 국토가 광활한 나라에서는 오지에 사는 주민들을 위해 현지에서 통신교육으로 학위를 받을 수 있는 기회를 만들어 왔다. [Correspondence study 또는 program/통신교육]도 비슷한 말이다. 근래 재래식 통신 수단에서 인터넷과 [코스캐스팅(coursecasting 또는 podcasting/본문 176-177쪽 참조] 기술의 발달로 이것이 더 용이해지고 있다. (용어해설 cyber university 참조).

DOUBLE DEGREE

복수 전공 학위 또는 , 이중 학위, 영미대학에서는 법학 학위와 함께 경제학, 회계학, 경영학 등 학위 하나를 할 수 있는 제도다 (용어해설 major studies, minor studies 참조).

ELECTIVE

[선택과목/elective course/optional]이라고도 함. 반대는 [필수과목/mandatory course]. 필수라는 뜻으로 [core requirement], 이수해야 할 과목 부담이란 뜻으로 [course load]란 말을 쓸 수 있다.

ELEMENTARY SCHOOL

5-6세부터 12-14세까지의 기본교육으로 거의 [primary school]과 같은 말이다. [Primary school/초등학교]의 전단계로 같은 학교 안에 [kindergarden, infant school, preparatory school /약하여 prep. school] 등으로 불리는 유아학교가 있는 게 보통이다. 초등학교를 중고등학교의 준비단계로 봐 [prep-school]이라고 부르는 학교도 있다.

[Primary school]에 대비하여 영국연방 지역에서는 보통 중고등급 학교는 [secondary school], 대학급 학교는 [tertiary school]이라 부르기도 한다. 여기

에서 [primary education, secondary education, tertiary education]이란 말이 쓰인다. [Secondary education]이 6년제인 영국과 호주에서는 [middle school]은 없고 [high school]로 통합되어 있다.

EXAMINATIONS

[Exam]이라고 줄여서 잘 쓰인다. 시험의 종류는 많다. [Preliminary exam, preparation exam, qualifying exam, (qualification recognition exam/자격 인정 시험), comprehensive exam 등. Exam에 비하면 test는 더 단편적 지식에 대한 시험이라고 할 수 있다. 예컨대 [English proficiency test]와 [medical test] [driving test] 등.

FACULTY

대학 학과와 학과 교수진이라는 두 가지 의미가 있다. 전자는 [단과대학/School] 쪽에 가까운 뜻이며, 한 [Faculty]는 여러 [학과/Department]로 되어 있는 것이 보통이다. 예컨대 [the Faculty of Engineering/ the School of Engineering]안에 [the Department of Civil Engineering] [the Department of Mining and Metallurgy] [the Department of Surveying] 등이 있을 수 있다.

그 외 보통 부르는 예를 들면 [the Faculty of Social Sciences and Humanities] [the Faculty of Business] [the Faculty of Arts] [the School of Journalism] [the School of Humanities] [the School of Education] [the Department of Political Sciences] 등이다. 대학 또는 학과장은 Dean이다.

[교수 대 학생 비율/faculty-student ratio], [교수회의/faculty meeting], [교수/faculty members]의 경우는 교수(敎授)란 뜻이다.

FOUNDATION COURSE, BRIDGING COURSE (본문 40-44쪽 참조)

FEE

요금. [Boarding fees, homestay fees] 등. 미국에서는 대개 등록금을 [tuition]라고 하고 그 외 학생회비 등 잡비를 [fees], 영국과 호주 학교에서는 이 구별 없이 [school fees, tuition fees] 등으로 섞어 쓰는 것을 보게 된다. 그런 잡부금은 단과대학에 따라 다르므로 영국대학에서는 [college fees]라고도 부름 (용어해설 tuition 참조).

FRESHMEN

대학 신입생. [1학년/freshmen], [2학년/sophomore], [3학년/junior], [4학년/senior] 인데 주로 미국에서 쓰는 말이다. 그 외 지역에서는 대개 [first-year 또는 first-year student]식이다.

FULL-TIME, PART-TIME STUDY

영미 대학들은 대개 직장을 다니는 학생들을 위해 파트타임 과정을 두고 있다. 파트타임은 졸업 소요 기간이 더 길고 직장인을 위하여 보통 강의가 야간에 있다. [파트타임 학생들/part-time students]은 나이가 많은 것이 보통이며, 이들을 [mature ages students]라 한다.

GPS

[Greater Public Schools]의 약자. 호주의 시드니에 있는 [Newington College, St. Joseph's College, Sydney Grammar School, Scots College, The Kings School] 등 1류를 자칭하는 10개 명문 사립초중고등학교가 결성한 미국의 [The Ivy League/동부 명문 대학군/용어해설 IVY League 참조] 스타일의 학교간 연맹. 회원 학교끼리만 교환 경기를 벌이는 등 매우 폐쇄적이다. 이에 대항하여 5개 다른 명문 사립학교군 [Barker College, Cranebrook School, Knox Grammar School 등]은 [Associated School]이란 이름의 자기들간의 연맹을 따로 만들어 놓고 있다.

여기서 GPS를 특별히 소개하는 이유는 이들과 다른 영미국가의 명문 사립학교들은 영국의 [great public boarding school system/ 위에서 일부 언급한 public boarding school과 같은 개념이다]을 본뜨고 있다는 점을 지적하기 위해서다. 이 학교들은 수세기의 역사와 일부 중세의 귀족풍을 자랑하는 [Eaton College], [Harrow School], [Winchester College] 등을 모델로 한다. 기숙사 운영과 함께 화려하고 특이한 교복과 교육과정 가운데 럭비, 크리켓, 세일링, 승마 등 다양한 스포츠와 예능활동의 비중을 높게 하는 등 수월교육과 전인교육 모두를 자랑하는 게 특징이다. 이러한 전통 때문에 영국에는 사립학교가 2000개 넘을 만큼 다양하고 잘 발달해 있다.

그러나 이들 가운데 일류임을 자칭하는 GPS는 영국에 없고, [League Table/대입입시를 뜻하는 A-Level 결과를 중심으로 정한 학교 랭킹]제도가 있다.

영미국가에서 초중고등학교는 대개 [public school/공립], [private school/사립], [parochial, church, denominational, 또는 religious school, 한국에서라면 과거 missionary 또는 mission schools/종교재단 운영이 주로며 모두 사립이다]로 나누인다.

일반적으로는 [public school]은 [private school]과 대칭적으로 쓰이나, 영국에서 [public school]은 사립학교다. 이런 혼선을 피하여 공립과 사립을 [government school 또는 state-school]와 [non-government schools 또는 independent school]이라고 명시하여 쓰기도 한다.

GRAMMAR SCHOOL

영미국가에서는 대부분 사립 초중고등학교가 한국에서처럼 모모 초등학교, 고등학교 등 일률적인 이름을 쓰는 게 아니고 다양하다. 중고 구별 없이 그냥 [school, academy]등 많다. 그 가운데 하나가 [grammar school]이다. 1차대전 전 교육의 기회가 지금처럼 보편화되지 않았던 시절 영국에서 일반 학교와는 달리 학문 쪽으로 나갈 공부 잘하는 학생만이 따로 가는 초중고등학교의 이름이었다. 라틴어, 희랍어 등 고전 과목에 중점을 두어 거기에 기원하여 지금도 [라틴학교/Latin school]가 존재한다. 그러나 지금은 과거 전통을 따른 이름일 뿐 다른 차이는 없다.

HAND-OUTS

가난한 사람에게 공짜로 나눠주는 물자. 그러나 대학에서는 세미나나 강의 때 누구나 집어가게 준비해놓은 [seminar papers] 등 유인물을 그렇게 부른다. [학술대회/academic conference, symposium]에서 참석자들은 발표를 앉아 듣기보다도 [paper collection/유인물 수집]을 더 중요시한다.

HIGHER LEARNING

대학급 고등교육은 high가 아니라 비교급 higher를 쓴다. [Higher learning, higher education, institution of higher learning, higher learning research] 등으로 쓴다. [학부/ undergraduate], [석박사과정/postgraduate], 그후는 [후박사/포스트닥/post-doctoral]이 있다.

HONOURS DEGREE

호주와 일부 영미대학에서는 미국과 달리 [bachelor honours degree, 우등학사 등으로 불림]라는 것이 있다. 우수한 성적으로 졸업하는 학생들에게 주는 학사 학위로 대개 다음 두 가지 방법으로 결정한다. (a) 대학 3년 동안 성적이 특출한 학생으로 하여금 1년을 더 하게 함으로써(1년 전공심화 과정이라고도 부름), (b) 엔지니어링 등 오너가 있는 4~5년제 과정 이수자 중 성적이 특출한 학생에게 수여함.

HOUSEMASTER,

[기숙사/boarding school] 사감

INTERDISCIPLINARY, MULTIDISCIPLINARY

학제간이라고 번역된다. 여러 학문 분야 지식을 동시에 활용하는 통합적 접근을 의미한다 (용어해설 discipline 참조).

INTERNSHIP

의학계에서 쓰이는 인턴을 포함 여러 전문분야의 정식 임명 이전의 수습 과정을 말함. 군대에서 임관전인 사관생도, 신문사에서는 견습 기자의 지위는 cadetship (대개 영국, 호주 지역에서)이라고 불린다.

INSTITUTIONS

사회단체 또는 기능이란 뜻이지만 교육과 관련해서 쓰일 때는 school과 거의 같다. [Academic institutions, tertiary institutions, school institutions, education institutions] 등.

(The) IVY LEAGUE

미국 동북부인 뉴잉글랜드 지역에 있는 역사가 오래된 8개 명문 사립대학군,

1954년 이들 대학들이 결성한 아마추어 경기연맹으로부터 나온 이름이다. 8개 대학은 [하버드/Harvard, 1736 설립, 이하 설립 년도 순, University생략], [예일/Yale, 1746), [펜실바니아/Pennsylvania, 1740), [프린스턴/Princeton, 1746), [컬럼비아/Columbia, 1754], [브라운/Brown, 1764], [Dartmouth/1769], [Cornell/1865]이다. 학문적 평판과 사회적 명성 면에서 모두 세계적 일류 대학으로 알려져 있다. [Ivy]는 식물이름 담쟁이덩굴이다. 참고로 이들 대학들의 건물은 담쟁이 덩굴로 덮여 고색이 창연한 것이 특징이다.

LECTURER

미국과 한국에서는 대학 강사의 뜻으로 쓰이나 캐나다를 제외한 영연방지역 대학에서는 대학 교수다. Senior lecturer, lecturer, 영국에서는 reader란 말도 쓰인다(용어해설 academic staff 참조).

MAJOR STUDIES, MINOR STUDIES

복수전공의 경우, 주전공과 부전공, 부전공은 주전공보다 학점이 적은 것이 보통이다 (용어해설 double degree 참조)

MATRICULATION

고등학교 졸업장과 함께 [대학 입시자격요건/admission requirements]을 받게 되는 고등학교 이수를 의미하며 이 과정을 [matriculation course]라고 한다. 과정을 마친다는 동사는 [matriculate], 따라서 [graduates matriculating to colleges/고교를 마치고 대학으로 가는 학생들]와 같은 문장이 가능하다. 호주에서는 고등학교 10학년에서 학교를 떠난 사람을 위하여 11, 12학년을 마치게 하는 [matriculation course]를 따로 둔 학교를 [senior high school]이라고 부르기도 한다.

MEDIUM OF INSTRUCTION

강의 또는 학술 세미나 때 쓰이는 언어를 말함. [instruction]은 [education]이나 [teaching]과 거의 같은 말이다. 예컨대 [English instruction]은 영어교육이다.

OFFSHORE CAMPUS

대학의 해외 분교, 해외 분교에 가서 가르친다면 [offshore teaching, offshore

education]이 된다.

ONLINE CAMPUS

(용어해설 cyber university, distance education 각각 참조)

OPEN UNIVERSITY

영국에서 시작된 새로운 대학 개념으로, 대학교육은 강의실을 떠나 할 수 있음을 보여준다. [개방교육/open education]과 거의 같다. 공부에 열의와 소질이 있는 모든 사람에게 교육 기회가 주어져야 한다는 이상을 따른다. 그리하여 학생은 자기가 원하는 시간과 장소에서 교육을 받을 수 있게 한다는 것이다. 그런 의미에서 개방대학은 [원거리교육/distance education, 통신 및 방송교육/correspondence course 등), [cyber university]와 적령기를 넘긴 사람을 위한 [성인교육/adult education]과 맥을 같이 한다.

PAPER

교육과 관련 쓰인다면 발표 논문, 에세이, 숙제, 보고서의 뜻이다. [academic paper, essay paper, term paper] 등으로 쓰인다 (본문 159쪽 참조).

PATHWAYS

"모로 가도 서울로만 가면 된다"는 말처럼 최종 학교와 교육 목표를 향하여 가는 길은 하나가 아니라 여러 갈래일 수 있다. 한국에서 대학 졸업장을 받기까지의 가장 정상적인 길은 정규 중학과 고등학교를 마친 후 정규 대학교로 진학하고 졸업하는 것이다. 그러나 교육제도의 개발과 기회의 확대로 그 길이 다양해지고 있다. 외국 유학생 유치에 머리를 쓰는 영미 대학들은 이들을 위한 학업의 길을 더 넓히고 있다. [Pathways, 때로는 routes]는 그런 입학, 진학, 전학의 여러 갈래의 길을 말한다 (본문 40-44쪽 참조).

PLACE

학생을 받을 수 있는 학교의 자리, [university place] 등. 이 경우 받을 수 있는 학생 수 및 쿼터와 같은 뜻이 된다. [School placement]는 학교 배치, [class placement]는 학급배치이다. 어학학교가 학생의 학급 배치를 위해 실시하는 실력테스트는 [class placement test]다. [Boarding place/기숙사 자리], [day place/

기숙사는 필요 없고, 통학생으로 들어갈 수 있는 자리] 등으로 쓰인다.

PODCASTING

(-용어해설 coursecasting 참조)

POLYTECHNICS와 INSTITUTE

영미의 대학제도는 [university]로 불리는 일반 종합대학과 그런 대학보다 교육 내용이 기업의 필요에 더 맞추어진, 한국에서라면 전문학교에 가까운 몇 가지 형태의 대학급 학교로 구성되어 있었다. 후자 가운데 중요한 것이 영국의 [politechnic], 호주의 [institute/institute of technolgy/IT]이다. 그러나 15여년 전후로 대부분의 지역에서 이들 준대학들이 병합되어 종합대학으로 승격됐다.

그 [IT]는 공과만이 아니고 대부분의 일반대학의 학과를 갖추고 있었으므로 공과대학은 아니었다. 미국의 [MIT/Massachusetts Institute of Technology]도 이런 전통에서 나왔을 것인데 MIT 공대보다 MIT대학이라고 불러야 맞다. 일반 대학과 같은 모든 대학 과정들을 두고 있기 때문이다.

POSTDOCTOR

박사과정을 마친 학자, 과학자에게 일정 기간 연구자금을 주어 특정 프로젝트를 가지고 연구하게 하는 제도로 [postdoctoral research]등으로 불린다. 산학협동으로 비교적 많은 외부 연구자금을 얻는 자연과학 분야에서 활발하다. 박사과정을 마치고도 바로 자리를 얻지 못하거나 더 연구하기를 희망하는 사람들이 많이 선택한다. 보통 [포스트 닥/postdoc]이라고 약해서 쓴다. 박사후 연구직 또는 후박사라고도 불러도 될 것이다.

PRINCIPAL, HEADMASTER

초중고등학교 교장. 전자는 미국과 캐나다에서, 후자는 캐나다를 제외한 영국과 영연방국가에서 주로 쓰인다. 여성일 경우는 [headmistress]가 된다.

PRIVATE COACHING, TUTORING

과외 또는 개인 지도, 과외 학원은 coaching school이다. 피아노 등 음악 지도는 coaching보다 lesson을 받는다고 말한다.

PROFESSOR EMERTIUS
　　　　은퇴하여 명예직으로 남는 교수
REGISTRAR
　　　　영미국가의 초중고등학교와 대학 입학처장, 따라서 해외 유학 지원자는 이 사람이나 소속 직원에게 편지를 보내고 문의를 하게 된다. 그 외에 [bursar/재정 및 학비 담당관/용어해설, 쪽 참조]이라는 자리가 있는데 대개 장학금 등 학비 지원 관계는 이 사람에게 접근해야 한다. 따라서 유학생은 1차적으로 이 두 자리 책임자와 관련을 갖게 된다.
RESEARCH FELLOW
　　　　사계에 알려진 학자에게 연구자금을 주어 대학으로 초빙 강의보다 구체적인 리서치 프로젝트를 맡게 하는 연구 교수, 석좌 교수에 비하면 대개 1~2년 정도로 짧게 프로젝트가 끝나는 게 보통이다. 이점 방문 교수 [visiting professor]와 다르다. 자연과학 분야에서는 비슷한 프로젝트를 [postdoctor]가 맡는 게 보통이다. 봉급 등 교수와 같은 처우를 받는데 [senior research fellow], 그냥 [research fellow]가 있다. 교환교수 [exchange professor]라는 이름으로 영미 대학으로 1년 정도 가는 한국 교수들은 [visiting 또는 guest professor] 자격으로 방이 주어지지만 강의는 안 맡고, 월급도 안 받는 경우가 더 많다.
RESEARCH ASSISTANT/assistantship
　　　　미국에서 박사 과정에 있는 학생이 일정 보수를 받고 지도교수의 자료 수집과 기타를 돕는 [연구 보조원/RA]라고 약해서 말한다.
SABBATICAL
　　　　안식년이라고 불리는 바 교수들에게 한 학기 또는 1년 정도 휴식과 함께 개인적인 연구 목적을 위해 주어지는 휴가. 대개 완전히 휴식만을 하는 경우는 드물고 해외대학에 가서 지내다가 오는 것이 통례이다. [study leave]란 말도 쓰인다.
SANDWICH COURSES
　　　　정규과정 속에 해당분야 기업에 가서 받는 실습이 들어 있는 코스.

SCHOLARSHIP

주로 학생이 받는 장학금의 의미로 쓰임. 전액장학금은 [full scholarships], 교수가 외부에서 받는 연구비는 [grant] 또는 [research grant]라고 부른다. [Scholarship]은 학문 활동이라는 뜻으로도 사용된다.

SINGLE AUTHOR, MULTIAUTHOR, CO-AUTHOR, ANTHOLOGY

자서에 있어 저자가 한 사람이면 [single-author], 그런 책은 [single author book], 두 사람 공저면 [co-author], 여러 사람의 공저면 [multi-author book]이다. 여러 사람의 시를 모은 시집이나 단문집은 [anthology, a collection of articles]라고 함.

SYMPOSIUM

학술대회나 토론회나 토론회로 가장 흔하게 열리는 게 [세미나/seminar]다. 비슷한 뜻으로 [symposium, colloquium]등이 있다.

SUPERVISOR

슈퍼바이저 자리는 일반 직장에 더 많다. 그러므로 대학원 지도교수라는 의미로 쓸 때는 그냥 [supervisor]가 아니라 [academic supervisor]라고 구체적으로 표현하기도 한다. 한 학생에 대해 한 명 이상의 지도교수가 있다면 [group supervisor]이다. [공동 지도교수/co-supervisor]인 경우는 주임을 [first supervisor], 부주임을 [second supervisor]라고 부를 수 있다. 일반 직장에서의 슈퍼바이저는 매니저나 직접 상관, 감독관이다.

SYLLABUS

교과과정 내용. 가르칠 내용이므로 교과서 내용과 같은 말이 된다. 비슷한 말로 [course outline]은 짧은 요약인 게 보통이다.

TENURE

대학교수의 종신 재직권. 종신에 대비되는 계약 임명직은 [contract appointment].

TERTIARY EDUCATION

대학교육을 [university education]이라고 할 수 있지만, 대학급 학교에 여러 형태가 있어 통 털어 [tertiary school education] 또는 [tertiary education]이라

고 부르면 편리하다. 초등학교를 [primary school education], 중고등학교를 [secondary school education] (용어해설 elementary school 참조).

TERM, SEMESTER

학기. [autum term/가을 학기], [summer term/여름 학기], [winter term/겨울 학기], 또는 [1학기/the first term], [2학기/the second term] 식이다.

TESOL 코스

[Teaching English as a Second Language]의 약어. 제3세계와 신흥 아시아 국가에서의 영어 교육 붐에 힘입어 영미 국가가 개발, 제공하는 영어교사 훈련 과정. 비영어권 학생을 위한 영어교육과정을 [ESL/English as a second language]이라고 약해서 부른다.

TEST SCORES

시험 점수. [TOEFL], [GRE/GMAT] 점수 등이 있다.

THESIS

석사, 박사학위 논문, [master's thesis], [doctoral thesis] 등으로 쓴다. 미국에서는 [dissertation] [doctoral dissertation]이라는 말을 더 잘 쓴다.

TRUANCY

무단결석

TUITION

미국 대학에서 우리말의 등록금에 해당하는 수업료는 [tuition]이고, 그 밖에 학생회비, 학교시설 이용료 등 별도로 받는 소액의 납부금을 [fees]라고 부른다. 그러나 영국, 호주, 뉴질랜드 등에서 이 구별은 명확하지 않다. 등록금도 [fee]라고 부른다. [Tuition fee]란 말도 쓴다.

TUTOR, TUTORING

과외 교습이란 뜻인데, 영연방국가 대학에서의 [tutor]는 [tutorial/ (본문 173쪽 참조)을 맡는 조교다.

TRADE SCHOOL

[Trade]는 무역거래 외에 산업기술, 생산직이므로 [trade school]은 [직업교육학

교/vocational school]와 같다. [Professional schools]도 직업훈련을 한다는 점은 같지만 [법/law], [의료/medicine], [치의/dentistry], [간호/nursing], [비즈니스 경영/business management]등의 분야에 더 잘 쓰인다. [Trade]는 철공, 목공, 벽돌쌓기 등 비교적 짧은 기간 훈련으로 배우는 기술 및 기능 분야를 칭한다.

학과에 [응용/applied]이란 말을 붙이면 실무응용 및 직업 지향이란 뜻으로 된다. 예컨대 [applied journalism]이라고 하면 학문 및 이론으로가 아니라 직업으로서의 언론을 말한다.

SORORITY, FRATERNITY

전자는 여대생 클럽, 후자는 남자 대학생회. 때로는 전국적 지부를 두는 전문직 종별 친목 조직, 대개 이름이 희랍어 알파벳 글자로 되어 있다. Sigma Delta Chi 등.

SYSTEM

조직, 단체라는 뜻에서 특정 학교와 관련 쓰면 그 학교 자체를 의미한다. 예컨대 [one already in the system]이라고 하면 해당 대학에 이미 등록된 학생을 말한다. [The University of California system]하면 여러 지역 캠퍼스로 된 켈리포니아대학 전체를 말한다. 그 중 한국에서 잘 알려진 두 학교가 버클리로 통하는 [University of California at Berkely]와 [University of California at Lost Angles/UCLA]다.